江戶時代經學者傳略及其著作

張文朝 編譯

林序

　　我個人覺得要奠定某一學科研究的基礎，至少應具備下列工具書供讀者研究參考之用：

1. 辭典、百科全書：將該學科重要人物、著作、學術詞彙等編輯成書，是了解這一門學科的必備工具。

2. 書目、提要：書目可用來了解一門學科的研究成果，提要即在書目的基礎上，進一步提示各書的重點，供讀者參考之用。

3. 傳記資料：包括學科人物的小傳、年表、年譜、傳記索引等。

4. 年鑑、大事年表：年鑑記載該學科一年中的研究成果，大事年表可以得知該學科歷年發生的大小事情。有了年鑑和大事年表，將來要編寫此學科的發展史，才能事半功倍。

5. 文獻選讀：每一學科都有它的基本文獻，將基本文獻詳加譯註，編輯成書，才能引導讀者進入此一學科，這是學科建設的奠基工作。

　　就日本漢學的研究來說，已有相當多的書目和傳記資料，但是專門屬於經學的書目和傳記辭典尚未受到學者的關注。二十年前，我編輯出版《日本研究經學論著目錄》（臺北市：中央研究院中國文哲研究所籌備處，1993年10月）和《日本儒學研究書目》（臺北市：臺灣學生書局，1998年7月），提供了學者研究日本儒學和經學的相關書目，對了解日本儒學和經學有相當大的幫助，但是日本江戶時代的經學家甚多，他們的事蹟和著作尚未有合適的工具書可檢索，所以如果能夠就日本江戶時代的經學家編輯一本江戶時期經學人物辭典，應該更容易引導讀者進入這一領域，這一點文朝所編譯的這本書就起了相當大的作用。

　　文朝是東吳大學日本語文學系的畢業生，有一年他透過丁原基教授的介紹來找我，表示要到日本去留學，問我應該研究什麼，我告訴他可以研究日本江戶時代的博學家貝原益軒（1630-1714）。他申請到日本大阪大學就讀，受教於子安宣邦和加地伸行兩位教授門下。一九九一年，文朝以《貝原益軒における氣の思想》獲得碩士學位。經過青輔會的推薦，進入國立中央圖書館閱覽組日韓文室工作。二〇〇〇年九月轉到蘭陽技術學院應用外語科擔任專任講師。文朝覺得離開學校後一直從事圖書整理和教學的工作，有必要轉換環境，再到日本去深造，二〇〇五年經本人的介紹至九州大學大學院中國哲學史講座攻讀博士學位，由於文朝對中國古代典籍有特殊的愛好，所以不少經典他都能琅琅上口，並不輸給中文系畢業的學生。二〇〇八年他獲准在中央研究院中國文哲研究所擔任博士候選人，他要撰寫博士論文，我建議他研究朱熹《詩集傳》在江戶時代的傳播與影響。二〇一一年三月，文朝以《江戶時代における詩集傳の受容に關する研究》獲得九州大學博士學位，這是對《詩集傳》在日本的影響最全面性研究的專著，對《詩經》在日本學者心目中的地位，有相當深刻的分析。

　　二〇一一年九月，文朝進入中央研究院中國文哲研究所擔任助研究員，他發願要徹底研究江戶時代的經學。為了奠定研究的基礎，先把江戶時代的經學家做系統的介紹，他以關儀一郎、關義直所編的《近世漢學者傳記著作大事典》第四版（東京：琳瑯閣書店，1981年）為基礎，從中選出有經學著作的學者，加上網路資源編譯成此書，要研究日本江戶時代的經學家，這本書的資料雖仍稍嫌簡略，但是總算有一本比較全面性的工具書可供使用。

　　本書有「傳略篇」、「著作篇」、「索引」三部分所構成，「傳略篇」部分自一五六一年藤原惺窩出生起至土屋鳳洲一九二六年過世為止，收有經學著作之學者八百三十四名，每一學者依序著錄姓號、

生卒年、學派、師承、事蹟、經學著作等編排，頗便於檢索，這是文朝對日本經學研究的一種奉獻。個人覺得研究日本漢學的學者前前後後也不少，但是有心要奠定此一學科研究基礎的學者實在不多。二十年前，我編輯出版《日本研究經學論著目錄》時，九州大學名譽教授荒木見悟先生感慨的說，讓一個外國人來為我們編書目，實在感到慚愧。文朝這本書，雖然是從日本出版的工具書編譯而來，但是對研究日本經學自有它的貢獻，我們期待這本書能發揮它更大的功能，對江戶時代的經學研究起了引導的作用，則文朝所花費的工夫也就不會白費了。

林慶彰 誌於

中央研究院中國文哲研究所武五〇一研究室

二〇一三年十二月三十一日

楊序

　　日本地區和中國地區，隔海遙遙相望，至遲在西元三世紀就已經有往來；到西元七世紀的唐代以後，更是往來頻繁；西元十四世紀左右，某些日本人化身當海盜，開始長期侵擾中國，到二十世紀初日本帝國政府更決心要併吞中國。這些過去的正常與不正常的接觸，共同顯現出兩地區交通越來越便利的事實，交通便利促成人民的來往，以及書籍物品等文化產物的交流，傳統中國書籍大約就在這樣的情況下傳入日本。日本和朝鮮地區相隔更近，交通更為便利，往來更為頻繁。朝鮮地區與中國接壤，海路交通亦便，同樣長期和中國來往，對中國學術的接觸比日本還早，於是日本地區也間接從朝鮮輸入中國的書籍。日本就在這種直接與間接的交流狀況下，輸入不少中國的書籍，於是逐漸有日本學者進行相關研究，其中經學研究成果到十八世紀以後，甚至還回饋到中國，例如清代經學研究者相當熟悉的《七經孟子考文補遺》、《毛詩品物圖考》和黎庶昌編輯的《古逸叢書》等之類，由此可知日本地區的經學研究成果和收藏的古書，對經學研究者而言，確實有其不可忽視的學術與版本價值。

　　過去由於政治、語言及習慣等等外在因素的影響，使得臺灣地區的經學研究者，對日本經學方面的相關研究狀況，顯得有點過度陌生，雖然早期有梁容若的簡略介紹，但卻沒有引發任何相應的研究。筆者曾在一九九九年四月二日至十日，在林慶彰先生的帶領下，和蔣秋華學長、馮曉庭博士到日本東京進行學術訪察，並經由當時在日本東京大學留學的廖肇亨博士、張季琳博士；二松學舍留學的鍋島亞朱

華博士；還有小島毅教授、村山吉廣教授及其學生西口智也博士等的
協助，參觀了東京大學和早稻田大學的圖書館，以及東洋文化研究所
書庫、日本國會圖書館等，看到了許多日本學者的經學著作，當時就
發現無論臺灣或日本都沒有人研究日本的《詩經》學，還因此異想天
開的寫了一個「日本詩經學史」的研究計畫，準備向「日本交流協
會」申請經費研究，後來因為筆者的日文程度實在大有問題而作罷。
但筆者後來也因此而統計了日本地區自一八五〇年到二〇一一年《詩
經》學研究的概況，結果是一百五十五位編著者（佚名3位、單位3
個）共出版了一百九十八部的《詩經》學專著，由此亦可推知日本地
區經學研究的狀況。近幾年來由於林慶彰先生、黃俊傑先生、張寶三
學長和連清吉、徐興慶；還有大陸地區嚴紹璗、王曉平；香港地區吳
偉明等等學者的努力，對日本經學研究的關懷，大有逐漸擴充發展之
勢，較之以往確實已有進步，許多經學研究者也開始注意日本學者的
相關研究成果，但就整體表現的實際狀況而論，多數經學研究者對日
本學者及其相關研究，依然還是處於混沌不清的狀態。張文朝博士有
感於臺灣地區的經學研究者，對日本學者及其相關研究的陌生，於是
選擇日本經學研究較為興盛的江戶時代為對象，花費許多心血編譯出
此本大作，提供經學研究者相關的訊息，希望有心於此的學者可以按
圖索驥，因而有助於開闊經學研究者的視野，以及提昇臺灣地區經學
研究的品質。

　　此書選錄十六世紀初至二十世紀初，總共八百三十四位學者的三
千一百三十六部經學著作，略分為十四派九類編輯，分類則略依《四
庫全書總目》「《易》類、《書》類、《詩》類、《禮》類、《春
秋》類、《孝經》類、《五經》總義類、《四書》類、樂類、小學」
之目，稍變為「《易》類、《書》類、《詩》類、《禮》類、《春

秋》類、四書類、《孝經》類、《爾雅》類、群經類」等九類，其中
以《易》類六百二十四部最多，其次則《論語》四百零一部、《詩》
類二百四十五部、《大學》二百四十四部；最少的則是《公羊傳》類
三部、《穀梁傳》類四部和《爾雅》類七部；若以《四書》為一類，
則高達一千二百零四部。這些經學專門著作的訊息，除可以提供相關
研究者按圖索驥之方便外，同時亦可以大致考見相當於中國明代嘉靖
末年後，約四百年左右日本地區經學研究者關注對象的狀況，這對於
日本經學研究和中日經學比較研究，應該都具有重要的參考的價值。

　　中國文哲研究所成立之初，設所諮詢委員即已訂定五個主要的研
究方向，其中就有「經學文獻研究」的方向，文朝編譯此書當然沒有
溢出文哲所設定的研究方向，不過根據現在臺灣學術界評量研究成果
的「常規」，這類隸屬於翻譯或編譯一類的論著，一般並不會被列入
學術研究成果，中央研究院的學術評量大致也是遵守此種學術「共
識」。筆者當然肯定文朝「犧牲大我」為臺灣經學研究者提供有用資
料的用心，但筆者的研究專業是「經學」，「經學」研究就如同宋
代羅璧（1279前後）所說，經本是「根人事作」，故而「無有空言
者」，這其實也就是清朝光緒三十年（1904）元月公布的《奏定學堂
章程》中所謂「通經所以致用，故經學貴乎有用，……研究經學者，
務宜將經義推之於實用，此乃群經總義」那樣。「經學」研究因此絕
不能疏忽「現實」的考量，若從「有用」的角度觀察這件事，則文朝
提供「有用」資訊給學術界的努力，當然要加以肯定讚美。但若是換
成對文朝本身學術研究成果評量是否「有用」來看，則以當下中央研
究院的學術評量標準來看，文朝此書的成果，恐怕不能不說是「用途
很少」，甚至還可能是「完全沒用」。筆者和文朝同屬於「經學文獻
研究」方向的同人，因此在讚賞文朝此種為公忘私的「公共服務」表

現之餘，亦不得不稍微提醒文朝注意在學術評量上是否「有用」的問題，是為序。

楊晉龍

識於思筠軒

二〇一四年元月十三日

自序

　　中國儒家經籍《論語》於日本古墳時代（約西元250年～約西元600年末）第十五代天皇應神天皇十六年（285）自百濟五經博士王仁傳到日本之後，即揭開了日本經學研究史的序幕。應神天皇在二十八年（297）時，命群臣就百濟博士學經、史。足見除了《論語》之外，已有其他經籍傳來。而後，百濟五經博士到日本講學不斷，加上中、日交通頻繁，如第十九代天皇允恭天皇、第二十一代天皇雄略天皇都曾遣使至中國。特別是之後的天皇也透過遣隋使、遣唐使與中國接觸，並且大量地輸入隋唐文物、典章、制度，使日本學術思想得以快速發展，對日後的日本影響甚深。其中，大寶律令（701）的完成就是一個最好的例子。

　　大寶律令是飛鳥時代（592-710）第四十二代天皇文武天皇（683-707）在位其間所完成的。與經學有關的，如其中有「於京師置大學寮，於諸國置國學」，以期培養出優秀的官僚，能為政府所用。大學寮以明經道為本科，此道專以講究儒家經籍為主。大寶令中規定：凡《周易》、《尚書》、《周禮》、《儀禮》、《禮記》、《毛詩》、《春秋左傳》各為一經，《孝經》、《論語》學者兼習之。其中《周易》是鄭玄、王弼之注，《尚書》是孔安國、鄭玄之注，三禮、《毛詩》是鄭玄之注，《左傳》為服虔、杜預之注，《孝經》為孔安國、鄭玄之注，《論語》為鄭玄、何晏之注。這九種儒家的經籍除了在大學寮之外，也在各國國學中為學生所研習。依大學寮規定明經道學生四百人；國分大、上、中、小國四種，當時大國有十三國，每國學生五十人；上國有三十五國，每國學生四十人；中國有

十一國，每國學生三十人；下國有九國，每國學生二十人，由此可以想像，中國經學在日本古代廣為傳播的情況。自此經奈良時代（710-794），而至平安時代（794-1192）初期，可說是明經道的全盛時期，也可以說是中國經學在日本發展的輝煌時期。但是，由於此道不易取得官位，因此，中期以後漸不為學生所青睞，經學之教學與研究也因而逐漸走向式微之路。這種現象一直持續到朱子學傳入日本之後才稍有起色。

鎌倉時代（1192-1333）日本僧人俊芿所攜回的兩千餘卷書籍中，有儒家典籍二五六卷，宋代新注朱子學也透過俊芿等禪師的講說而在京都五山、鎌倉五山等禪僧間傳播開來。

到了室町時代（1336-1573），一場發生在應仁元年（1467）以將軍繼嗣之爭為主要導因的十年全國內亂，促使幕府、大名等勢力大衰，京都為之殘破，公家、僧侶等人也往四方疏散。也因此內亂之故，朱子學亦隨之擴展到地方，而形成日後薩南學派、海南學派等的興起。

進入江戶時代（1603-1868）初期，朱子學更由京都五山中的相國寺禪僧藤原惺窩（1561-1619）從禪宗中解放，形成儒、佛分離，而造就了日本有史以來前所未見的儒學新局面，就中國經學的發展史而言，江戶時代可以說是中國經學在日本發展的又一輝煌時期。

如上所述，可知中國經學在日本流傳可謂久矣，且國內亦不乏研究日本的學者，然而，就經學而言，除了中央研究院中國文哲研究所林師慶彰先生所主編的《日本研究經學論著目錄：1900-1992》（臺北市：中央研究院中國文哲研究所籌備處，1993年）為近、現代之作外，至今尚無一本較完整的書可以介紹江戶時期有哪些學者研究中國經學，又有何研究成果，殊為可惜。而日本早在1943年已有關儀一郎、關義直共編的《近世漢學者傳記著作大事典》（東京：

井田書店，1943年）問世，可供參考。唯該書博取與漢學相關者近
三千人，且非人人有經學相關著作，就經學研究者立場而言，非為專
書。職是之故，編譯者不自量力，根據該書第四版（東京：琳琅閣書
店，1981年）從中選出有經學著作的學者，佐以市古貞次等編《國
書人名辭典》全五卷（東京都：岩波書店，1995-1999）、「Yahoo!
JAPAN」、「ウィキペディア」等網路資源，編譯成經學研究專書，
實有上溯慶彰師斷代之意，又有可供經學研究同好者參考之效。唯編
譯者學淺才疏，不免脫誤，尚請方家不吝指教。

　　本書之編譯，承蒙慶彰師指導，獲益良多。又本書之校對，偏勞
中央大學中國文學研究所洪楷萱博士生完成，謹表謝意。

編譯者　張文朝

二〇一三年十二月識於四分溪畔

凡例

一、本書由「傳略篇」及「著作篇」、「索引」三部分所構成。

二、傳略篇部分：選譯自1561年藤原惺窩出生起，至土屋鳳洲1926年過世為止，有經學著作之學者834名。每一學者依序著錄姓號、日語發音、羅馬拼音、生卒年、學派、名字稱號、籍貫、師承、事蹟、資料依據、經學著作等項。

三、傳略篇本文先分別學派、所屬，後依卒年排序。卒年同者以先生者在前，生卒年皆同者依姓名之五十音排序，有不詳者，則置於該項之後。

四、學派分：程朱學派（259名）、陽明學派（27名）、聖學派（1名）、敬義學派（78名）、古義學派（44名）、復古學派（又名古文辭學派104名）、古注學派（108名）、折衷學派（74名）、考證學派（11名）、不知學派之儒者（48名），儒醫（23名），與藩有關者，如藩主（2名）、藩儒（21名）、藩士（16名），日本國學者（8名），其他（10名）。

五、學者的生卒西元年及姓名的日語發音主要參考：市古貞次等編《國書人名辭典》全五卷（東京都：岩波書店，1995-1999），另輔以「Yahoo! JAPAN」（http://www.yahoo.co.jp/）「ウィキペディア」（http://ja.wikipedia.org/）等網路資源；學者姓名的「羅馬拼音」，則依日本昭和二十九年（1954）十二月九日內閣告示第一號「ローマ字のつづり方」的「第一表」著錄，遇有長音者以Â、Î、Û、Ê、Ô表之。

六、「經學著作」一項，著錄與經學相關的著作，依《易》、

《書》、《詩》、《禮》、《春秋》、《四書》、《孝經》、《爾雅》、群經等順序分別著錄。有兩經以上者，置於後者之後，無實際經名者，置於本項之最後。

七、傳略篇本文中有【 】為編譯者注。

八、著作篇部分：經籍目錄依《易》類（624種）、《書》類（183種）、《詩》類（245種）、《禮》類《周禮》（46種）、《儀禮》（32種）、《禮記》（47種）、三禮及其他相關（79種）、《春秋》類《左傳》（176種）、《公羊傳》（3種）、《穀梁傳》（4種）、《春秋》相關（62種）、四書類《論語》（401種）、《孟子》（172種）、《大學》（244種）、《中庸》（148種）、《論》《孟》（37種）、《學》《庸》（57種）、四書（145種）、《孝經》類（193種）、《爾雅》類（7種）、群經總義類（231種）等順著錄，共三一三六種。每項再以書名順排列，每書後附作者名。惟因部分書籍未見原書，故於分類上或有出入，尚請方家指正。

九、索引部份：分為作者姓名及經籍名兩種。作者名又有漢字筆劃順、日語發音順、羅馬拼音順、名字稱號筆劃順等四種索引方式。經籍名則依漢字筆劃順排列。

目次

林序	1	
楊序	5	
自序	9	
凡例	1	

傳略篇

程朱學派

藤原　惺窩	1	
菅　得菴	1	
那波　活所	1	
小倉　三省	2	
熊谷　活水	2	
林　羅山	2	
松永　尺五	3	
江村　剛齋	4	
鵜飼　石齋	4	
人見　卜幽軒	4	
和田　靜觀窩	5	
三宅　鞏革齋	5	
氏家　過擴堂	5	
林　鵞峯	6	
松永　寸雲	6	

田中　止邱	7
那波　木菴	7
小出　永安	7
柳川　震澤	8
熊谷　荔齋	8
貝原　存齋	8
人見　懋齋	8
愛甲　喜春	9
大串　雪瀾	9
安東　省菴	9
伊藤　萬年	10
横田　何求	10
中村　惕齋	10
安東　侗菴	11
松下　見林	11
宇都宮　遯菴	12
松浦　交翠軒	12
二山　時習堂	12
伊藤　固菴	13
大高坂　芝山	13
貝原　益軒	13
後藤　松軒	14
山內　退齋	14

莊田　恬逸	14	藤咲　僞潭	23
新井　白石	15	生駒　柳亭	24
岡島　冠山	15	五井　蘭洲	24
三宅　誠齋	15	秋山　玉山	24
喜多村　間雲	16	黑澤　雉岡	25
關　一樂	16	原　花祭	25
三宅　石菴	16	多湖　松江	25
安見　晚山	17	伊藤　蘭齋	25
林　鳳岡	17	德力　龍潤	26
陶山　鈍翁	17	後藤　芝山	26
江村　復所	18	岩下　探春	26
室　鳩巢	18	清田　儋叟	27
山崎　子列	18	江村　北海	27
小宮山　桂軒	19	澁井　太室	27
佐藤　周軒	19	田中　鳴門	28
竹田　春菴	19	那波　魯堂	28
黑澤　節窩	20	上柳　四明	28
高瀨　學山	20	森　東郭	29
大塚　退野	20	中村　忠亭	29
大地　東川	21	長久保　赤水	29
堀　南湖	21	桃　白鹿	30
伊藤　龍洲	21	山口　剛齋	30
梁田　蛻巖	22	安原　方齋	30
平野　深淵	22	藪　孤山	30
中村　蘭林	22	木村　巽齋	31
守屋　心翁	23	中井　蕉園	31

岡井	赤城	32	若槻	幾齋	40
中井	竹山	32	岡井	蓮亭	40
尾形	洞簫	32	津輕	儼淵	40
近藤	西涯	32	久保木	竹窗	41
奧田	尚齋	33	兒玉	南柯	41
柴野	栗山	33	菅野	彊齋	41
寺本	直道	34	中村	嘉田	42
山本	秋水	34	溪	百年	42
桃	西河	34	井上	峨山	42
篠崎	三島	34	賴	山陽	43
尾藤	二洲	35	池田	冠山	43
犬塚	印南	35	橫溝	藿里	44
澁江	松石	35	高橋	復齋	44
柿岡	林宗	36	黑田	金城	44
竹內	東門	36	小田	南畡	45
鈴木	石橋	36	林	蓀坡	45
古賀	精里	37	山木	眉山	45
石塚	確齋	37	辛島	鹽井	45
井上	四明	37	增島	蘭園	46
柏木	如亭	38	摩島	松南	46
園山	酉山	38	中井	碩果	47
鎌田	柳泓	38	山本	中齋	47
鎌田	環齋	39	林	述齋	47
阿野	蒼崖	39	藤田	丹岳	48
葛西	因是	39	巖村	南里	48
近藤	棠軒	40	石井	擇所	48

堀江　惺齋	49	昌谷　精溪	58
桑原　北林	49	友石　慈亭	58
安部井　帽山	49	脇田　琢所	58
星野　鵜水	49	佐藤　一齋	58
石井　磯岳	50	高野　真齋	59
林　樫宇	50	沖　薊齋	60
中　清泉	50	伊藤　兩村	60
古賀　侗菴	51	河田　迪齋	60
齋藤　鑾江	51	安積　艮齋	61
片山　恒齋	52	佐野　琴嶺	61
牧野　默菴	52	草野　石瀨	61
矢島　伊濱	52	井土　學圃	62
葛井　文哉	53	赤井　東海	62
大槻　平泉	53	西坂　成菴	62
坂井　虎山	53	大橋　訥菴	63
篠崎　小竹	54	淺井　節軒	63
園田　一齋	54	岡田　栗園	63
玉乃　九華	54	山縣　大華	64
西島　蘭溪	55	鷹羽　雲淙	64
荒井　鳴門	55	齋藤　拙堂	64
帆足　萬里	55	若山　勿堂	65
井部　香山	56	落合　雙石	65
日根野　鏡水	56	菊地　大瓠	65
宮永　大倉	56	藤川　冬齋	66
野本　白巖	57	米良　東嶠	66
關　蕉川	57	宮下　尚絅	66

石合　江村	67	小永井　小舟　75
湯川　麑洞	67	河鰭　省齋　75
桃　翠菴	67	氏家　閑存　76
正牆　適處	67	有井　進齋　76
川崎　也魯齋	68	佐藤　牧山　76
關藤　藤陰	68	元田　東野　77
倉石　僩窩	68	久保田　損窗　77
兼松　石居	69	井部　健齋　77
杉山　竹外	69	岡松　甕谷　78
司馬　遠湖	69	齋藤　鳴湍　78
松本　古堂	70	三國　幽眠　78
原田　紫陽	70	野村　藤陰　79
神林　復所	70	名倉　松窗　79
元田　竹溪	71	岡本　韋菴　80
西島　城山	71	本田　豁堂　80
高木　松居	71	谷　太湖　80
中村　栗園	72	山村　勉齋　80
堀　友直	72	若林　竹軒　81
大郷　學橋	72	藤井　松年　81
雨森　精齋	73	重野　成齋　81
加藤　櫻老	73	刈谷　無隱　82
古賀　茶溪	73	並木　栗水　82
中村　黑水	74	關　湘雲　82
早崎　巖川	74	土井　淡山　83
五弓　雪窗	74	山本　洞雲　83
中田　平山	75	大原　武清　83

岡島　竹塢	84
高畠　慶成	84
清水　春流	84
毛利　貞齋	84
淺岡　芳所	85
中島　石浦	85
一瀨　庄助	85
武井　用拙	85
中村　梅塢	86
井上　櫻塘	86
片岡　如圭	86
尾崎　梁甫	87
岡　三慶	87

陽明學派

中江　藤樹	88
熊澤　蕃山	88
內藤　閑齋	89
三輪　執齋	89
川田　琴卿	90
芥川　丹丘	90
大鹽　中齋	90
林　良齋	91
吉田　松陰	91
佐久間　象山	92
木山　楓溪	93

吉村　秋陽	93
栗栖　天山	94
山田　方谷	94
奧宮　慥齋	95
春日　潛菴	95
池田　草菴	95
吉村　斐山	96
東　澤瀉	96
田結莊　千里	97
三浦　佛巖	97
三島　中洲	97
春日　白水	98
宮內　鹿川	98
千葉　松堂	98
藤野　木槿	99
佐藤　延陵	99

聖學派

山鹿　素行	100

敬義學派

山崎　闇齋	101
羽黑　養潛	102
藤井　懶齋	102
淺見　絅齋	102
淺井　琳菴	103

佐藤　直方	103	宮澤　欽齋	113
岩崎　守齋	104	溝口　浩軒	113
山本　復齋	104	中村　習齋	113
若林　強齋	105	稲葉　默齋	114
遊佐　木齋	105	福井　敬齋	114
合原　窗南	105	櫻木　闇齋	114
小出　侗齋	106	中山　菁莪	115
鈴木　貞齋	106	新井　篤光	115
三宅　尚齋	106	箕浦　立齋	115
和田　儀丹	107	岡田　寒泉	115
杉山　正義	107	林　潛齋	116
稲葉　迂齋	107	真勢　中洲	116
留守　希齋	108	平岩　元珍	117
小野　鶴山	108	千手　廉齋	117
田邊　晉齋	108	松井　羅洲	117
澤田　鹿鳴	109	田邊　樂齋	118
村士　玉水	109	大塚　觀瀾	118
蟹　養齋	109	谷川　龍山	118
鈴木　養察	110	手塚　坦齋	119
石王　塞軒	110	佐藤　麟趾	119
宇井　默齋	110	鈴木　養齋	119
加賀美　櫻塢	111	櫻田　虎門	120
山本　日下	111	落合　東堤	120
新井　白蛾	111	秦　新村	120
幸田　子善	112	古屋　蜂城	121
西依　成齋	112	山口　菅山	121

村田　箕山	121	中江　岷山　129
千手　旭山	122	中島　浮山　129
渡邊　豫齋	122	伊藤　東涯　130
金子　霜山	122	並河　誠所　130
飛田　春山	122	平元　梅隣　131
秋山　白賁堂	123	垣內　熊岳　131
櫻田　簡齋	123	安東　仕學齋　131
細野　要齋	123	渡邊　弘堂　131
中西　鯉城	124	足代　立溪　132
鶴岡　精齋	124	富永　滄浪　132
山本　迂齋	124	穗積　能改齋　132
細野　栗齋	125	井口　蘭雪　133
豐島　洞齋	125	谷　　麋生　133
雲川　春菴	125	宮崎　筠圃　133
山脇　道圓	126	伊藤　蘭嵎　134
加藤　章菴	126	奧田　三角　134
荻野　斃己齋	126	原田　東岳　134
田村　克成	126	藤堂　東山　135
井上　鶴洲	127	草加　驪川　135
井上　蘆洲	127	河田　東岡　135
築田　元叔	127	山本　青城　136
		櫻井　東亭　136
		伊藤　東所　136

古義學派

小河　立所	128	樋口　東里　137
伊藤　仁齋	128	武田　立齋　137
並河　天民	128	倉成　龍渚　137

大菅　南坡	137	市野　東谷　147
加古川　遜齋	138	松平　黃龍　147
樋口　義所	138	菅沼　東郭　147
股野　順軒	138	根本　武夷　148
伊良子　大洲	139	入江　南溟　148
佐和　莘齋	139	久野　鳳洲　148
伴　東山	139	高階　暘谷　149
村田　庫山	139	赤松　太庚　149
山本　樂所	140	宮瀨　龍門　149
志賀　節菴	140	福島　松江　150
仁井田　南陽	140	渡邊　蒙菴　150
小谷　巢松	141	松崎　觀海　150
鎌田　梁洲	141	荻生　金谷　151
山本　溪愚	141	宇佐美　灊水　151
臼田　竹老	142	鈴木　澶洲　151
		森　蘭澤　152

復古學派

		溝口　幽軒　152
荻生　徂徠	143	齋宮　靜齋　152
山井　崑崙	144	松下　烏石　153
水足　博泉	144	小林　西岳　153
太宰　春臺	144	湯淺　常山　153
木村　梅軒	145	姥柳　有莘　154
荻生　北溪	145	毛利　壺邱　154
五味　釜川	146	村松　蘆溪　154
三浦　竹溪	146	下鄉　樂山　155
服部　南郭	146	香川　南濱　155

平賀　中南	155	和田　廉	164
駒井　白水	156	龜井　南溟	164
廣津　藍溪	156	萩野　鳩谷	165
天沼　恒菴	156	佐久間　熊水	165
市川　鶴鳴	157	海保　青陵	166
清水　江東	157	座光寺　南屏	166
三野　藻海	157	永井　星渚	166
中根　鳳河	158	江上　苓洲	167
村瀨　櫟園	158	富田　春郭	167
大竹　麻谷	158	西島　柳谷	167
藤澤　子山	158	劉　琴溪	168
城戶　月菴	159	中村　滄浪亭	168
佐佐木　琴臺	159	山梨　稻川	168
箕浦　靖山	159	野田　石陽	169
細合　斗南	160	岡野　石城	169
熊阪　台州	160	蒲坂　青莊	169
坂本　天山	160	馬淵　嵐山	170
富田　日岳	161	龜井　昭陽	170
戶崎　淡園	161	中山　城山	170
片山　鳳翩	162	秋山　景山	171
菊地　高洲	162	三野　象麓	171
手塚　玄通	162	堀　左山	171
伊東　藍田	163	堀　管岳	172
齋藤　芝山	163	目目澤　鉅鹿	172
白井　重行	163	安藤　適齋	172
宇野　東山	164	大橋　白鶴	172

松田　黃牛	173	
高原　東郊	173	
藤澤　東畡	173	
川合　梅所	174	
相馬　九方	174	
立野　桂山	174	
藤川　三溪	175	
藤澤　南岳	175	
土屋　鳳洲	175	
陳　錢塘	176	
橘　壽菴	176	
滿生　大麓	176	
山崎　淳夫	176	
渥美　類長	177	
菅　牛鳴	177	
小篠　東海	177	
川目　直	177	

古注學派

田中　大觀	179
宇野　明霞	179
岡　龍洲	179
南宮　大湫	180
石川　金谷	180
河野　恕齋	181
片山　兼山	181

松平　君山	182
岡崎　廬門	182
曾我部　容所	182
角田　青溪	183
伏原　宣條	183
龍　草廬	183
岡本　稚川	184
大江　玄圃	184
石作　駒石	184
赤松　蘭室	185
古屋　愛日齋	185
岡田　新川	185
赤松　滄洲	186
細井　平洲	186
小田　穀山	187
古屋　昔陽	187
皆川　淇園	187
岡島　龍湖	188
谷田部　漪齋	188
岩垣　龍溪	189
鷹見　星皐	189
萩原　大麓	189
恩田　蕙樓	190
中井　履軒	190
村瀨　栲亭	191
佐野　山陰	191

三宅　橘園	191	櫻井　石門	201
立原　東里	192	中村　中倧	201
松下　葵岡	192	澤邊　北溟	202
山本　清溪	192	大內　玉江	202
川合　春川	193	萩原　綠野	202
米谷　金城	193	澤　熊山	202
津阪　東陽	193	田邊　石菴	203
藤田　幽谷	194	東條　一堂	203
淺井　貞菴	194	黑田　梁洲	204
東　恒軒	195	澁江　抽齋	204
萩原　樂亭	195	藍澤　南城	204
田中　履堂	195	飛田　逸民	205
秦　滄浪	196	小島　成齋	205
早野　橘隧	196	江帾　木鷄	205
岡崎　槐陰	196	會澤　正志齋	206
冢田　大峯	197	清河　樂水	206
松本　愚山	197	豐田　天功	206
久保　筑水	197	冢田　謙堂	207
狩谷　棭齋	198	佐藤　西山	207
岡田　南涯	198	石河　明善	207
金子　鶴村	198	渡邊　樵山	207
青山　拙齋	199	安井　息軒	208
石川　竹厓	199	小林　寒翠	208
松崎　慊堂	199	岡本　況齋	209
猪飼　敬所	200	大槻　磐溪	209
隨朝　若水	201	種野　友直	210

猪飼　箕山	210	佐善　雪溪	218
東條　方菴	210	井上　蘭臺	218
土井　聱牙	211	良野　華陰	219
照井　一宅	211	井上　金峨	219
長井　松堂	211	小川　泰山	219
小島　省齋	212	原　狂齋	220
佐藤　立軒	212	山中　天水	220
久保　俟堂	212	高橋　道齋	221
小宮山　南梁	213	澤田　東江	221
陸奥　福堂	213	澁谷　松堂	221
渡井　夢南	213	吉田　篁墩	222
萩原　西疇	214	井上　南臺	222
內藤　碧海	214	關　松窗	222
高橋　白山	214	山本　北山	223
根本　羽嶽	215	東方　祖山	224
山井　清溪	215	金　岳陽	224
青山　雷巖	215	豐島　豐洲	224
龜谷　省軒	216	雨森　牛南	225
吉留　復軒	216	八田　華陽	225
竹添　井井	216	木澤　天童	225
重野　櫟軒	217	下田　芳澤	225
加藤　圓齋	217	平井　澹所	226
田中　謙齋	217	小笠原　冠山	226

折衷學派

		高橋　華陽	226
		龜田　鵬齋	227
榊原　篁洲	218	野崎　藤橋	227

中野　素堂	228	原　修齋	237
瀨谷　桐齋	228	龜田　鶯谷	237
中島　東關	228	長　梅外	238
宮本　篁村	228	泉　達齋	238
岡田　煌亭	229	佐佐　泉翁	238
石井　繩齋	229	渡　東嵎	239
近藤　正齋	229	肥田野　竹塢	239
芳川　波山	230	石井　祚景	239
池守　秋水	230	圓山　溟北	239
鈴木　順亭	231	犬飼　松窗	240
朝川　善菴	231	隨朝　欽哉	240
黑澤　四如	232	平塚　春江	240
和氣　柳齋	232	石垣　柯山	241
龜田　綾瀨	232	太田代　東谷	241
加倉井　砂山	232	谷口　藍田	241
廣瀨　淡窗	233	石川　鴻齋	242
朝川　同齋	233	菊地　南陽	242
日尾　荊山	234	山本　素堂	242
恒遠　醒窗	234	奧村　茶山	242
井田　澹泊	234	廣澤　文齋	243
河野　鐵兜	235	太田　熊山	243
鈴木　文臺	235		
伊藤　鳳山	235	**考證學派**	
伊藤　宜堂	236		
肥田野　築村	236	大田　錦城	244
平元　謹齋	236	伊藤　鹿里	244
		若林　嘉陵	245

堤　它山	245	村上　聽雨　253
海保　漁村	245	木村　大讓　254
西岡　天津	246	平　俞　254
大田　晴軒	246	末包　金陵　254
皆川　梅翁	247	河野　界浦　254
東條　琴臺	247	太田　子規　254
島田　篁村	247	山本　南陽　255
中井　乾齋	248	武井　子廉　255
		鈴木　龍洞　255
儒者		和田　絅　255
		菅間　鷲南　256
梁田　毅齋	249	北條　蠖堂　256
佐藤　敬菴	249	佐藤　東齋　256
井狩　雪溪	249	瀧　無量　256
青木　雲岫	249	舟生　釣濱　257
松宮　觀山	250	菅　新菴　257
江良　仲文	250	河原　橘枝堂　257
松田　拙齋	250	星野　熊嶽　257
田宮　橘菴	251	小倉　無邪　258
土肥　鹿鳴	251	金澤　松下亭　258
高岡　養拙	251	高安　蘆屋　258
井川　東海	252	久田　湖山　258
齋藤　鶴磯	252	砂川　由信　259
內田　周齋	252	小林　函山　259
山本　樂艾	253	重田　蘭溪　259
井田　赤城	253	河又　浩齋　259
赤澤　一堂	253	

石川　大椿　260
谷　嚶齋　260
佐藤　雲韶　260
吉田　訥所　260
西　湖學　260
岡田　阜谷　261

儒醫

綾部　道弘　262
加藤　九臯　262
鈴木　松江　262
岡　澹齋　263
富田　育齋　263
田中　弄叟　263
田中　適所　263
朝倉　荊山　264
石山　瀛洲　264
松村　九山　264
關屋　致鶴　265
江馬　蘭齋　265
茅原　虛齋　265
服部　大方　265
神　晉齋　266
城　鞠洲　266
小畑　詩山　266
蘆川　桂洲　267

大野　竹瑞　267
平住　專菴　267
加藤　正菴　267
石原　桂園　268
石原　東隈　268

藩主

鍋島　直興　269
藤原　溫齋　269

藩儒

乾　長孝　270
安積　希齋　270
古市　南軒　270
入江　東阿　270
富田　王屋　271
諸葛　琴臺　271
梅津　白巖　271
鈴木　大凡　272
宮田　五溪　272
諸葛　歸春　272
赤城　彩霞　273
內海　雲石　273
蒔田　鳳齋　273
小南　栗齋　273
中島　黃山　274

古屋　有齋	274	**日本國學者**
芳賀　篁墩	274	
川合　元	275	深澤　君山　282
川田　喬遷	275	鈴木　離屋　282
遲塚　速叟	275	渡邊　荒陽　282
吉田　鷲湖	275	奧村　止齋　283
松井　蝸菴	276	八木　中谷　283
		山崎　北峯　283
藩士		殿岡　北海　284
		關谷　潛　284
松崎　觀瀾	277	
高成田　琴臺	277	**其他**
岸　勝明	277	
藤堂　渫齋	278	松澤　老泉　285
原　松洲	278	小龜　勤齋　285
水野　陸沈	278	馬場　信武　285
伊東　奚疑	278	井田　龜學　286
小澤　精菴	279	高松　貝陵　286
三島　通庸	279	水谷　雄琴　286
高垣　柿園	279	市野　迷菴　286
小松　愚山	280	最上　鶯谷　287
千早　東山	280	矢部　騰谷　287
陸　九皋	280	
細川　十洲	281	**著作篇**
山崎　如山	281	**易類**　290
西山　元文	281	**書類**　305
		詩類　310

禮類 316

　周禮 316

　儀禮 317

　禮記 317

　三禮及其他相關 319

春秋類 321

　左傳 321

　公羊傳 325

　穀梁傳 325

　其他春秋相關 325

四書類 327

　論語 327

　孟子 337

　大學 341

　中庸 347

　論孟 351

　學庸 352

　四書 353

孝經類 357

爾雅類 362

群經總義類 362

索引

一　作者姓名

依漢字筆劃順 371

依日語發音順 381

依羅馬拼音順 397

名字稱號筆劃順 414

二　經籍名 481

傳略篇

程朱學派

藤原　惺窩（1561-1619）

ふじわら-せいか　HUZIWARA-SÊKA　（程朱學派）

名肅，字斂夫，號惺窩、北肉山人，柴立子、廣胖窩。播磨（兵庫縣西南部）人。為中訥言定家之十二世孫，父為參議為純。惺窩幼而穎悟，人呼為神童。一旦祝髮而為浮屠，名舜，號妙壽院，雖學佛典，然有志於儒學，而憂世無良師，遂奮然欲航海遊明，而前往薩摩，偶得《大學》朱熹章句，欣然曰：「吾懷於天地間欲有是如之尊書久矣，今雖欲踏明土，然朱熹既歿，不復所望。」於是，求得島津日新齋所求於明國朱學之要書，而歸於京師，乃為儒，盡棄舊學，始表章洛閩之書，以興聖道自任。後隱居洛北，閉戶絕俗，深自韜晦。然生徒益進，聲譽彌隆，公卿侯伯往往自執弟子之禮。爾後運雍熙屬，人人挾四書，戶戶起絃誦之聲，蓋惺窩為之首倡者。其之有功於文學，可謂偉矣。元和五年歿，年五十九。（大日本人名辭書）

著有：逐鹿評（一名大學要略）二卷。

菅　得菴（1581-1628）

かん-とくあん　KAN-TOKUAN　（程朱學派）

名玄同，字子德，號得菴、生白堂，播磨（兵庫縣西南部）人。本姓菅原氏，受業於藤原惺窩。寬永五年歿，年四十八。（儒林源流）

著有：論語序說考證二卷、登雲四書。

那波　活所（1595-1648）

なば-かっしょ　NABA-KASSYO　（程朱學派）

名方，後改為觚，初名信吉，字道圓，稱平八，號活所，後改姓為祐

氏。播磨（兵庫縣西南部）人。家為豪農，活所自幼聰慧，而好讀
書，及長，受業於藤原惺窩，與同門被稱為四傑之一。業成，仕於紀
藩，為文學。為人剛直，不避權貴，對主侯直言不諱，屢致啟沃。慶
安元年歿，年五十四。（大日本人名辭書）

著有：通俗四書註者考一卷（刊）。

小倉　三省（1604-1654）
おぐら-さんせい　OGURA-SANSÊ　（程朱學派）

名克，字政義，稱彌右衛門，號三省，土佐（高知縣）人。本姓高畑
氏，受業於谷時中，主張程朱之說，尊實踐，為南海理學之宗。業
成，仕於土佐藩，進而執政。常以忠誠盡於郡國，以勤儉慈惠之德，
為庶人所仰。承應三年歿，年五十一，贈從五位。（南學史）

著有：周易大傳研幾八冊。

熊谷　活水（?-1655）
くまがい-かっすい　KUMAGAI-KASSUI　（程朱學派）

名立設，稱永菴，號活水，京師人。學於堀杏菴，仕於尾張藩，為文
學。明曆元年歿。（大日本人名辭書）

著有：語孟序說鈔四卷（刊）。

林　羅山（1583-1657）
はやし-らざん　HAYASI-RAZAN　（程朱學派）

名忠，一名信勝，字子信，幼名菊松麿，通稱又三郎，後稱道春，號
羅山、浮山、羅浮、羅洞、四維山長、胡蝶洞、瓢巷、梅村、夕顏
巷、尊經堂、麝眠、雲母溪。其先加賀（石川縣南部）人。及父信時
住京師。幼喪母，為叔父理齋所養。羅山生而神彩秀徹，十三歲能解

國字，誦演史稗說，且窺漢土之記錄，見聞不忘，人皆云此童之耳如囊。年十四，入建仁寺大統菴，從慈稽讀書。長而益精研經籍，博馳聘於百家，遂銳意以興洛閩之學自任。開門集徒，講說四書新註，此為民間講書之權輿。此時藤原惺窩既已倡理學於洛北，羅山景慕而持弟子之禮。惺窩亦以得人，而推為高足。慶長十一年德川家康召為博士，以備顧問。後薙髮稱道春，敍民部卿法印。羅山遇幕府創業之時而大受寵任，創朝儀，定律令，幕府之文書法度概出其手。又賜上野忍岡之地，營孔子廟，此為湯屋聖堂之起源。明曆三年歿，年七十五。私諡曰文敏。贈正四位。（大日本人名辭書）

著有：周易手記六卷、周易本義七卷（點）、周易題說不（一名周易抄）六卷（刊）、書經集注六卷（點）、多識編五卷（刊）、二禮諺解二卷、周禮三卷（點）、儀禮三卷（點）、春秋劈頭論說四卷、論語解四卷、論語摘語一卷、孟子養氣知言解一卷、大學抄一卷、大學要旨一卷、大學要略抄一卷、大學解二卷、中庸解三卷、孝經一卷（點）、孝經見聞抄三卷、古文孝經抄一卷、四書序考一卷（刊）、四書要語抄一卷、四書集注十卷（點）、四書集註抄三十八卷（刊）、五經十一卷（點）、五經大全（點）、五經要語抄一卷、經典問答一卷、經典題說一卷（刊）、經籍倭字考一卷。

松永　尺五（1592-1657）

まつなが-せきご　MATUNAGA-SEKIGO　（程朱學派）

名遐年，字昌三，稱昌三郎，號尺五、講習堂、春秋館。山城（京都府南部）人。受業於藤原惺窩，仕於金澤藩，為儒官，後於京師講說。尺五能陶冶人材，木下順菴、宇都宮遯菴等出於其門。明曆三年歿，年六十六。私諡曰恭儉。（大日本人名辭書、燕臺風雅）

著有：春秋左氏傳筆記、春秋胡傳集解三十卷（點）、四書事文實錄

十四卷、五經私考、五經集注首書六十七卷（刊）。

江村　剛齋（1608-1661）
えむら-ごうさい　EMURA-GÔSAI　（程朱學派）
名宗珉，字友右，稱全菴，號剛齋，京師人。受業於那波活所，仕於青山藩，為儒官。萬治四年歿，年五十四。（大日本人名辭書）
著有：重編四書註者考一卷（刊）。

鵜飼　石齋（1615-1664）
うかい-せきさい　UKAI-SEKISAI　（程朱學派）
名信之，初名方正，字子直，稱石齋，號心耕子，江戶（東京都）人。受業於那波活所，研究多年，精通五經，後又以史學為著。仕於尼崎藩，致仕後講說於京師，校點諸書。名聲與山崎闇齋、毛利貞齋等齊。寬文四年歿，年五十，私諡曰貞節。（國書解題）
著有：四書大全二十三卷（校訂）、四書存疑考異一卷（刊）、四書淺說（校）、重訂四書存疑十五卷（點）。

人見　卜幽軒（1599-1670）
ひとみ-ぼくゆうけん　HITOMI-BOKUYÛKEN　（程朱學派）
名壹，字道生，稱卜友，號卜幽軒、友軒、林塘菴、白賁園、把茅亭。京師人。本姓小野氏。幼時為柏原氏之養子，習鼓擊。年二十餘奮然自悔，而書讀，柏原氏歿後，復人見之姓。學於菅得菴、林羅山，遂為鄉里所推賞，學徒盈門，貴紳從遊者不少。寬永五年始東遊，仕於水府之威公，為侍講，此為江戶儒者之始。寬文十年歿，年七十二。（大日本人名辭書）
著有：四書童子問一卷、五經童子問。

和田　靜觀窩（1602-1672）

わだ-せいかんか　WADA-SÊKANKA　（程朱學派）

名宗允，字子誠，號靜觀窩、慵慵子。播磨（兵庫縣西南部）人。受業於林羅山，仕於龍野藩，為文學，後講說於京師。（大日本人名辭書）

著有：論語諺解五卷、學庸諺解三卷、四書集註序諺解四卷。

三宅　鞏革齋（1614-1675）

みやけ-きょうかくさい　MIYAKE-KYÔKAKUSAI　（程朱學派）

名道乙，初名宅昌，字子燕，稱忠兵衛，號鞏革齋、大遺齋、斫山樵人、日研山樵。京師人。本姓合田氏，為三宅寄齋之養子，故冒三宅氏。幼而穎爽強記，受業於菅得菴，流輩中嶄然見頭角。長而博涉經史，自諸子百家之書迄至日本之事、官家故實，莫不領略貫穿。其解經義，多出於己見。而一字亦不放過，細擇探索，盡其精微。為人高嶷英偉，外剛內仁，自奉甚儉，施人為豐。尤謹言語，崇誠信。紀州侯、備前侯、伊勢津侯之崇信最重，恩遇殊渥。延寶三年歿，年六十一。（大日本人名辭書）

著有：祭禮節解三卷（刊）、喪禮節解二卷。

氏家　過擴堂（1622-1676）

うじえ-かかくどう　UZIE-KAKAKUDÔ　（程朱學派）

名素行，通稱傳次、大隅，號過擴堂，陸前（宮城縣部分及岩手縣東南部）人。受業於林羅山門之谷逝水，仕於仙臺藩，為侍講。延寶四年坐不敬之罪，自刃，年五十五。（仙臺風藻）

著有：大學新大全。

林 鵞峯（1618-1680）

はやし-がほう　HAYASI-GAHÔ　（程朱學派）

名恕，一名春勝，字子和，後改為之道，通稱春齋，號鵞峯、向陽軒、葵軒、竹牖、爬脊子、晞顏齋、也魯齋、格物菴、溫故知新齋、頭雪眼月菴、旁花隨柳堂、辛夷塢、仲林、南牐、恒宇、南墩、櫻峯、碩果。羅山之三子，天性至孝，溫柔貞固，文詞以那波活所為師，能繼述家學。及稍長，博學強記，經史子集無不究之。且通日本之歷史，問者應對如流。為幕府之儒官，敘治部卿法印，又賜弘文院學士之號，盡瘁於諸生之教育。又開私塾，循循勸誘，自以為樂。闔國推為儒宗。延寶八年歿，年六十三。私諡曰文穆。贈正四位。（大日本人名辭書）

著有：周易本義私考十三卷、周易本義首書七卷、周易私考翼七卷、周易訓點異同一卷（刊）、周易程傳私考十八冊、周易新見二十三冊、易啟蒙私考一冊、易翼餘考五卷、書經私考四卷、詩書序考一卷、詩經私考三十二卷、禮記私考、左傳序考一卷、春秋胡氏傳私考八冊、論語序說考解二卷、論語私考二卷、論語諺解三十一卷、孟子諺解三十三卷、大學或問私考一卷、大學諺解一卷、中庸或問私考二卷、中庸諺解三卷、孝經諺解三卷、古文孝經諺解三卷。

松永 寸雲（1619-1680）

まつなが-すんうん　MATUNAGA-SUNUN　（程朱學派）

名昌易，號寸雲子。山城（京都府南部）人。尺五之長子，繼家學，兼善俳諧。延寶八年歿，年六十二。（儒林源流、燕臺風雅）

著有：周易秘箋一卷、書經集傳首書、春秋四傳首書。

田中　止邱（1637-1682）

たなか-しきゅう　TANAKA-SIKYÛ　（程朱學派）

名犀，初名麟，字一角，通稱傳齋，後改為理助，號止邱、避塵齋、
白雲居士。京師人。幼而仕於小濱藩。既而銜侯之命至江戶，學於林
羅山及鵞峯。業成，歸藩列為儒員，後仕於水戶藩，入彰考館，預日
本史編輯之事。止邱少時留心於史學，精讀史漢，及仕於水府，講究
本土之典故，精通六史。天和二年歿，年四十六。（大日本人名辭書）
著有：經傳字訓一卷。

那波　木菴（1614-1683）

なば-もくあん　NABA-MOKUAN　（程朱學派）

名守之，字元成，以字通稱，號木菴、老圃堂。播磨（兵庫縣西南
部）人。活所之子，夙繼家學，又師事林羅山。為紀藩之文學，致仕
後，講說於京師。天和三年歿，年七十。（大日本人名辭書）
著有：中庸意見。

小出　永安（?-1684）

こいで-えいあん　KOIDE-ÊAN　（程朱學派）

名立庭，字不見，稱內記，號永安、永菴，尾張（愛知縣西部）人。
幼而穎悟，受業於熊谷活水，業成，為尾張藩之儒官，又至江戶為木
下侯之客。貞享元年歿。（尾張名家誌）
著有：周易句解十卷（校）、易學啟蒙通釋鈔八卷（刊）、論孟集註
序說和語鈔三卷、大學和語鈔四卷、中庸和語鈔八卷（刊）、孝經講
草鈔二卷。

柳川　震澤（1650-1690）

やながわ-しんたく　YANAGAWA-SINTAKU　（程朱學派）

名順剛，字用中，稱平助，號震澤、平菴、震溪釣叟。近江（滋賀縣）人。受業於木下順菴。為人羸弱善病，以故終身不娶。元祿三年歿，年四十一。（大日本人名辭書）

著有：論孟說叢八卷。

熊谷　荔齋（?-1695）

くまがい-れいさい　KUMAGAI-RÊSAI　（程朱學派）

名立閑，字荔墩，號荔齋、了菴、新蕉軒，京師人。熊谷活水之子。貞享（1684-1688）年中之人。（大日本人名辭書）

著有：新增首書四書大全三十八卷（刊）。

貝原　存齋（1622-1696）

かいばら-そんさい　KAIBARA-SONSAI　（程朱學派）

名回道，後改為元端，字子善，號存齋，筑前（福岡縣西部）人。為福岡藩士，為人好學，有節操不為苟合，以病致仕，隱居終身。元祿八年歿，年七十四。（大日本人名辭書）

著有：孝經纂註一卷（刊）。

人見　懋齋（1638-1696）

ひとみ-ぼうさい　HITOMI-BÔSAI　（程朱學派）

名傳，字子傳，又作士傳，通稱又左衛門，號懋齋、竹墩，削髮後稱道設。京師人。本姓藤田氏，卜幽軒之外甥，為其嗣，而稱人見氏。懋齋受業於林鵞峯及朱舜水，仕於水戶藩。懋齋有幹事之才。上書史館置總裁一事，因此撰而被任初代總裁。元祿九年歿，年五十九。贈

從四位。（大日本人名辭書）

著有：春秋備考十二卷。

愛甲　喜春（1605-1697）

あいこう-きしゅん　AIKÔ-KISYUN　（程朱學派）

名廣隆，通稱諸兵衞、平左衛門，號玄德、後改為喜春，薩摩（鹿兒島縣西部）人。為人質實而寡言，初從僧秦岳讀書，又學醫於津田曲桃菴，受儒業於僧如竹，更學《易》於江夏二閑，學斷《易》法於井上伊織，學曆法於川越重能。又攻兵學，以醫為業，而有名聲，後為鹿兒島藩侍讀。元祿十年歿，年九十三，追贈正五位。（薩藩の文化）

著有：易經和鈔五卷、四書和鈔十二卷

大串　雪瀾（1658-1697）

おおぐし-せつらん　ÔGUSI-SETURAN　（程朱學派）

名元善，字子平，稱平五郎，號雪瀾，京師人。本姓平野氏，少壯時，受業於人見懋齋，藻思敏贍，有出藍之稱。兼通日本皇朝典故，仕於水戶藩，入彰考館，後進為總裁。元祿九年歿，年三十九。（文苑遺談）

著有：書經講義三卷、詩經講義二卷。

安東　省菴（1622-1701）

あんどう-せいあん　ANDÔ-SÊAN　（程朱學派）

名守約、初名守正，字魯默、子牧，通稱市之進，號省菴、恥齋，筑後（福岡縣南部）人。累世為柳川藩儒官，省菴夙有志於聖賢之道，遊京師，受業於松永尺五，學成歸，為藩侯侍講。明儒朱舜水至長崎

時，省菴慕其學德，執弟子之禮。又傷其流落，貧困無依，自割俸祿之半贈之。他日舜水為西山公所用，至有盛名，實省菴使之然也。元祿十四年歿。（大日本人名辭書）

著有：周易傳義異同考八卷、詩書集傳朱蔡異同考六卷、詩集傳續錄附別錄 餘錄六卷、大學私考、四書道德總圖二卷、經翼群書集錄二卷、經翼群書續錄二卷、經翼群書別錄二卷、經翼群書餘錄二卷。

伊藤　萬年（1641-1701）

いとう-まんねん　ITÔ-MANNEN　（程朱學派）

名由貞，字士亨，號萬年，京師人。幼受業於松永尺五，以講說為業，後居加賀。元祿十四年歿，年六十一。（燕臺風雅）

著有：周易筮法經驗。

橫田　何求（1620-1702）

よこた-かきゅう　YOKOTA-KAKYÛ　（程朱學派）

名俊益，字三友，稱清四郎，號何求。學於林羅山，仕於會津藩。晚年慕陸王之學，又講神道。元祿十五年歿，年八十三。（大日本人名辭書）

著有：祭禮記一卷、大學金籯抄七卷、孝經大義和字抄三卷。

中村　惕齋（1629-1702）

なかむら-てきさい　NAKAMURA-TEKISAI　（程朱學派）

名之欽，字敬甫，通稱七左衛門，後改為仲二郎，號惕齋。京師人。自幼時厚重，不好嬉戲。及長，專務篤實，不悅浮靡，常杜門潛心於學事。為人廉貞寡欲，泊然於功名財利。故雖生長於賈豎之間，不知物價。其學廣博，迄至天文、地理、尺度、量衡之類，無不通曉，就

中精於禮學，又審音律。惕齋專奉性理之學，以誠敬為本，深以時輩涉異說為非。與當時伊藤仁齋齊名，世人語曰：「惕齋難為兄，仁齋難為弟」，為德島藩之儒官。元祿十五年歿，年七十四。贈從四位。（大日本人名辭書）

著有：反卦互體圖說一卷、周易啟蒙翼傳一卷、周易程傳鈔說四卷、筆記周易本義十六卷（刊）、筆記易學啟蒙四卷、筆記續易要領四卷（刊）、筆記書經集傳十二卷（刊）、筆記詩經集傳十四卷（刊）、詩經示蒙句解十八卷（刊）、詩經叶韻考一卷、筆記禮記集傳十六卷（刊）、周禮儀禮抄一卷、月令廣義一卷、家禮訓蒙疏五卷、筆記春秋胡氏傳四卷（刊）、論語鈔校正一卷、孟子鈔校正一卷、筆記大學或問一卷、學庸鈔校正一卷、孝經刊誤集解一卷（刊）、孝經示蒙句解一卷、四書示蒙句解二十七卷（刊）、四書鈔說十二卷（刊）、筆記四書集註、四書五經二十一卷（點）。

安東　侗菴（1667-1702）

あんどう-どうあん　ANDÔ-DÔAN　（程朱學派）

名守直，字元簡，稱正之進，號侗菴，筑後（福岡縣南部）人。省菴之子，繼家學，仕於柳川藩。元祿十五年歿，年三十六。（大日本人名辭書）

著有：四書私抄十卷

松下　見林（1637-1703）

まつした-けんりん　MATUSITA-KENRIN　（程朱學派）

名慶攝，一名秀明，字諸生，稱見林，號西峯散人。浪華（大阪）人。本姓橘氏，年十三至京師，受醫學於古林見宜，見宜歿後，僑居堀河，開醫業。見林博覽強記，精於漢學，又涉獵日本之古典，每年

遣人至長崎，求購舶來之書籍，故其藏書近十萬卷。年過五十而仕於
高松侯，猶住於京師，專以著作為事。元祿十六年歿，年六十七，贈
從四位。

著有：改正詩經集註十五卷、訓點毛詩艸木鳥獸蟲魚疏二卷。

宇都宮　遯菴（1633-1707）

うつのみや-とんあん　UTUNOMIYA-TONAN　（程朱學派）

名的，字由的，通稱三近，號遯菴、頑拙、三近子，周防（山口縣
東南部）人。受業於松永尺五，仕於岩國藩。嘗著《日本古今人物
志》，得罪遭禁錮。後赦免，至京師講說。晚年又依主命歸藩，為文
學之職。寶永六年歿，年七十七，贈正五位。（大日本人名辭書）

著有：論語徵考二冊、鼇頭四書集註十卷、孝經大義詳解二卷
（刊）。

松浦　交翠軒（1644-1707）

まつうら-こうすいけん　MATUURA-KÔSUIKEN　（程朱學派）

名默，字成之，稱藤五郎，號交翠軒。播磨（兵庫縣西南部）人。年
十五，仕於姬路侯。因侯命至江戶，從林鵞峯學。居五年，侯卒。自
是絕意於官途，在江都以講說為業。寶永九年歿，年六十四。（大日
本人名辭書）

著有：論語證解、大學授蒙資講五卷（刊）、孝經證解三卷。

二山　時習堂（1623-1709）

ふたやま-じしゅうどう　HUTAYAMA-ZISYÛDÔ　（程朱學派）

名義長，字伯養，稱彌三郎，號時習堂。石見（島根縣西部）人。少
時至江戶，及壯，仕於中川侯，然無幾而辭去。伯養平素嗜學。致仕

後，以孜孜求道為事。初好釋老，又奉王陽明之說，終歸於朱子。為人篤學慎行，當世比之於中江藤樹云。寶永六年歿，年八十七。（大日本人名辭書）

著有：論語精義五卷。

伊藤　固菴（1641-1711）

いとう-こあん　ITÔ-KOAN　（程朱學派）

名立誠，初號寸菴，後改固菴，京師人。受業於歸化人陳元贇，仕於尾張侯。正德元年歿，年七十一。（儒林源流）

著有：經說講義。

大高坂　芝山（1649-1713）

おおたかさか-しざん　ÔTAKASAKA-SIZAN　（程朱學派）

名季明，字清甫，稱清助，號芝山、一峯、黃軒、黃裳閣，土佐（高知縣）人。受業於谷一齋（一說為小倉三省之門人），芝山才廣博覽，篤信程朱，尤究性理，殊善詩文，明人皆極口稱讚之。初仕於松山侯，後仕於稻葉侯。正德三年歿，年六十五。（大日本人名辭書）

著有：易本義翼十二卷、詩書疑問四卷、語孟疑問六卷、學庸集考四卷。

貝原　益軒（1630-1714）

かいばら-えきけん　KAIBARA-EKIKEN　（程朱學派）

名篤信，字子誠，通稱久兵衛，初號柔齋，後號益軒、恥軒，筑前（福岡縣）人。貝原存齋之弟，幼時讀醫書，略通藥方。及長，遊於京師，與松永尺五、山崎闇齋、木下順菴等諸儒學，日夜刻苦三年，學業大成。初喜陸王之學，後悟其非，盡棄舊學，篤崇洛閩之學。中

年，講學於京師，博覽強記，無不究綜。性謙遜，深自韜晦，令譽日
隆。益軒好著書，以利人濟物為要。歷仕於福岡藩之三侯，致仕後隱
居於京師。正德四年歿，年八十五。（大日本人名辭書）

著有：易學提要一卷、禮記纂一卷、三禮口訣五卷、大學綱目俗解、
女大學一卷、女大學寶箱文庫一卷（刊）、孝經大義一卷（點）、三
經纂言一卷、四書集註十卷（點）、五經十一卷（點）、經傳集要一
卷。

後藤　松軒（1631-1717）

ごとう-しょうけん　GOTÔ-SYÔKEN　（程朱學派）

名進，號松軒，三河（愛知縣東部）人。自幼失明，後住於山城之伏
見，習瞽者之業，稱松野勾當。既而棄瞽業，入禪林參學。年二十
六，初學儒，廢佛學。業成，仕於會津藩。致仕後，稱舒嘯，講說以
終。享保二年歿，年八十六。（大日本人名辭書）

著有：大學通義一卷。

山內　退齋（1684-1718）

やまのうち-たいさい　YAMANOUTI-TAISAI　（程朱學派）

名久作，字新民，號退齋。大阪人。幼時尊信程朱之學，及長遠近聞
名。享保三年歿，年三十五。（大阪名家著述目錄）

著有：辨論語古義、辨語孟字義。

莊田　恬逸（1660-1723）

しょうだ-てんいつ　SYÔDA-TENITU　（程朱學派）

名良資，字賚卿，一字春龍，號恬逸。安藝（廣島縣西部）人。受業
於林鳳岡，仕於幕府。享保八年歿，年六十四。（儒林源流）

著有：詩集傳翼八卷、四書章句集注考異十卷。

新井　白石（1657-1725）
あらい-はくせき　ARAI-HAKUSEKI　（程朱學派）

名君美，初名璵，字在中、濟美，通稱與次右衛門，後改勘解由，號白石、勿齋、紫陽、錦屏山人、天爵堂，江戶（東京都）人。白石生而岐嶷穎敏，受業於木下順菴，長而博覽強記，尤通曉和漢典故，以經世自任，業成，仕於幕府，得家宣將軍寵遇，所獻替者不少。著書數百種，世稱其有用。享保十年歿，年六十九。（大日本人名辭書）

著有：詩經名物圖一卷、詩經圖六卷、木瓜考一卷、家禮儀節考附錄共十卷、春秋考、論語筆記一卷、經說。

岡島　冠山（1674-1728）
おかじま-かんざん　OKAZIMA-KANZAN　（程朱學派）

名璞，字玉成，初名明敏，初字援之，稱彌太夫，號冠山，長崎人。初以譯士仕於萩藩，憼其賤役，居家專修性理之學，又東遊，受業於林鳳岡。通華音，主倡稗官之學於世。享保十三年歿，年五十五。（大日本人名辭書）

著有：四書唐音辨二卷、經學字海便覽七卷（刊）。

三宅　誠齋（?-1728）
みやけ-せいさい　MIYAKE-SÊSAI　（程朱學派）

名堅恕，號誠齋。近江（滋賀縣）人（一說京都人）。三宅滄菴之子，受家學，仕於桑名藩，為儒官。其學以道德為專，志操尤高。致仕後，於京師講說，享保十三年歿。（桑名前修遺書、三重先賢傳）

著有：孟子講義（刊）。

喜多村　間雲（1682-1729）

きたむら-かんうん　KITAMURA-KANUN　（程朱學派）

名政方，幼名長命，字校尉，通稱平十郎，後改為監物，號間雲堂、耕道，津輕（青森縣）人。為山鹿素行之外孫，通曉山鹿流之兵學。仕於弘前藩，為文學。享保十四年歿，年四十八。（青森縣史）

著有：略四書分類一卷。

關　一樂（1644-1730）

せき-いちらく　SEKI-ITIRAKU　（程朱學派）

名載甫，通稱幸輔，號一樂翁、正軒、真菴。豐後（大分縣北部以外之大部分）人。學於中村惕齋，仕於岡藩，為文學。又經營家塾，教授子弟，享保十一年得藩費，設輔仁堂學舍，而成半官方家塾。其為人篤厚，為州里所敬慕，享保十五年歿，年八十五。（日本教育史料）

著有：春秋胡氏傳諺解。

三宅　石菴（1665-1730）

みやけ-せきあん　MIYAKE-SEKIAN　（程朱學派）

名正名，字實父，稱新次郎，號石菴、萬年、泉石。京師人。淺見絧齋之門人，初講說於江戶，後僑居大阪，倡程朱學，名聲大顯，來執贄者頗多。與中井甃菴等相謀，於尼崎建懷德書院，眾勸石菴領祭酒之事。為人謙讓質樸，能容人。石菴亦善於書及和歌、俳諧。享保十五年歿，年六十六。（大日本人名辭書）

著有：論孟首章講義一卷（刊）。

安見　晚山（1682-1731）

やすみ-ばんざん　YASUMI-BANZAN　（程朱學派）

名元道，字太中，稱文平，號晚山。江戶（東京都）人。為林鳳岡門人。享保初，拔擢為幕府之儒官。享保十六年歿，年五十。（大日本人名辭書）

著有：講經筆記。

林　鳳岡（1644-1732）

はやし-ほうこう　HAYASI-HÔKÔ　（程朱學派）

名戇，一名信篤，字直民，稱春常，號鳳岡、整宇、拙拙翁、徐干子。鵞峯之二子，自幼聰明，與其兄梅洞學，通曉經書，耽嗜詩律。年二十六代父統諸生，以詩禮為任。鵞峯歿後，襲其職祿，任大藏卿法印，賜弘文院學士之號。此時，幕府於湯島臺設昌平黌，擢鳳岡為大學頭，於是世皆知以儒教之世用為主。享保十七年歿，年八十九。私諡曰正獻。（大日本人名辭書）

著有：周易程傳私考補十卷、周易講義、詩書講義、四書講義。

陶山　鈍翁（1658-1732）

すやま-どんおう　SUYAMA-DONÔ　（程朱學派）

名存，字士道，稱莊右衛門，號鈍翁、訥菴。對馬（長崎縣對馬市）人。少時至京師，受業於木下順菴，深得洛閩之旨。歸後，為對馬侯所登用，為郡宰十三年，頗有治績。尤用意於農政，施設得宜，州民被其惠。後累遷為參政。屢屢建言，談論侯家之得失。既而，所言不為所容，僅三個月而罷去。自是閉戶，不輕率與人交，著述自娛二十餘年。享保十七年歿，年七十六。（大日本人名辭書）

著有：艮止說一卷（刊）、艮卦象辭直解一卷、春秋大義二卷、論語

鈔一卷、論語鈔註一卷、論語鈔諺解一卷、和論語鈔略拔書一卷、孟子鈔一卷、大學或問鈔一卷、中庸三章一卷。

江村　復所（?-1732）

えむら-ふくしょ　EMURA-HUKUSYO　（程朱學派）

名如圭，字希南，號復所，京師人。江村剛齋之姪孫，仕於青山藩，又從松岡玄達學，通植物學。享保十七年歿。（國書解題）

著有：周易本義國字解五卷、周易動植象考十二卷、詩經名物辨解七卷（刊）。

室　鳩巢（1658-1734）

むろ-きゅうそう　MURO-KYÛSÔ　（程朱學派）

名直清，字師禮，一字汝玉，幼名孫太郎，小字順祥，稱新助，號鳩巢、滄浪、駿臺。江戶（東京都）人。幼而聰悟，人稱神童，既有老成之風。年十四，始受業於木下順菴。後又從羽黑養潛攻經術。業成，仕於加賀侯。正德初，因新井白石之薦，為幕府之學職，吉宗繼統之後，統高倉館之教授，尋擢為侍講。其學專堅守程朱，深惡當世之好立異說，以維持名教為己任。享保十九年歿，年七十七。贈從四位。（大日本人名辭書）

著有：周易新疏十卷、周易傳義講義十卷、文公家禮通考一卷刊、論語愚問抄一卷、大學章句新疏二卷（刊）、中庸章句新疏二卷（刊）、四書講義。

山崎　子列（1660-1734）

やまざき-しれつ　YAMAZAKI-SIRETU　（程朱學派）

名泉，字子列，稱勝藏。會津（福島縣西部）人。為會津藩儒。（會

津藩著述目錄）

著有：易書階梯五卷、語孟字義辨三卷、大學章句觸類三卷、大學辨斷一卷、中庸脈絡一卷。

小宮山　桂軒（1690-1734）

こみやま-けいけん　KOMIYAMA-KÊKEN　（程朱學派）

名昌嶠，字偉長，通稱本次郎，後改為次郎又衛門，號桂軒、忍亭，江戶（東京都）人。桂軒家累世以儒為業，幼學於林鳳岡之門，業成，仕於水戶藩。桂軒在昌平黌時，曾與韓人唱和，其文名為人所稱。享保十九年歿，年四十五。（水戶文籍考）

著有：禮樂志十六卷（刊）。

佐藤　周軒（1665-1741）

さとう-しゅうけん　SATÔ-SYÛKEN　（程朱學派）

名廣義，稱勘平，號周軒、塵也。江戶（東京都）人。受業於後藤松軒，篤奉師說，以實用為主。仕於岩村侯，為儒官，後為世子之傅，遂陞為老職【江戶幕府的職稱之一，將軍之下置大老、老中、若年寄等老職；而各大名（即諸侯）中則稱家老或中老】。寬保元年歿，年七十七。（大日本人名辭書、美濃文教史要）

著有：四書參考。

竹田　春菴（1661-1745）

たけだ-しゅんあん　TAKEDA-SYUNAN　（程朱學派）

名定直，字子敬，稱助大夫，號春菴。筑前（福岡縣西部）人。受業於貝原益軒，仕於福岡藩為文學。延享二年歿，年八十五。（大日本人名辭書）

著有：詩書疏林、孝經便蒙釋義二卷（刊）、孝經便蒙釋義附纂二卷
（刊）、四書小解。

黑澤　節窩（1683-1748）

くろさわ-せっか　KUROSAWA-SEKKA　（程朱學派）

名順，稱彌六郎，號節窩、活潑童子，越後（新潟縣本州部分）人。
為高田藩之世臣，深尊程朱之學。藩主榊原政邦好學，自江戶聘林鳳
岡及儒臣中村清助等講莚，節窩常陪此席，因而得以成業。後與老臣
久代將業等共同改革藩政式目之事，其他獻替之功甚多。著書痛斥伊
藤仁齋之學風，又開私塾授徒。寬延元年歿，年六十六。（大日本人
名辭書）

著有：易說便蒙。

高瀨　學山（1668-1749）

たかせ-がくざん　TAKASE-GAKUZAN　（程朱學派）

名忠敦，一名敦，字希樸、喜樸，通稱忠兵衛，又作右衛門，號學
山、松菴。紀伊（和歌山縣及三重縣南部）人。受業於林鳳岡，研究
程朱之學，殊好律學，嘗以明律之疑義而與荻生徂徠往復數次，徂徠
歎稱。學山又好演武，尤留心鎗術，其技之精巧，專門之士皆稱之。
仕於紀藩。寬延二年歿，年八十二。（大日本人名辭書）

著有：論語鈔說十卷、孟子鈔說七卷。

大塚　退野（1678-1750）

おおつか-たいや　ÔTUKA-TAIYA　（程朱學派）

名久成，稱丹左衛門，號退野、孚齋，肥後（熊本縣）人。初信陽明
學，後就藪震菴修程朱學。仕於熊本藩，為文學。寬延三年歿，年七

十四。（肥後文獻叢書）

著有：易學啟蒙助講二卷、大學體驗說二卷。

大地　東川（1693-1752）

おおち-とうせん　ÔTI-TÔSEN　（程朱學派）

名昌言，字士俞、行甫，稱新八郎，號東川、遜軒、毖齊、奚疑，江
戶（東京都）人。室鳩巢之外甥，沖齔好學，受業於鳩巢。為人慤實
敦厚，夙夜奮勵，探究義理，剖析《大學》微旨，所論說往往出其師
之右。十二、三歲既善詩文，新井白石稱之為千里駒。仕於加賀侯，
為世子之侍讀，後擢為農司。寶曆二年歿，年六十。（大日本人名辭
書）

著有：論語問目二卷。

堀　南湖（1684-1753）

ほり-なんこ　HORI-NANKO　（程朱學派）

名正修，字身之，通稱正藏，後改為一六郎、七太夫，號南湖、習
齋。繼家學，又學於木下順菴。業成，仕於廣島藩。博學強記，善為
詩文，尤通《易》理。寶曆三年歿，年七十。（大日本人名辭書）

著有：蘇易傳翼十卷。

伊藤　龍洲（1683-1755）

いとう-りゅうしゅう　ITÔ-RYÛSYÛ　（程朱學派）

名道基、元基，字子崇，通稱莊司，號龍洲、宜齋，播磨（兵庫縣西
南部）人。本姓清田氏，受業於伊藤坦菴，為其嗣。仕於福井藩，為
文學。寶曆五年歿，年七十三，私諡曰為莊肅先生。（大日本人名辭
書）

著有：四書通辨十九卷。

梁田　蛻巖（1672-1757）
やなだ-ぜいがん　YANADA-ZÊGAN　（程朱學派）
名邦美，字景鸞，通稱新六，又稱元叔、才右衛門，號蛻　、龜毛、
窳三子。毅齋之弟，受業於人見鶴山，才識高遠，尤工於詩。長而喜
山崎闇齋之學，就其之所著，日夜研精。業成，講書於都下。年二
十六，以鶴山之介而謁見新井白石，與室鳩巢、三宅觀瀾諸名士相周
旋。蛻巖之學，以程朱為主，旁參禪理，又信神道。為人磊落奇偉，
不修邊幅，談笑豁達，有汗馬千里之氣。居常好談武說兵，議論慷
慨，有大丈夫之風，當世稱其為霸儒。初受聘加納侯，後仕於明石
藩，為儒官。蛻巖詩才巧妙，變幻百出，奇正互用，而鍛鍊極力，格
調屢變。初學宋，中年學唐，又轉學明，而最後歸於盛唐。寶曆七年
歿，年八十六。私諡曰循古。（大日本人名辭書）
著有：論語泰伯至德章講義一卷、四書講義四卷。

平野　深淵（1706-1757）
ひらの-しんえん　HIRANO-SINEN　（程朱學派）
名時成，字仲龍，稱權九郎，號深淵、孤雲。肥後（熊本縣）人。受
業於大塚退野，尤好程《易》，仕於熊本藩。寶曆七年歿，年五十
二。（肥後先哲偉蹟）
著有：程易夜話。

中村　蘭林（1697-1761）
なかむら-らんりん　NAKAMURA-RANRIN　（程朱學派）
名明遠，字子晦，稱深藏，號蘭林、盈進齋。江戶（東京都）人。姓

藤原氏，為家醫，繼家業，旁從室鳩巢攻經學。初稱玄春，為幕府之
醫官，心不屑之，上言醫改，列儒員。其學雖以程朱為宗，不敢墨
守，專務博覽，用心考據。寶曆十一年歿，年六十五。（大日本人名
辭書）

著有：讀易要領一卷、辨詩傳膏肓一卷（刊）、讀詩要領一卷
（刊）、葬祭式一卷（刊）、孟子考證一卷（刊）、大學衍義考證八
卷。

守屋　心翁（1682-1762）

もりや-しんおう　MORIYA-SINÔ　（程朱學派）

名義門，通稱氏右衛門，號心翁。讚岐（香川縣）人。仕於高松藩。
寶曆十二年歿，年八十一。（讚岐人物誌）

著有：占法儀要儀、本卦要儀、周易占法儀、周易本義口訣、周易本
義旨註鈔、周易本義旨註鈔象傳、周易本義旨註鈔文言傳、周易本義
旨註鈔序卦傳、周易本義旨註鈔象傳、周易本義旨註鈔說卦傳、周易
本義旨註鈔雜卦傳、周易本義旨註鈔繫辭傳、周易秘傳鈔、易學啟蒙
要義、易學啟蒙探索鈔、筮法要儀。

藤咲　僊潭（1689-1762）

ふじさき-せんたん　HUZISAKI-SENTAN　（程朱學派）

名正方，初名幹事，字叔通，稱小右衛門，號僊潭。江戶（東京都）
人。幼時全家移居水戶藩，僊潭夙學於朱舜水。繼父兄仕於水戶藩，
累進為彰考館之吏員。好讀書，意欲有所裨補於修史。後轉班參與專
任編纂之事，又任奉行、代官等。寶曆十二年歿，年七十四。（大日
本人名辭書）

著有：禮儀類點引用記者考一卷。

生駒　柳亭（1695-1762）

いこま-りゅうてい　IKOMA-RYÛTÊ　（程朱學派）

名直武，字君烈，稱內膳，號柳亭，加賀（石川縣南部）人。受業於伊藤莘野。（燕臺風雅）

著有：四書朱註四聲辨疑二十五卷、觀文書堂四書講易六十卷。

五井　蘭洲（1697-1762）

ごい-らんしゅう　GOI-RANSYÛ　（程朱學派）

名純禎，字子祥，稱藤九郎，號蘭洲、冽菴、梅塢，大阪人。學於家庭，專奉程朱，而排陸（九淵）、王（陽明）、伊（仁齋）、物（徂徠）。中井甃菴創懷德學院時，推為助教。後為津輕藩之儒官，使土民知嚮學。既而致仕歸大阪，又教授於懷德書院。門下出中井竹山、中井履軒二傑，文運大開，盛鳴於海內。寶曆十二年歿，年六十六，贈正五位。（大日本人名辭書、大阪名家著述目錄）

著有：左傳蓄疑附事態十二卷、中庸首章解一卷（刊）、爾雅翼四卷。

秋山　玉山（1702-1763）

あきやま-ぎょくざん　AKIYAMA-GYOKUZAN　（程朱學派）

名儀、定政，字子羽，稱儀右衛門，號玉山、青柯，肥後（熊本縣）人。本姓中山氏，仕於熊本藩，為文學。初學醫，又學儒於舅水足屏山，後從林鳳岡，專攻十年，歸而為藩主侍讀，又開門戶教徒。玉山體貌豐腴，眉宇秀發，有巍然不動之風。寶曆十三年歿，年六十二。（大日本人名辭書）

著有：韓詩外傳十卷（校）。

黑澤　雉岡（1686-1769）

くろさわ-ちこう　KUROSAWA-TIKÔ　（程朱學派）

名萬新，字新卿，稱右仲，號雉岡，武藏（東京都、埼玉縣及神奈川縣之一部分）人。少時至江戶，受業於林鳳岡，兼通醫術。安永三年，仕於田安府，為侍讀，恩眷日隆。列侯、士大夫受業者及於數百人之多。明和六年歿，年八十四。（大日本人名辭書）

著有：程易衍旨四卷。

原　花祭（1719-1769）

はら-かさい　HARA-KASAI　（程朱學派）

名五，字士岳，稱五太夫，號花祭。肥前（佐賀縣及長崎縣一部分）人。仕於多久氏，為多久藩聖堂學校之教諭。明和六年歿，年五十一。（佐賀先哲叢話）

著有：祭禮考一卷。

多湖　松江（1709-1774）

たご-しょうこう　TAGO-SYÔKÔ　（程朱學派）

名宜，字玄室，一字昌藏，又以為通稱，號松江、文鳳陳人。美濃（岐阜縣南部）人。受業於林榴岡，篤信師說。此時，蘐園（徂徠）之學盛行於海內。松江視為浮薄喧噪之學，甚惡之。業成，仕於松本藩，掌藩學崇教館之誨督。安永三年歿，年六十六。（大日本人名辭書）

著有：學庸纂釋（未完）。

伊藤　蘭齋（1728-1776）

いとう-らんさい　ITÔ-RANSAI　（程朱學派）

名仲導，字環夫，號蘭齋，上野（群馬縣）人。寬延二年（1749）隨藩主移封姬路，仕於姬路藩，為好古堂之教官。安永五年歿，年四十九。（國書解題）

著有：周易傳義國字解八卷。

德力　龍澗（1706-1777）

とくりき-りゅうかん　TOKURIKI-RYÛKAN　（程朱學派）

名茂弼，字子靜，稱十兵衛，號龍澗、蕀園、混混翁。讚岐（香川縣）人。生於江戶，學於家庭。仕於幕府，歷任昌平黌助教、訟廳博士、待直學士、書府監等。安永六年歿，年七十二。（大日本人名辭書）

著有：古文孝經古傳一卷、古文孝經外傳四卷。

後藤　芝山（1721-1782）

ごとう-しざん　GOTÔ-SIZAN　（程朱學派）

名世鈞，字守中，稱彌兵衛，號芝山、竹風，讚岐（香川縣）人。生而穎悟，長而東遊，寓於林榴岡之家，受經義。後入昌平黌，讀書不怠，故未弱冠而有才子之名。業成，仕於高松藩，掌州學講道館之訓督，兼為侍讀。芝山雖宗理學，然好博洽，旁通百家之書。晚年研究日本中葉以後之典故名物，精通所謂有職家之說。天明二年歿，年六十二。（讚岐人物傳）

著有：左傳古奇字音釋一卷（刊）、四書集註十九卷（點）、五經集註十一卷（點）、音訓五經十五卷。

岩下　探春（1716-1785）

いわした-たんしゅん　IWASITA-TANSYUN　（程朱學派）

名通亮，字大雅，稱吉右衛門，號探春，肥後（熊本縣）人。受業於
秋山玉山，仕於熊本藩。天明五年歿，年七十。（肥後先哲偉蹟）
著有：左傳比事文矩十卷。

清田　儋叟（1719-1785）

せいた-たんそう　SÊTA-TANSÔ　（程朱學派）

名絢，字君錦，初字元琰，稱文平，號儋叟、孔雀樓主人。播磨（兵
庫縣西南部）人。為伊藤龍洲之第三子，江村北海之弟。父龍洲，嗣
伊藤氏，故儋叟復其本姓，奉清田氏之祀。儋叟夙學於家庭，講究齋
宮靜齋與荻生徂徠之學，大修古文辭。後悟其非，而一以朱子為主，
文辭以歐、蘇為法。業成，為福井藩之儒官，與伯兄伊藤錦里同受優
遇。天明五年歿，年六十七（或云七十八）。（大日本人名辭書）
著有：論語徵評十卷（刊）、五經旁訓十四卷。

江村　北海（1713-1788）

えむら-ほっかい　EMURA-HOKKAI　（程朱學派）

名綬，字君錫，稱傳左衛門，號北海，播磨（兵庫縣西南部）人。伊
藤龍洲之子，幼為舅父河村氏所養，年十八始讀書，晝夜勉勵，學問
大進，後為江村毅菴之養子，仕於青山侯。善於詩文，與當時大阪之
片山北海、江戶之入江北海並稱，人稱三都之三海。北海致仕後，隱
於洛，開賜杖堂，專以詩為業。天明八年歿，年七十六。（大日本人
名辭書）
著有：日本經學考。

澁井　太室（1720-1788）

しぶい-たいしつ　SIBUI-TAISITU　（程朱學派）

名孝德，字子章，稱平左衛門，號太室。佐倉（千葉縣佐倉市）人。
夙學業於井上蘭臺、林樫宇，以篤學為人所知。佐倉侯聞其學術，聘
之為伴讀，時年二十四。與當時之名儒瀧鶴臺、秋山玉山、細井平
洲、南宮大湫等交遊。後世子嗣封為大阪城代時，太室從之，擢為老
職，參與政事。天明八年歿，年六十九。（大日本人名辭書）
著有：易傳私解五卷、左國通義八卷。

田中　鳴門（1722-1788）

たなか-めいもん　TANAKA-MÊMON　（程朱學派）

名章，字子明，號鳴門、愛日園。近江（滋賀縣）人。移居大阪，稱
金屋七左衛門，以治釜鍋為業。學問該博，詩文別有氣格。入混沌
社，名顯一時。為人磊落，有長者之風。天明八年歿，年六十七。
（大日本人名辭書）
著有：毛詩字詁、毛詩覽、論語徵旁通。

那波　魯堂（1727-1789）

なば-ろどう　NABA-RODÔ　（程朱學派）

名師曾，字孝卿，稱主膳，號魯堂、鐵硯道人。播磨（兵庫縣西南
部）人。活所之二子，長而受業於岡龍洲，專修漢、魏之古學，雖信
奉師說，然後悉棄舊學，轉奉程朱之說，以排擊古學為己任。遂以之
有名於當世。晚年仕於阿波侯，而移居德島。世人呼為四國之正學。
寬政元年歿，年六十三。（大日本人名辭書）
著有：左傳標例一卷、春秋左傳三十卷。

上柳　四明（1711-1790）

うわやなぎ-しめい　UWAYANAGI-SIMÊ　（程朱學派）

名啟、美啟，字公通，號四明，京師人。受業於向井滄洲。寬政二年
歿，年八十。（儒林源流）
著有：孟子贅。

森　東郭（1729-1791）

もり-とうかく　MORI-TÔKAKU　（程朱學派）

名鐵，字大年，稱彥右衛門，號東郭。上總（千葉縣中部）人。倡宋
學，彈斥徂徠之學。資性溫順敦厚，操行不恥古之賢者。寬政三年
歿，年六十三。（大日本人名辭書）
著有：周易時中解、易道撥亂辨一卷（刊）、論語徵解。

中村　忠亭（1723-1795）

なかむら-ちゅうてい　NAKAMURA-TYÛTÊ　（程朱學派）

名正尊，稱忠助，號忠亭。肥後（熊本縣）人。受業於大塚退野，仕
於熊本藩。寬政七年歿，年七十三。（肥後先哲偉蹟）
著有：孝經賤ヶ技一卷（刊）。

長久保　赤水（1717-1801）

ながくぼ-せきすい　NAGAKUBO-SEKISUI　（程朱學派）

名玄珠，字子玉，稱源五兵衛，號赤水。常陸（茨城縣大部分）人。
受業於名越南溪，仕於水戶藩，入彰考館，兼為藩主之侍講。赤水博
學，尤長於地理學，以之成一家，又善詩文。享和元年歿，年八十
五。追贈從四位。（文苑遺談）
著有：禮記王制地理圖說一卷附錄一卷（刊）。

桃　白鹿（1722-1801）

もも-はくろく　MOMO-HAKUROKU　（程朱學派）

名盛，字茂功，後改為子深，幼名友之助，通稱硯次郎，後改為大藏、源藏，號白鹿、百川。石見（島根縣西部）人。學於昌平黌，仕於松江藩，為儒官。享和元年歿，年八十。（東京市松平直亮氏報）

著有：易經國字解、讀禮記、論語一斑、孟子蠡測一卷、大學獨斷一卷、大學獨斷正文一卷（刊）、大學獨斷或問一卷、中庸管窺二卷、中庸管窺或問一卷。

山口　剛齋（1734-1801）

やまぐち-ごうさい　YAMAGUTI-GÔSAI　（程朱學派）

名景得、純實，字正懋、剛翁，稱剛三郎，號剛齋、西月。大阪人。初學於家庭，兼修禪學，究神道學，後從飯岡澹寧專攻程朱學，又修越後流之兵法，抵其蘊奧。業成，初以講說為業，後仕於津和野藩，為文學。享和元年歿，年七十餘。（大日本人名辭書、大阪名家著述目錄、其他）

著有：周易皴缶、詩三說合錄一卷（刊）。

安原　方齋（1736-1801）

やすはら-ほうさい　YASUHARA-HÔSAI　（程朱學派）

名寬，字得眾，稱三吾，號方齋、知言。為久居藩儒，享和元年歿，年六十六。（漢學者傳記及著述集覽）

著有：四書贅言六卷（校）。

藪　孤山（1735-1802）

やぶ-こざん　YABU-KOZAN　（程朱學派）

名懋，字士厚，稱茂二郎，號孤山、朝陽山人。少而力學，博涉經史，能屬詩文。寶曆七年至江戶學，翌年遊於京師，留學三年，鄉還。擢為熊本藩校時習館之訓導，進為教授。孤山夙承家學，尊崇程朱，又能通時勢人情。其教弟子，能成其才之長所，故門下英俊輩出。享和二年歿，年六十八。（大日本人名辭書、其他）

著有：崇孟一卷（刊）。

木村　巽齋（1736-1802）

きむら-そんさい　KIMURA-SONSAI　（程朱學派）

名孔恭，字世肅，初名鵠，字千里，通稱坪井屋太吉、吉右衞門，號巽齋、蒹葭堂，浪華（大阪）人。家以造酒為業，甚富。為人好學，受業於片山北海，善於詩，旁學畫於池大雅，學本草於津島桂菴、小野蘭山。性頗好奇，多儲珍籍、古圖畫、金石器物、書帖等，後因坐事，蕩盡資產，因而以販文具為業。巽齋交道極廣，博覽多藝，蒹葭堂之名，文於海內外。享和二年歿，年六十七。（大日本人名辭書）

著有：易乾鑿度二卷（校）、儀禮逸經傳一卷（校）、清人古文孔傳孝經序跋（校）、訂正爾雅十卷（校）、影宋本爾雅十卷（校）。

中井　蕉園（1768-1803）

なかい-しょうえん　NAKAI-SYÔEN　（程朱學派）

名曾弘，字伯毅，稱淵藏，號蕉園、仙坡、介菴、南吳子。大阪人。竹山之四子，夙受家學，天稟之學才超絕群倫，尤長於詞賦文章，賴山陽目曰文妖。享和三年歿，年三十七。私諡曰文明。（大阪名家著述目錄）

著有：春秋傳考索一卷。

岡井　赤城（?-1803）

おかい-せきじょう　OKAI-SEKIZYÔ　（程朱學派）

名鼎，字伯和，號赤城，讚岐（香川縣）人。學於林家，為高松侯之文學。享和三年歿。（大日本人名辭書）

著有：詩疑二十二卷、孟子集注正誤一卷。

中井　竹山（1730-1804）

なかい-ちくざん　NAKAI-TIKUZAN　（程朱學派）

名積善，字子慶，稱善太，號竹山、同關子、渫翁、雪翁。生於大阪，與弟履軒共受業於五井蘭州，既而有出藍之稱。其學雖專奉宋學，然不陷於如山崎派、惺窩流等偏隘固陋，唯其之大本依據朱說耳，且善於詩文。為人容貌魁偉，氣宇卓犖，毫無腐儒之體。平生不好仕官，為懷德書院之院長，務講說自樂。文化元年歿，年七十五。私諡曰文惠。（大日本人名辭書）

著有：易說一卷、尚書管見一卷、書斷、詩斷、禮斷、左傳比事蹄三卷、大學定書一卷、中庸定本一卷、四書斷。

尾形　洞簫（1725-1805）

おがた-どうしょう　OGATA-DÔSYÔ　（程朱學派）

名維民，字仲顯，稱彥左衛門，號洞簫，佐賀（佐賀縣）人。仕於佐賀藩，又經營家塾，集弟子授業。文化二年歿，年八十一。（福岡縣先賢人名辭書）

著有：魯論類語一卷、古文大學類語一卷。

近藤　西涯（1723-1807）

こんどう-せいがい　KONDÔ-SÊGAI　（程朱學派）

名篤，字子業，稱六之丞，號西涯，備前（岡山縣東南部、香川縣一
部分、兵庫縣一部分）人。受業於河口靜齋，尤善文章，業成，仕於
岡山藩。當時岡山藩盛行古學，獨西涯倡宋學。（大日本人名辭書）
著有：詩經音訓考一冊。

奧田　尚齋（1729-1807）

おくだ-しょうさい　OKUDA-SYÔSAI　（程朱學派）

名元繼，字志季，號尚齋，亦用於通稱，別號仙樓、拙古，播磨（兵
庫縣西南部）人。那波魯堂之弟，因故冒母氏之姓。修業於家庭，在
浪華教授，尤好春秋，講明左傳，以是成一家之言。文化四年歿，年
七十九。（大日本人名辭書）
著有：左占指象一卷、左傳字句便蒙一卷、左傳始末統類十二冊、左
傳捷覽、左傳釋例稿案六卷、左傳釋例續貂四卷、增訂左傳評林三十
卷（刊）、定本大學一卷。

柴野　栗山（1736-1807）

しばの-りつざん　SIBANO-RITUZAN　（程朱學派）

名邦彥，稱彥輔，號栗山、古愚軒。讚岐（香川縣）人。初受業於後
藤芝山，後東遊而入林氏門。性英邁不群，耽思於經籍，旁善詩文。
業成，仕於阿波藩，為儒員。天明八年（1788）五十三歲幕府召為昌
平黌之教官，受幕命與林祭酒（錦峯，名敬信）、岡田寒泉共理學
政，令世之學者一奉程朱之說。後進布衣班，為公子之侍讀。朝廷每
有大議，謀詢亦不少云。文化四年歿，年七十四。贈從四位。（大日
本人名辭書）
著有：論語筆記一卷。

寺本　直道（1774-1807）

てらもと-なおみち　TERAMOTO-NAOMITI　（程朱學派）

名直道，稱十三郎，肥後（熊本縣）人。為大城壺梁之門人，通達文武。文化四年歿，年三十四。（肥後人名辭書）

著有：周易補註、毛詩補註。

山本　秋水（1734-1808）

やまもと-しゅうすい　YAMAMOTO-SYÛSUI　（程朱學派）

名正誼，字子和，稱傳藏，號秋水、小醉翁。薩摩（鹿兒島縣西部）人。初學於薩摩人志賀登龍，後學於山田月洲、大內熊耳。精於左傳，時人謂之左傳傳藏。為鹿兒島藩黌之教官，受命編《島津國史》三十二卷。文化五年歿，年七十五。（日本教育史料）

著有：秋水經解。

桃　西河（1748-1810）

もも-せいか　MOMO-SÊKA　（程朱學派）

名世明，一名忠德，字君義，幼名鐵彌，稱義三郎，號西河、孟津、鰐尾。出雲（島根縣東部）人。本姓脇坂氏，出而為白鹿之嗣。受業於皆川淇園，又學於柴野栗山、江村北海等。仕於松江藩。文化七年歿，年六十三。（東京市松平直亮氏報）

著有：禹貢地圖、周禮窺六卷、考工記圖考、王制圖考。

篠崎　三島（1737-1813）

しのざき-さんとう　SINOZAKI-SANTÔ　（程朱學派）

名應道，字安道，稱長兵衛，號三島、郁洲。大阪人。其先為伊豫（愛媛縣）人，父以商為業。三島及中年始志於儒，受業於菅谷甘

谷，雖倡徂徠之學，後受程朱之學於橋本樂郊，遂棄舊學而奉朱學。
又善於書，工詩，旁至於天文、卜筮等之類，皆究之。為人潤達，處
事明快，與人言無所迴避。文化十年歿，年七十七。（大日本人名辭
書、儒林源流）

著有：語孟述意五卷。

尾藤　二洲（1745-1813）

びとう-じしゅう　BITÔ-ZISYÛ　（程朱學派）

名孝肇，字志尹，稱良佐，號二洲、約山。伊豫（愛媛縣）人。父以
操舟為業。二洲因自幼有足疾，不能繼家業，而志於儒，從片山北海
修復古學。後喜洛閩之學，以為正學。寬政中擢任昌平黌之教官。為
人恬淡簡易，文愛歸震川，詩愛陶、柳，及老又喜白傳。因憎東儒之
淆亂名分，而詳辯和漢名稱之當否。文化十年歿，年六十九。贈從四
位。（大日本人名辭書）

著有：周易廣義補四冊、易繫辭廣義一卷、論孟衍旨二卷、學庸衍
旨、中庸首章發蒙圖解一卷（刊）。

犬塚　印南（1750-1813）

いぬづか-いんなん　INUZUKA-INNAN　（程朱學派）

名遜，字退翁，稱唯助，號印南，姬路（兵庫縣姬路市）人。學於昌
平黌，為員長，後在江戶以講說為業。文化十年歿，年六十四。（大
日本人名辭書）

著有：大學式一卷（刊）。

澁江　松石（1743-1814）

しぶえ-しょうせき　SIBUE-SYÔSEKI　（程朱學派）

名公正，字子方，稱宇內，號松石。肥後（熊本縣）人。初受業於鄉儒加賀美鶴灘，後師事秋山玉山而入朱學。仕於熊本藩。文化十一年歿，年七十二。（肥後先哲偉蹟）

著有：儀禮凡例考纂。

柿岡　林宗（1743-1815）

かきおか-りんそう　KAKIOKA-RINSÔ　（程朱學派）

名時縝，初名晴行，字士元，號林宗，羽後（秋田縣大部分與山形縣部分）人。興家塾教授子弟，兼長於武藝，為柳生流之達人。文化十二年歿，年七十三。（大日本人名辭書）

著有：論語合讀、中庸合讀。

竹內　東門（1751-1815）

たけのうち-とうもん　TAKENOUTI-TÔMON　（程朱學派）

名安明，字文會，號東門。豐後（大分縣北部以外之大部分）人。幼時卓犖不羈，好學日夕講究，又慕後藤艮山之醫風而與之學。業成，仕於府內藩，教授藩子弟，又為醫務總管。文化十二年歿，年六十五。（大日本人名辭書）

著有：論語集解補義。

鈴木　石橋（1754-1815）

すずき-せっきょう　SUZUKI-SEKKYÔ　（程朱學派）

名至德，字澤民，稱四郎兵衛，號石橋、麗澤之舍、閑翁。下野（栃木縣）人。家為豪農，學業於昌平黌，晚年專潛心於易學。為人至孝，又篤慈仁之心，賑恤窮民不遑枚舉，鄉人皆服其德。後為鄉黌之教官，文化十二年歿，年六十二。（栃木縣誌）

著有：周易象義二十卷、喪禮名目、左傳凡例考。

古賀　精里（1750-1817）
こが-せいり　KOGA-SÊRI　（程朱學派）

名樸，字淳風，通稱彌助，號精里、復原，肥前（佐賀縣及長崎縣一部分）人。累世仕於佐賀藩。自少好學，初從福井小車，後學於西依成齋。終捨舊學，專歸於朱氏。學成，歸國，被舉參與機密，又定藩校之規則，行教授之事。寬政三年，從藩主至江戶，受幕府之命，講經於昌平黌。同八年，為幕府之儒員，尋陞為教官。精里為人軀幹豐偉，嚴密寡默。人有不善，直面戒是，而退無後言。學問該博，文章俊潔，自成一家。詩亦雋永，書以雅健老倉著稱。文化十四年歿，年六十八，贈從四位。（大日本人名辭書）

著有：論語纂釋諸說辨誤四卷、大學章句纂釋一卷（刊）、大學諸說辨誤一卷（刊）、中庸章句纂釋二卷、中庸諸說辨誤一卷、四書集釋十卷、經語摘粹一卷。

石塚　確齋（1766-1817）
いしづか-かくさい　ISIZUKA-KAKUSAI　（程朱學派）

名胤國、崔高，字士堅，一作子堅，稱五郎左衛門，號確齋、雪堂，薩摩（鹿兒島縣西部）人。受業於古賀精里，仕於薩摩藩，為文學。文化十四年歿，年五十二。（儒林源流）

著有：學庸口義、孟子纂釋附諸說辨誤四卷（村瀨誨輔共著）。

井上　四明（1730-1819）
いのうえ-しめい　INOUE-SIMÊ　（程朱學派）

名潛，字仲龍，稱仲本，號四明狂客、佩弦園，江戶（東京都）人。

本姓戶口氏，因學於井上蘭臺，故為其嗣。善詩文，且學行博修，以
醇儒為一代山斗，曾仕於高田藩，後轉仕於岡山藩，致力於備前文學
之勃興。文政二年歿，年九十（一說九十七）。（東洋文化）
著有：易解六卷、論語三家考三卷、論語鈔說十卷、孝經衍義十二
卷、孝經鈔說二卷、經義輯說。

柏木　如亭（1763-1819）

かしわぎ-じょてい　KASIWAGI-ZYOTÊ　（程朱學派）

名昶，字永日，稱門彌，號如亭、柏山人、瘦竹、晚晴社，江戶
（東京都）人。學詩於市河寬齋（1749-1820），與大窪詩佛（1767-
1837）、菊池無絃（1769-1849）齊名。初喜南宋諸家，後以唐詩為
宗，自成一家。文政二年歿，年五十七。（大日本人名辭書）
著有：詩本草一卷（刊）。

園山　酉山（1753-1821）

そのやま-ゆうざん　SONOYAMA-YÛZAN　（程朱學派）

名雄，初名正路，字叔飛，初字子義，稱勇三郎，號酉山。出雲（島
根縣東部）人。受業於桃白鹿，又從宇佐美灊水、小川豐洲、那波、
伊藤、江村等諸儒，以博識著稱，遂攻究蘭學。業成，為松江藩之文
學。文化十四年歿，年六十九。（日本教育史料）
著有：易學略說、大戴禮備考。

鎌田　柳泓（1754-1821）

かまた-りゅうおう　KAMATA-RYÛÔ　（程朱學派）

名鵬，字圖南，稱玄珠，號柳泓，紀伊（和歌山縣及三重縣南部）
人。幼時為鎌田一窗之養子，雖被期待以醫為業，然受經義於江村北

海，旁學佛典，又從養父與富岡以直，究石門之心學，遂及蘭學。文
政四年歿，年六十八。（啟明會會報、和歌山縣濱口惠璋氏報）

著有：中庸首章講義筆記二卷、中庸講義筆記二卷（刊）、四書公語
錄二卷（刊）。

鎌田　環齋（1753-1822）

かまた-かんさい　KAMATA-KANSAI　（程朱學派）

名禎，字資庸，稱禎藏，號環齋，大阪人。受業於片山北海，兼善
書。文政五年歿，年七十。（大日本人名辭書）

著有：四書熟字辨一卷（刊）。

阿野　蒼崖（1769-1822）

あの-そうがい　ANO-SÔGAI　（程朱學派）

名信，字子行，稱茂平，號蒼崖，下野（栃木縣）人。本姓松野氏，
初從岩瀨華沼學，後東遊，入林家之門學，業成，仕於福江藩。歿於
文政五年，年五十四。（日本教育史料）

著有：六經異同考。

葛西　因是（1764-1823）

かさい-いんぜ　KASAI-INZE　（程朱學派）

名質，字休文，稱健藏，號因是道人，大阪人。長於江戶，初受業於
平澤旭山，後入林祭酒（述齋，名衡）之門，於昌平黌為講員，後自
垂帷授徒。膳所、濱田二侯延招為門客，甚厚過。其為人有口辯，流
滑能解人之願。其講經子，悉抹殺舊說出獨見。又喜《老》、《莊》
之書，認為其揆與孔孟為一。文政六年歿，年六十。（大日本人名辭
書）

著有：論語新旨二卷、大學辨錦一卷（刊）、中庸辨錦一卷（刊）。

近藤　棠軒（1793-1825）

こんどう-とうけん　KONDÔ-TÔKEN　（程朱學派）

名元隆，字公正（一作公盛），稱大作，號甘棠軒、棠軒、敬齋，江
戶（東京都）人。其學博涉強記，專主經史，重實學，仕於忍藩。文
政八年歿，年三十三。（大日本人名辭書）

著有：四書五經筆記。

若槻　幾齋（1746-1826）

わかつき-きさい　WAKATUKI-KISAI　（程朱學派）

字敬，字子寅，號幾齋。京師人。本為京師角倉氏之屬吏，後辭而為
儒師。文政九年歿，年八十三。（大日本人名辭書）

著有：四書集註翼（刊）。

岡井　蓮亭（1751-1826）

おかい-れんてい　OKAI-RENTÊ　（程朱學派）

名瓚，字子璠，稱富五郎，號蓮亭，讚岐（香川縣）人。岡井赤城之
弟，受家學。仕於水戶藩，入彰考館，為侍讀，兼教授。性頗好釋
典，通貨殖之法。文政九年歿，年七十六。（續文苑遺談）

著有：周官圖說一卷、經筵獻義一卷。

津輕　儼淵（1773-1828）

つがる-げんえん　TUGARU-GENEN　（程朱學派）

名貞正，後改為緝熙，字子壯，稱永孚，後稱中書、式部，號儼淵、
敬齋、健齋。為弘前藩主津輕侯之支族。初學於松田正卿，後學於山

崎蘭洲。長而入昌平黌，尤專力於《周易》。仕於弘前藩，創建學
館，戮力於文教之勃興。贈從五位。（大日本人名辭書）

著有：周易略說二卷。

久保木　竹窗（1762-1829）
くぼき-ちくそう　KUBOKI-TIKUSÔ　（程朱學派）

名清淵，字仲默，小字新四郎，通稱太郎右衛門，號竹窗、蟠龍，下
總（千葉縣北部、茨城縣西南部、埼玉縣東部、東京都東部）人。生
而岐嶷，砭如老成。稍長，受業於同鄉之僧松永北溟，更學於清宮棠
陰之門。長而學以濂洛為宗，兼涉漢唐之諸家。為人重厚，專以德行
為稱。文政十二年歿，年六十八。（大日本人名辭書）

著有：論語講演集說、孝經孔傳翼註、孝經獨見二卷、補訂鄭註孝經
一卷、經義勸說。

兒玉　南柯（1746-1830）
こだま-なんか　KODAMA-NANKA　（程朱學派）

名琮，字玉卿，稱宗吾，號南柯，武藏（東京都、埼玉縣及神奈川縣
之一部分）人。幼時學於鄉儒向井一郎太，後學於林鳳谷，究經義，
兼攻武技書法，為岩槻藩之文學。文政十三年歿，年八十五，贈從五
位。（埼玉縣人物誌）

著有：論語私言二卷、論語松陽講義略譯十卷、論語略解、論語集說
提要二十卷、孟子松陽講義略譯一卷。

菅野　彊齋（1766-1830）
すがの-きょうさい　SUGANO-KYÔSAI　（程朱學派）

名景知，字子行，號彊齋、維新菴、雞肋山人，播磨（兵庫縣西南

部）人。受業於西山拙齋，兼治醫，仕於龍野藩，為世子之侍讀。文
政十三年歿，年六十五。（大日本人名辭書）

著有：經說文論。

中村　嘉田（1777-1830）

なかむら-かでん　NAKAMURA-KADEN　（程朱學派）

名咸一，字士德，稱一之助，號嘉田、白崖。肥前（佐賀縣及長崎縣
一部分）人。受業於古賀精里。仕於佐賀藩，為儒官。天保元年歿，
年五十四。（佐賀先哲叢話）

著有：經說。

溪　百年（1754-1831）

たに-ひゃくねん　TANI-HYAKUNEN　（程朱學派）

名世尊，字士達，稱大六，號百年、玉藻亭。讚岐丸龜（香川縣）
人，早年學於白木蘭溪，後學於菊池崧溪（黃山），又遊於四方而至
因幡，仕於鳥取藩，為文學。博學多能，自經史百家至曆數、兵、和
歌、醫、農，無不通曉，且能武技。天保二年歿，年七十八。（鳥取
鄉土誌）

著有：易經七卷（刊）、詩經之部八卷、孝經之部一卷、四書之序一
卷（刊）、四書之部十卷（刊）、六經用字例。

井上　峨山（1786-1831）

いのうえ-がざん　INOUE-GAZAN　（程朱學派）

名景文，字君章，稱鐵藏，號峨山、淡洲、樂山樓，伊勢（三重縣大
部分）人。受家學，為桑名藩士。天保二年歿，年四十六。（三重先
賢傳）

著有：峨山經說一卷。

賴　山陽（1781-1832）
らい-さんよう　RAI-SANYÔ　（程朱學派）

名襄，字子成，稱久太郎，號山陽、三十六峯外史。幼而銳敏，耽讀
古今之軍記，年十三能作詩，柴野栗山見之歡賞曰：「春水有子，宜
讀史使知古今之事，可以成實材，又，史則自《通鑑綱目》始。」山
陽聞之，感奮日讀《綱目》。山陽才識天授，加以勵精不倦。十四，
五歲學於家，《小學》、《近思錄》等皆已誦習。年十八，從叔父杏
坪東遊，在尾藤二洲之塾一年，才學日進。文化七年遊於備後，入菅
茶山之塾，督導學生，明年去，遊於京師，遂止於茲，時年三十二。
文政元年因春水之大祥忌而歸廣島，除喪，遊於鎮西，自豐筑入肥，
而留於長崎二月餘，窮南薩之偶。明春歸廣島，奉母入京，尋送至廣
島。爾後西省無虛歲，後數迎之。同六年移家於三本木，稱山紫水明
處。山陽為人瘦軀高頰，眼光烱烱射人。性峻峭，以氣節自持，未嘗
屈己隨人，不求浮沈。終身不仕，以處士終。一日讀蘇東坡史論，歡
賞不措，遂肆力於文章，最精通於史學。其詩敘實際，不事虛設，最
長於歌行，喜詠史。又常用心於經濟之學，有《通議》之著。天保三
年六月，時從事著述《日本政記》，忽發咳嗽吐血，醫療無効，天保
三年九月遂逝。年五十三，贈從三位。（大日本人名辭書）
著有：春秋遼豕三卷（又名春秋臆斷）、孟子評點七卷。

池田　冠山（1767-1833）
いけだ-かんざん　IKEDA-KANZAN　（程朱學派）

名定常，字君倫，稱縫殿頭，號冠山、慎齋，播磨（兵庫縣西南部）
人。本姓松平氏，因幡國主之支封若櫻藩之第五代藩主。幼時為先侯

大隅守定得之養子，天明五年敘為從五位下，享和中為大番頭。夙受
業於佐藤一齋，好讀書，和漢古今之書無不涉獵。致仕後，專以著述
為樂。天保四年歿，年六十七。（大日本人名辭書）
著有：周易管窺四卷、論語說三卷。

橫溝　藿里（1781-1834）

よこみぞ-かくり　YOKOMIZO-KAKURI　（程朱學派）
名恒，字子久，稱俊輔，號藿里。備中（岡山縣西部）人。本姓安原
氏，出而胃橫溝氏。初受業於西山拙齋，後入昌平黌。業成，以講說
為業。天保五年歿，年五十四。（岡山縣人物傳）
著有：易說。

高橋　復齋（1788-1834）

たかはし-ふくさい　TAKAHASI-HUKUSAI　（程朱學派）
名栗，字子寬，一字公董，稱善次，號復齋、蘭林。伊豫（愛媛縣）
人。本姓山崎氏，初學於宮原龍山，後入昌平黌從古賀精里學，學業
大成。淹貫群籍，無不通曉。為松山藩黌之教官，天保五年歿，年四
十七。（日本教育史料）
著有：讀易私記、論語私記七卷、學庸私記。

黑田　金城（1779-1835）

くろだ-きんじょう　KURODA-KINZYÔ　（程朱學派）
名玄鶴，字千年、浩翔，號金城、瘦松園、不老不死老人，越後（新
潟縣本州部分）人。入昌平黌，受業於林述齋、佐藤一齋，兼修醫以
為業，旁通算術，精於經濟。天保六年歿，年五十七。（北越詩話）
著有：詩經本草五卷、經贅（論語部）十卷。

小田　南畡（1790-1835）

おだ-なんがい　ODA-NANGAI　（程朱學派）

名圭，字廷錫，稱順藏，號南畡，長門（山口縣西半部）人。本姓松岡氏，後為小田齊川之嗣，入昌平黌，從古賀精里學，業成，歸鄉，為豐浦藩黌之教官。天保六年歿，年四十六。（日本教育史料）

著有：南畡經說。

林　蓀坡（1781-1836）

はやし-そんぱ　HAYASI-SONPA　（程朱學派）

名瑜，字孚尹，稱周輔，號蓀坡。加賀（石川縣南部）人。本姓澁谷氏，出而冑林氏。學於昌平黌，為金澤藩之儒員。天保七年歿，年五十六。私諡曰恭貞。（燕台風雅、加越能書籍集覽）

著有：尚書通讀、詩小撮。

山木　眉山（1800-1837）

やまき-びざん　YAMAKI-BIZAN　（程朱學派）

名積善，字伯履，稱善太，號眉山、狂菴。阿波（德島縣）人。幼時，人稱神童，稍長，學於大阪，又遊於江戶，名聲益揚。為龜山藩之儒官。天保八年歿，年三十八。（三重先賢傳）

著有：郝京山孟子解揭厲。

辛島　鹽井（1755-1839）

からしま-えんせい　KARASIMA-ENSÊ　（程朱學派）

名憲，一名知雄，字伯　，稱才藏，號鹽井，肥後（熊本縣）人。幼而聰悟，及長志於學，精勵無比。其學專奉程朱之說，博涉史乘小說，兼善於詩。晚年名聲藉甚，來學著頗多，為熊本藩之儒官。天保

十年歿，年八十六。（大日本人名辭書）

著有：讀周官經說。

增島　蘭園（1769-1839）

ますじま-らんえん　MASUZIMA-RANEN　（程朱學派）

名固，字孟鞏，稱金之丞，號蘭園。夙繼家學，又學於古賀精里，仕
於幕府，為儒員。為人慈厚靜退，不與物競。見人之小善極口讚揚，
人有不善，也不遽拒遠，而待其自悛。親舊有罹禍患者，則周恤備
至。其居教職時曰：「官以教為名，當常思所以副其任。」夙夜矗
矗，以育英為務，以是門下達材成器之士如林。其之於學問，深邃該
贍，雖歸宿於洛閩，然恥傚於經生之固陋。自四子六經迨於百家，無
不精究洞貫，又精於本草，兼工繪畫，善於屬文。天保十年歿，年七
十一。（益堂日抄、大日本人名辭書）

著有：易學啟蒙鉤深圖二卷、讀易小言二卷、詩序辨一叢、詩集傳質
朱一卷、蔡氏月令補三卷、左傳質考一卷、讀左筆記十五卷（刊）、
孟子考異外書逸語一卷、大學章句參辨三卷（刊）、中庸章句參辨二
卷（刊）、中庸纂說五卷。

摩島　松南（1791-1839）

ましま-しょうなん　MASIMA-SYÔNAN　（程朱學派）

名長弘，字子毅，稱助太郎，號松南。京師人。受業於若槻幾齋、猪
飼敬所。以講說為業，兼工於書。天保十年歿，年四十九。（儒林源
流、遺稿）

著有：尚書說四卷、論語說四卷。

中井　碩果（1771-1840）

なかい-せきか　NAKAI-SEKIKA　（程朱學派）

名曾縮，字士反，稱七郎，號碩果、石窩、抑樓。竹山之七子，為懷德堂之教授。天保十一年歿，年七十。（大阪名家著述目錄）

著有：校定盤庚篇一卷、左傳私說一卷。

山本　中齋（1794-1840）

やまもと-ちゅうさい　YAMAMOTO-TYÛSAI　（程朱學派）

名公簡，字子文，號中齋。信濃（長野縣及岐阜縣之一部分）人。少時受業於古賀精里，精里歿後，從葛西因是。晚年喜禪家之言，又攻泰西之學，雖家貧，敢以之不介意。天保十一年歿，年四十七。（大日本人名辭書）

著有：周易圖說、春秋說、春秋讀法一卷（刊）。

林　述齋（1768-1841）

はやし-じゅっさい　HAYASI-ZYUSSAI　（程朱學派）

名衡，字叔紞，一字德詮，幼字熊藏，號述齋、蕉陰、蕉軒、天瀑。本姓松平氏，美濃岩村藩主能登守乘蘊之子。幼好讀書，受業於大鹽鼇渚，及服部仲山。稍長，和漢古今之書，無不通覽。後又師事澁井太室，學業大進。因林家七世大學頭錦峯歿而無嗣，幕府命述齋嗣其後，為大學頭。時年二十六。其出，獻納林家私屬聖廟及其地域，受旨建學館，增官私生員，選司業，置屬吏，大舉學政之實。述齋以為道義欲趨向齊一，當以宋學為倡。乃不採一家之私說，盡屏舊撰而不用。爾後將軍眷顧益厚，台閣諸老亦詢政治。其獻替翊贊之功蓋不少。大小諸侯就國事謀者頗多，自遠近而來登門籍者及千有餘人。述齋為人度量恢豁，能容物，明決不留滯。其所謀議，率出人之意表。

又有膽氣，當天下之大計，直言讜論，不憚權貴。然與人推誠置腹，故怨懟不來。最善藻鑑，愛人才，又能赴緩急，解紛糾，以之人益信賴。天保十二年歿，年七十四。私諡曰快烈府君。贈從四位。（大日本人名辭書）

著有：經義叢說。

藤田　丹岳（?-1841）

ふじた-たんがく　HUZITA-TANGAKU　（程朱學派）

名逸，字世逸，號丹岳。阿波（德島縣）人。為儒醫。天保十二年歿。（儒林源流）

著有：論語大意一冊、論語總論二冊、論語雜說一冊、論語觀意二冊。

巖村　南里（1784-1842）

いわむら-なんり　IWAMURA-NANRI　（程朱學派）

名秩，字大猷，號南里，讚岐（香川縣）人。受業於中井竹山。天保十三年歿，年五十九。（儒林源流）

著有：周易本義疏鈔、周易本義質疑。

石井　擇所（?-1842）

いしい-たくしょ　ISII-TAKUSYO　（程朱學派）

名文衷，字子哲，稱良平，號擇所。受業於尾藤二洲，仕於前橋藩。天保十三年歿。（日本教育史料）

著有：四書訓式定本、五經訓式定本。

堀江　惺齋（1773-1843）

ほりえ-せいさい　HORIE-SÊSAI　（程朱學派）

名允，字肩蘇，號惺齋。岩代（福島縣西半部）人。學於昌平黌，仕於二本松藩，為世子之侍讀。天保十四年歿，年七十一。（安達郡誌）

著有：周易解、尚書解、論語解、大學講義一卷（刊）、中庸解。

桑原　北林（1790-1844）

くわばら-ほくりん　KUWABARA-HOKURIN　（程朱學派）

名灑，字麗水，稱嘉藏，號北林、蓼注，武藏（東京都、埼玉縣及神奈川縣之一部分）人。本姓峯岸氏，冒桑原氏。幼時善於筆札，至江戶學書法，後志於經術，專讀書，尤喜程朱之說。兼屬詩文，精於稗官野乘，在江戶以講說為業。文化元年歿，年五十五。（北林遺稿）

著有：經義隨載。

安部井　帽山（1778-1845）

あべい-ぼうざん　ABEI-BÔZAN　（程朱學派）

名褧，字章卿，稱辨之助，號帽山、芝蒲，會津（福島縣西部）人。本姓安田氏，為安部井詹園之嗣。受業於古賀精里，初主古學，後改程朱。及長，為會津藩文學。弘化二年歿，年六十八。（會津士人偉行錄）

著有：四書箚記十卷、四書訓蒙輯疏二十九卷（刊）。

星野　鵜水（1783-1845）

ほしの-ていすい　HOSINO-TÊSUI　（程朱學派）

名賣，字文剛，稱菊三郎，號鵜水、詠歸堂主人。越後（新潟縣本州

部分）人。受業於古賀精里，仕於神戶侯，致仕後講說。弘化二年
歿，年六十三。（北越詩話）

著有：周易雜說九冊。

石井　磯岳（1784-1846）

いしい-きがく　ISII-KIGAKU　（程朱學派）

名光致，字子德，稱吉之進，號磯岳，下野（栃木縣）人。本姓片柳
氏，出而胄石井氏。幼而穎悟，長而重然諾，見義不避難，頗有任俠
之風。其在家也，從養父能治產業，見寸暇則讀書，如斯三十年如一
日。就中以通時務，江戶權貴爭相延之，問以理財之事者，凡數十
家。每往來都下，學於林氏之門。其學不拘章句，以經世實用為主。
又好讀周易，大有所自得。晚年，邑主諏訪氏舉以次長臣之列。弘化
三年歿，年六十三。（益堂日抄）

著有：周易童子問附或問一卷（校）、孟子辨正三卷（刊）。

林　檉宇（1793-1846）

はやし-ていう　HAYASI-TÊU　（程朱學派）

名烒，字用韜，通稱銚藏，後又改為三郎，號檉宇、培齋、筠亭。述
齋之第三子，初從大鄉信齋受句讀，後師事佐藤一齋、松崎慊堂，博
異聞，尤善詞藻，兼妙於筆札。為幕府之儒官，任大學頭，大振學
政。弘化三年歿。年五十四。私諡曰恭恪。（大日本人名辭書）

著有：書經重考十五冊。

中　清泉（1783-1847）

なか-せいせん　NAKA-SÊSEN　（程朱學派）

名豹，字文蔚，稱主膳，號清泉。讚岐（香川縣）人。本姓勝村氏，

出而胃中氏。入昌平黌，受業於尾藤二洲、古賀精里，為丸龜藩之儒官。弘化四年歿，年六十五。（讚岐人物傳）

著有：論語集說。

古賀　侗菴（1788-1847）

こが-どうあん　KOGA-DÔAN　（程朱學派）

名煜，字季曄，通稱小太郎，號侗菴、蠖屈，肥前（佐賀縣及長崎縣一部分）人。古賀精里之三子，幼而不好戲，深沈寡默，群兒敬憚。寬政八年精里應幕辟而東遷時，侗菴從之。籌燈夜課，往往徹旦，白眉之稱，駸駸而起。其博覽強記，眾之所推。文化六年擢為昌平黌之教官，父子並董學政，世以為稀事。弘化四年歿，年六十。（大日本人名辭書）

著有：毛詩或問一卷、毛詩劉傳稿一卷、詩朱傳質疑六卷、詩說備考二卷、讀詩折衷一卷、詩徵古稿一卷、非周禮稿一卷、左傳探賾八卷、左傳雜說九卷、論語問答二十卷、論語問答備考一卷、論語管窺一卷、孟子問答備考一卷、孟子集說四卷、孟翼一卷、大學問答四卷（刊）、中庸問答六卷、中庸問答補遺一卷、逸經網羅二卷、經史一貫稿。

齋藤　蠻江（1785-1848）

さいとう-らんこう　SAITÔ-RANKÔ　（程朱學派）

名象，字世教，稱五郎，號蠻江。阿波（德島縣）人。初學業於那波網川，後入昌平黌，從古賀精里、侗菴父子。業成，講說於大阪。嘉永元年（一說嘉永五年）歿，年六十四。（大阪名家著述目錄）

著有：左傳說五卷、四書敘旨十六卷、五經志疑四十卷。

片山　恒齋（1792-1849）

かたやま-こうさい　KATAYAMA-KÔSAI　（程朱學派）

名成器，字君彝，稱理助，號恒齋、箕山、香雪、得菴、得得山人，白河（福島縣西白河郡）人。受業於廣瀨蒙齋，後入昌平黌，才氣秀發，尤長詩文，又學博涉獵和漢，迄及和歌、兵學，業成，仕於白河藩。後藩主移封桑名，從而仕於桑名。嘉永二年歿，年五十八。（桑名前修遺書）

著有：大學插解。

牧野　默菴（1796-1849）

まきの-もくあん　MAKINO-MOKUAN　（程朱學派）

名古愚，字直卿，通稱直右衛門，後改為唯助，號默菴。讚岐（香川縣）人。本姓臼杵氏。仕於高松藩，為文學。少年時代私淑於中井履軒，後學於菅茶山，後更至江戶學於佐藤一齋。其學不拘泥於一家，大義以程朱為宗，而《易》、《書》之造詣尤深。嘉永二年歿，年五十四。私諡曰信懿。（佐藤一齋と其門人）

著有：尚書抄說三冊。

矢島　伊濱（1796-1849）

やじま-いひん　YAZIMA-IHIN　（程朱學派）

名焞辰，字宗焞，稱四郎右衛門，號伊濱。豐前（福岡縣東部及大分縣北部）人。受業於石川玄岳，博覽強記，尤長於經術，兼善講說，旁通武道。仕於豐津藩。嘉永二年歿，年五十四。（福岡縣先賢人名辭典）

著有：古文孝經註。

葛井　文哉（1811-1849）

かつらい-ぶんさい　KATURAI-BUNSAI　（程朱學派）

名溫，字元溫，稱和槌，號文哉，下野（栃木縣）人。移住佐原，幼敏捷精警過人。學業於佐藤一齋，有神童之名。及長博覽強記，以程朱為宗，兼通日本史，以講說為業。嘉永二年歿，年三十九。（香取郡誌）

著有：中庸發蒙。

大槻　平泉（1773-1850）

おおつき-へいせん　ÔTUKI-HÊSEN　（程朱學派）

名清準，字子繩，稱民治，號平泉、繩翁，陸前（宮城縣部分及岩手縣東南部）人。出受業於志村東嶼，後入昌平黌，從柴野栗山、尾藤二洲、古賀精里，遂擢為舍長。平泉博覽多識，其學在實踐，旁通理財吏務。仕於仙臺藩，致力於學館養賢堂之建設，任其學頭及於數十年。嘉永三年歿，年七十八，贈正五位。（大日本人名辭書）

著有：崇孟新書。

坂井　虎山（1798-1850）

さかい-こざん　SAKAI-KOZAN　（程朱學派）

名華，字公實，稱百太郎，號虎山、臥虎。安藝（廣島縣西部）人。幼而雋異，學於藩校。督學賴春水奇之，期以國士。壯歲學成。與賴子成之論文，歎稱為文中之傑。其學以洛閩為本，博而不雜，善於講說，尤長文學，兼擅武技。仕於安藝藩，為學館之教授。虎山為人忠厚，憂國情深，精於論理，誘進後生，善行甚多云。嘉永三年歿，年五十三。門人私諡曰文成先生，贈正五位。（大日本人名辭書）

著有：論語講義。

篠崎　小竹（1781-1851）

しのざき-しょうちく　SINOZAKI-SYÔTIKU　（程朱學派）

名弼，字承弼，稱長左衛門，號小竹、畏堂、南豐。豐後（大分縣北部以外之大部分）人。本姓加藤氏，為篠崎三島之嗣。小竹幼而穎異，從三島學。既而周遊東西，遍訪山水人物，才學與年俱長。又至江戶從遊於古賀精里數月，歸阪後，代父致於教授。其學以程朱為宗，能詩文及書。為人潤達灑落，而用心精細，通達事務，毫無書生迂疎之習。平生不欲仕官，然鎮戍大阪之諸侯，多聘為師。其交道之廣，當時不見其比。嘉永四年歿，年七十一。（大日本人名辭書）

著有：四書松陽講義五卷（校刊）。

園田　一齋（1785-1851）

そのだ-いっさい　SONODA-ISSAI　（程朱學派）

名守彝，字君秉，通稱宜客，號一齋。伊勢（三重縣大部分）人，內宮禰宜三位守諸之子。雖以蔭而為權禰宜，累敍正五位下，然不屑之，學醫而不售，乃盡棄之而學儒。為津藩之賓師，歷事三世。博通經史，旁及詩學，而盡力教導子弟。嘉永四年歿，年六十七。（大日本人名辭書）

著有：四書要領。

玉乃　九華（1797-1851）

たまの-きゅうか　TAMANO-KYÛKA　（程朱學派）

名惇成，字成裕，一字裕甫，稱小太郎，號九華、松雪洞。周防（山口縣東南部）人。學業於龜井塾，後入宋學，仕於岩國藩，為藩黌之學頭。嘉永四年歿，年五十五。（東洋文化）

著有：風雅二卷（刊）。

西島　蘭溪（1781-1852）

にしじま-らんけい　NISIZIMA-RANKÊ　（程朱學派）

名長孫，字元齡，稱良佐，號蘭溪、坤齋、孜孜齋。江戶（東京都）人。本姓下條氏，從學於西島柳谷，而成其嗣。博覽強記，長於考據，以獨得之識見折衷古今，又深於詩學。嘉永五年歿，年七十三。私諡曰勤憲。（四書註釋全書讀孟叢抄例言）

著有：論語紳書、讀孟小識三冊、讀孟叢鈔十四卷（刊）。

荒井　鳴門（1775-1853）

あらい-めいもん　ARAI-MÊMON　（程朱學派）

名公廉、豹，字廉平、班藏，稱半藏，號鳴門、南山、豹菴、蠮螉軒，阿波（德島縣）人。初學於那波魯堂，以程朱為宗，後入林述齋之門，業成，仕於淀藩，為文學。鳴門貌樸氣和，登於仕籍三十一年，歷事四公，忠讜獻替如一日。嘉永六年歿，年七十九。（大日本人名辭書）

著有：周易珍說六卷、左傳珍說四卷、增注孟子外書四卷（刊）、學庸嵌注三卷、中庸新疏、孝經襯注、音註五經十一卷（校）、四書插字句解十卷。

帆足　萬里（1779-1853）

ほあし-ばんり　HOASI-BANRI　（程朱學派）

名萬里，字鵬卿，稱里吉，號西崕、愚亭。豐後（大分縣北部以外之大部分）人。初受業於脇蘭室，後遊於京師，從中井竹山學。天資穎敏，強記博涉群書，舉凡經濟、天文、醫方、窮理、算數、蘭學，無不精通，尤於經術卓然自得，發六經之蘊，正百家之言，微言奧旨，無不剖析。晚年，學術文章與三浦梅園、廣瀨淡窗並有當時三偉人之

稱。仕於日出藩，進為家老。嘉永五年歿，年七十五。私諡曰文簡，追贈從四位。（大日本人名辭書、全集）

著有：周易標注二十四卷、書經標注六卷、春秋左式傳標注三十卷、春秋左式傳標注補遺一卷、論語標注十卷、孟子標注七卷、大學標注一卷、中庸標注一卷。

井部　香山（1794-1853）

いべ-こうざん　IBE-KÔZAN　（程朱學派）

名鳴，字子鶴，稱萬三郎，號香山、荃齋、五華山人，越後（新潟縣本州部分）人。幼穎悟，長執贄於葛西因是，因是大奇其才，收為養子，因胃葛西之姓數年，業成，復其本姓，講說於東都。其學淵博，至於稗官野稱，無不兼綜。解經史，抹殺舊說，多出獨見。為高田藩之客儒，後仕於濱松藩。嘉永六年歿，年六十一。（北越詩話）

著有：大學講義二卷。

日根野　鏡水（1786-1854）

ひねの-きょうすい　HINENO-KYÔSUI　（程朱學派）

名弘享，初名弘言，字大卿，通稱惠右衛門，後改為修平，號鏡水。為高知藩士，擢為藩黌之學頭。其學無常師，尤長於詩。菊池五山評其詩曰：「為當時西國名家古賀穀堂、柴野碧海等所不及，賴山陽亦稱之為西國之巨臂。」安政元年歿，年四十九。（南學史、大日本人名辭書）

著有：四書國字解。

宮永　大倉（1798-1855）

みやなが-だいそう　MIYANAGA-DAISÔ　（程朱學派）

名虞臣，號大倉、半儒半佛通人。越中（富山縣）人。弱冠至京都，與皆川淇園研精，而後歸鄉，後入古賀精里之門。學成而去，有所感，薙髮入播州善定村大法寺。後又登高野修業三年，至大阪，寓於篠崎小竹之家為都講，後又入美作垂帷。外夷來航至日之時，歸故山與門人等欲獻密策給朝廷，不果。安政二年歿，年五十八。（大日本人名辭書）

著有：周易大象義、周易生音、周易河圖洛書解、周易乾坤象解、周易乾坤義理解、周易雜收、小畜象卦對象辨、名象略辨、履隨象解、大學斷疑、中庸斷疑、註經餘言。

野本　白巖（1797-1856）

のもと-はくがん　NOMOTO-HAKUGAN　（程朱學派）

名理，字白美，稱武三，號白巖、真城山人、白岩樵夫。繼家學，又入帆足萬里之門，攻朱子學。學成，仕於中津藩。致仕後，聚徒教授。其學以實用為專，博達治體。旁究理說，通醫術算數，解律例俗語。安政三年歿，年六十。（大日本人名辭書）

著有：詩書說。

關　蕉川（1793-1857）

せき-しょうせん　SEKI-SYÔSEN　（程朱學派）

名勝之，字克，通稱準平，後改為素平，號蕉川。豐後（大分縣北部以外之大部分）人。學業於帆足文簡，後遊於浪華，學業大成。謁見山崎闇齋時，闇齋嘉其該博，欲迎為嗣，然蕉川以講說為業而辭之。後受聘於日出藩，為浪華邸之講官，後進為執政。安政四年歿，年六十五。（日本教育史料）

著有：四書註五冊。

昌谷　精溪（1792-1858）

さかや-せいけい　SAKAYA-SÊKÊ　（程朱學派）

名碩，字子儼，通稱五郎，號精溪、莫知其齋、無二三道人、寄寄園主人。備中（岡山縣西部）人。學於昌平黌，善於文章，尤擅長經學。仕於津山藩，為儒臣。安政五年歿，年六十七。（大日本人名辭書）

著有：周易音訓二卷（刊）、書集傳音釋六卷（刊）、書集傳纂疏。

友石　慈亭（1799-1858）

ともいし-じてい　TOMOISI-ZITÊ　（程朱學派）

名文儀，字元度，稱宗左衛門，號慈亭。豐前（福岡縣東部及大分縣北部）人。受業於矢島伊濱。安政五年歿，年六十。（福岡縣先賢人名辭典）

著有：論語語策。

脇田　琢所（1815-1858）

わきた-たくしょ　WAKITA-TAKUSYO　（程朱學派）

名貞基，字公固，幼字才佐，後改為全三，號琢所。備中（岡山縣西部）人。初修醫，後志於儒，與昌谷精溪、野田笛浦學。學成，仕於高梁藩，為藩邸學問所之學頭。安政五年歿，年四十四。（高梁古今詞藻）

著有：九經說園。

佐藤　一齋（1772-1859）

さとう-いっさい　SATÔ-ISSAI　（程朱學派）

名坦，初名信行，字大道，通稱幾久藏，後改為捨藏，號一齋、愛日

樓、老吾軒。號其塾為百之寮，又名風自寮，稱其游息所為錫難老
軒。江戶人，為佐藤周軒曾孫，另成一家。一齋自幼好讀書，善臨池
之技，射騎刀槍，無所不學。至成童，嶄露頭角，欲以天下第一等之
事成其名，而從事儒學。起初林述齋尚未為藩公子時，既已為其近
侍，切磋講習，後學於中井竹山、林錦峯。專潛六經，旁學文辭。既
而名聲漸高，門人日進，大小侯伯爭相延聘，請其講說，殆無虛日。
初仕於岩村侯，天保十二年擢列為昌平黌儒員。一齋黽勉從事，誘掖
後進，講說經義，不敢以頹老委之於人。於是天下之人視之為山斗，
無不景仰。一齋為人高邁，精力絕倫，夙抱經濟之大材。而以文儒自
居，不敢施之於事業，舉世惜之。其之講經，理義深奧，辯說詳密，
尤精於《易》。安政六年歿，年八十八。贈從四位。（大日本人名辭
書）

著有：九卦廣義一卷、周易啟蒙欄外書一卷、周易圖考一卷、周易
欄外書十卷、周易欄外書附錄一卷、尚書欄外書九卷、詩經欄外書
六卷、左傳雜記十二卷、論語欄外書二卷（刊）、孟子欄外書二卷
（刊）、大學一家言一卷（刊）、大學摘說一卷（刊）、大學欄外書
一卷（刊）、古本大學旁釋補一卷（刊）、中庸說一卷、中庸欄外書
三卷（刊）、孝經解意補義一卷。

高野　真齋（1787-1859）

たかの-しんさい　TAKANO-SINSAI　（程朱學派）

名進，字德卿，稱半右衛門，號真齋。本姓廣部氏，為福井藩士，出
而嗣高野氏。受業於佐藤一齋、林述齋，又從山本清溪學，後為福井
藩黌之教官。真齋綜覽百家之書，兼精兵法，嗜武技書歌，特長於琵
琶。安政六年歿，年七十三。（若越墓碑めぐり）

著有：孝經會說一卷。

沖　薊齋（1795-1859）

おき-けいさい　OKI-KÊSAI　（程朱學派）

名作次郎，號薊齋，越前（福井縣嶺北地方及岐阜線西北部）人。初
冒竹內氏，次冒松永氏，稱新七郎，後冒沖氏，稱共常、共平。為武
生藩之文學。安政六年歿，年六十五。（若越墓碑めぐり）

著有：論語註。

伊藤　兩村（1796-1859）

いとう-りょうそん　ITÔ-RYÔSON　（程朱學派）

名逸彥，字民卿，稱民之輔，號兩村，尾張（愛知縣西部）人。初學
業於永井星渚，後入昌平黌。安政六年歿，年六十三。（名古屋市
史）

著有：左國考。

河田　迪齋（1806-1859）

かわだ-てきさい　KAWADA-TEKISAI　（程朱學派）

名興，字猶興，稱八之助，號迪齋、藻海、屏淑，讚岐（香川縣）
人。其先出於源賴政，迪齋幼有異稟，初受業於近藤篤山，後至江
戶，學於尾藤二洲之門，入昌平黌。佐藤一齋器之，以其女妻之。業
成，任昌平黌之儒員。安政元年美使至日，迪齋時隸於林大學頭，起
草條約。爾後，屢上書，倡開國論。其學以紫陽為宗，折衷諸家，敢
不拘於章句。安政六年歿，年五十四。（讚岐人物傳）

著有：易學啟蒙圖考一卷、書經插解八卷（刊）、詩經插解（未
完）。

安積　艮齋（1791-1861）

あさか-ごんさい　ASAKA-GONSAI　（程朱學派）

名重信，字思順，稱祐助，號艮齋、見山，奧州郡山（福島縣）人。幼年從二本松藩儒今泉、八木諸儒學，年十七隻身赴江戶，為佐藤一齋僕，刻苦勉勵。後遊於林祭酒（述齋，名衡）之門，學業大成，尤能文章。初開私塾，年四十六初仕於丹後侯，為文學。數年後，下二本松，為藩黌教授。不久，復還江戶，任昌平黌教官。萬延元年歿，年七十（一說七十一、或曰七十六），贈從四位。（大日本人名辭書、儒林源流）

著有：論語埤註八卷、論語簡端錄、論孟衍旨六卷、大學略說一卷、中庸略說一卷。

佐野　琴嶺（?-1861）

さの-きんれい　SANO-KINRÊ　（程朱學派）

名元方，字子順，稱小助，號琴壑。初受業於神吉東郭，後學於安積艮齋，又從安中藩之深川惣右衛門修越後流兵法，取得印可。為岡田藩之儒官。萬延二年歿。（大日本人名辭書）

著有：論語志疑折衷六卷。

草野　石瀨（?-1861）

くさの-せきらい　KUSANO-SEKIRAI　（程朱學派）

名正，字子範，稱團助，號石瀨，肥後（熊本縣）人。宇土藩之藩士，出受業於藩黌教授辛島氏，後入學於昌平黌，尋出入於佐藤一齋之門，學成而歸，任藩黌之教授。為人豪宕，不治瑣事，旁善於拳法擊劍，而練達世故，毫無腐儒之態。文久元年歿，年七十餘。（大日本人名辭書）

著有：四書證義。

井土　學圃（1782-1862）

いど-がくほ　IDO-GAKUHO　（程朱學派）

名周磐，字鴻卿，稱左市郎，號學圃、古谷，筑前（福岡縣西部）人。受家學，仕於福岡藩，為文學。文久二年歿，年八十一。（福岡縣先賢人名辭典）

著有：論語方言俚講、大學方言俚講。

赤井　東海（1787-1862）

あかい-とうかい　AKAI-TÔKAI　（程朱學派）

名繩，字士巽、直至，小字秀之助，後改為巖山，號東海，讚岐（香川縣）人。為高松藩士，弱冠入昌平黌，從古賀精里學。其為人軀幹雄偉，自少好武，善十字槍。仕於高松藩，為世子侍讀，遂班於使番。文久二年歿，年七十六。（大日本人名辭書）

著有：正易推術一卷、四經（易三、詩三、書三、禮三）質疑十二卷、春秋（左二、公、穀各一）質疑四卷、論孟序說一卷、學庸質疑二卷。

西坂　成菴（1805-1862）

にしざか-せいあん　NISIZAKA-SÊAN　（程朱學派）

名衷，字天錫，小字權次郎，後改為餘所之助、常人，最後稱為錫，號成菴、謙山、椿臺老人。加賀（石川縣南部）人。幼時學於鄉儒友田某，後入大鳥贄川之門，兼與清水赤城學兵法。業成，仕於金澤藩，任學職。後依藩命，入昌平黌，學於古賀侗菴。歸而為藩黌之助教。文久二年歿，年五十八。（東洋文化）

著有：欽定四經五十卷（校注）、女四書四卷（刊）、四書匯參十卷
（校注）。

大橋　訥菴（1816-1862）

おおはし-とつあん　ÔHASI-TOTUAN　（程朱學派）

名正順，字周道、承天，通稱順藏，號訥菴，上野（群馬縣）人。兵
學者清水赤城之子，後為大橋淡雅之嗣。受業於佐藤一齋，仕於宇都
宮藩，為文學，其學風自王學而入朱學。時恰有外國使節屢至江戶近
海，以求和親貿易，幕府畏於外國之猖獗，至私與之結合親之約。訥
菴慨然與同志謀使幕府攘夷，不為所容，遂密謀暗殺閣老，事露被
捕，數年解獄，幽禁於宇都宮藩邸。文久二年歿，年四十七。（大日
本人名辭書）

著有：周易私斷六卷（刊）、周易述義八卷（校）、孟子浩然章講
義。

淺井　節軒（1823-1862）

あさい-せっけん　ASAI-SEKKEN　（程朱學派）

名雍，字穆卿，稱益太郎，號節軒，尾張（愛知縣西部）人。為尾張
熱田之醫，學儒於齋藤拙堂，長於詩文。仕於名古屋藩。文久二年
歿，年四十。（名古屋市史）

著有：公羊傳補解、穀梁傳補解。

岡田　栗園（1786-1864）

おかだ-りつえん　OKADA-RITUEN　（程朱學派）

名淳之，字大初，小字為之助，通稱萬三郎，號栗園，越中（富山
縣）人。其先為伊勢人，學於昌平黌，及長，以博覽著稱，為富山藩

之文學，後進為祭酒。元治元年歿，年七十九。（富山市史）

著有：論語註。

山縣　大華（1781-1866）

やまがた-たいか　YAMAGATA-TAIKA　（程朱學派）

名禎，字文祥，稱半七，號大華。山縣周南之後裔，受家學，又學於
龜井南冥，修徂徠學。後至江戶轉學朱子學，尤深於三禮之學，旁長
於史學，為萩藩之文學，後為學頭，改藩校學風為朱子學。慶應二年
歿，年八十六。（防長人物志）

著有：禮記備考五卷、周官備考九卷、儀禮備考三卷、論語折衷一
卷、中庸文脈一卷。

鷹羽　雲淙（1796-1866）

たかのは-うんそう　TAKANOHA-UNSÔ　（程朱學派）

名龍年，字壯潮，一字半鱗，稱主稅，號雲淙。志摩（三重縣東部）
人。少時至江戶學習，受業於林檉宇，又從岡木花亭，與菊池五山、
大窪詩佛等交遊。業成，歸鄉後，為大神宮之散士【過著避世、悠閒
自適生活的文人】。後擢為鳥羽藩黌之賓師，進而為督學。慶應二年
歿，年七十一。（三重先賢傳）

著有：觀易著咏（刊）、觀詩詩（國風部）、經註。

齋藤　拙堂（1799-1867）

さいとう-せつどう　SAITÔ-SETUDÔ　（程朱學派）

名正謙，字有終，通稱德藏，後稱為拙翁，號拙堂、鐵研道人。伊勢
（三重縣大部分）人。幼而穎悟，長而入昌平黌，受業於古賀精里。
日夕刻苦，尤用力於古文，卓然成一家。藩主藤堂侯創建學校時，擢

任學職，時年二十四。尋為講官，嗣高猷公之位，兼任侍讀，後轉任
郡宰，入學校為督學，崇文尚武，致力於人才之養成。拙堂才識明
達，學通古今。經義雖本於宋儒，然亦不墨守之，以參諸說。又通曉
諸史，文得莊、馬、韓、歐之神髓，詩升杜、蘇之堂。夙抱經世之
志，考究田賦、法律、日本之典故。種豆術渡日之際，率先施之於藩
內，皆足以見其學之適於實用。慶應三年歿，年六十九。私諡曰文
靖。

著有：縮臨古本論語集解（校）、孟子補說十四卷。

若山　勿堂（1802-1867）

わかやま-ぶつどう　WAKAYAMA-BUTUDÔ　（程朱學派）

名拯，稱壯吉，號勿堂。阿波（德島縣）人。受業於佐藤一齋，仕於
岩村藩，為儒員。文久三年受聘於幕府，為昌平黌之教官。慶應三年
歿，年六十六。（大日本人名辭書）

著有：讀易私記、尚書問辨錄一冊、論語私記、學庸私記。

落合　雙石（1785-1868）

おちあい-そうせき　OTIAI-SÔSEKI　（程朱學派）

名賡，字子載，稱敬助，號雙石，日向（宮崎縣）人。學於家庭，長
從釋海洲學，遂入昌平黌，後又師事塚田大峯、菅茶山、賴春水，再
入昌平黌，推為舍長。業成，仕於飫肥藩。明治元年歿，年八十四。
（日本教育史料）

著有：周易統、書經統、詩經統、左傳統、論語統。

菊地　大瓠（1808-1868）

きくち-たいこ　KIKUTI-TAIKO　（程朱學派）

名一孚，字缶卿，通稱文六郎，後改善九郎，號大瓠，一關（岩手縣）人。夙受業於千葉逸齋，後入昌平黌，師事古賀侗菴、安積良齋，為一之關藩之文學。明治元年歿，年六十一。（仙臺風藻）

著有：周易注。

藤川　冬齋（1796-1869）

ふじかわ-とうさい　HUZIKAWA-TÔSAI　（程朱學派）

名真，字士幹，通稱為太郎，後改為友作，號冬齋、皋鶴。大和（奈良縣）人。自幼習武技，尤善於槍，初修蘐園（徂徠）之學，中途變為程朱。又從賴山陽學詩文，而詩出新機軸，精確縝密，自成一家。仕於郡山藩。明治二年歿，年七十四。

著有：論語通解。

米良　東嶠（1811-1871）

めら-とうきょう　MERA-TÔKYÔ　（程朱學派）

名倉，字子庾，號東嶠。豐後（大分縣北部以外之大部分）人。受業於帆足萬里，仕於日出藩。明治四年歿，年六十一。（日本教育史料）

著有：論語纂註八卷（刊）。

宮下　尚絅（1814-1871）

みやした-しょうけい　MIYASITA-SYÔKÊ　（程朱學派）

名茂武，字君毅，通稱主鈴，後改為有常，號尚絅。為信濃松代之藩士。初受業於竹內錫命，後學於佐藤一齋。業成，仕於松代藩。明治四年歿，年五十八。（松代町史）

著有：詩書旁註、論孟旁註、學庸旁註。

石合　江村（1818-1873）

いしあい-こうそん　ISIAI-KÔSON　（程朱學派）

名文之，稱文藏，號江村，備前（岡山縣東南部、香川縣一部分、兵庫縣一部分）人。出江戶，因襲師之家名，故亦稱古烟氏。後因宗家斷絕，改石合氏，為幕府儒官。明治六年歿，年六十六。（岡山縣人物傳）

著有：論語讀本二十卷、玉琴精舍論語說二十卷。

湯川　鼈洞（1814-1874）

ゆかわ-げいどう　YUKAWA-GÊDÔ　（程朱學派）

名浴，字君風，通稱新、清齋，幼名民太郎，號鼈洞、彙撰。紀伊（和歌山縣及三重縣南部）人。父為新宮藩鬠，從父住於山田，從糟谷某受句讀，後遊於津，入鹽田隨齋、齋藤拙堂之門。又歷遊於大鹽中齋、野田笛浦、安積艮齋之門。業成，仕於水野侯，為育英館之督學。明治七年歿，年六十一。（和歌山縣濱口惠璋氏報）

著有：經書釋義。

桃　翠菴（1806-1875）

もも-すいあん　MOMO-SUIAN　（程朱學派）

名世文，字君平，通稱文之助，後改為大藏、題藏，號翠菴、北湖、珠顆園，隱居後號成蹊。西河之子，黃園之養子，本姓坂根氏。繼家學，仕於松江藩。明治八年歿，年七十。（東京市松平直亮氏報）

著有：詩經目讀二卷。

正牆　適處（1818-1875）

しょうがき-てきしょ　SYÔGAKI-TEKISYO　（程朱學派）

名薰，字朝華，號適處。因幡（鳥取縣東部）人。學業於藤澤東畡、佐藤一齋、篠崎小竹等諸儒，博學多才，頗長於詩文。為鳥取藩之文學，維新後，專從事於後進之教育。明治八年歿，年五十八。（因幡志）

著有：大學就正一卷。

川崎　也魯齋（1805-1876）

かわさき-やろさい　KAWASAKI-YAROSAI　（程朱學派）

名履，字叔道，稱魯輔，號也魯齋，上野（群馬縣）人。本姓工藤氏，累世仕於沼田藩，為望族。受業於佐藤一齋，特邃於經學，為沼田藩之文學，後為昌平黌教授試補。維新後，為大學助教受。明治九年歿，年七十二。（大日本人名辭書）

著有：孝經參釋一卷（刊）。

關藤　藤陰（1807-1876）

せきとう-とういん　SEKITÔ-TÔIN　（程朱學派）

名成章，字君達，通稱淵藏，後改為和介、文兵衛，號藤陰。備中（岡山縣西部）人。曾一時冒石川氏，晚復其本姓。受業於賴山陽，仕於福山藩。幕末內外多事時，以忠誠盡於藩主，施設得宜，功績甚多，明治九年歿，年七十。（岡山縣人物傳、大日本人名辭書）

著有：詩書筆記。

倉石　僩窩（1815-1876）

くらいし-どうか　KURAISI-DÔKA　（程朱學派）

名成憲，字子緝，稱典太，號僩窩，越後（新潟縣本州部分）人。受業於安積艮齋，仕於高田藩，為文學。明治九年歿，年六十二。（北

越詩話）

著有：春秋左氏傳集說、大學集說。

兼松　石居（1810-1877）

かねまつ-せききょ　KANEMATU-SEKIKYO　（程朱學派）

名誠，字成言，稱三郎，號石居、甘亭，陸奧（青森縣、岩手縣、宮城縣、福島縣、秋田縣東北部）人。本姓久庸氏，入昌平黌，師事古賀侗菴、佐藤一齋，旁善國文、和歌，尤精通國字音訓，仕於弘前藩，為書院番。（青森縣史）

著有：喪服私議。

杉山　竹外（1811-1877）

すぎやま-ちくがい　SUGIYAMA-TIKUGAI　（程朱學派）

名魁，字春鄉，一字大魁，稱四郎，號竹外。羽前（山形縣及秋田縣之一部分）人。幼時至江戶，學於古畑玉函，後學於昌平黌。為人器宇恢宏，志氣雄拔，邃經義，善詩文。初以講說為業，後受徵為大學教官，後為館林藩之督學。明治十年歿，年六十七。（館林叢談）

著有：周易象義、周易橫圖。

司馬　遠湖（1812-1878）

しば-えんこ　SIBA-ENKO　（程朱學派）

名滕，字守默，號遠湖。受業於佐藤一齋，仕於水野侯。明治十一年歿，年六十七。（儒林源流）

著有：論語抄說二卷。

松本　古堂（1819-1878）

まつもと-こどう　MATUMOTO-KODÔ　（程朱學派）

名元裕，字士龍，稱巖，號古堂、八雲外史。出雲（島根縣東部）人。受業於摩島松南，後至江戶，師事梁川星巖、安積艮齋，兼修醫法。既而，與賴三樹三郎交遊，常談王事而慷慨。星巖臨終託志士連判狀。偶遇安政大獄之興起，燒毀連判狀，志士免於投獄之難。後仕於出雲兩國造家，於出雲大社神德弘布之名下，往來京阪之間糾合志士，只管勤勞王事。維新後，開私塾，又仕於村松藩，為督學。廢藩後，至東京，與小野湖山、谷鐵臣等為詩酒之交。明治十一年歿，年六十。贈正五位。（大日本人名辭書）

著有：九經一斑一卷、九經一斑第二編一卷、九經三復一卷、九經要語三卷、九經要語俗解五卷。

原田　紫陽（1839-1878）

はらだ-しよう　HARADA-SIYÔ　（程朱學派）

名種興，字子龍，稱敬太郎，號紫陽、鷗夷子。肥前（佐賀縣及長崎縣一部分）人。初學於肥前藩黌，遂入昌平黌，能書。業成，為藩黌之教官。明治十一年歿，年四十。（佐賀先哲叢話）

著有：左傳年表十卷。

神林　復所（1795-1880）

かんばやし-ふくしょ　KANBAYASI-HUKUSYO　（程朱學派）

名弼，字伯輔，稱清介，號復所，磐城（福島縣之一部分及宮城縣南部）人。學於平藩藩校施政堂，後至江戶，學於佐藤一齋。學成，仕於平藩，為教官。（磐城文化史）

著有：周易本義窺觀一冊、易文六書考、易例便蒙二冊、易象發揮八

卷、易說闡旨二卷、易數多少進退考、三易考、俗易鋤莠一卷、圖書
發蘊付讀逐初堂易說二卷、大衍略說說卦八卦巨象考、八卦通象一
卷、十六卦考、四象陰陽異同辨、地水卦象發蘊、卦變一例、列象一
義、書集傳窺觀二卷、詩傳叶韻十八例、詩傳要略、六義詳說一卷、
周官三物考、左國傳註窺觀一卷大學正心傳章句私考、大學明德講
義、學庸章句窺觀二卷、中庸章句新疏補成一卷、四書擬策問五卷、
五經擬策問五卷、辨九經談一卷。

元田　竹溪（1800-1880）

もとだ-ちくけい　MOTODA-TIKUKÊ　（程朱學派）

名彝，字伯倫，稱百平，號竹溪。豐後（大分縣北部以外之大部分）
人。受業於帆足萬里，仕於杵築藩，為文學。其學折衷和漢諸家，以
實用為主。明治十三年歿，年八十。（大日本人名辭書）
著有：尚書集解、大學標注、中庸集解。

西島　城山（1806-1880）

にしじま-じょうざん　NISIZIMA-ZYÔZAN　（程朱學派）

名周道，字如砥，號城山、睡菴、中城。江戶（東京都）人。本姓牧
野氏，出而為西島蘭溪之嗣，繼述家學。明治十三年歿，年七十五。
私謚曰憲明。（儒林源流）
著有：韓詩外傳標注、左國標注、四書標注。

高木　松居（1828-1880）

たかぎ-しょうきょ　TAKAGI-SYÔKYO　（程朱學派）

名忠，字子高，初名惟藩，初字子材，稱忠次郎，號松居。安藝（廣
島縣西部）人。初受業於坂井虎山，後學於篠崎小竹。以講說為業。

明治十三年歿，年五十三。（藝備先哲傳）

著有：左氏傳講義、經子抄錄。

中村　栗園（1806-1881）

なかむら-りつえん　NAKAMURA-RITUEN　（程朱學派）

名和，字子臧，稱和藏，號栗園、半仙子。豐前（福岡縣東部及大分縣北部）人。受業於帆足萬里，修洛閩之學。後又曾一時遊於龜井昭陽之門，因不合意而去，遊於上國與諸名流交往。學愈增進，以篠崎小竹之薦，而為水口侯之儒員，至參與政事。維新之際，勸藩主勤王事。既而列藩奉還封土，藩主為知事時，栗園為大參事，輔翼圖治，在職三年，治效漸著，一朝辭職，優遊養老。明治十四年歿，年七十六。贈從四位。（大日本人名辭書）

著有：孝經一得、孝經翼。

堀　友直（1816-1881）

ほり-ともなお　HORI-TOMONAO　（程朱學派）

名友直，幼名小七郎、省治，稱濱西。陸前（宮城縣部分及岩手縣東南部）人。本姓新田氏，受業於大槻平泉。仕於仙臺藩，為藩黌指南統取。明治元年會津征伐時周旋於兵馬之間，後進為小姓頭【小姓即扈從或打雜武士，頭為其長官】，明治十二年當選為宮城縣會議員。明治十四年歿，年六十六。（仙臺人名大辭典）

著有：大學指趣解一卷、大學驗心錄一卷。

大鄉　學橋（1830-1881）

おおごう-がっきょう　ÔGÔ-GAKKYÔ　（程朱學派）

名穆，字穆卿，稱卷藏，號學橋，江戶（東京都）人。大鄉浩齋之

子，少壯時入昌平黌學，性敏而才藝多，善於詩，書畫亦精妙，為鯖
江藩之文學，廢藩後，至東京，以文酒為友，優遊自適。明治十四年
歿，年五十二。（若越墓碑めぐり）

著有：標註四書讀本八卷（刊）、標註康熙欽定四書解義十五卷
（刊）。

雨森　精齋（1822-1882）

あめのもり-せいさい　　AMENOMORI-SÊSAI　　（程朱學派）

名謙，字君恭，稱謙三郎，號精齋、老雨、精翁、鶯山、鶯里、鶯
谷、鶯雨、老鶯、雨隱，出雲（島根縣東部）人。初稱妹尾氏，受業
於篠崎小竹，仕於松江藩。明治十五年歿，年六十一。（東京市松平
直亮氏報）

著有：經義學卷（刊）、中庸小考。

加藤　櫻老（1811-1884）

かとう-おうろう　　KATÔ-ÔRÔ　　（程朱學派）

名熙，初名有鄰，字伯敬，號櫻老，常陸（茨城縣大部分）人。為笠
間藩之藩士，學通和漢，維新之際有所盡於王事。廢藩後，任教部中
錄，罷而建黌，教授漢音樂及儒學。明治十七年歿，年七十四。（大
日本人名辭書）

著有：孟子拙講、大學講義一卷。

古賀　茶溪（1816-1884）

こが-さけい　　KOGA-SAKÊ　　（程朱學派）

名增，字如川，稱謹一郎，號茶溪、謹堂、沙蟲，肥前（佐賀縣及長
崎縣一部分）人。古賀侗菴之子，承家學，旁修西洋之學術。仕於幕

府，因國命赴長崎、下田與外國人筆談。又受命掌西洋之學事，督洋
學所之學政。明治十七年歿，年六十九。（大日本人名辭書）
著有：書笏一卷。

中村　黑水（1820-1884）

なかむら-こくすい　NAKAMURA-KOKUSUI　（程朱學派）

名元起，號黑水。信濃（長野縣及岐阜縣之一部分）人。中村中倧之
子，學於昌平黌，後歸，仕於高遠藩，盡力於文學之勃興。維新後，
出仕於筑摩縣，又努力於洋學之普及。明治十七年歿，年六十五。
（伊那誌）
著有：學易一卷、經書考十卷。

早崎　巖川（1805-1886）

はやさき-がんせん　HAYASAKI-GANSEN　（程朱學派）

名勝任，字士信，稱門太夫，號巖川、南涯。伊豫（愛媛縣）人。本
姓森田氏。初受業於津阪東陽，又師事石川竹厓、猪飼敬所，後又入
昌平黌與古賀侗菴學。業成，仕於津藩。明治十九年歿，年八十二。
（三重先賢傳）
著有：經解。

五弓　雪窗（1823-1886）

ごきゅう-せっそう　GOKYÛ-SESSÔ　（程朱學派）

名久文，字士憲，稱豐太郎，號雪窗，備前（岡山縣東南部、香川縣
一部分、兵庫縣一部分）人。累世為備後府中之八幡廟之祠官，本姓
石岡氏。自幼修漢學，後就小寺清之學國學。年十七，至大阪學於後
藤春草，尋至江戶從齋藤拙堂。爾來與諸名儒交遊，研鑽史誌，編輯

《事實文編》（1863）。維新後，出仕太政官修史局。晚年歸鄉，教授弟子。明治十九年歿，年六十四。（大日本人名辭書）

著有：據史徵經。

中田　平山（1813-1887）

なかだ-へいざん　NAKADA-HÊZAN　（程朱學派）

名正誠，字文敬，稱誠之允，號平山。常陸（茨城縣大部分）人。受業於佐藤一齋、藤森天山，仕於土浦藩，為藩黌之教授，善於經學。明治二十年歿，年七十五。（藤森天山）

著有：大學章句集疏。

小永井　小舟（1829-1888）

こながい-しょうしゅう　KONAGAI-SYÔSYÛ　（程朱學派）

名岳，字君山，稱八郎，號小舟，下總（千葉縣北部、茨城縣西南部、埼玉縣東部、東京都東部）人。本姓平野氏，受業於野田笛浦、古賀謹堂，後學於羽倉簡堂，為幕吏小永井氏之嗣，善於詩文，文章與時流異趣，詩五言古風尤奇峭，又工書。仕於一橋府及尾張藩，晚年卜居於東京淺草，以講說為業。明治二十一年歿，年六十。（大日本人名辭書）

著有：論語講義十卷。

河鰭　省齋（1826-1889）

かわばた-しょうさい　KAWABATA-SYÔSAI　（程朱學派）

名默、景名，稱富之丞、退藏，號省齋，石見（島根縣西部）人。受業於橫井小楠，奉洛閩之學，終生不疑。仕於濱田藩，受重用，入則參與政務，出則教育子弟，一藩之所矜式。明治二十二年歿，年六十

四。（大日本人名辭書）

著有：省齋經說。

氏家　閑存（1828-1889）

うじえ-かんそん　UZIE-KANSON　（程朱學派）

名顯，字士德，通稱晉，號閑存，陸前（宮城縣部分及岩手縣東南部）人。學於昌平黌，兼修長沼流之兵法，為養賢堂之教授，又為侍講。明治五年應宮城縣宇多、亙里二郡之聘，設共立學舍，為教授，實為東北鄉學之嚆矢。明治二十二年歿，年六十二。（仙臺人名辭書）

著有：孝經刊誤集註一卷（刊）。

有井　進齋（1830-1889）

ありい-しんさい　ARII-SINSAI　（程朱學派）

名範平，號進齋，阿波（德島縣）人。初學業於那波鶴峯，旁攻算數，後學於巖本贅菴之門，專究經史，業成，歷任長崎師範學校、東京府師範學校等。明治二十二年歿，年六十。（大日本人名辭書）

著有：論語論文十卷（刊）。

佐藤　牧山（1801-1891）

さとう-ぼくざん　SATÔ-BOKUZAN　（程朱學派）

名楚材，字晉用，一作晉明，號牧山、雪齋。尾張（愛知縣西部）人。學業於昌平黌，曾繼承寺門靜軒之塾為教授，後受召於尾張侯，為藩黌教授。維新後至東京，為斯文學會之講師。明治二十四年歿，年九十一。（大日本人名辭書）

著有：周易叢書、尚書說、詩說、中庸講義。

元田　東野（1818-1891）

もとだ-とうや　MOTODA-TÔYA　（程朱學派）

名永孚，初名遜，字子中，稱三左衛門，號東野、茶陽、東皋、猿岳樵翁。為熊本藩士，學於熊本藩黌。維新後，至東京，為明治天皇之傅，兼侍講。後累進為宮中顧問官、樞密顧問官，參與教育勅語之草案。因其功而敍正二位，賜男爵。其學汲大塚退野之流，篤信程朱。明治二十四年歿，年七十四。（大日本人名辭書、東洋文化）

著有：書經講義、經筵進講義錄一卷（刊）。

久保田　損窗（1842-1891）

くぼた-そんそう　KUBOTA-SONSÔ　（程朱學派）

名精一，字執中，號損窗，但馬（兵庫縣北部）人。初學於藩黌，長而入出石藩儒島村弘堂之門。業成，仕於出石藩，因被命為江戶勤番而東遷，從安井息軒、大橋訥菴、芳野金陵、鹽谷宕陰、池田草菴等諸儒，學業大進。既歸，受命任藩黌之學長，且兼御徒頭【江戶幕府之職稱。將軍外出時，徒步先驅任沿途之警備等事務】。維新後，為文部省試用員。後又奉職於豐岡寶林義塾、豐岡中學校等。明治二十四年歿，年五十。（遺稿）

著有：論語管見（未完）。

井部　健齋（1825-1892）

いべ-けんさい　IBE-KENSAI　（程朱學派）

名見，字子龍，稱潛藏，號健齋，越後（新潟縣本州部分）人。本姓田中氏，受業於井部香山，為其嗣，故胃井部氏。仕於高田藩，為文學。廢藩後，以講說為業。明治二十五年歿，年六十八。（北越詩話）

著有：左氏傳解、孟子譯。

岡松　甕谷（1820-1895）

おかまつ-おうこく　OKAMATU-ÔKOKU　（程朱學派）

名辰，字君盈，初稱辰吾，號甕谷，豐後（大分縣北部以外之大部
分）人。幼而英異，六歲受四書之句讀。稍長，受業於帆足萬里。業
成，初仕於熊本藩，後東遊，任昌平黌之教授，累遷為大學教授，列
為學士會員，又自師萬里受西洋究理之說，雖頗用意於西籍，然厭惡
世風一變而成人人皆醉心於西洋，因絕口不談西說。明治二十八年
歿，年七十六。（大日本人名辭書）

著有：論語講義三冊（刊）。

齋藤　鳴湍（1822-1895）

さいとう-めいたん　SAITÔ-MÊTAN　（程朱學派）

名驥，字子德，幼名運治，後稱恭平，號鳴湍。陸前（宮城縣部分及
岩手縣東南部）人。本姓菊地氏，後嗣高橋氏，後更改為齋藤氏。受
業於大槻平泉，後學於昌平黌。涉獵群書，尤攻究經書。業成，為陸
前松山邑主茂庭氏之儒臣。明治二十八年歿，年七十四。（仙臺人名
大辭典）

著有：四書集註。

三國　幽眠（1810-1896）

みくに-ゆうみん　MIKUNI-YÛMIN　（程朱學派）

名直準，字子繩，通稱與吉郎，後改為大學，號幽眠、鷹巢、碌山
人。越前（福井縣嶺北地方及岐阜線西北部）人。家以商為業，以富
豪聞。幽眠受業於摩島松南，善於詩文。業成，以講說為業，其所奉

持者為《孝經》。及於為關白【官名。職為輔佐天皇，率領百官，執行大政。】鷹司政通家之儒職，時恰值美艦至浦賀（今神奈川縣橫須賀市東部），海內騷然，幽眠亦奔走國事，屢屢會合志士。於安政大獄時，坐罪被追放。維新後，輔佐鷹司公，自岩倉公有發行紙幣之密問，有所建議。明治六年出仕於教部省，補權大講義。晚年以花鳥風月為友，明治二十九年歿，年八十七。敘從六位。（越前人物志）
著有：大學旁訓一卷（刊）、孝經旁訓一卷（刊）。

野村　藤陰（1827-1899）

のむら-とういん　NOMURA-TÔIN　（程朱學派）

名煥，字士章，幼字喜三郎，後改為龍之助，號藤陰、殼堂。美濃（岐阜縣南部）人。幼學於大垣藩黌，後學於後藤松陰、齋藤拙堂。業成，為藩黌之講官，維新後，仕於大垣藩、大藏省、租稅寮等。明治三十二年歿，年七十二。（濃飛偉人傳）
著有：左氏傳評釋。

名倉　松窗（1822-1901）

なぐら-しょうそう　NAGURA-SYÔSÔ　（程朱學派）

名信敦，字先之，稱重次郎，號松窗、予何人。初稱野田氏，後改名倉氏。遠江（靜岡縣西部）人。仕於濱松藩。幼而穎悟，稍長遊於江戶，受業於佐藤一齋、安積艮齋，後入昌平黌。後又至江戶，學洋書。遂渡清國，又航於西洋，以弘見聞。廢藩後，仕於政府。明治三十四年歿，年七十餘。（東洋文化）
著有：續周易考。

岡本　韋菴（1839-1904）

おかもと-いあん　OKAMOTO-IAN　（程朱學派）

名監輔，字文平，號韋菴，阿波（德島縣）人。入學於岩本贅菴之門，業成，任外務省御用掛、臺灣總督府國語學校教授、神田中學校長等職，敘從五位。明治三十七年歿，年六十六。（大日本人名辭書）

著有：中庸正解、孝經頌。

本田　豁堂（1845-1904）

ほんだ-かつどう　HONDA-KATUDÔ　（程朱學派）

名之助，號豁堂。肥前（長崎）人。學於昌平黌，為鄉黌好古館之教官。明治三十七年歿，年六十。（佐賀先哲叢話）

著有：春秋左氏傳正解。

谷　太湖（1822-1905）

たに-たいこ　TANI-TAIKO　（程朱學派）

名鐵心，字百鍊，號太湖。近江（滋賀縣）人。受業於林復齋。明治三十八年歿，年八十四。（儒林源流）

著有：論語類編心解時卷（刊）、大學篇提要一卷、節錄大學首章十二句小解一卷（刊）。

山村　勉齋（1836-1907）

やまむら-べんさい　YAMAMURA-BENSAI　（程朱學派）

名良行，初名十郎，字聞伯，號勉齋、半城。出雲（島根縣東部）人。受業於鹽谷宕陰，學詩於大沼枕山。業成，仕於廣瀨藩，為儒員。廢藩後，開私塾授徒。明治四十年歿，年七十二。（漢學者傳記

及著述集覽）

著有：四書磨鏡錄、五經磨鏡錄。

若林　竹軒（1831-1908）

わかばやし-ちくけん　WAKABAYASI-TIKUKEN　（程朱學派）

名節，字甘吉，小字鉚次，號竹軒。上野（群馬縣）人。為沼田藩
士，受業於川崎魯齋、佐藤一齋、林祭酒（述齋，名衡），仕於沼田
藩，為貢士。後開尚友學會，兼教授於成城學校、商工學校。明治四
十一年歿，年七十八。（漢學者傳記及著述集覽）

著有：詩經句解、論語句解、孟子句解、大學句解、中庸句解。

藤井　松年（1846-1908）

ふじい-しょうねん　HUZII-SYÔNEN　（程朱學派）

名和，稱和七郎，號松年、四狂。安藝（廣島縣西部）人。初學古學
於山口氏，學歷史、詩、文於坂谷朗廬、河野小石。明治十二年舉為
廣島縣縣會議員，續而為議長。明治四十一年歿，年六十三。（藝備
先哲傳）

著有：論語注。

重野　成齋（1827-1910）

しげの-せいさい　SIGENO-SÊSAI　（程朱學派）

名安繹，字士德，稱厚之丞，號成齋。薩摩（鹿兒島縣西部）人。入
昌平黌，學於古賀茶溪、羽倉簡堂，善於文章。業成，為鹿兒島藩贇
之助教，廢藩後，開私塾，後受聘於文部省為編修官，又任東京帝大
教授。不久，得文學博士之稱號，列於學士會員。明治四十三年歿，
年八十四。敘從三位勳三等。（漢學者傳記集成）

著有：周易述參訂二卷。

刈谷　無隱（1844-1910）

かりや-むいん　KARIYA-MUIN　（程朱學派）

字狷介，稱三郎，號無隱，下野（栃木縣）人。本姓鈴木氏，初至水
戶，受業於田中從吾軒、小永井小舟。後遊於東都，學於古賀茶溪，
轉入昌平黌。性慷慨，與志士往來，倡尊王。元治元年武田耕雲起兵
於筑波，無隱投之參與帷幄，戰敗，幕府搜索頗峻烈，無隱巧避之。
王政復古後，任千葉裁判所【法院】、東京裁判所之判事【法官】。
明治四十三年歿，年六十七。（碑文）

著有：論語講義。

並木　栗水（1829-1914）

なみき-りっすい　NAMIKI-RISSUI　（程朱學派）

名正韶，字九成，左門稱，號栗水。下總（千葉縣北部、茨城縣西南
部、埼玉縣東部、東京都東部）人。受業於大橋訥菴，篤信程朱，尤
精於《周易》，以講說為業。為人德容和粹，而守峻嚴，見非違不匡
正則不措。大正三年歿，年八十六。（東洋文化、漢學者傳記集成）

著有：增補周易私斷十一卷。

關　湘雲（1839-1917）

せき-しょううん　SEKI-SYÔUN　（程朱學派）

名義臣，字季確，號湘雲。越前（福井縣嶺北地方及岐阜線西北部）
人。本姓山本氏。受業於林復齋、羽倉簡堂。湘雲少壯而奔走國事，
維新後，因本多家家格事件而獄下。被赦之後，歷任大阪府權判事、
諸縣參事、權令、知事、大藏權大丞、檢事長、評定官等，授男爵。

大正六年歿，年八十。（若越墓碑）

著有：日本名家經史論存十五卷（刊）。

土井　淡山（1847-1918）

どい-たんざん　DOI-TANZAN　（程朱學派）

名光華，字士濟，號淡山。淡路（兵庫縣淡路島、沼島）人。幼學於岡田鴨里，後學於森田節齋，又至江戶從林鶴梁、大沼枕山，精研詩文，旁攻和歌。當時鄰藩德嶋有勤王、佐幕二黨，淡山倡大義，身投之，戊辰之役時，從岩倉公，後為公之侍講。辭官後，與中江兆民等創設出版會社，又戮力於北辰新聞等之經營，岳南自由黨興時，為其總理，大倡尊王民權論，其後為三重縣郡長、眾議院議員。大正七年歿，年七十二。（三重先賢傳）

著有：孟子七篇。

山本　洞雲（?-前期）

やまもと-とううん　YAMAMOTO-TÔUN　（程朱學派）

名泰順，字三徑，號洞雲。京師人。受業於宇都宮遯菴。（大日本人名辭書）

著有：禮記月令諺解二卷（刊）。

大原　武清（?-承應）

おおはら-ぶせい　ÔHARA-BUSÊ　（程朱學派）

越前（福井縣嶺北地方及岐阜線西北部）人。學於林羅山之門，承應（1652-1655）中，為府中藩之儒官。（國書解題）

著有：四書蒙引略圖解一卷（刊）。

岡島　竹塢（?-中期）

おかじま-ちくう　OKAZIMA-TIKUU　（程朱學派）

名順，字忠甫，稱信夫，號竹塢、安齋、慧日山人，長崎人。岡島冠山之子，仕於萩藩，為儒官。（大日本人名辭書）

著有：增註大學一卷（刊）、增註中庸一卷。

高畠　慶成（?-中期）

たかはた-けいせい　TAKAHATA-KÊSÊ　（程朱學派）

名慶成，初名敦定，字之善，稱伊大夫。加賀（石川縣南部）人。受業於大地東川，專攻六經。業成，仕於金澤藩。（燕臺風雅）

著有：四書和讀考二卷。

清水　春流（1626-元祿）

しみず-しゅんりゅう　SIMIZU-SYUNRYÛ　（程朱學派）

名仁，字不存，稱孫三郎，號春流、釣虛子、賣文翁。伊勢（三重縣大部分）人。少時讀濂洛之書，尤精於《易》學。後又究禪理，兼善和歌。初仕於尾張藩，後在鄉講說。為人風流溫雅，以講說為業，常居無定所，生涯如浮萍，身世似水雲。元祿（1688-1704）年間人。（尾張名家誌）

著有：周易或問二卷、論語或問一卷。

毛利　貞齋（?-元祿）

もうり-ていさい　MÔRI-TÊSAI　（程朱學派）

名瑚珀，字虛白，稱香之進，號貞齋。大阪人。講說於京師。元祿（1688-1704）時人。（大日本人名辭書）

著有：易學啟蒙合解評林八卷、孟子井田辨二卷（刊）、孝經直註二

卷、孝經評略大全四卷、孝經詳註大全四卷、孝經增補首書三卷、四
書俚諺抄十卷（刊）、四書集註俚諺抄五十卷（刊）。

淺岡　芳所（?-明和）

あさおか-ほうしょ　ASAOKA-HÔSYO　（程朱學派）

名冀之，字子喜，稱喜藏，號芳所，武藏（東京都、埼玉縣及神奈川
縣之一部分）人。受業於河口靜齋（一說學於室鳩巢），仕於川越
藩。明和（1764-1772）中歿。（大日本人名辭書）

著有：芳所經說。

中島　石浦（?-後期）

なかじま-せきほ　NAKAZIMA-SEKIHO　（程朱學派）

名尚，初名恒久，字子成，一字士久，稱半助，號石浦。加賀（石川
縣南部）人。

著有：論語追正說十卷、論語集正十卷、論語講說十卷、大學要解一
卷（刊）、大學講說一卷、中庸講說追正錄一卷。

一瀨　庄助（?-後期）

いちのせ-しょうすけ　ITINOSE-SYÔSUKE　（程朱學派）

肥前佐賀（佐賀縣）人。為人方正嚴格，精於經義。天明中召為佐賀
藩黌之教官。（佐賀先哲叢話）

著有：四書講義。

武井　用拙（?-後期）

たけい-ようせつ　TAKEI-YÔSETU　（程朱學派）

名彪，字文甫，通稱清記，後改為拙藏，號用拙。木曾（長野縣）

人。幼時學於鄉儒秋元一菴，後東遊，入古賀侗菴之門。業成，歸而
仕於山村氏，致仕後，開私塾講說。（日本教育史料）
著有：音訓易知錄一卷、讀左日詠一卷。

中村　梅塢（?-後期）

なかむら-ばいう　NAKAMURA-BAIU　（程朱學派）

名易張，號梅塢。福岡縣人。為久留米藩儒，以理學為宗。（福岡縣
先賢人名辭典）
著有：四書字義摘要。

井上　櫻塘（?-後期）

いのうえ-おうとう　INOUE-ÔTÔ　（程朱學派）

名揆，字一卿，號櫻塘，陸奧（青森縣、岩手縣、宮城縣、福島縣、
秋田縣東北部）人。幼學刀槍，稍長，志於讀書，入藤森弘菴之門。
為人剛直，數論正邪曲直，受冤罪，後八戶藩主聞其名，迎為賓師，
參與藩政，兼掌學事，嘗入藤野海南之詩社、舊雨社等詩社吟詩。
（東洋文化）
著有：增補蘇批孟子三卷刊。

片岡　如圭（?-天明）

かたおか-じょけい　KATAOKA-ZYOKÊ　（程朱學派）

名基成，字平甫，稱吉二郎，後改為平助，號如圭，京師人。學於新
井白蛾，以易學著聞。天明（1781-1789）中歿，年六十餘。（大日
本人名辭書）
著有：周易解五卷、易林圖解二卷、易術手引草一卷（刊）、易術妙
鏡一卷（刊）、易術明畫二卷、易術便蒙一卷（刊）、易術傳十卷、

易術夢斷一卷、易術夢斷補一卷、易話三卷（刊）、易學啟蒙解五卷、左傳占例考一卷、論語訓十卷。

尾崎　梁甫（?-嘉永）

おざき-りょうほ　OZAKI-RYÔHO　（程朱學派）

名貞幹，字梁甫，武藏（東京都、埼玉縣及神奈川縣之一部分）人。受業於久保虫齋，為忍藩之藩士，嘉永（1848-1854）間人。（國書解題）

著有：左傳標識八卷。

岡　三慶（?-明治）

おか-さんけい　OKA-SANKÊ　（程朱學派）

名道，字明卿，號三慶，江戶（東京都）人。受業於森田節齋，又學詩於森田月瀨。明治（1868-1911）年間之儒者。

著有：孟子講義六卷、大學講義二卷。

陽明學派

中江　藤樹（1608-1648）

なかえ-とうじゅ　NAKAE-TÔZYU　（陽明學派）

名原，字惟命，稱與右衛門，號藤樹、頤軒、默軒。近江（滋賀縣）人。幼而岐嶷，舉止有異於眾兒，如老成人。年十一與祖父同徙伊豫之大洲，尋仕於近江藩。一日讀《大學》「自天子以至於庶人一是皆以修身為本」章，嘆曰：「幸此經今存，聖人豈學而不至哉？」而當時文運未開，大洲之俗專尚武事，棄擲文業。十七歲之時，京師之僧來講《論語》。藤樹日往受業。居月餘，僧去，後得《四書大全》，大悅之。然憚於物議，晝與諸士講武，夜對燈誦讀。力學多年，奮然以興聖學為己任。藤樹事母至孝，以母不欲往異鄉，屢乞致仕，不許，遂逃歸，時年二十七。自是定省之暇，聚徒講書。初雖修程朱之學，然後信王陽明良知之說，好講《孝經》，揭出「愛敬」二字誨人。藤樹為人溫厚，以躬行為先，以文詞為後，人不分賢愚，皆服其德，無不興善，一時稱曰近江聖人。慶安元年歿，年四十一。贈正四位。（大日本人名辭書）

著有：易卦圖、論語鄉黨啟蒙翼傳、論語解、大學朱子序圖說、大學考、大學序宗旨圖、大學序說、大學啟蒙斷片、大學解、大學蒙註、古本大學全解、古本大學旁訓、中庸解、中庸續解、假名書孝經、孝經考、孝經啟蒙定稿本、孝經啟蒙初稿本、孝經講釋聞書、四書合一圖說、四書考、讀四書法、倭文經解五卷。

熊澤　蕃山（1619-1691）

くまざわ-ばんざん　KUMAZAWA-BANZAN　（陽明學派）

名伯繼，字了介，通稱次郎八，後改為助右衛門，號蕃山、息遊軒，

京師人。本姓野尻氏，為外祖熊澤守久所養，因冒其氏。年十六歲仕
於備前岡山之芳烈公，五年而致仕，寓於江州桐原。及年二十二始讀
書，據朱注講究四書，尋從中江藤樹修陽明學。年二十七復仕於芳烈
公，蕃山富於經濟之才，邊備、治水、救荒等，頗舉治績，年三十九
致仕，歸於京都。而學雅樂，究國典。京尹牧野親成，信讒而憎蕃
山，流言頗行，故於寬文六年潛隱於芳野，爾後轉居於明石、郡山等
地。七十歲時因幕府之命移居下總之古河，尋為禁錮。元祿四年歿，
年七十三。（大日本人名辭書）

著有：易經小解附原卦七卷、易繫辭傳小解二卷、葬祭辨論一卷
（刊）、論語小解二十卷（上論）（刊）、孟子小解七卷、孟子浩然
之氣解一卷、大學小解一卷（刊）、大學或問（一名經濟辨）一卷
（刊）、中庸小解二卷（刊）、孝經小解二卷（刊）、孝經外傳或問
四卷。

內藤　閑齋（1625-1692）

ないとう-かんさい　NAITÔ-KANSAI　（陽明學派）

名就馬，一名希顏，字以貫，稱六左衛門，號閑齋、樂山人。長門
（山口縣西半部）人。受業於林羅山，仕於仙臺藩，為儒官。其學雖
以程朱為宗，然亦參取陸氏與明儒之說，又巧於書。元祿五年歿，年
六十八。（仙臺叢書）

著有：石經大學諺解。

三輪　執齋（1669-1744）

みわ-しっさい　MIWA-SISSAI　（陽明學派）

名希賢，字善藏，號執齋、躬耕廬。京師人。幼而喪父，為賈人某所
收養，長而冒真野氏。及受業於佐藤直方，知冒他姓之非古道，即復

本姓。後喜王陽明良知之說。以之講說於士大夫之間。仕於厩橋侯，致仕後，京歸，後往大阪，又至江戶。其言優遊有餘味，能使聽者心醉。寬保四年歿，年七十六。贈正五位。（高瀨氏著三輪執齋、大日本人名辭書）

著有：周易進講手記六冊、堯典和譯一卷、古本大學講義二卷（刊）、孝經小解一冊。

川田　琴卿（1684-1760）

かわだ-きんけい　KAWADA-KINKÊ　（陽明學派）

名資深，字君潤，稱半太夫，號琴卿、雄琴，江戶（東京都）人。初受業於梁田蛻巖，後學於三輪執齋。業成，仕於蒔田侯，後仕於大洲侯。以博學高識稱於世。寶曆十年歿，年七十七。（伊豫の山水と人物と事業）

著有：周易家人升二卦卦變說。

芥川　丹丘（1710-1785）

あくたがわ-たんきゅう　AKUTAGAWA-TANKYÛ　（陽明學派）

名煥，字彥章，通稱養軒，號丹丘、薔薇館，京師人。受業於宇野明霞，又學於伊藤東涯、服部南郭，後入陽明學。仕於鯖江藩，為文學。天明五年歿，年七十六。（若越墓碑巡り）

著有：古易鍵、古易鑑五卷、周易象解、尚書注疏十卷（校）、春秋卜筮解一卷、大學臆一卷、中庸臆一卷。

大鹽　中齋（1793-1837）

おおしお-ちゅうさい　ÔSIO-TYÛSAI　（陽明學派）

名後素，字子起，稱平八郎，號中齋，大阪人。自少好學，尤慕王陽

明之為人，專研修其學。為大阪之與力【江戶時代之補吏】，達練於吏務。文政十年時，逮捕天主教徒有功。其後，治奸吏等之亂政，又處置破戒僧，名高一時。致仕後，專以教授諸生為事。天保八年米價騰貴，餓死者眾。中齋憂之，雖訴諸奉行，不為所納，故自散其財，以賑貧民。更飛檄攝津、河內、和泉、播磨等，誘動貧民，欲舉兵，因事不成而自殺。時為天保八年，年四十八。（大日本人名辭書）

著有：古本大學旁注補一卷、古本大學刮目七卷（刊）、三子標釋增補孝經彙註三卷（刊）。

林　良齋（1807-1849）

はやし-りょうさい　HAYASI-RYÔSAI　（陽明學派）

名久中，字求馬，號良齋、自明軒。讚岐（香川縣）人。受業於大鹽中齋，仕於多度津藩。嘉永二年歿。（讚岐人物傳）

著有：四書略講主意。

吉田　松陰（1830-1859）

よしだ-しょういん　YOSIDA-SYÔIN　（陽明學派）

名矩方，初名大次郎，後改為寅次郎，字義卿，號松陰、二十一回猛士。為長門之藩士，本姓杉氏，出而嗣吉田氏，幼而敏慧，頗有老成之風。受業於家庭，後從學於安積艮齋、吉賀茶溪、山鹿素行、森田節齋。通曉古今之史書，殊精於山鹿流之兵法。山田賴毅告松陰曰：「今世上多事，限學和漢，不可浪費歲月於章句，宜開活眼，察宇內之大勢。」松陰悟之，專用心於海外之事。嘉永六年美艦入江戶灣，天下騷然。藩侯自固以松陰為器，令其遊學四方以成其才。松陰至江戶，著《將及私言》、《攘夷私議》等書，論攘夷之策，適聞佐久間象山之豪傑，前往乞教。象山述外國之文化優秀，且國富兵強，男子

須歷遊於萬里之外，察知海外之形勢，而力主應謀禦外國之凌侮。松陰大有所感，安政元年一月，聞美艦至日泊於下田，與家僕金子貞吉利用夜陰乘小艇到美艦，懇請渡航，不肯遭送還。是以為幕吏所捕，檻致於其藩。松陰在獄閱歲，後其家遭禁錮。無幾，獲赦。於萩（今山口縣）開松下竹塾，授徒講說。時幕府矯朝旨，與美使結條約，欲開五港行交易。勤王志士大憤，說朝紳，上討幕之議。松陰亦請大原宰相上〈時務論〉一篇。老中間部詮勝奉幕命，欲入京逮捕志士，松陰憤幕府之非舉，欲謀刺間部，糾合同志，將登東。五年十二月有命，將欲松陰繫於獄。六年一月，大高又治、平島武次郎，來萩告曰：「三條、大原二卿，將於長侯之東下要途謀事，我輩與同志三十人迎公於伏見，周旋與朝紳謀，說四方之有志欲共討幕府，聞長藩志士多來謀也。」松陰感歎，獎勵門生，使之與謀。既而謀泄，松陰遭檻致於江戶，同年十月二十七日斬處，年三十。明治二十二年贈正四位。（大日本人名辭書）

著有：講孟餘話（又名講孟箚記）。

佐久間　象山（1811-1864）

さくま-しょうざん　SAKUMA-SYÔZAN　（陽明學派）

名啟、大星，字子明，通稱啟之助，後稱修理，號象山、滄浪。信濃（長野縣及岐阜縣之一部分）人。幼穎悟，神童稱。十五歲受家學。長豪邁不羈，以濟世為己任。方是時，西洋各國交相與日請求互市。天下騷然，象山謂是我伸志之秋也，因而留心於海防之策。天保十年到江戶，出入於林述齋、佐藤一齋等二家之門。又研究西洋之書籍，以講槍砲兵制及築城造艦，專務抵制外寇之策。既而歸鄉，不久再度到江戶，集徒教授。因熟知洋學研究之急要，而建請幕府刊行其所著《荷蘭語彙》及《砲卦》，但不被允許。嘉永六年，美艦至浦賀（今

神奈川縣橫須賀市東部），世間騷動。象山屢向幕府有所建議，然無
所回報。安政元年美艦進入橫濱，幕府倡議欲開下田港，象山痛論其
不可，此事才因而放棄。是歲，門人吉田松陰因欲私謀航渡海外，而
遭逮捕，由於在其行李中發現象山之送別詩，因而得罪獄下，不久放
還歸鄉。文久三年冬，將軍家茂公厚禮召辟象山。元治元年三月，赴
京師。當時盛行攘夷論，各藩藩士聚集於京師，刺殺洋人、燒毀洋
館，甚為凶暴，而象山獨主張開港說，世人擔心其安危。偶然聽到水
戶藩士入京師請攘夷之詔，愣然上書欲其陳利害，而把書信揣在袖中
前往山階親王官邸，在途中為刺客所殺。元治元年七月歿，年五十
四。贈正四位。（大日本人名辭書）
著有：喪禮私說。

木山　楓溪（1788-1865）

きやま-ふうけ　KIYAMA-HÛKÊ　（陽明學派）

名䌾，字子文，稱三介，號楓溪，備前（岡山縣東南部、香川縣一部
分、兵庫縣一部分）人。本姓中島氏，受業於丸川松隱。其學奉陽
明，尤長於史筆，仕於新見侯。元治二年歿，年七十八。（儒林源
流）

著有：語孟字義辨一卷（刊）、大學通疏附或問一卷、中庸講義一
卷。

吉村　秋陽（1797-1866）

よしむら-しゅうよう　YOSIMURA-SYÛYÔ　（陽明學派）

名晉，字麗明，稱重介，號秋陽、六鄉史氏。安藝（廣島縣西部）
人。本姓小田氏，出而嗣吉村氏。幼而強記，受業於山口西園及伊藤
東里，仕於三原藩，為文學。又應長府藩之聘，出而遊該藩。後又學

於佐藤一齋，秋陽之王學造詣雖深，然卻常以朱註為其徒講說，而不
講王學。慶應二年歿，年七十。（藝儒先哲傳）

著有：舊本大學賸議一卷（刊）、王武曹四書大全（點註）。

栗栖　天山（1839-1866）

くるす-てんざん　KURUSU-TENZAN　（陽明學派）

名靖，字子共，稱平次郎，號天山，周防（山口縣東南部）人。為吉
川氏之士，業學於昌平黌，後倡陽明之學。慶應二年歿，年二十八。
（防長人物志）

著有：孟子養氣章講義。

山田　方谷（1805-1877）

やまだ-ほうこく　YAMADA-HÔKOKU　（陽明學派）

名球，字琳卿，稱安五郎，號方谷。備中（岡山縣西部）人。家世代
以農為業。幼而聰明，九歲入丸山松陰之塾，受程朱學，兼屬詩文。
二十五歲擢為藩學之會頭。既而遊於江戶，從佐藤一齋學，與佐久間
象山、鹽谷宕陰等交遊，互相研精，學業大進，凡八年而歸，任學
頭。世子襲封時，擢掌度支，改財政，除宿弊。後兼郡宰，富民變
俗，使民知字講武，遂增祿任參政。及文久中而成藩侯老中，召至江
戶，備顧問。是時外寇覬覦，大藩跋扈，幕政憒憒，積弊百出。輔方
谷侯，欲有所釐革，然時運不至，而事不行，遂致仕。元治元年征長
之役，為藩侯先鋒。方谷嚴加警備，全留守之任。伏見鳥羽之變起，
侯獲罪於天朝時，方谷誠忠盡力，使無絕於藩祀。方谷年老厭世事，
寓於邢部山中，然而四方來問業者數百人。既而為備前閑谷黌所迎，
時往督之。方谷博學精到，獨得之說多矣，又精於禪理，文以達意為
主，下筆立成千言。明治十年歿，年七十三，贈正五位。（大日本人

名辭書）

著有：孟子養氣章或問圖解一冊（刊）、古本大學講義一冊（刊）、中庸講義一冊。

奧宮　慥齋（1811-1877）

おくのみや-ぞうさい　OKUNOMIYA-ZÔSAI　（陽明學派）

名正由，字子道，通稱忠次郎，後改為周次郎，號慥齋、悔堂，土佐（高知縣）人。受業於佐藤一齋。明治十年歿，年六十六。（聖學問要）

著有：周易私講、論語箚記、大學問譯文一卷。

春日　潛菴（1811-1878）

かすが-せんあん　KASUGA-SENAN　（陽明學派）

名仲襄，字子贊，號潛菴，晚年以號為通稱，京師人。幼時受業於五十君南山、鈴木恕平，嘗見王陽明之文錄，有大警發處，於是篤信姚江，沈潛反覆，究其源流。業成，敘從五位下讚岐守，為久我家之侍士。美艦至浦賀（今神奈川縣橫須賀市東部）時，輔主公倡導大義名分，與天下之志士往來，有所竊謀。明治元年久我公為大和鎮撫總督，潛菴從之。置縣後擢為知事，後為人中傷，父子一起入獄，赦免後專以講說為業。明治十一年歿，年六十八，贈正四位。（大日本人名辭書）

著有：讀易抄八卷、古本大學批點一卷。

池田　草菴（1813-1878）

いけだ-そうあん　IKEDA-SÔAN　（陽明學派）

名緝，字子敬，稱禎藏，號草菴，但馬（兵庫縣北部）人。受業於佐

藤一齋,歸而建青谿書院教授。其學不偏王朱,用力於躬行實踐,後
受聘於豐岡藩。明治十一年歿,年六十六。(大日本人名辭書)
著有:讀易錄三冊、書經贅說、尚書蔡傳贅說三卷、古文大學略解一
卷(刊)、中庸略解一卷。

吉村　斐山(1822-1882)
よしむら-ひざん　YOSIMURA-HIZAN　(陽明學派)
名駿,字景崧,稱隆藏,號斐山。安藝(廣島縣西部)人。本姓中村
氏,受業於山口西園,後從吉村秋陽,秋陽一見以為能成道器,使之
嗣。又學於佐藤一齋、藤澤東畡等諸儒,業成,仕於三原藩,後仕於
廣島藩。明治十五年歿,年六十一,私諡曰純格。(藝備先哲傳)
著有:讀易反心錄一卷、論語摘說。

東　澤瀉(1832-1891)
ひがし-たくしゃ　HIGASI-TAKUSYA　(陽明學派)
名正純,字崇一,稱崇一郎,號澤瀉、白沙、迂惟子、水月道人、鼈
邱主人、陳樓主人。周防(山口縣東南部)人。為吉川氏之家臣。幼
而豪邁活潑,初學於二宮錦水,後東遊而入佐藤一齋之門。續而出入
於吉村秋陽、安積艮齋、大橋訥菴、池田草菴等諸家,商量頗深,交
情尤厚。又學禪,儒學初攻朱學,頗喜劉念臺之折衷,後有所見,而
歸於陽明。業成,為吉川氏之儒官。慶應中與同志盡王事,雖遇流
刑,然王政復古後,得赦而歸鄉講說。明治二十四年歿,年六十。
(東洋文化)
著有:周易要略三卷、論語撮說二卷、語孟字義讞議一卷、孟子撮說
二卷、大學正文一卷、中庸正文一卷。

田結莊　千里（1815-1896）

たゆいのしょう-ちさと　TAYUINOSYÔ-TISATO　（陽明學派）

名邦光，後改為祕，字必香，稱齋治，號千里。但馬（兵庫縣北部）
人。受業於大鹽中齋、篠崎小竹、齋藤鑾江，又修畫、砲術、蘭學。
維新之際，倡勤王，策國防。（大阪名家著述目錄）

著有：大學心印六卷、大學心解四卷、古文孝經心解七卷。

三浦　佛巖（1829-1910）

みうら-ぶつがん　MIURA-BUTUGAN　（陽明學派）

名義端，字正卿，稱泰一郎，號佛巖。備中（岡山縣西部）人。受業
於山田方谷，為高梁藩之儒職。維新後，於岡山以講說為業。明治四
十三年歿，年八十二。（高梁古今詞藻）

著有：周易說約徵象七卷。

三島　中洲（1831-1915）

みしま-ちゅうしゅう　MISIMA-TYÛSYÛ　（陽明學派）

名毅，幼名貞一郎，字遠叔，號中洲、桐南、繪莊。伊豫（愛媛縣）
人。受業於山田方谷、齋藤拙堂，又入昌平黌。業成，仕於松山藩，
為藩黌之學頭。維新後，至東京，歷任新治裁判所長、高等師範學校
教授、東京帝國大學文科教授、東宮御用掛、宮中顧問官。又設二松
學舍，教授子弟。其學初攻程朱，後喜清儒之考證，晚年以陽明為
宗，務就公平，專尚實用，又善於文章。大正四年歿，年九十。為正
三位勳一等文學博士。（中洲年譜、大日本人名辭書）

著有：易經私錄、尚書今古文系表一卷、書經私錄、詩書輯說二卷、
詩經私錄、論語私錄四卷、論語講義一冊（刊）、孟子私錄七卷、孟
子講義、大學私錄一卷、中庸私錄一卷。

春日　白水（1843-1916）

かすが-はくすい　KASUGA-HAKUSUI　（陽明學派）

名白衷，字仲淵，幼名中二郎，號白水、竹醉，京師人。春日潛菴之二子，夙受家學，又學文章於森田節齋、牧善輔。仕於久我家，為諸大夫。維新之際，奔走於國事，與父一起下獄，赦免後專講陽明學。白水博學，出入於仙釋二家，兼通日漢醫方及本草。大正五年歿，年七十四。（大日本人名辭書）

著有：孝經講義。

宮內　鹿川（1846-1925）

みやうち-ろくせん　MIYAUTI-ROKUSEN　（陽明學派）

名默藏，字子淵，幼名清太郎，號鹿川、磊磊山人、孤琴獨調齋。伊勢（三重縣大部分）人。幼學於藩儒山本眉山，尋從齋藤拙堂、土井聱牙學，尤崇陽明學。學成，仕於龜山藩，為漢黌之教官，改革學制，使之一變，於茲文學甚振。廢藩後，出仕於內務省，又於津中學校、陸軍經理學校、二松學舍等執教鞭，又於各所設王學會，戮力於闡明陽明學之真髓。大正十四年歿，年八十。（三重先賢傳）

著有：詩經講義二冊、古本大學講義。

千葉　松堂（?-享保）

ちば-しょうどう　TIBA-SYÔDÔ　（陽明學派）

名繁伯，號松堂。享保（1716-1736）時人。其傳不詳。（典籍作者便覽）

著有：古本大學講義六卷。

藤野　木槿（?-寶曆）

ふじの-もくきん　HUZINO-MOKUKIN　（陽明學派）

名氏春，字車圃，號木槿。京師人。寶曆（1751-1764）年間之儒者。經學以陽明為宗，又通釋老。（漢學者傳記及著述集覽）

著有：正續疑孟二卷（刊）。

佐藤　延陵（?-後期）

さとう-えんりょう　SATÔ-ENRYÔ　（陽明學派）

名貞吉，稱龍之進，號延陵、東山。日向（宮崎縣）人。仕於延岡藩，為儒醫。學陽明學，兼精通《易》學、筮術。（國書解題）

著有：周易精義十二卷（刊）、孝經告蒙一家政談一卷（刊）。

聖學派

山鹿　素行（1622-1685）

やまが-そこう　YAMAGA-SOKÔ　（聖學派）

名高興、高祐，幼名佐太郎，後改為文三郎，字子敬，稱甚五左衛門，號素行、隱山。會津（福島縣西部）人。其先為肥前平戶（長崎縣平戶市）人，生而穎悟，九歲入林羅山之門。年十八從北條氏長學韜略，居五年，悉究其蘊奧，文武兼習，以名教自任。年未三十既名聲嘖嘖，赤穗侯淺野長直厚禮聘之，祿給千石，時年三十一，在職九年，致仕。當是時素行聲望益高，諸侯士大夫入其門者甚多，不盛舉數。素行性英邁卓犖，加之博覽強記，迄至老莊、禪、神道之說，無不講究通曉。尤精通武學，多所發明。儒學初以宋儒為宗，後疑理氣心性之說，遂作《聖教要錄》，排斥程朱，為之得罪，寬文六年被幽禁於播州赤穗，赤穗侯敬待如賓，居十年，獲赦而還江都。是後專倡兵學，廢棄經術，嘗著《中朝事實》，宣揚尊王大義，專力於鼓吹武士道。貞享二年歿，年六十四，贈正四位。（大日本人名辭書、其他）

著有：左傳掇一卷、四書句讀大全二十卷（刊）、四書句讀或問十卷、四書諺解（未完）。

敬義學派

山崎　闇齋（1618-1682）

やまざき-あんさい　YAMAZAKI-ANSAI　（敬義學派）

名嘉，字敬義，小字長吉，後稱清兵衛，又更改為嘉右衛門，號闇齋、垂加、梅菴。京師人。幼時狡悍無賴，父患之，乃托之於妙心寺為僧。天資豪邁，一意修禪不懈。然性行猶不悛。當此時，土佐公子某，在妙心寺為僧，一日見闇齋，曰：「兒神姿不凡，當有可為。」乃遣之使學於土佐吸江寺。此時土佐有谷時中、野中兼山，皆為儒業。闇齋從時中學，專讀四書、《朱子文集》、《語類》等書，大悅之，盡棄舊學，遂蓄髮為儒，時年二十五。土佐侯乃責其擅自還俗，闇齋恐而歸京，下帷講說道學，從遊者日眾。闇齋待弟子甚嚴，雖貴卿公子，若有過無所少假。其之講書，音吐如鐘，面容如怒，弟子震慄，不敢仰視。其後遊於東都，時貧窶如洗，井上河內侯傳聞其人物為真儒，命駕訪其居。會津侯保科正之、美作侯加藤泰義，亦厚禮師事闇齋。而會津侯最厚始終如一，及侯卒，又歸於京師。上自臺閣公卿諸侯，下至士庶人，入其門者，無慮數千人。其學以程朱為宗，不許立一異辭，務明倫常，最重君臣之義。是以弟子皆尚慷慨氣節，有大異於時流者。而晚年大倡神道，結合朱學，立一家之見，稱之曰垂加流神道。高足弟子中，不從之者多矣。天和二年歿，年六十五，贈正四位。（大日本人名辭書）

著有：朱易衍義三卷（編次）、周易本義十二卷序例一卷（刊）、易學啟蒙四卷（刊）、蓍卦考誤一卷（校點）、洪範全書六卷（編次）、孟子要略一卷（編次）、大學啟發六卷序例一卷（編次）、大學講義、大學章句或問講義、孝經刊誤一卷（刊）、孝經外傳一卷（編次）、四書十四冊（刊）（校點）、經名考一卷。

羽黑　養潛（1629-1702）

はぐろ-ようせん　HAGURO-YÔSEN　（敬義學派）

名成實，字養潛，稱左平治，號謙齋、牧野老人。近江（滋賀縣）人。本姓牧野氏，受業於山崎闇齋，專倡性理之學。天資敦樸，不欲以學術顯於世，常以實踐躬行為主。故當時人，知其學術操行者少矣。初為彥根藩之文學，致仕後，自開門戶授徒。元祿十五年歿，年七十四。（大日本人名辭書）

著有：四書翼十卷。

藤井　懶齋（1628-1709）

ふじい-らんさい　HUZII-RANSAI　（敬義學派）

名臧，字季廉，稱勝藏，號懶齋、伊蒿子，初稱真名部忠菴。筑後（福岡縣南部）人。以醫仕於久留米藩，後學儒於山崎闇齋，以之為業。其學崇紫陽，而高談性理。晚隱居於京西鳴瀧村，超然絕乎世累，一時有隱君子之稱。寶永三年歿，年八十一。（大日本人名辭書）

著有：二禮童覽二卷（刊）、四書解說。

淺見　絅齋（1652-1711）

あさみ-けいさい　ASAMI-KÊSAI　（敬義學派）

名安正，幼名順良，稱重次郎，號絅齋，近江（滋賀縣）人。初以醫為業，稱高島氏，後改淺見氏。及一朝見山崎闇齋忽心服，改業求教。絅齋事母至孝，壯年頗好武事，騎馬擊劍，常帶一長刀，其鐔方三寸處，篆刻「赤心報國」四字。為人嚴毅，不服闇齋神道說，又以其辯駁敬義內外說，而絕於師門。正德元年歿，年六十，贈從四位。（大日本人名辭書）

著有：伏羲八卦圖講義一卷、朱易衍義講義一卷、卦變集說一卷、卦變諸說一卷、易學啟蒙考證一卷、易學啟蒙序師說一卷、易學啟蒙序講義略一卷、易學啟蒙補要解師說一卷、易學啟蒙講義三卷、易學筆記一卷、易學講習別錄一卷、易類說一卷、原卦畫一卷、薛氏易要語一卷、薛氏畫前易說一卷、繫辭傳參伍考證一卷、河洛五行叢說一卷、河圖說一卷、河圖數生出講義一卷、洛書乘數筆記一卷、啟蒙蓍數諸圖、洪範師說一卷、喪祭小記一卷、喪祭略記一卷、論語筆記三卷、孟子浩然章講義一卷、大學克明德講義一卷、大學定靜近道筆記一卷、大學或問敬說講義、大學明德說一卷、大學明德講義一卷、大學物說一卷、大學傳五章講義、批大學辨斷一卷（刊）、大學綱目全圖、辨大學非孔氏之遺書辨一卷（刊）、辨大學非孔書辨講義一卷、中庸一誠而已說一卷、中庸二十五章筆記一卷、中庸未發已發體用筆記一卷、中庸未發已發說一卷、中庸說一卷。

淺井　琳菴（1652-1711）

あさい-りんあん　ASAI-RINAN　（敬義學派）

名重遠，稱萬右衛門，號琳菴，近江（滋賀縣）人。受業於山崎闇齋，仕於園部侯。正德元年歿，年六十。（大日本人名辭書）

著有：論語聞耳記。

佐藤　直方（1650-1719）

さとう-なおかた　SATÔ-NAOKATA　（敬義學派）

名直方，通稱五郎左衛門，幼字彥七，晚稱為三郎左衛門，歲餘，又恢復稱為五郎左衛門，無號。一說號剛齋，誤也。備後（廣島縣東半部）人。少時至京師，受業於山崎闇齋。與三宅尚齋、淺見絅絅齋，共稱崎門三傑，後徙於江戶。為人高邁逸宕，眼彩射人，又有口才。

遊於諸侯之間,雄辯懸河,譬喻加湧。初仕於福山侯,後為廐橋侯之師,處其邸二十餘年,晚仕於彥根侯。享保四年歿,年七十。（大日本人名辭書）

著有:卜筮筆記並出處論、伊川易傳序、易數八陳說、易學啟蒙講義序、詩經口義、詩經筆記、詩論筆記、春秋傳序、論語考一卷、孟子盡心口義一卷、為增山侯講孟子、浩然章、大學全蒙釋言一卷、大學全蒙釋言序、大學皆自明說、大學傳九章說、大學補闕略、大學講義筆記二卷、大學章句（上總姬島村鈴木氏所藏）、大學章句（播州姬路藩）、中庸二十五章、中庸十六章、中庸天命章、中庸書說、中庸鬼神大意、寄三宅重固中庸說、四書便講六卷、四書便講序。

岩崎　守齋（?-1724）

いわさき-しゅうさい　IWASAKI-SYÛSAI　（敬義學派）

名修敬,稱宗助,號守齋,土佐（高知縣）人。受業於淺見絅齋。享保九年歿。（儒林源流）

著有:周禮三物說。

山本　復齋（1680-1730）

やまもと-ふくさい　YAMAMOTO-HUKUSAI　（敬義學派）

名信義,稱原藏,號復齋、香山。攝津（大阪府中北之大部分及兵庫縣東南部）人。家世代以酒造為業,復齋受業於淺見絅齋及三宅尚齋,兼修垂加流神道。為人淳厚,不希富貴,以講說為業。享保十五年歿,年五十一。（日本道學淵源錄）

著有:易經本義講義四卷、論孟精義校正、學庸考、四書國讀。

若林　強齋（1679-1732）

わかばやし-きょうさい　WAKABAYASI-KYÔSAI　（敬義學派）

名進居，稱新七，號強齋、寬齋。京師人。家貧好學，長而執贄於淺見絅齋，刻苦修學，與山本復齋、西依成齋共稱淺見三傑。旁從玉木葦齋受神道之說，極其蘊奧，兼善於和歌。業成，以講說為業，其學專祖述師說，常以實踐躬行為務，不欲留心於文辭。享保十七年歿，年五十四。（大日本人名辭書）

著有：大學講議二卷、家禮訓蒙疏四卷（刊）

遊佐　木齋（1659-1734）

ゆさ-ぼくさい　YUSA-BOKUSAI　（敬義學派）

名好生，初名養順，通稱清左衛門，後改為次郎左衛門，號木齋。仙臺（宮城縣、岩手縣南部、福島縣一部分）人。初受業於鄉儒大島良設，後學於米川操軒、中村惕齋、山崎闇齋等諸儒。仕於仙臺藩，為文學。於仙臺倡垂加流神道，以木齋為嚆矢。為人恭謹順厚，教導後進有方，俊秀多出其門。享保十九年歿，年七十七。（仙臺叢書）

著有：洪範發微。

合原　窗南（1663-1737）

あいはら-そうなん　AIHARA-SÔNAN　（敬義學派）

名餘修，權八，號窗南，筑前（福岡縣西部）人。受業於淺見絅齋，仕於久留米藩，為文學。於該藩倡宋學者，始於窗南。元文二年歿，年七十五。（福岡縣先賢人名辭典）

著有：論語朝聞道章講義一卷、四書資講四卷。

小出　侗齋（1666-1738）
こいで-とうさい　KOIDE-TÔSAI　（敬義學派）
名敬迓，字巖真，稱治平，號侗齋，尾張（愛知縣西部）人。小出永安之子，幼而篤實溫謹，受業於淺見絅齋，以講義為業。元文三年歿，年七十三。（尾張名家誌）
著有：論語講義一冊。

鈴木　貞齋（1680-1740）
すずき-ていさい　SUZUKI-TÊSAI　（敬義學派）
名重充，稱金七，號貞齋，初名鳥羽金次郎。土佐（高知縣）人。受業於淺見絅齋。常高倡大義名分，又論知行，宣傳朱學先知後行說。（山崎闇齋及其門流）
著有：學庸德性說一卷。

三宅　尚齋（1662-1741）
みやけ-しょうさい　MIYAKE-SYÔSAI　（敬義學派）
名重固，字實操，初通稱雲八郎，後陸續改為儀平二、儀左衛門、丹治，號尚齋。播磨（兵庫縣西南部）人。初學醫。年十九，入山崎闇齋之門，專攻儒學。闇齋歿後，與佐藤直方、淺見絅齋二子互相切劘，遂得崎門三傑之稱。仕於忍藩阿部侯，盡忠誠，居十年，嗣君襲封。嗣君為人放縱，尚齋與一二同志亟亟直諫，不聽，數乞致仕，因而得罪，被幽於忍城。經三年，遇赦釋放。去而往京師，開塾授徒。縉紳列侯之從遊者甚多，土佐侯請為師，乃受招至江戶，居半年，京歸。晚年復至江戶，是時舊君忍侯延見，語往事嘆其忠直。尚齋學規極嚴，而待弟子甚厚。寬保元年歿，年八十。（大日本人名辭書）
著有：朱易衍義筆記一卷、易本義十三冊、易本義續續一冊、易本義

續五冊、易學啟蒙筆記四卷、論語十冊、論孟別一冊、孟子七冊、大
學三鋼領口義一卷、中庸三冊。

和田　儀丹（1694-1744）

わだ-ぎたん　WADA-GITAN　（敬義學派）

名守道，號儀丹。下總（千葉縣北部、茨城縣西南部、埼玉縣東部、
東京都東部）人。初受業於菅野兼山，又學於稻葉迂齋之門，後與三
宅尚齋學崎門之學。寄居於下町安井武兵衛之家，講道學。寬保四年
歿，年五十一。（山崎闇齋と其門流）

著有：中庸口義一卷。

杉山　正義（1686-1749）

すぎやま-まさよし　SUGIYAMA-MASAYOSI　（敬義學派）

筑後（福岡縣南部）人，為久留米藩士。受業於合原窗南，通易學。
（福岡先賢人名辭典）

著有：易經本義和解。

稻葉　迂齋（1684-1760）

いなば-うさい　INABA-USAI　（敬義學派）

名正義，初名通經，通稱十五郎，後改十左衛門，號迂齋，江戶（東
京都）人。受業於左藤直方，學成，仕於唐津藩。晚年，山崎派之諸
儒凋零殆盡，推舉闇齋學派者，皆仰慕迂齋，列侯執弟子之禮者甚
多。寶曆十年歿，年七十七。（大日本人名辭書）

著有：朱易衍義講義二卷、易經講義二卷、大學講義一卷。

留守　希齋（1705-1765）

るす-きさい　RUSU-KISAI　（敬義學派）

名友信，字希賢、士實，稱退藏，號希齋、括囊。陸奧（青森縣、岩手縣、宮城縣、福島縣、秋田縣東北部）人。受業於三宅尚齋，後為遊佐木齋之養子，講說於浪華。明和二年歿，年六十一。（大日本人名辭書）

著有：論語諸說、古本大學和解二卷。

小野　鶴山（1701-1770）

おの-かくざん　ONO-KAKUZAN　（敬義學派）

名道熙，稱平藏，後改為勝藏、忠市郎，號鶴山、文關，豐後（大分縣北部以外之大部分）人。受業於若林強齋，仕於小濱藩。明和七年歿，年七十。（日本道學淵源錄）

著有：孟子講義十四卷。

田邊　晉齋（1693-1772）

たなべ-しんさい　TANABE-SINSAI　（敬義學派）

名希文，字子郁，稱喜左衛門，號晉齋、翠溪。京師人。受業於淺井琳菴，初雖奉程朱，而後專倡山崎闇齋之說。又，受神道於高志貞直，受書法於持明院基輔，皆究其奧。為人清敏懿直，處己澹泊，待人溫厚，至於日用微細之事，必躬自為之，不勞他人。為仙臺藩之文學，在講職二十餘年，為世子（忠山公）之師，至班大夫。安永元年歿，年八十。私諡曰守正。（大日本人名辭書）

著有：改點四書十卷（校）、改點五經十一卷（校）。

澤田　鹿鳴（1722-1774）

さわだ-ろくめい　SAWADA-ROKUMÊ　（敬義學派）

名永世，字君孝，號鹿鳴、田山人。伊勢（三重縣大部分）人。受業
於西依成齋。不求仕官，以風月為友，安永三年歿，年五十三。（續
三重先賢傳）

著有：左傳通。

村士　玉水（1729-1776）

すぐり-ぎょくすい　SUGURI-GYOKUSUI　（敬義學派）

名宗章，稱行藏，號玉水、一齋。江戶（東京都）人。受業於山宮雪
樓、稻葉迂齋，其學祖述崎門之學。嘗憂護園學派之流傳於海內，世
人唯流於文詞，而無志於實學者，故專稱正大有用之學，主倡性理，
欲矯正浮薄弊習。仕於福山藩，為儒官。安永五年歿，年四十八（一
說四十四）。（大日本人名辭書）

著有：二禮（祭、喪）儀略四卷（刊）、一齋經說稿。

蟹　養齋（1705-1778）

かに-ようさい　KANI-YÔSAI　（敬義學派）

名維安，字子定，稱佐左衛門，號養齋、東溟，安藝（廣島縣西部）
人。幼時到尾張，稍長至京師，受業於三宅尚齋。業成，為尾張藩之
儒臣。後有故辭而去伊勢，又萍遊四方。養齋深以道自任，不阿權
勢，不慢卑弱，以闡明正學排斥邪說為務。安永七年歿，年七十四。
（尾張名家誌）

著有：周易本義疏、易學啟蒙國字解、皇極內篇筮卜儀、洪範全書指
要四卷、士庶喪祭考、家禮授示訓四卷、孝經句解、四書精意鈔說。

鈴木　養察（1695-1779）

すずき-ようさつ　SUZUKI-YÔSATU　（敬義學派）

名養察，稱莊內。上總（千葉縣中部）人。受業於稻葉迂齋，篤信師說，以講說為業，為南總道學之權輿。安永八年歿，年八十五。（稻葉默齋傳）

著有：論語講義、孟子講義、大學講義、中庸講義二卷。

石王　塞軒（1701-1780）

いしおう-そくけん　ISIÔ-SOKUKEN　（敬義學派）

名明誠，字康介，稱安兵衛，號塞軒、黃裳、確廬，近江（滋賀縣）人。受業於三宅尚齋，研究《太極圖說》，多所發明。於尚齋門中，性理學以久米訂齋著稱，太極學則以塞軒為有名。仕於大洲、仙臺、德島諸藩，致仕後講說於京都。安永九年歿，年八十。（續諸家人物誌）

著有：語孟經說。

宇井　默齋（1724-1781）

うい-もくさい　UI-MOKUSAI　（敬義學派）

名弘篤，字信卿，稱小一郎，號默齋，肥前（佐賀縣及長崎縣一部分）人。稍長，志於儒學，即受業於久米訂齋，專研理學三年，不久，懶惰廢業，投入演藝行列，後又奮起，求儒於服部南郭，亦侈李攀龍、王世貞之學，不久悟其非，復歸於理學。曾仕於古河藩，致仕後，以講說為業。天明元年歿，年五十七。（大日本人名辭書）

著有：周易本義筆記二冊、朱易衍義講義三冊、論語說。

加賀美　櫻塢（1711-1782）

かがみ-おうう　KAGAMI-ÔU　（敬義學派）

名光章，字大章，號櫻塢、霞沼，甲斐（山梨縣）人。初受業於三宅尚齋，修神儒，後又攻和歌、日本國典、天文、曆術。業成，襲家名，為小河村山王權現神社之祠官，旁開家塾。為人恭敬溫和，博學篤念敬神愛國，對門下之誘掖，甚親切懇到，從遊者頗多。天明二年歿，年七十二。（山縣大貳先生と兩恩師）

著有：左氏人名記略一冊、論語講義二冊（殘缺本）。

山本　日下（1725-1788）

やまもと-にっか　YAMAMOTO-NIKKA　（敬義學派）

名鶯，字文翼，稱仙藏，號日下。土佐（高知縣）人。受業於富永維安、松田思齋、西依成齋等諸儒。仕於佐川藩，為儒員。天明八年歿，年六十四。（土佐人物傳、南學史）

著有：左傳說一卷、論語私考五卷、孟子說一卷。

新井　白蛾（1715-1792）

あらい-はくが　ARAI-HAKUGA　（敬義學派）

名祐登，字謙吉，稱織部，號白蛾，後以白蛾為通稱，別號黃洲、龍山、古易館，江戶（東京都）人。幼學於家庭，稍長入菅野兼山，修洛閩之學，年二十三，初垂帷於神田紺屋町，後攻究《易》學，長占筮。中年後，好詠和歌，旁修日本典故。晚年為加賀藩文學。寬政四年歿，年七十八。（大日本人名辭書）

著有：五隣通卦活法傳一卷、占法極秘口訣一卷、古周易經斷外篇共十卷（刊）、古易一家言補共二卷（刊）、古易天眼方位傳二卷、古易病斷二卷（刊）、古易通、古易察病傳一卷（刊）、古易對問

一卷（刊）、古易精義一卷（刊）、古易縮極傳一卷、古易斷時言
四卷（刊）同外篇、左國易八考一卷（刊）、左國易說、周易本義
考、周易啟蒙考、周易精蘊、易道初學一卷（刊）、易學象意考一
卷（刊）、易類編三卷（刊）、梅花心易評注一卷、廣易必讀二卷
（刊）、鼇頭易學小筌卷、書經通解國字箋四卷、詩經解、論語彙解
十卷、古文孝經發三卷、孝經集傳一卷（刊）。

幸田　子善（1720-1792）

こうだ-しぜん　KÔDA-SIZEN　（敬義學派）

名誠之，後改為精義，字子善，稱善太郎。為德川幕府之士。學於三
宅尚齋、稻葉迂齋、永井行達。及壯，慨然有大志。學本於聖經，以
明程朱之道，且日日誦習其書而不倦，而專歸要於日用之實。寬政四
年歿，年七十三。（大日本人名辭書）

著有：論語講義三卷。

西依　成齋（1702-1797）

にしより-せいさい　NISIYORI-SÊSAI　（敬義學派）

名周行，初名潭明，或云正固，字子成，稱儀平（一作儀兵衛），號
成齋。肥後（熊本縣）人。幼時被養於前原某，冒其姓。長而遊於京
師，入若林強齋之望楠書院，受程朱之學。業成，後又復本姓。既而
遊於長崎，又往京師。強齋歿後，入望楠書院教授。其學專奉師說，
不取異說，闡發程朱之旨頗多。自明和中，奉崎門之學者，相繼而
歿，故崇奉者，皆依成齋，稱曰垂加學統。寬政九年歿，年九十六。
（大日本人名辭書）

著有：論語講義十卷。

宮澤　欽齋（1735-1797）

みやざわ-きんさい　MIYAZAWA-KINSAI　（敬義學派）

名安重，通稱清二郎，後改為懶夫，號欽齋、南溟。尾張（愛知縣西部）人。初受業於中村習齋，後學於蟹養齋。為長嶋藩之文學，致仕後，仕於尾張藩老志水氏。為人魁偉倜儻，體力過人。寬政九年歿，年六十三。（尾張名家誌）

著有：諸經傳講義。

溝口　浩軒（1736-1797）

みぞぐち-こうけん　MIZOGUTI-KÔKEN　（敬義學派）

名直養，初名直範，稱出雲守，號浩軒，為越後新發田藩主。受業於稻葉迂齋、野田剛齋，崇奉闇齋學，又專用心於文教，振興藩黌，此為北陸藩黌之嚆矢。寬政九年歿，年六十二。（北越詩話）

著有：禮書抄略二十四卷（刊）、春秋四傳抄略五卷（刊）。

中村　習齋（1719-1799）

なかむら-しゅうさい　NAKAMURA-SYÛSAI　（敬義學派）

名藩政，稱猪與八郎，號習齋。尾張（愛知縣西部）人。初與兄厚齋共受業於小出侗齋，後入蟹養齋之門。為人篤實謙虛，處事周密，教人方正，專崇德行。為尾張藩之文學，以博覽見稱。著書頗多，約有二百餘種。寬政十一年歿，年八十一。（尾張名家誌）

著有：占筮問答、易學口號、易學要略、諸家占筮說、讀易本義私語、讀程氏易傳記、讀書經蔡傳、詩經講義、家禮通考、家禮新圖、家禮圖評、家禮講義、左傳人名、左傳系譜、論語講義、孟子講義、大學講義、中庸輯略講義、讀中庸、經學總要一軌圖、諸經傳說。

稻葉　默齋（1732-1799）

いなば-もくさい　INABA-MOKUSAI　（敬義學派）

名正信，稱又三郎，號默齋，江戶（東京都）人。稻葉迂齋之二子，初學於家庭，後師事野田剛齋，業成，為唐津藩之儒官。致仕後，隱居總州。寬政十一年歿，年六十八。（大日本人名辭書）

著有：易本義講義、書經集傳講義、詩經集傳講義、詩經關雎講義一卷、家禮抄略一卷（編）、家禮抄略講義、論語講義、孟子講義、大學或問講義、大學明德說講義、大學物說講義、大學講義、丁巳中庸輯略篇目一卷、中庸或問講義、中庸輯略講義、中庸講義、四書或問抄略三卷（編）、孝經刊誤講義。

福井　敬齋（?-1800）

ふくい-けいさい　HUKUI-KÊSAI　（敬義學派）

名軏，字小車，稱嚴助，號敬齋、衣笠山人。京師人。仕於幕府為醫官，兼學宋學於蟹養齋，善於文詞。寬政十二年歿。（大日本人名辭書）

著有：書本義六卷、詩闡旨十卷、春秋折中十二卷（刊）、玄宗御注孝經補義一卷（刊）。

櫻木　誾齋（1725-1804）

さくらぎ-ぎんさい　SAKURAGI-GINSAI　（敬義學派）

名千之，字剛中，稱清十郎，號誾齋。上總（千葉縣中部）人。受業於稻葉迂齋、幸田子善。能辯，又長於理財，故家頗富。業成，為長崎聖堂之教授。文化元年歿，年八十。（稻葉默齋傳）

著有：書經講義、大學章句講義、大學講義。

中山　菁莪（1728-1805）

なかやま-せいが　NAKAYAMA-SÊGA　（敬義學派）

名盛履，字子絢，幼名幸次郎，通稱文右衛門，後改為傳右衛門，號菁莪。羽後（秋田縣大部分與山形縣部分）人。為家醫。菁莪初雖繼家業，然後專志於儒，從稻葉迂齋、小野鶴山學。秋田藩主徵為文學。菁莪學德深淵，長於吏事。晚為羽後藩記錄所總裁，創建羽後藩黌時，任祭酒。文化二年歿，年七十八。（羽陰詩家小傳）

著有：論孟講義。

新井　篤光（?-1809）

あらい-あつみつ　ARAI-ATUMITU　（敬義學派）

名篤光，稱升平，江戶（東京都）人。白蛾之子，繼家學，仕於金澤藩，為藩黌助教。文化六年歿。（燕臺風雅）

著有：古易精義指南二卷（刊）。

箕浦　立齋（1730-1816）

みのうら-りっさい　MINOURA-RISSAI　（敬義學派）

名直彝，字迂叔，稱右源次，號立齋、進齋、江南、瞻齋。土佐（高知縣）人。初受業於富永惟安，後從戶部恖山。又出京師，與西依成齋、澤田一齋、稻葉迂齋等學，旁攻曆術、劍法。仕於土佐藩。文化十三年歿，年八十七。（南學史）

著有：書經講證、詩經講證、四書講證、九經類聚。

岡田　寒泉（1740-1816）

おかだ-かんせん　OKADA-KANSEN　（敬義學派）

名恕，初名前里，字仁卿、中卿、子強，通稱又次郎、式部、又清

助,號寒泉、泰齋,江戶(東京都)人。夙受業於村士玉水、井上金
峨,兼受兵法於村士淡齋。為人明朗俊邁,旁通醫理,又善和歌。業
成,仕於幕府,為昌平黌之教官,後轉任代官職。文化十三年歿,年
七十七,追贈從四位。(岡田寒泉傳)
著有:二禮儀略四卷(校)、三禮圖考一卷、祭禮略義一卷、葬禮略
義一卷、讀論孟法附詩鋼領一卷。

林　潛齋 (1750-1817)

はやし-せんさい　HAYASI-SENSAI　(敬義學派)

名秀直,稱文二郎,號潛齋。上總(千葉縣中部)人。家世帶務農,
曾一時冒花澤氏。潛齋自幼好學,初從學於鄉儒,涉獵百家之書。年
三十八入稻葉默齋之門,聞聖學之要,大有所啟發。自是崇信程朱頗
篤。業成,雖為丸龜侯之儒官,然因病歸鄉講說。文化十四年歿,年
六十八。(稻葉默齋傳)
著有:易學啟蒙諸老說。

真勢　中洲 (1754-1817)

ませ-ちゅうしゅう　MASE-TYÛSYÛ　(敬義學派)

名達富,字發貴,稱彥右衛門,號中洲、復古堂。尾張(愛知縣西
部)人。受業於新井白峨,倡復古《易》,於大阪以卜筮為業,屢有
奇驗之名。文化十四年歿,年六十四。(大日本人名辭書)
著有:中洲易叢八卷、六十四卦活法一蒙、六十四卦斷例一卷、左國
易占活斷諺解三卷、左國易活斷解一卷、刪定周易講義八卷(刊)、
周易正文一卷、周易秘解、周易象義十二卷、周易象徵十卷、周易象
徵諺解十四卷、周易象徵講義三十二卷、周易諺解三卷、周易諺解敘
例一卷、周易講義四卷、周易釋故二十五卷(刊)、易占揲方考(一

名真勢易蘊）一卷、易原圖略說一卷（刊）、易術要秘一卷、易學啟蒙講義二卷、易學楷梯二卷（刊）、校正象變辭占四卷（刊）、筮法指南一卷（刊）、筮法緒言一卷、筮則一冊、筮儀新說一卷、復古周易經正文二卷（刊）、復古易精義入神傳二卷（刊）、斷易真訣二卷、醫易口訣三卷、心易真訣一卷。

平岩　元珍（?-1818）

ひらいわ-げんちん　HIRAIWA-GENTIN　（敬義學派）

名元珍，字子重，稱十右衛門。幼受業於須賀精齋，後入中村習齋之門。專考究音律，極其蘊奧，為尾張公之世臣。文政元年歿。（日本道學淵源錄）

著有：樂記集說一卷。

千手　廉齋（1738-1819）

せんじゅ-れんさい　SENZYU-RENSAI　（敬義學派）

名興欽，字一靜，稱八太郎，號廉齋。日向（宮崎縣）人。本姓三浦氏，出而稱千手氏。受業於宇井默齋，仕於高鍋藩，為文學。為人卓見高識，平生務辨異學之非，以興正學為己任。尤長於性命之說及《易》學。文政二年歿，年八十三。（日本道學淵源錄）

著有：周易講義、詩書筆記、四書筆記。

松井　羅洲（1751-1822）

まつい-らしゅう　MATUI-RASYÛ　（敬義學派）

名暉晨，一名暉星，字賚黃，一字苗賚，稱甚五郎、七郎，號羅洲、讀耕園。大阪人。以博通聞名，從真勢中洲學筮法，專喜易說，竟以之為一家。文政五年歿，年七十二。（大日本人名辭書）

著有：占筮活潑潑一卷、尚占影響傳、立象盡意三卷、周易序卦傳一卷、周易象徵正文音義二卷（刊）、周易象徵樞機十卷、周易解詁十四卷、周易解詁翼十二卷、易占揆方一卷、易象深機四卷、象變辭占考三卷、象圖變通傳三卷。

田邊　樂齋（1754-1823）

たなべ-らくさい　TANABE-RAKUSAI　（敬義學派）

名匡敕，字子順，稱三郎助，號樂齋、中洲。京師人。田邊晉齋之孫，本姓野中氏，出而冑田邊氏。夙受家學，又與久米訂齋、宇井默齋、澀井太室、關松窗等諸儒交遊。為仙臺藩之文學。文政六年歿，年七十。（仙臺風澡）

著有：詩經圖、大戴禮補注、儀禮釋、家禮筆解、四書筆解、五經筆解。

大塚　觀瀾（1761-1825）

おおつか-かんらん　ÔTUKA-KANRAN　（敬義學派）

名靜氏，字子儉，稱太一郎，號觀瀾、海樓、拙齋、冬扇子、考槃窩，日向（宮崎縣）人。受業於宇井默齋、御牧直齋、山口剛齋諸儒，仕於高鍋藩，為明倫堂之教授。文政八年歿，年六十五。（大日本人名辭書）

著有：家禮註、四書註、五經註。

谷川　龍山（1774-1831）

たにがわ-りゅうざん　TANIGAWA-RYÛZAN　（敬義學派）

名順，字祐信，稱順助，號龍山、含章堂。播磨（兵庫縣西南部）人。初學醫，後入真勢中洲之門，受易學。垂帷授徒於大阪。天保二

年歿，年五十八。（大阪名家著述目錄）

著有：周易本筮指南二卷、周易象解、易原圖略說一卷（刊）、易學階梯附言一卷、左國易一家言三卷（刊）。

手塚　坦齋（1762-1834）

てずか-たんさい　TEZUKA-TANSAI　（敬義學派）

名以道，號坦齋、困齋，初稱日原小源太。常陸（茨城縣大部分）人。為土浦藩士，受業於稻葉默齋。天保五年歿，年七十三。（稻葉默齋傳）

著有：學庸筆記。

佐藤　麟趾（1763-1834）

さとう-りんし　SATÔ-RINSI　（敬義學派）

名成知，字子圓，稱兵助，號麟趾。陸前（宮城縣部分及岩手縣東南部）人。本姓松本氏，冒佐藤氏。為仙臺藩儒員，至京都，受業於山田靜齋，又好講《周易》。晚年隱居，專致意於易象、天文、地理。天保五年歿，年七十二。（仙臺人物史）

著有：三易通考四卷、周易口義、易冒解二十二卷。

鈴木　養齋（1764-1837）

すずき-ようさい　SUZUKI-YÔSAI　（敬義學派）

名直二，稱莊內，號養齋、空水。上總（千葉縣中部）人。養察之孫，初受業於安井利恒、櫻木闇齋，後受業於稻葉默齋，遂極道學之真訣。為人剛毅嚴正，常以辨異端興正學為己任。以講說為業，天保八年歿，年七十四。（山崎闇齋及其門流）

著有：四書講義。

櫻田　虎門（1774-1839）

さくらだ-こもん　SAKURADA-KOMON　（敬義學派）

名質，字仲文，稱周輔，號虎門、欽齋、鼓缶子。仙臺（宮城縣、岩
手縣南部、福島縣一部分）人。初受業於志村東嶼，後受業於服部栗
齋。仕於仙臺侯，為江戶藩邸順造館之督學，後移住仙臺，為教授，
弟子大進。時欲定學政，有所上疏。因其言不為施行，故以病辭退，
戮力於著述，旁考究《易》理。虎門頗富才藝，通天文、兵法、馬
術，受本草學於小野蘭山云。天保十年歿，年六十六。（大日本人名
辭書）

著有：易傳私考未定稿、易學啟蒙摘說五卷、五行易指南十卷
（刊）、家禮圖一卷、論語章旨二卷、論語說、論語難章講義四卷、
大學知止節國字說一卷、大學誠意傳國字說二卷、中庸二十五章講意
一卷、四書摘疏四十卷內大學三卷（刊）。

落合　東堤（1749-1841）

おちあい-とうてい　OTIAI-TÔTÊ　（敬義學派）

名直養，字季剛，稱文六，號東堤，羽後（秋田縣大部分與山形縣部
分）人。受業於中山菁莪，究宋學之淵源，學成，自開門授徒，稱其
私塾為「守拙亭」。其為人魯而質直，學習積功，道德純粹，為蘊藉
和厚之君子。天保十二年歿，年八十九（一說九十三）。（大日本人
名辭書）

著有：易經本義講義四冊、書經講義二冊、詩經講義二冊、讀論孟
注、中庸輯略三卷、四書講義十冊。

秦　新村（1780-1845）

はた-しんそん　HATA-SINSON　（敬義學派）

名度，字惟貞，稱貞八，號新村。三河（愛知縣東部）人。受業於服部栗齋，仕於田原藩，兼工於書。弘化二年歿，年六十八。（日本教育史料、大日本人名辭書）

著有：四書直解、五經直解。

古屋　蜂城（1765-1852）

ふるや-ほうじょう　HURUYA-HÔZYÔ　（敬義學派）

名希真，字修之，稱專藏，號蜂城，甲斐（山梨縣）人。本姓志村氏，學業於加賀美櫻塢，以講說為業。又好書道，堪能也。嘉永五年歿，年八十八。（山縣大貳先生と兩恩師）

著有：四書字引捷徑一卷。

山口　菅山（1772-1854）

やまぐち-かんざん　YAMAGUTI-KANZAN　（敬義學派）

名重昭，初名重明，稱貞一郎，號菅山、近齋。夙受家學，又學於西依成齋、墨山。為人峭直，接人以至誠，頗有古人之風。為小濱藩儒。安政元年歿，年八十三。（若越墓碑めぐり）

著有：周易講義、四書講義、九經類編。

村田　箕山（1787-1856）

むらた-きざん　MURATA-KIZAN　（敬義學派）

名常武，字伯經，稱平藏，號箕山、恥齋。伊豫（愛媛縣）人。受業於鄉儒池內禎介，兼善於詩歌、俳句。為慷慨氣節之士。業成，仕於松山藩。安政三年歿，年七十。（伊豫の山水と人物と事業）

著有：周易略五卷、詩經私講三卷、四書私考十三卷。

千手　旭山（1789-1859）

せんじゅ-きょくざん　SENZYU-KYOKUZAN　（敬義學派）

名興成，字立淑，通稱春三，後改為謙治，又改為謙齋，號旭山。日向（宮崎縣）人。千手廉齋之子，繼家學，以講說為業。安政六年歿，年七十一。（日本道學淵源錄）

著有：中庸講義五卷。

渡邊　豫齋（1796-1859）

わたなべ-よさい　WATANABE-YOSAI　（敬義學派）

名豫章，字思誠，稱萬平，號豫齋。夙受家學，後至江戶，受業於奧平棲遲菴、藤田畏齋。業成，而歸，為新發田藩之儒官。安政六年歿，年六十四（一說年五十四）。（稻葉默齋傳）

著有：大學講義。

金子　霜山（1789-1865）

かねこ-そうざん　KANEKO-SÔZAN　（敬義學派）

名濟民，字伯成，稱德之助，號霜山、勉廬，安藝（廣島縣西部）人。受家學，仕於廣島藩，為藩黌之教官。為人嚴正，以勵精道學自任。慶應元年歿，年七十七。（藝備偉人傳）

著有：易本義纂要、易學啟蒙纂要四卷、讀周易私記四卷、書集傳纂要、詩集傳纂要、四書擇言二十六卷、四書纂要（大學、中庸部五卷刊）、經說萬餘言（刊）。

飛田　春山（?-1865）

とんだ-しゅんざん　TONDA-SYUNZAN　（敬義學派）

名知白，稱扇之助，號春山。石見（島根縣西部）人。受業於奧平棲

遲菴，仕於濱田藩。慶應元年歿。（稻葉默齋傳）

著有：論語講說備考四卷。

秋山　白賁堂（1798-1874）
あきやま-はくひどう　AKIYAMA-HAKUHIDÔ　（敬義學派）

名固，一說清風，初名勝鳴，字叔先，幼名五郎吉，後改為五郎治，致仕後為鈴木氏，號白賁堂、蝸菴、三友、無所為，陸奧白河（福島縣白河市）人。學業於廣瀨蒙齋，後至江戶，入昌平黌，學於尾藤二洲等。其學尚實踐，終身用力於小學、四書、近思錄。仕於桑名藩，掌學政。明治七年歿，年七十七。（山崎闇齋と其門流）

著有：白賁堂經說一卷（桑名前修遺書）

櫻田　簡齋（1797-1876）
さくらだ-かんさい　SAKURADA-KANSAI　（敬義學派）

名迪，字子惠，稱良佐、甫助，號簡齋、濟美，赧然居士。仙臺（宮城縣、岩手縣南部、福島縣一部分）人。為櫻田虎門之親戚。受業於虎門，兼又究長沼流兵法，業成，仕於仙臺藩，累進而為大番士，後轉為藩黌之教官。維新之際，倡勤王大義，因觸忌諱而獄下。明治九年歿，年八十。贈正五位。（仙臺人物史）

著有：論語私考二十冊、孟子浩氣章私考一冊、大學私考三冊、中庸私考五冊、四書近小改點十卷。

細野　要齋（1811-1878）
ほその-ようさい　HOSONO-YÔSAI　（敬義學派）

名忠陳，字子高，通稱為藏，後改為仙之右衛門，號要齋。尾張（愛知縣西部）人。受業於近藤浩齋、深田香實，深信程朱，又究垂加神

道。業成,為尾張藩之儒官。為人篤實勤勉,其之從學焚膏繼晷,孜
孜汲汲未嘗廢其業。深探尾洲古人之事蹟,徧訪墳墓,蒐集遺書,編
成《尾張名家誌》。又愛古書畫、古器物。明治十一年歿,年六十
八。(名古屋市史)

著有:周官音類聚一卷。

中西　鯉城(?-1886)

なかにし-りじょう　NAKANISI-RIZYÔ　(敬義學派)

通稱雅吉,號鯉城。安藝(廣島縣西部)人。為三上是菴之門人。明
治十九年歿。(稻葉默齋傳)

著有:讀論語。

鶴岡　精齋(1838-1887)

つるおか-せいさい　TURUOKA-SÊSAI　(敬義學派)

名宗直,通稱文右衛門,號精齋。上總(千葉縣中部)人。受業於三
上是菴,以講說為業。明治二十年歿,年五十。(稻葉默齋傳)

著有:四書講義。

山本　迂齋(1819-1889)

やまもと-うさい　YAMAMOTO-USAI　(敬義學派)

名謙,字自牧,通稱虎之助,後改為曾太之丞,號迂齋、竹園、國香
園。土佐(高知縣)人。夙受家學,後學於坂井虎山,為佐川藩黌之
教官。明治二十六年歿,年七十一。(南學史)

著有:論語私考五卷。

細野　栗齋（1836-1897）

ほその-りっさい　HOSONO-RISSAI　（敬義學派）

初名一得，後稱得一，號栗齋。細野要齋之子，受家學，又學於藩
黌，旁學畫。業成，為藩黌之訓導。廢藩後，為師範學校之教師，後
為熱田、瀨戶等高等小學校長。明治三十年歿。年六十二。（名古屋
市史人物篇）

著有：古文孝經略解。

豐島　洞齋（1824-1906）

としま-とうさい　TOSIMA-TÔSAI　（敬義學派）

名毅，字靜修，稱安三郎，號洞齋。加賀（石川縣南部）人。其家世
代仕於前田侯。洞齋初學於藩黌，兼修醫。後東上，學於服部栗齋之
麴溪書院，以闇齋學為主。業成，仕於安中藩，不久，歸加賀藩，擢
為藩黌之助教，後因倡勤王而被補。明治元年赦，為縣之權少屬兼文
學教師。後至東京，盡力於斯文會。明治三十六年歿，年八十三。
（石川縣史談叢）

著有：易私錄一冊、易繫辭傳一冊、左傳註解、孟子私錄一冊、學庸
私錄一冊、蠅頭四書、蠅頭五經。

雲川　春菴（?-中期）

くもかわ-しゅんあん　KUMOKAWA-SYUNAN　（敬義學派）

名弘毅，稱治平，號春菴，京師人。受業於山崎闇齋。（日本道學淵
源錄）

著有：校正五經圖說。

山脇　道圓（?-中期）

やまわき-どうえん　YAMAWAKI-DÔEN　（敬義學派）

名重顯，字士晦，通稱道圓。山崎闇齋之門人。（儒林源流）

著有：易經蒙引二十四卷（校）、詩經蒙引一卷（校）。

加藤　章菴（?-元祿）

かとう-しょうあん　KATÔ-SYÔAN　（敬義學派）

名延雪、絅，字默子，通稱紙屋半三郎，號章菴，伊勢（三重縣大部分）人。受業於山崎闇齋，頗有造詣。寬文元祿（1661-1704）間人。（續三重先賢傳）

著有：大學紀聞略說二冊（刊）

荻野　斃己齋（?-享保）

おぎの-へきさい　OGINO-HÊKISAI　（敬義學派）

名重裕，稱莊右衛門，號斃己齋，廣島人。受業於佐藤直方、淺見絅齋，頗有異彩。性剛健，議論痛快，講書時左手常在配劍上左右晃動，視天下萬物如兒戲，終身放言，愚弄一世。享保（1716-1736）時人，年八十餘。（日本道學淵源錄、藝備先哲傳）

著有：易學啟蒙講義、祭禮筆記。

田村　克成（?-後期）

たむら-こくせい　TAMURA-KOKUSÊ　（敬義學派）

名克成，字義仲，稱雄右衛門，日向（宮崎縣）人。受家學，入高鍋藩校明倫堂學，文政八年（1825），仕於高鍋藩，為教授。（大日本人名辭書）

著有：五經新注欄外書。

井上　鶴洲（?-後期）

いのうえ-かくしゅう　INOUE-KAKUSYÛ　（敬義學派）

名教親，字和卿，稱主殿，號鶴洲，加賀（石川縣南部）人。新井白石之門人，為易占名家。（大阪名家著述目錄）

著有：周易翼解十三卷（刊）、易學通義八卷、易學發蒙五卷（刊）、易學跡斷考五卷、易學聲斷考一卷、古易又玄解五卷、古易占病軌範二卷（刊）、古易占病軌範後編二卷（刊）、卜筮貨殖考一卷、卜筮晴雨考一卷。

井上　蘆洲（?-後期）

いのうえ-ろしゅう　INOUE-ROSYÛ　（敬義學派）

名觀國，字孟光，稱主稅，號蘆洲，加賀（石川縣南部）人。井上鶴洲之子。

著有：周易辨義十卷、質問易話一卷、讀易鈔說十三卷、左國一家言三卷。

築田　元叔（?-?）

つくだ-げんしゅく　TUKUDA-GENSYUKU　（敬義學派）

名勝信，字元叔，山崎闇齋之門人。（典籍作者便覽）

著有：易啟蒙全解十二卷。

古義學派

小河　立所（1649-1696）
おがわ-りっしょ　OGAWA-RISSYO　（古義學派）

名成章，字伯達、茂實，稱茂七郎，號立所，京師人。與弟共受業於
伊藤仁齋。及壯，自開門戶授徒。其為人姿宇魁秀，儀觀端嚴，善於
談論，且善於書，亦通醫藥。元祿九年歿，年四十八。（大日本人名
辭書）

著有：伐柯篇二卷、論語國字解十卷、學論一卷。

伊藤　仁齋（1627-1705）
いとう-じんさい　ITÔ-ZINSAI　（古義學派）

名維楨，字源佐，初名維貞，字源吉，幼字源七，號仁齋、棠隱，京
師人。其先住泉州，仁齋學於家庭，弱冠，尊重性理之學，隨其學
進，始發宋儒之學乖於孔孟之意之疑，考索多年，略得就緒，即謂大
學非孔氏之遺書，程朱之明鏡止水、沖漠無朕、體用一源等說，皆佛
老之見，非聖人之意。自於堀川開門戶延生徒，稱古義學。仁齋為人
寬厚和易，無疾言遽色，接人不設城府，不修邊幅，一以誠待之，以
故，德望日隆，投刺來謁者，無慮及於三千餘人。不仕於官。寶永二
年歿，年七十九，私諡曰為古學先生。（大日本人名辭書）

著有：周易乾坤古義一卷、大象解一卷、春秋經傳通解二卷、論語古
義十卷、孟子古義七卷、語孟字義二卷、大學定本一卷、大學非孔書
辨一卷、中庸發揮一卷。

並河　天民（1679-1718）
なみかわ-てんみん　NAMIKAWA-TENMIN　（古義學派）

名亮，字簡亮，號天民。並河誠所之弟，與誠所共受業於伊藤仁齋。
然對仁義、性情之說生疑，欲得孔孟之正旨，奮然發憤日夜研究遂得
其解。天民天資開朗果斷，志氣豪邁，居常講究經世大體，討論政治
之要道，皆原於《語》、《孟》、《尚書》，以發露聖人之大業大
法。又旁通兵學，嗜醫方，究本草。嘗上疏論應將蝦夷地方內屬，然
志未果。享保三年歿，年四十。追贈正五位。（大日本人名辭書）
著有：論語解、疑語孟字義。

中江　岷山（1655-1726）

なかえ-みんざん　NAKAE-MINZAN　（古義學派）

名一貫，字平八，以字為通稱，晚又稱快安，號岷山。伊賀（三重縣
西部）人。世代為豪族，受業於伊藤仁齋。寓於大阪，以講說為業。
平生倡古學，以發揮仁齋之成說為己任。常攻擊宋學，敵視淺見絅
齋、三宅尚齋等。絕不作詩，甚賤詞章之輩，以為於治道無益。享保
十一年歿，年七十二。（大日本人名辭書）
著有：四書辨論十二卷。

中島　浮山（1658-1727）

なかじま-ふざん　NAKAZIMA-HUZAN　（古義學派）

名義方，字正佐，號浮山、孤山、訥所。京師人。受業於伊藤仁齋，
以講說為業。享保十二年歿，年七十。私諡曰文節。（大日本人名辭
書）
著有：論語古義（校定）、四書通解十三卷（論語、大學、中庸）、
旁訓五經正文十一卷。

伊藤　東涯（1670-1736）

いとう-とうがい　ITÔ-TÔGAI　（古義學派）

名長胤，字原藏，號東涯、慥慥齋，京師人。伊藤仁齋之長子，生而聰慧，三、四歲能知字。及長，博覽強記，深經術，善屬文，繼述家學。寡默恭謹，口不言人之過，有人乞書紙，則無論貴賤長幼，即應之。又，無他嗜好，終日孜孜讀書，有所得，則箚錄之，著述等身，皆天下有用之書，終身不仕官。元文元年歿，年六十七，私諡曰為紹述先生。（大日本人名辭書）

著有：周易註二卷、周易傳義考異九卷、周易經翼通解十八卷、周易義例卦變考一卷、讀易私說一卷、讀易圖例一卷、書經要領一卷、大禹謨辨一卷、詩經正文二卷（校）、詩經要領一卷、詩經說約二十八卷（校）、讀詩要領一卷、左氏熟語一卷、春秋左氏傳（校）、春秋胡氏傳辨疑二卷、論語古義標註四卷、論語集解十卷（校）、孟子古義標註一卷、語孟字義標註二卷、大學定本釋義二卷（刊）、中庸發揮標釋二卷、四書集註標釋二十卷、四書集注大全（校）、經史博論四卷、經史論苑一卷、經說二卷、經學文衡三卷、五經集注（校）。

並河　誠所（1668-1738）

なみかわ-せいしょ　NAMIKAWA-SÊSYO　（古義學派）

名永，字宗永，後改為尚永，稱五一郎，號誠所、五一居士。京師人。受業於伊藤仁齋，博學，自經史老釋諸子，至迄究通兵法、和歌、文武諸技。歷事掛川（今靜岡縣內）、川越（今埼玉縣內）之城主，既而去之，移住江戶，以教授為業。後構樓於豆州三島居之，常慨日本國未有地誌，企有輿地通志之撰述，終畿內之部，獻之幕府。元文三年歿，年七十一。贈從五位。（大日本人名辭書）

著有：四書刪正補。

平元　梅隣（1660-1743）

ひらもと-ばいりん　HIRAMOTO-BAIRIN　（古義學派）

字仲弼，稱小助、卜玄，號梅隣、福菴、愚益、月潭。羽後（秋田縣大部分與山形縣部分）人。初受業於佃養軒，後學於伊藤仁齋。兼修醫、歌、俳諧，博通。徧歷遊諸州，常以濟世利民為事，留於京洛，後歸秋田，垂帷教授。寬保三年歿，年八十四。（漢學者傳記及著述集覽）

著有：讀詩私說、論語私說、孟子私說一冊、中庸私說。

垣內　熊岳（1713-1753）

かきうち-ゆうがく　KAKIUTI-YÛGAKU　（古義學派）

名文徵，字鼎輔，號熊岳，紀伊（和歌山縣及三重縣南部）人。受業於伊藤東涯。寶曆三年歿，年四十一。（紀藩著述目錄）

著有：尚書考六卷、學庸考二卷。

安東　仕學齋（1689-1760）

あんどう-しがくさい　ANDÔ-SIGAKUSAI　（古義學派）

名守經，字士勤、斯文，稱助之進，號仕學齋，筑後（福岡縣南部）人。安東洞菴之子，受業於伊藤東涯，仕於柳川藩，為文學。寶曆十年歿。（儒林源流）

著有：經傳倒用字考三卷、經語楓令一卷、五經一得解五卷、五經對類二卷。

渡邊　弘堂（1689-1760）

わたなべ-こうどう　WATANABE-KÔDÔ　（古義學派）

名毅，號弘堂。初學於伊藤仁齋，後入並河天民之門。其後與天民共

排仁齋之說，主張自說。寶曆十年歿，年七十二。（字義辨解）

著有：論語臆說十卷、孟子臆說七卷。

足代　立溪（1703-1761）

あじろ-りっけい　AZIRO-RIKKÊ　（古義學派）

名弘道，字仲行，稱玄蕃，號立溪，伊勢（三重縣大部分）人。受業
於伊藤東涯，東涯歿後，學於伊藤介亭，以講說為業。寶曆十一年
歿，年五十九。

著有：雞肋周易、卦綜考。

富永　滄浪（1733-1765）

とみなが-そうろう　TOMINAGA-SÔRÔ　（古義學派）

名瀾，字子源，稱左仲，號滄浪。近江（滋賀縣）人。自幼好學，將
家讓與其弟，別居授徒。滄浪生於僻地，雖無明師之資，然天稟俊
爽，折衷漢、唐、宋、明諸家之說，闡發經義。明和二年歿，年三十
三。（大日本人名辭書）

著有：周易彙註、書經彙註、詩經彙註、論語彙註、孝經彙註。

穗積　能改齋（1692-1769）

ほづみ-のかいさい　HOZUMI-NOKAISAI　（古義學派）

名以貫，稱伊助，號能改齋。播磨（兵庫縣西南部）人。受業於伊藤
東涯，兼精於算學、韻法。初仕於柳原家，而後至浪華講說。明和六
年歿，年七十八。私諡曰遵古。（大阪名家著述目錄）

著有：周易啟蒙國字解十卷、周易傳義國字解六十六卷、書經國字解
三十二卷、詩經國字解三十五卷、禮記國字解十六卷、論語國字解四
十三卷、孟子古義國字解四十七卷、孟子國字解四卷、大學定本釋義

國字解四卷、大學國字解五卷、中庸大成五卷、中庸國字解六卷、中庸發揮國字解二十四卷、孝經國字解六卷、經學要字箋三卷（刊）。

井口　蘭雪（1719-1771）
いぐち-らんせつ　IGUTI-RANSETU　（古義學派）

名文炳，字仲虎，稱喜太郎，號蘭雪，紀伊（和歌山縣及三重縣南部）人。初學於上野海門，後入伊藤蘭嵎之門，仕於紀藩。明和八年歿，年五十三。（紀藩著述目錄）

著有：考工記管籥及附續三卷、考工記國字解二卷、經史考一卷（刊）、經學文衡補遺六卷。

谷　麋生（1701-1773）
たに-びざん　TANI-BIZAN　（古義學派）

名鸞，字子祥，小字左仲，又以為通稱，號麋山。阿波（德島縣）人。受業於伊藤東涯。安永二年歿，年七十三。（大日本人名辭書）

著有：論語玉振錄二卷。

宮崎　筠圃（1717-1774）
みやざき-いんぽ　MIYAZAKI-INPO　（古義學派）

名奇，初名淳，字子常（一作士常），稱常之進，號筠圃。尾張（愛知縣西部）人。幼而敏捷強記，十歲善於詩。長而受業於伊藤東涯、伊藤蘭嵎。筠圃致力於經史，兼善於詩及書畫。為人至孝，父母歿時，服三年之喪。又溫厚謙讓，無分少長賢愚，皆能禮之。安永三年歿，年五十八。私諡曰行恭。（名古屋市史人物篇）

著有：經說四卷。

伊藤　蘭嵎（1694-1778）

いとう-らんぐう　ITÔ-RANGÛ　（古義學派）

名長堅，字才藏，號蘭嵎、應邅、啟齋，京師人。伊藤仁齋之五子，東涯之異母弟。享保中紀伊侯徵為儒官，其始於君前講書時，對案不說，侍臣促之，蘭嵎曰：「君公坐褥，不可講聖人之書」，公遽撤褥，於是始講說。安永七年歿，年八十五，私謚曰為紹明先生。（大日本人名辭書）

著有：周易本旨十六卷、易疑一卷、書反正二卷（刊）、詩古言十八卷、左傳獨斷四卷、孟子四說附論語說一卷、大學是正一卷、經說叢話十卷。

奧田　三角（1703-1783）

おくだ-さんかく　OKUDA-SANKAKU　（古義學派）

名士亨，字嘉甫，稱宗四郎，號三角、蘭汀、南山，伊勢（三重縣大部分）人。幼時學於柴原蘋洲，後受業於伊藤東涯，仕於津藩，謹慎勤事，歷事四世。其為人剛直，不能屈於物，然而厚於友情。天明三年歿，年八十一。（大日本人名辭書、三重先賢傳）

著有：毛詩解。

原田　東岳（1709-1783）

はらだ-とうがく　HARADA-TÔGAKU　（古義學派）

名直，初名殖，字溫夫，稱吉右衛門，號東岳。豐後（大分縣北部以外之大部分）人。本姓酒田氏，出而繼日出侯之世臣原田氏。以義父之蔭，少而為近侍。依君命至京師，受業於伊藤東涯，後又與服部南郭學古文辭。其後從主侯東往數次，於是經藝文章共得時習之統。加之以博綜該覽，與小倉之增井玄覽齋以經藝齊名，人稱之為九州之原

增。致仕後，講說於京師，後講學於豐前之中津。天明三年歿，年五十五。（大日本人名辭書）

著有：論語箋注、孟子徵、經說拾遺二卷（刊）。

藤堂　東山（1720-1784）

とうどう-とうざん　TÔDÔ-TÔZAN　（古義學派）

名高文，字子樸，稱出雲，號東山、魚目道人。幼名三郎助，致仕後稱大樸。為津藩之國老，食七千石。自幼好學，受業於奧田三角。天明四年歿，年六十五。（三重先賢傳）

著有：非非左、讀左管見、論語長箋。

草加　驪川（?-1790）

くさか-りせん　KUSAKA-RISEN　（古義學派）

名親賢，字玉衡，稱與八，號驪川、與與軒。備前（岡山縣東南部、香川縣一部分、兵庫縣一部分）人。與伊藤蘭嵎學，為岡山藩之藩士。寬正二年歿。（大日本人名辭書）

著有：讀書隨筆六卷、讀詩隨筆六卷、讀周禮四卷、讀儀禮二卷。

河田　東岡（1714-1792）

かわだ-とうこう　KAWADA-TÔKÔ　（古義學派）

名孝成，字子行，通稱丈右衛門，後改十右衛門，又稱八助、關助，號東岡，因幡（鳥取縣東部）人。受業於伊藤東所，後只專研《易》說，以成一家之言，仕於鳥取藩。文化中歿，年六十餘。（大日本人名辭書）

著有：周易新疏八卷（刊）、周易新疏別錄二卷（刊）、周易雋註二卷（刊）、易道小成稿、易雋六卷（刊）、論語新疏三卷、孝經新疏

三卷。

山本　青城（1718-1792）

やまもと-せいじょう　YAMAMOTO-SÊZYÔ　（古義學派）

名精義，初名義方，字子直，稱勘右衛門，號青城、老迂齋。越後（新潟縣本州部分）人。受業於伊藤竹里。性多能，迄至劍槍射御點茶等末藝，皆能之，殊善於和歌。仕於長岡藩，為老職。寬政四年歿，年七十五。（越佐名家著述目錄）

著有：周易安俟錄。

櫻井　東亭（1745-1803）

さくらい-とうてい　SAKURAI-TÔTÊ　（古義學派）

名篤忠，字子續，稱俊藏，號東亭。但馬（兵庫縣北部）人。本姓川瀬氏，為櫻井舟山之嗣。初受業於乘竹東谷，後學於伊藤東所。為人溫厚，其守極堅。仕於但馬藩，興學，多裨補於藩政。享和三年歿，年五十九。（大日本人名辭書）

著有：毛詩合解二卷。

伊藤　東所（1730-1804）

いとう-とうしょ　ITÔ-TÔSYO　（古義學派）

名善韶，字忠藏，號東所，京師人。東涯長子，東涯歿時，年僅八歲，及長，善繼學業，不墜家聲。文化元年歿，年七十七，私諡曰為修成先生。（大日本人名辭書）

著有：周易經翼通解十八卷（刊）、詩解十八卷、詩解名物一卷、詩解釋例一卷、論語古義抄翼四卷（刊）、孟子古義抄翼七卷（刊）、大學定本抄翼一卷（刊）、中庸發揮抄翼一卷（刊）。

樋口　東里（1722-1808）

ひぐち-とうり　HIGUTI-TÔRI　（古義學派）

名公瑛，字俊卿，稱欽藏，號東里、竹廬。周防（山口縣東南部）人。受業於朝技毅齋、伊藤蘭嵎，仕於岩國藩，為藩黌教官。文化五年歿，年八十七。（防長人物志）

著有：孝經諺解。

武田　立齋（1736-1813）

たけだ-りっさい　TAKEDA-RISSAI　（古義學派）

名久文，字士友，幼名藤太郎，稱三益，號立齋。羽後（秋田縣大部分與山形縣部分）人。受業於伊藤介亭，兼以刀圭聞名。文化九年歿，年七十八。（羽陰詩家小傳）

著有：論語私說、孟子私說。

倉成　龍渚（1748-1813）

くらなり-りょうしょ　KURANARI-RYÔSYO　（古義學派）

名莖，字善卿，稱善司，號龍渚，豐前（福岡縣東部及大分縣北部）人。初受業於藤田貞一，後遊於京，學於伊藤氏之塾，專用力於《易》、《禮》，又善詩文。為人敦重而有氣節。仕於中津藩，為文學。文化九年歿，年六十五。（大日本人名辭書）

著有：易守翼十八卷、周官圖考二十四卷、儀禮綱十卷。

大菅　南坡（1754-1814）

おおすが-なんば　ÔSUGA-NANBA　（古義學派）

名集，字翔之，稱權之丞，號南坡、蘭澤，近江（滋賀縣）人。大菅中養父之子，受業於野村東皋，善於詩文，尤長經濟。為人剛直方

正，身力奉檢素。因常著棉衣，俗稱棉衣先生。以善講談著聞，仕於
彥根藩。文化十一年歿，年六十一。（大日本人名辭書）

著有：周易南坡疏抄十八卷、春秋經傳集解省覽略義八卷、周禮弓矢
人國字解四卷。

加古川　遜齋（1747-1817）

かこがわ-そんさい　KAKOGAWA-SONSAI　（古義學派）

名周之，稱周藏，號遜齋、黌川，播磨（兵庫縣西南部）人。初講朱
子學於京都與攝津國（今大阪府與兵庫縣）之間，後修仁齋之學，講
說於江戶，兼善於醫。文化十四年歿，年七十一。（大日本人名辭
書）

著有：論孟外說十七卷。

樋口　義所（1761-1819）

ひぐち-ぎしょ　HIGUTI-GISYO　（古義學派）

名豐，字太一，通稱多文，後改為一太郎，號義所、楓窗。周防（山
口縣東南部）人。樋口東里之子，初學於藩黌，後師事伊藤東所。為
人質實寡言，守身儉素篤實，甚惡浮華，為岩國藩之文學。文政二年
歿，年五十九。（防長人物志）

著有：尚書直旨、論孟講習錄、孝經考定。

股野　順軒（1759-1822）

またの-じゅんけん　MATANO-ZYUNKEN　（古義學派）

名資原，號順軒。播磨（兵庫縣西南部）人。為龍野藩之儒員。文政
五年歿，年六十四。

著有：辨正續疑孟二卷、四書蠡海二卷。

伊良子　大洲（1763-1829）

いらこ-たいしゅう　IRAKO-TAISYÛ　（古義學派）

名憲，字子典，幼名吉太郎，通稱彌左衛門，後改為忠藏，號大洲，
因幡（鳥取縣東部）人。學業於安藤箕山、河田東岡。文政十二年
歿。（因幡志）

著有：論語影響解二卷

佐和　莘齋（1749-1831）

さわ-しんさい　SAWA-SINSAI　（古義學派）

名淵，字伯惠，號莘齋、華谷、五鹿洞。石見（島根縣西部）人。天
保二年歿，年八十三。（石見誌）

著有：周易跋鼇二十二卷、書經跋鼇十三卷、詩經跋鼇三十卷、五禮
輯監四十八卷、讀儀禮二十卷、婚禮略儀一卷、春秋復古三卷、論語
跋鼇十卷、論語率解五卷、黜孟、學庸率解二卷、學庸跋鼇五卷、六
經豹十二卷。

伴　東山（1773-1834）

ばん-とうざん　BAN-TÔZAN　（古義學派）

名徙義，字伯德，通稱兔毛，後改為只七，號東山。近江（滋賀縣）
人。本姓望月氏，受業於大菅南坡，為彥根藩儒。天保五年歿，年六
十二。（大日本人名辭書）

著有：儀禮解、論語通解、學庸詳解、孝經正解。

村田　庫山（?-1837）

むらた-こざん　MURATA-KOZAN　（古義學派）

名常道，稱兵部，號庫山。攝津兵庫（兵庫縣）人。與同鄉藤田撫山

學書，與伊藤東里學儒。後住於京師，與猪飼敬所親交。天保八年
歿。（兵庫縣藤木喜一郎氏報）

著有：論孟約義、大學正義一卷（刊）。

山本　樂所（1764-1841）

やまもと-らくしょ　YAMAMOTO-RAKUSYO　（古義學派）

名惟孝，字元禮，通稱源吾，後改為源五郎，號樂所。紀伊（和歌山
縣及三重縣南部）人。其師承難知，仕於紀藩，與江馬稚川等編《德
川淵源記》。天保十二年歿，年七十八。（和歌山縣濱口惠璋氏報）

著有：周易變占論一卷（刊）、新定三禮圖考四卷、論語補解八卷
（刊）、孝經集傳一卷（刊）。

志賀　節菴（1798-1846）

しが-せつあん　SIGA-SETUAN　（古義學派）

名孝思，字子則，號節菴、南岡。紀伊（和歌山縣及三重縣南部）
人。受業於山本樂所。嘉永三年歿，年四十九。（和歌山縣濱口惠璋
氏報）

著有：論語補解辨證十卷（刊）。

仁井田　南陽（1770-1848）

にいだ-なんよう　NIIDA-NANYÔ　（古義學派）

名好古，字伯陽，幼字兵太郎，長後改為恒吉，後又改為樸一郎，號
南陽、松隱。紀伊（和歌山縣及三重縣南部）人。自幼沈毅，從某受
句讀，長而猛意苦學，學業大進。尤私淑於伊藤仁齋、東涯之學。業
成，仕於紀州藩，為講官，晚年列於參政。南陽之學，以經義為主，
而尤傾注精力於《毛詩》。又依幕命撰《紀伊續風土記》。嘉永元年

歿，年七十九。（樂古堂文集、和歌山縣濱口惠璋氏報）

著有：毛詩補傳三十一卷（刊）、周禮圖說一卷、論語古傳四冊
（刊）、孟子考。

小谷　巢松（1788-1854）

こたに-そうしょう　KOTANI-SÔSYÔ　（古義學派）

名薰，字德儒，稱左金吾，號巢松，伊勢（三重縣大部分）人。受業
於佐野峀山，通經史文章，尤精《周易》、三禮。為人狷介嚴正，遇
人輒吐肝膈，憎惡如仇，仕於津藩，為督學。安政元年歿，年六十
七。（三重先賢傳）

著有：周易標記、三禮標記。

鎌田　梁洲（1813-1875）

かまた-りょうしゅう　KAMATA-RYÔSYÛ　（古義學派）

名政舉，字翔甫，幼名重節，稱外記，號梁洲，伊賀（三重縣西部）
人。受業於小谷巢松，仕於上野藩，為文學。偶遇戊辰之役，奔走有
功。廢藩後，津藩知事任為漢學一等教師兼日本國學教師等職。明治
六年歿，年六十三。（三重先賢傳）

著有：周易講案一冊、周易纂註、尚書纂註、詩書參考、毛詩纂註、
讀左隨錄、讀論私記、論孟私說。

山本　溪愚（1827-1903）

やまもと-けいぐ　YAMAMOTO-KÊGU　（古義學派）

名章夫，號愚溪。京師人。父山本亡羊，入小野蘭山之門，學本草，
旁修經義。愚溪夙從父學經義。明治三十六年歿，年七十七。

著有：詩經新註三卷（刊）、考訂詩經一冊（刊）、論語補註二卷

（刊）、孟子補註二冊（刊）、考訂大學一冊（刊）、考訂中庸一冊
（刊）。

臼田　竹老（?-延享）
うすだ-ちくろう　USUDA-TIKURÔ　（古義學派）
名香，字升寂，號竹老、葉山，美濃（岐阜縣南部）人。受業於伊藤
仁齋，極排程朱，斥徂徠，專固守師說，張門戶。曾為富山藩之文
學，後辭，遊於四方。延享（1744-1748）時人。（美濃文教史要）
著有：論語概論。

復古學派（又名古文辭學派）

荻生　徂徠（1666-1728）

おぎゅう-そらい　OGYÛ-SORAI　（復古學派）

名雙松，字茂卿，後因有所避而以字行，通稱總右衛門，號徂徠、
蘐園、赤城翁，江戶（東京都）人。其祖先曾住三河國加茂郡荻生
庄，故以此為氏，本姓物部，學中國之習，以一字為姓，故略而稱
「物」。徂徠生而岐嶷，五歲能識字，十餘歲能屬文辭，十四歲時從
父謫於上總，讀書考究十二年，後父得以赦免，還江都，徂徠垂帷於
芝浦，講程朱之學。三十一歲時，為川越藩主柳澤吉保所提拔，為儒
官，講學用「華話華音」。四十四歲時，綱吉將軍薨，柳澤失勢，搬
出柳澤邸，移居日本橋茅場町開蘐園私塾，至成一學派。五十歲時，
伊藤仁齋倡古義學於京都平安，徂徠著《蘐園隨筆》以非古義學。不
久，受明朝李攀龍、王世貞「古文辭學」之影響，主張蘐園塾之漢學
為「古文辭學」，認為朱子學等為主觀之後學，非先王聖人之學，而
盡棄舊學，加以排斥，規定六經及至西漢止之文章為「古文辭」之內
容，自成一家之言。其為人英氣豪邁，卓犖不羈，眼空一世。其學汪
洋浩博，自雅樂象胥，至軍旅法律，無不兼綜。為文縱橫馳騁，雖間
有涉詭怪，然豪放跌蕩，冠於一時。享保十三年歿，年六十三。（徂
徠年普、大日本人名辭書）

著有：尚書學一卷（刊）、詩書古傳（後由太宰春臺完成）、左傳古
義（未完）、禮記圖解一卷、葬禮略考一卷、論語徵十卷（刊）、
論語辨書十卷（刊）、孟子刪、孟子識一卷（刊）、大學解一卷
（刊）、中庸解二卷（刊）、孝經識一卷（刊）、經子史要覽二卷
（刊）。

山井　崑崙（1690-1728）

やまのい-こんろん　YAMANOI-KONRON　（復古學派）

名鼎，字君彝，稱善六，號崑崙。紀伊（和歌山縣及三重縣南部）人。初受業於伊藤仁齋，後至江戶，師事荻生徂徠。業成，仕於西條藩，為文學。曾與友人根本遜志共探足利學校之遺蹟，得《宋本五經正義》、《七經孟子古本》、《論語皇侃義疏》等考勘之。後仕於紀藩，為書室。享保十三年歿，年五十九。（和歌山縣濱口惠璋氏報）著有：尚書古文考（刊）、七經孟子考文三十三卷（刊）（根本武夷共著）。

水足　博泉（1707-1732）

みずたり-はくせん　MIZUTARI-HAKUSEN　（復古學派）

名安方，後改為方，字斯立，後改為業元，稱平之進，號博泉。生而聰穎，人稱神童。繼家學，又從住江滄浪受徂徠學。正德中，韓使至日。博泉接之，唱酬詩文。韓使驚歎曰：「此子有老成之風，必揚名於天下。」長而文名益高，仕於熊本藩，因坐事，故遭褫祿。享保十七年歿，年二十六。（肥後先哲偉蹟、大日本人名辭書）著有：禮樂問。

太宰　春臺（1680-1747）

だざい-しゅんだい　DAZAI-SYUNDAI　（復古學派）

名純，字德夫，稱彌左衛門，號春臺、紫芝園。信濃（長野縣及岐阜縣之一部分）人。本姓平手氏，為親戚太宰氏之嗣，而冒其姓。入徂徠之門，講習古學。徂徠歿後，其門一分為二，詩文推服部南郭，而經術推春臺。春臺亦以斯文為己任，繼述徂徠之學。而晚年稍有從違，於詩文痛斥李攀龍、王世貞。春臺聲名世高，自諸侯大夫至草野

之士，問道就學者日益有進。為岩村侯世子及老中古河侯之賓師，執政田沼侯相得甚親。春臺嘗上封事於田沼侯言政事之得失。春臺博學宏識，至天文、律曆、算數、字學、音韻、醫方等，無不該通，尤留心於經濟之學。屬文立成千言，筆翰加流，讀其書，精詳緻密，一字一句不苟。而性剛毅狷介，直方自居，從游之徒謹畏如大府，世稱為有真儒之風。延享四年歿，年六十八。（大日本人名辭書）

著有：周易反正十二卷、易占要略一卷（刊）、易道撥亂一卷（刊）、詩書古傳三十四卷、朱氏詩傳膏肓二卷（刊）、詩論一卷（刊）、春秋三家異同、春秋曆說一卷、春秋擬釋例、論語古訓十卷（刊）、論語古訓外傳二十卷附錄一卷（刊）、論語正文二卷（刊）、古文孝經孔安國傳校正音註一卷（刊）、古文孝經正文一卷（刊）、古文孝經略解一卷、六經略說一卷（刊）。

木村　梅軒（1701-1752）

きむら-ばいけん　KIMURA-BAIKEN　（復古學派）

名晟，字得臣，號梅軒、玉函，江戶（東京都）人。受業於荻生北溪（徂徠之弟），多病不能專事，年四十而失明，獨賦詩，且授徒。寶曆二年歿，年五十二。（大日本人名辭書）

著有：校訂七經孟子考文補遺。

荻生　北溪（1673-1754）

おぎゅう-ほっけい　OGYÛ-HOKKÊ　（復古學派）

名觀，初名玄覽，字叔達，稱惣七郎，號北溪，江戶（東京都）人。荻生徂徠之弟，繼述家學。寶曆四年歿，年八十二。（大日本人名辭書）

著有：七經孟子考文補遺三十二卷（刊）。

五味　釜川（1718-1754）

ごみ-ふせん　GOMI-HUSEN　（復古學派）

名國鼎，字伯耳，稱貞藏，號釜川，甲斐（山梨縣）人。受業於太宰春臺，兼涉獵百家，尤長於詩文，講說於鄉。為人豪儁，尚氣節，常慨時弊，濟世之意切，其平生之操行，可稱者多。寶曆四年歿，年三十七，追贈從五位。（山縣大貳と兩先生）

著有：詩書古傳補考、論語古訓外傳翼十卷、古文孝經箋註一卷、孝經孔傳音註疏三卷。

三浦　竹溪（1689-1756）

みうら-ちくけい　MIURA-TIKUKÊ　（復古學派）

名義質，初名良能，字子彬，通稱小五郎，後改為平太夫，號竹溪。江戶（東京都）人。幼受業於荻生徂徠，年十五，仕於柳澤侯，至世子繼封而致仕，時年三十一。後再師事徂徠，天資穎敏，不數年，與先輩頡頏，尤留意於經術，兼達軍旅，精通律學，又善於書。竹溪意氣慷慨，偶談及節義之事，輒淚下。享保十八年，事於老中濱松侯，為世子之師傅，尤竭輔佐之道。寶曆六年歿，年六十八。（大日本人名辭書）

著有：經子史要覽二卷（刊）。

服部　南郭（1683-1759）

はっとり-なんかく　HATTORI-NANKAKU　（復古學派）

名元喬，字子遷，稱小右衛門，號南郭、芙蕖館、周雪、觀翁。京師人。幼時穎敏，年十六仕於柳澤侯。及壯，喜荻生徂徠之學而入其門，日夜研究。三十四歲致仕，專修詩及古文辭，下帷授徒。為人沖雅磊落，交驩之際談笑如怡。其學雖博，然深自韜晦，未嘗挾師儒

之重。居常以雅致自居，人或問時事，哂曰：「文士迂濶，不知事務。」藝苑之士執束修來者甚眾。南郭兼長詩文，矯矯於徂徠之門，故若語文辭，必先稱南郭。旁善於畫，又好詠和歌。寶曆九年歿，年七十七。（大日本人名辭書）

著有：儀禮圖抄、大學養老解、左傳白文七卷（校訂）

市野　東谷（1726-1760）

いちの-とうこく　ITINO-TÔKOKU　（復古學派）

名光業，字子曄，稱三右衛門，號東谷，江戶（東京都）人。本為商家，有巨萬之財。學於太宰春臺，藏書三萬卷。寶曆十年（一說寶曆元年）歿，年三十五。（大日本人名辭書）

著有：論語古訓考六卷、孝經古今文異同考二卷。

松平　黃龍（1702-1762）

まつだいら-おうりゅう　MATUDAIRA-ÔRYÛ　（復古學派）

名賴寬，字子猛，稱大學頭，號黃龍。磐城守山之藩主，受業於平野金華，旁好植物。寶曆十二年歿，年六十一。（大日本人名辭書）

著有：論語徵集覽二十一卷（刊）、學庸解集覽三卷、孝經國字解三卷（刊）。

菅沼　東郭（1690-1763）

すがぬま-とうかく　SUGANUMA-TÔKAKU　（復古學派）

名大簡，字子行，稱玄菴，號東郭，江戶（東京都）人。私淑於荻生徂徠，講說於大阪。寶曆十三年歿，年七十四。（大日本人名辭書）

著有：論語徵疏義十卷、大學闡一卷（刊）、中庸闡一卷（刊）。

根本　武夷（1699-1764）

ねもと-ぶい　NEMOTO-BUI　（復古學派）

名遜志，字伯修，稱八右衛門，號武夷。相模（神奈川縣之大部分）人。自少壯好武技，不知讀書講道。年二十六初立志，學於荻生徂徠之門。刻苦數年，淹通經史，鬱然為一巨儒。嘗與山井崑崙同遊足利學校，校勘七經而還。後幕府命荻生北溪，補輯遺漏，益以孟子，共二百六卷，三十六本，題曰七經孟子考文補遺，武夷又校定《皇侃論語義疏》流布於世。明和元年歿，年六十六。（大日本人名辭書）

著有：論語義疏十卷（刊校）、論語義疏勘合本十卷。

入江　南溟（1678-1765）

いりえ-なんめい　IRIE-NANMÊ　（復古學派）

名忠囿，字子園，稱幸八，號南溟、滄浪，武藏（東京都、埼玉縣及神奈川縣之一部分）人。受業於荻生徂徠，講說於東都。明和二年歿，年八十八。（大日本人名辭書）

著有：大學養老編三卷（刊）。

久野　鳳洲（1696-1765）

くの-ほうしゅう　KUNO-HÔSYÛ　（復古學派）

名俊明，字彥遠，稱彥八郎，號鳳洲、老餐生，江戶（東京都）人。受業於林榴岡，善於詩及書。後私受徂徠之教，深得其神髓。博覽強記，為芳洲南海等名儒所驚嘆，仕於尾張藩。明和二年歿，年七十。（大日本人名辭書）

著有：左傳杜注補五卷、春秋釋例圖一卷。

高階　暘谷（1719-1766）

たかしな-ようこく　TAKASINA-YÔKOKU　（復古學派）

名彝，字君秉，稱忠藏，號暘谷。肥前（佐賀縣及長崎縣一部分）人。本姓渡邊氏。受業於釋大潮。明和三年歿，年四十八。（長崎鄉土誌）

著有：五經音義補二十卷。

赤松　太庾（1709-1767）

あかまつ-たいゆ　AKAMATU-TAIYU　（復古學派）

名弘，字毅甫，號太庾、赤草、述齋、木瓜翁，江戶（東京都）人。初學業於家庭，後入太宰春臺之門，專留心於六經，遂以經藝，而有名於當時。其學不主漢宋，自成一家之言。太庾資性雍熙，絕無浮躁粗豪之氣。明和四年歿，年五十九。（大日本人名辭書）

著有：九經（易、書、詩、春秋、三禮、孝經、論語）述百三十卷

宮瀨　龍門（1719-1771）

みやせ-りゅうもん　MIYASE-RYÛMON　（復古學派）

名維翰，字文翼，稱三右衛門，號龍門。紀伊（和歌山縣及三重縣南部）人。其先為後漢獻帝之孫，出自志賀空大村主，故姓劉氏。家世代以醫仕於紀伊侯，至龍門，因故被削籍，隱居紀伊州之龍門山，讀書力學數年，因慕徂徠之學風，至江戶執贄於服部南郭，然受同門鵜殿士寧等之妬，怏怏而去。修六經，為古文辭，不敢與世交。無幾，名聲大起，門人益進。人稱經義比之春臺、灊水，文章比之南郭、熊耳。明和八年歿，年五十三。（大日本人名辭書）

著有：古文孝經國字解一卷。

福島　松江（1722-1772）

ふくしま-しょうこう　HUKUSIMA-SYÔKÔ　（復古學派）

名興正，字子幹，稱茂左衛門，號松江。江戶（東京都）人。從服部南郭學修辭之說，以操行堅實著稱。初仕於矢田侯，後為岩村藩之文學，累遷至參政。明和九年歿，年六十一。（大日本人名辭書）

著有：王制分封田畝考一卷、喪服圖解一卷。

渡邊　蒙菴（1687-1775）

わたなべ-もうあん　WATANABE-MÔAN　（復古學派）

名操，字友節，號蒙菴。遠江（岡縣西部）人。幼而學好，初學業於中野撝謙，後從太宰春臺，遂為濱松侯所召，擢為儒官。以醫為業。寶曆（1751-1764）中歿，年七十餘。（靜岡人物誌）

著有：易說五卷、易學講義二卷、書解六卷、詩傳惡石一卷、詩經辨義、叶韻辨疑一卷、左傳講述。

松崎　觀海（1725-1775）

まつざき-かんかい　MATUZAKI-KANKAI　（復古學派）

名惟時，字君修，一字子默，稱才藏，號觀海。觀瀾之子，幼而穎悟，受業於家庭。強記絕倫，一度讀罷，輒終身不忘，文章日進。十三歲從父東遷，師事太宰春臺，又與高野蘭亭學詩，學業大進，涉九流百家，博覽殆洽。為人篤於倫理，重名節，輕財利。苟有利於國家，必上疏陳言。仕於篠山藩，為世子傳，累遷為大夫。安永四年歿，年五十一。（大日本人名辭書）

著有：論語鍼焫論及附錄十一卷、觀海樓論語記聞七卷。

荻生　金谷（1703-1776）

おぎゅう-きんこく　OGYÛ-KINKOKU　（復古學派）

名道濟，字大寧，通稱伊三郎，後改為惣右衛門，號金谷，江戶（東京都）人。荻生徂徠之堂兄弟，徂徠無男子，故以金谷嗣其後，性退讓，不與物競。善文章歌，不墜家聲，為郡山藩儒。安永五年歿，年七十四。（大日本人名辭書）

著有：讀易草一卷、讀易雜抄四卷、入易門庭一卷、洪範筮法一卷、書十一篇旁訓一卷、魯論愚得解一卷、孟子校草、漢儒傳經圖一卷、漢儒經傳考一卷。

宇佐美　灊水（1710-1776）

うさみ-しんすい　USAMI-SINSUI　（復古學派）

名惠，字子迪，稱惠助，號灊水、優遊館，上總（千葉縣中部）人。以家富豪為聞，其為人莊重嚴端，受業於荻生徂徠，徂徠歿後，與社友相切磋，學業大進。初開門講說，後為松江藩之儒官，參與政事。安永五年歿，年六十七。（大日本人名辭書）

著有：論語徵考六卷。

鈴木　澶洲（1715-1776）

すずき-せんしゅう　SUZUKI-SENSYÛ　（復古學派）

名煥卿，字子煥（一說名吉明，字煥卿）。稱嘉藏，號澶洲。江戶（東京都）人。受業於篠崎東海，故尊奉徂徠之說，以博洽聞名。安永五年歿，年六十二。（大日本人名辭書）

著有：論語彙考、學庸彙考、經史成語解、經史摘語二卷（刊）。

森　蘭澤（1722-1777）

もり-らんたく　MORI-RANTAKU　（復古學派）

名效，字君則，號蘭澤。江戶（東京都）人。本姓谷田貝氏，為廣島
藩儒森義文之嗣，冒其姓。受業於太宰春臺，讀書甚精，能解難解。
不好詞章，專潛心於經義，兼通天文、算術、兵法、武技，旁好雅
樂。仕於廣島藩，為世子之近侍。安永六年歿，年五十六。（大日本
人名辭書）

著有：天文成象圖、尚書通義、毛詩通義。

溝口　幽軒（1732-1777）

みぞぐち-ゆうけん　MIZOGUTI-YÛKEN　（復古學派）

名軌景，一名景濟，字美卿，稱求馬，號幽軒、隆中、玉江、望月
亭、純一菴。越後（新潟縣本州部分）人。為新發田藩士，受業於服
部南郭，博覽多藝，自和歌、聞香、插花、點茶之儀，迄至謠曲、能
樂之末藝，皆無不通曉。業成，歸而仕於新發田藩。當時浩軒侯倡闇
齋學，嚴禁異學。幽軒不合意，與之爭，辭而去之，戮力於講說。安
永六年歿，年四十六。（北越詩話）

著有：論語考。

齋宮　靜齋（1729-1778）

いつきのみや-せいさい　ITUKINOMIYA-SÊSAI　（復古學派）

名必簡，字大禮，稱五右衛門，號靜齋，安藝（廣島縣西部）人。受
業於服部南郭，後講說於京師。安永七年歿，年五十一。（大日本人
名辭書）

著有：周易講義三卷、周易繫辭傳釋義二卷、易大意一卷、周南召南
次序一卷、詩開卷義一卷、小雅旻解一卷、論語二字解一卷、論語次

序一卷、論語解一卷、論語端解一卷、魯論段落一卷、孟子文法一卷、大學小傳四卷、孝經傳三卷。

松下　烏石（1699-1779）

まつした-うせき　MATUSITA-USEKI　（復古學派）

名辰，字君岳，一字龍仲，號烏石、金栗、東海陳人。武藏（東京都、埼玉縣及神奈川縣之一部分）人。本姓葛山，入細井廣澤之門，修書法，後更以歐陽詢為祖，竟為一家。又與服部南郭學經義。晚年，因故去江戶，而入京師，為本願寺之賓師。安永八年歿，年八十。（大日本人名辭書）

著有：孝經二卷。

小林　西岳（1716-1779）

こばやし-せいがく　KOBAYASI-SÊGAKU　（復古學派）

名重德，字鳳卿，通稱滿架，後改為佐哲，號西岳、觀耕亭，羽後（秋田縣大部分與山形縣部分）人。受業於入江南溟，為秋田藩之儒臣。安永八年歿，年六十四。（羽陰詩家小傳）

著有：論語古傳十卷（刊）、論語集注辨誤四卷、大學定本必傳一卷。

湯淺　常山（1708-1781）

ゆあさ-じょうざん　YUASA-ZYÔZAN　（復古學派）

名元禎，字之祥，稱新兵衛，號常山。備前（岡山縣東南部、香川縣一部分、兵庫縣一部分）人。家世代為岡山藩士，常山未弱冠而遊於江戶，受業於服部南郭。無幾，鄉歸。後八年嗣家受祿。後復至江戶，與當時之名家交遊，學業大進，名聲噴噴一時。又旁能刀槍。仕

於岡山藩，方正特立，忘身致國，數歷任要職。其之所為，賑貧救窮，懲惡舉滯。然危言刺譏無所避，終於被貶黜，自是杜門謝客，以著述自娛。天明元年歿，年七十四。（大日本人名辭書）

著有：左傳兵車團一卷、左傳解、大學或問一卷。

姥柳　有莘（1721-1786）

うばやなぎ-ゆうしん　UBAYANAGI-YÛSIN　（復古學派）

名元聖，字子文，號有莘，豐後（大分縣北部以外之大部分）人。少時讀徂徠之書，大喜。後至江戶，入服部南郭之門，業成，仕於岡藩，不久因坐事被幽禁二十七年，其間，從容讀書，尤潛心於《易經》。獲赦之後，為教授。天明六年歿，年六十六。（大日本人名辭書）

著有：周易解。

毛利　壺邱（1730-1786）

もうり-こきゅう　MÔRI-KOKYÛ　（復古學派）

名襞，字公錦，稱圖書，號壺邱、扶搖子、南豐。為豐後佐伯侯之庶子，水府重臣山野邊氏之養子，稱兵庫頭。受業於宇佐美灊水及大內熊耳，長於詩文。天明六年歿，年五十七。（大日本人名辭書）

著有：禮法考。

村松　蘆溪（1715-1787）

むらまつ-ろけい　MURAMATU-ROKÊ　（復古學派）

名貞吉，一名文蔚，字子永，一字叔豹，稱與右衛門，號蘆溪、梅亭。越後（新潟縣本州部分）人。受業於服部南郭，仕於高田藩，為文學。天明七年歿，年七十三。（大日本人名辭書、其他）

著有：新定儀禮圖二帖（刊）。

下鄉　樂山（1742-1790）

しもさと-らくさん　SIMOSATO-RAKUSAN　（復古學派）

名寬，字君栗，稱次郎八，號樂山、百川學海、莓苔園。尾張（愛知
縣西部）人。受業於市川鶴鳴。寬政二年歿，年四十九。（儒林源
流）

著有：尚書去病一卷（刊）。

香川　南濱（1734-1792）

かがわ-なんぴん　KAGAWA-NANPIN　（復古學派）

名蓋臣，字爾公，一字忠夫，稱八藏，號南濱、蕉雨堂，安藝（廣島
縣西部）人。仕於廣島藩。寬政四年歿，年五十九。（大日本人名辭
書）

著有：毛詩十考、左氏傳考、論語仁考、論語琢、孝經音訓正訛、孝
經解、經史音義、蕉雨堂經說、六經解義。

平賀　中南（1722-1793）

ひらが-ちゅうなん　HIRAGA-TYÛNAN　（復古學派）

名晉民，字房父，初名叔明，字士亮，稱惣右衛門，號中南。安藝
（廣島縣西部）人。受業於釋大潮。以講說為業，旁從事著述。學行
皆高，松平伊豆守稱曰好古先生。寬政四年歿，年七十二。（大阪名
家著述目錄）

著有：周易洗心解十二卷、尚書梅本辯說二十四卷、毛詩微旨十六
卷、詩經原志晰義二卷（刊）、周官名物鈔二卷、周官集成十八卷、
周官義疏刪四卷、儀禮說蘊二十卷、禮記鄭注辨妄五卷、禮記纂義二

十四卷、左傳折衷十卷、左傳箋注、春秋稽古（一名春秋集義）七十
三卷、論語合考四卷（刊）、論語集義五卷、孟子發蒙三卷、學庸發
蒙三卷、壁經解六卷。

駒井　白水（1755-1793）

こまい-はくすい　KOMAI-HAKUSUI　（復古學派）

名一清，字子泉，稱忠藏，號白水，安藝（廣島縣西部）人。與香川
南濱學，仕於廣島藩。寬政五年歿，年三十九。

著有：擊蒙論語註補。

廣津　藍溪（1709-1794）

ひろつ-らんけい　HIROTU-RANKÊ　（復古學派）

名弘恒，一名省，字有修，號藍溪。筑後（福岡縣南部）人。受業於
服部南郭，仕於久留米藩。寬政六年歿，年八十六。（福岡縣先賢人
物辭典）

著有：論語問。

天沼　恒菴（1743-1794）

あまぬま-こうあん　AMANUMA-KÔAN　（復古學派）

名爵，初名有美，字子齊、樂善，號恒菴，江戶（東京都）人。曾一
時冒島氏，受書於森華岡，學經於三浦瓶山，習詩於劉文翼，仕於幕
府，為步軍士。其為人也直而廉，靖而達，不栖栖於微祿，遂棄職，
而以講說為業。寬政六年歿，年五十二。（大日本人名辭書）

著有：論語說約四卷、明霞論語考三卷（校）。

市川　鶴鳴（1740-1795）

いちかわ-かくめい　ITIKAWA-KAKUMÊ　（復古學派）

名匡，字子人，稱多門，號鶴鳴，上野（群馬縣）人。高崎藩士，幼而失父母，及壯立志，受業於大內熊耳，為高崎藩之祐筆【又稱右筆，武家之職稱。幕府有奧右筆、表右筆之分，掌文書、紀錄之作成。】，後遊於四方，為講說，名聲漸高，寬政三年歸於本藩，為世子侍讀。寬政七年歿，年五十六。（大日本人名辭書）

著有：尚書輯義十六卷、書經輯義、毛詩辨解十六卷、詩經辨解、禮運輯義一卷（刊）、左傳獨說、論語輯義十卷、孟子辨衷四卷、讀孟子、大學精義一卷（刊）、中庸精義二卷（刊）。

清水　江東（1740-1795）

しみず-こうとう　SIMIZU-KÔTÔ　（復古學派）

名嘉英，字子發，通稱大阪屋嘉右衛門，號江東、明經典閣。江戶（東京都）人。累世以商為業。江東自幼好學，受業於宮瀨龍門。然厭惡修辭之說，而從事經義，專講究三禮，遂改業為儒。寬政七年歿，年五十六。（大日本人名辭書）

著有：周禮詁訓、周禮解、儀禮詁訓、儀禮解、禮記纂成。

三野　藻海（1760-1795）

みの-そうかい　MINO-SÔKAI　（復古學派）

名無逸，字仲壽，稱貞之進，號藻海。三野象麓之弟，幼而機警，受業於齋宮靜齋。業成，垂帷於岸和田，尤長於詩文。寬政七年歿，年三十六。（香川縣三野有造氏報）

著有：周易解（刊）、書經解（刊）、詩經解（刊）、論語解（刊）。

中根　鳳河（1735-1797）

なかね-ほうか　NAKANE-HÔKA　（復古學派）

名之紀，字伯綱，號鳳河。近江（滋賀縣）人。受業於荻生徂徠，仕於膳所藩。寬政九年歿，年六十三。（儒林源流）

著有：論語徵約辨解一冊（刊）、論語徵渙二卷（刊）、論語徵渙拾遺一卷（刊）。

村瀨　櫟園（1753-1797）

むらせ-れきえん　MURASE-REKIEN　（復古學派）

名觀，字子瀾，稱良助，號櫟園（一作櫟岡）。江戶（東京都）人。寬政九年歿，年四十五。（慶長以來漢學者著述目錄）

著有：孝經外傳、孝經疑問、孝經鄭注或問。

大竹　麻谷（1727-1798）

おおたけ-まこく　ÔTAKE-MAKOKU　（復古學派）

名之浩，字子蕩，稱榮藏，號麻谷、晴暉樓，江戶（東京都）人。受業於大內蘭室，崇信徂徠學，尤通三禮。寬政十年歿，年七十二。（大日本人名辭書）

著有：儀禮射御圖國字解二卷（刊）。

藤澤　子山（1731-1798）

ふじさわ-しざん　HUZISAWA-SIZAN　（復古學派）

名周，字子山，號雲齋。受業於入江南溟，兼學醫於吉益東洞、山脇東洋。寬政十年歿，年六十八。（佐渡人名辭書）

著有：校韓詩外傳、大學私考。

城戶　月菴（1744-1799）

きど-げつあん　KIDO-GETUAN　（復古學派）

名賢，字公賢，號月菴主人、芙蓉、敬業館主人，伊勢（三重縣大部分）人。自幼聰敏，好學，夙有博覽洽聞之譽。後移大和郡山，為京都邸之吏。以官暇與江村北海、龍草廬切磋，學業益進，既而歸，為郡山藩之儒臣。其性溫柔謹慎，其學尤喜復古之說。當時四日市、郡山等地之文學隆盛，月菴薰陶之力，實有以致之。寬政十一年歿，年五十六。（三重先賢傳）

著有：學庸解釋又註。

佐佐木　琴臺（1744-1800）

ささき-きんだい　SASAKI-KINDAI　（復古學派）

名世元，字長卿，通稱源三郎，幼名良輔，後改為帶刀，號琴臺、仁里、彩瀾。近江（滋賀縣）人。本姓田中氏。幼時穎悟絕倫，人知其偉器。成人後，從松永淵齋、村士一齋、種村箕山修宋學，後與澤村琴所學徂徠學，自宋學而入徂徠學。為人器宇廣濶，以任俠自喜，以知時務為第一務。又博學，自子史百家至經濟天文兵法之書，無不通曉。與松宮觀山、山縣大貳、平賀鳩溪、林子平等交遊。在京師講說，後到江戶，成為東台（即東叡山寬永寺）隨宜法王之師，頗受優遇。寬政十二年歿，年五十七。（先儒墓田錄、大日本人名辭書）

著有：反易辨二卷、易象起原一卷、易說十二卷（一名仁里周易說稿）、推易衍旨、今文尚書說稿三卷、書序辨一卷、詩大小序辨一卷、三禮獨斷二十六卷、春秋獨斷三十卷、論語鈔說六卷。

箕浦　靖山（1719-1803）

みのうら-せいざん　MINOURA-SÊZAN　（復古學派）

名世亮，字長孺，通稱文藏，後改為養伯，號靖山。因幡（鳥取縣東部）人。幼有神童之稱，受業於藩儒佐善元惟，修古文辭。兼與和田某學醫，又學劍法。仕於鳥取藩，為學館奉行，盡力於藩黌之設立。享和三年歿，年八十三。（鳥取鄉土誌）

著有：尚書典謨說二卷（刊）、大學說一卷。

細合　斗南（1728-1803）

ほそあい-となん　HOSOAI-TONAN　（復古學派）

名方明，初名離，字麗玉，稱八郎右衛門，號斗南、半齋、太乙真人、大益居士、學半齋、白雲山人。伊勢（三重縣大部分）人。受業於菅谷甘谷，雖奉徂徠之學，然後立一家之言，專倡清人考證之說，又以能書而有名。初講說於大阪，後削髮，為高田一身田（今三重縣津市一身田町）專修寺門主之文學。享和三年歿，年七十七。（三重先賢傳）

著有：周易說統十二卷、書說統十三卷、詩問一卷、詩說統十八卷、左傳補注六卷、論語啟發十一卷、孝經闡旨一卷、三經二義十二卷。

熊阪　台州（1739-1803）

くまさか-たいしゅう　KUMASAKA-TAISYÛ　（復古學派）

名邦，字子彥，稱宇右衛門，號台州、曳尾堂、白雲館，陸奧（青森縣、岩手縣、宮城縣、福島縣、秋田縣東北部）人。學於松崎觀海。享和三年歿，年六十五。（大日本人名辭書）

著有：京氏易傳增註、古文尚書直解、論語徵補二卷。

坂本　天山（1745-1803）

さかもと-てんざん　SAKAMOTO-TENZAN　（復古學派）

名俊崑，字伯壽，通稱孫八，號天山、臥遊樓。信濃（長野縣及岐阜縣之一部分）人。生而岐嶷，受業於大內熊耳，又學於宇佐美灝水，旁就浪華荻野氏論究砲技，搜究海外異域之火技，更精思求之於《易》象、《孫子》，而創製周發之術、槍陣之節。業成，仕於高遠藩，後講說於京攝。為人魁偉，有凜然不可侵犯之氣象。享和三年歿，年五十九。贈從五位。（大日本人名辭書）

著有：周易特解十二卷、周易圖說一卷、易學源流論一卷、九經音釋。

富田　日岳（1762-1803）

とみた-にちがく　TOMITA-NITIGAKU　（復古學派）

名大鳳，字伯圖，稱大淵，號日岳。以醫仕於熊本藩，然頗好儒，尤喜徂徠之說。為人慷慨，有忠節，常以恢復王室為己任。享和三年歿，年四十二。追贈從四位。（肥後人名辭書）

著有：論語知新編一卷。

戶崎　淡園（1724-1806）

とさき-たんえん　TOSAKI-TANEN　（復古學派）

名允明，字哲夫，初名計，字子明，稱五郎太夫，號淡園。常陸（茨城縣大部分）人。為守山藩之世臣，受業於平野金華。年十八列為步兵隊，累進至上大夫，歷事四世，凡及六十餘年。當時諸家各成一家之言，非斥蘐園（徂徠）之學者多矣，然淡園始終奉徂徠之說，且其著述皆支持徂徠之說。其為人樸質恭謙，心不繫榮利，以賦詩屬文為樂，且能書。文化三年歿，年七十八。（大日本人名辭書）

著有：周易古斷、周易約說、周易愚解二卷、周易繫辭傳詳解八卷、繫辭傳辨解、古註尚書考五卷、書經考、詩經考、左傳考七卷、論語

徵餘言及附錄三卷、古註孟子考二卷、孟子識餘、大學要解一卷、中
庸要解一卷、學庸解餘言一卷、徂徠先生學庸解證一卷、孝經考一
卷。

片山　鳳翩（1740-1808）

かたやま-ほうへん　KATAYAMA-HÔHEN　（復古學派）

名則，字順甫，稱順藏，號鳳翩，周防（山口縣東南部）人。幼時穎
敏，受業於小野玄川、田中蘆城。業成，曾仕於山口藩之支封清末
藩，無幾而辭，自開門授徒。文化五年歿，年六十九，私諡曰孝憲。
（防長人物志）

著有：虞書諺解、周禮數目圖。

菊地　高洲（1747-1808）

きくち-こうしゅう　KIKUTI-KÔSYÛ　（復古學派）

名武矩，字周夫，稱助三郎，號高洲，讚岐（香川縣）人。初受業於
菊池崧溪（黃山），後從齋宮靜齋受徂徠之學，為高松藩之文學。文
化五年歿，年六十二。（讚岐人物傳）

著有：諸經管見十卷。

手塚　玄通（?-1808）

てずか-げんつう　TEZUKA-GENTÛ　（復古學派）

名子徹，字獨有，稱玄通，號同同齋。陸奧（青森縣、岩手縣、宮城
縣、福島縣、秋田縣東北部）人。為弘前藩之藩醫，好經義，倡復古
學，又長於經濟。文化五年歿。（青森縣史）

著有：易論、論語訂金。

伊東　藍田（1734-1809）

いとう-らんでん　ITÔ-RANDEN　（復古學派）

名龜年，字龜年，稱金藏、善右衛門，號藍田、天遊館，江戶（東京都）人。本姓菱田氏，學業於荻生金谷，後又從大內熊耳、中根美君切磋，遂以講說為業，特以善文章，名噪一時。至天明中，蘐園（徂徠）之高弟皆凋落，維持其遺教者少矣，僅有市川鶴鳴、小篠東海及藍田而已。文化六年歿，年七十六。（大日本人名辭書）

著有：大戴禮記補注十卷、論語徵正文一卷（訓讀）、論語韓文公筆解考二卷。

齋藤　芝山（1743-1809）

さいとう-しざん　SAITÔ-SIZAN　（復古學派）

名高壽，稱權佐，號芝山。肥後（熊本縣）人，累世仕於熊本藩。本姓米良氏，繼承齋藤氏。讀荻生徂徠之問答書，而知聖人之教乃治國之道，憤然不再求師而日夜刻苦，學有大進，兼能武技。平日以文武教弟子。仕於熊本藩，進為物頭班【武家職稱，統帥弓組、鐵砲組。】。文化五年歿，年六十六。（大日本人名辭書）

著有：周易秘傳書十二冊、古文尚書紀年解四卷、古文尚書國字解十五卷、古文尚書增注十卷、古文尚書增註別錄七卷、毛詩國字解二十卷、復古毛詩別錄八卷、大戴禮別錄二卷、小戴禮別錄六卷、周禮井田圖說三卷、周禮王城朝廟圖說四卷、周禮刑法錄二卷、周禮武教錄二卷、周禮復古圖官八卷、周禮學校圖說國字解三卷、儀禮別錄十七卷、論語徵補二十卷、論語類義二卷、辨孟子二卷。

白井　重行（1753-1812）

しらい-しげゆき　SIRAI-SIGEYUKI　（復古學派）

羽前（山形縣及秋田縣之一部分）人，學於鄉儒加賀山猛寬，後遊學於江戶，歸而為莊內藩之文學。其在職中，輔主侯，興文教，一掃惡弊，經濟上亦多年研鑽，實行政見，救濟農民於貧窶之中，貢獻藩政甚多。後進為中老。文化九年歿，年六十。（山形善行美蹟）

著有：周易解十二卷（刊）、周易斷叢。

宇野　東山（1735-1813）

うの-とうざん　UNO-TÔZAN　（復古學派）

名成之，字子成，號東山、耕齋，江戶（東京都）人。世家以醫為業，至東山厭方技之說，遂入清水江東之門，修古學，精於訓詁之說，多發明漢魏之傳疏。文化十年歿，年七十九。（大日本人名辭書）

著有：古文尚書孔傳標注十三卷、書經國字解六卷、毛詩國字解十卷（刊）、毛詩鄭箋標注二十一卷、詩經國字解十卷、朱注詩經標解六卷、左傳魯曆考一卷、左傳纂疏六十卷（刊）、論語諺解國字辨五卷、四書國字辨四十卷（刊）。

和田　廉（1728-1814）

わだ-れん　WADA-REN　（復古學派）

出羽（山形縣及秋田縣一部分）人。松崎觀海之門人。文化十一年歿，年八十七。（經義提要國字解）

著有：論語聞書、經義要國字解三卷。

龜井　南溟（1743-1814）

かめい-なんめい　KAMEI-NANMÊ　（復古學派）

名魯，字道濟，稱道載、主水，號南溟、信天翁、狂念居士、苞樓，

筑前（福岡縣西部）人。出受業於釋大潮、三浦瓶山，又遊於浪華，學醫於永富獨嘯菴，後又遊於長州，謁見山縣周南，受徂徠之說。業成，以儒醫行，擢為藩侯儒員，掌蜚英館之教授。其為人豪放不羈，不修禮儀，不避忌諱，是以受怨憎，竟遭免職秩。南溟學問博洽，醫術精覈，又以詩文有名。文化十一年歿，年七十二。（大日本人名辭書）

著有：左傳講義三卷、論語語由二十卷（刊）、論語語由補遺二卷（一名語由撮要）。

萩野　鳩谷（1717-1817）

はぎの-きゅうこく　HAGINO-KYÛKOKU　（復古學派）

名信敏，字孔平，一字求之，稱喜內，號鳩谷、天愚老人、草鞋大王。江戶（東京都）人。本姓孔氏，受業於荻生徂徠，仕於出雲侯，為史臣。晚年老耄，有種種之畸行。詣神社佛閣，貼付名刺，始於此人。文化十四年歿，年百一。（大日本人名辭書）

著有：論語徵考二十卷。

佐久間　熊水（1751-1817）

さくま-ゆうすい　SAKUMA-YÛSUI　（復古學派）

名欽，字子文，稱英二，號熊水、東里，陸奧（青森縣、岩手縣、宮城縣、福島縣、秋田縣東北部）人。少時學好，至江戶後，從學於仙臺文學源子敬，及伯父齋藤東海。為人真率，不修邊幅，其志嘐嘐然。蓋以經世自負，其風貌古樸。講說幾近四十年，終身不求仕途。文化十四年歿，年六十七。（大日本人名辭書）

著有：書經圖考一卷、詩經圖考一卷。

海保　青陵 （1755-1817）

かいほ-せいりょう　KAIHO-SÊRYÔ　（復古學派）

名皐鶴，字萬和，稱儀平，號青陵，江戶（東京都）人。本姓江角氏，將家業讓與其弟，自復祖父海保之本姓。受業於佐美灝水，專以文章而有名。又通經濟，經濟之著書極多，仕於青山侯、尾張侯。文化十四年歿，年六十三，贈正五位。（老子注釋全書）

著有：占考談、洪範談三卷（刊）。

座光寺　南屏 （1735-1818）

ざこうじ-なんぺい　ZAKÔZI-NANPÊ　（復古學派）

名為祥，字履吉，稱三藏，號南屏、龍園、鬼石子、東海紫府道人。甲斐（山梨縣）人，稱是源為朝之後裔。幼而穎悟，雖受業於五味釜川，然不久即遇師之歸幽。爾來專心研鑽古文辭，其學不墨守祖徠之學風，至於仁義禮智信、元亨利貞、陰陽五行、及太極諸說，則倡自家獨得之古文復古說。後又從香川南洋研修醫學，兼工於書。文政元年歿，年八十四。（山縣大貳先生と兩恩師）

著有：周易管見二卷、尚書說二卷、二南正名二卷、左傳辨誤考一卷、論語辨一卷、論語鑑二十卷、荀子非孟辨一卷、學庸正名二卷、古文孝經考一卷、南屏經義二卷。

永井　星渚 （1761-1818）

ながい-せいしょ　NAGAI-SÊSYO　（復古學派）

名襲吉，字無咎，初名損疾，通稱松右衛門，後改為一翁，號渚星、眕齋。尾張（愛知縣西部）人。幼而聰悟，受業於市川鶴鳴，螢雪不懈，專心潛於聖經二十餘年，遂自有所發明，成一家之言，仕於尾張藩。文政元年歿，年五十八。（尾張名家誌）

著有：周易象義二卷、尚書考文四卷、尚書衍文考一卷、毛詩存疑六卷、周禮考文、周禮義、儀禮考、禮記鄭註補義三卷、左國考五卷、論語江氏傳、論語考文二卷、荀孟考八卷、學庸考文二卷、孝經考文一卷、三經義十一卷。

江上　苓洲（1758-1820）

えがみ-れいしゅう　EGAMI-RÊSYÛ　（復古學派）

名原，字伯華，稱源藏，號苓洲，筑前（福岡縣西部）人。受業於龜井南溟，仕於福岡藩。文政三年歿，年六十三。（福岡縣先賢人名辭典）

著有：大學講義一卷。

富田　春郭（1747-1823）

とだ-しゅんかく　TODA-SYUNKAKU　（復古學派）

名好禮，字苟美，稱彥左衛門，號春郭。受業於乾莊岳，仕於金澤藩，遇奇禍而獄下。後左遷越中之吳遐山，謫居三十五年，赦歸時，既年七十五，鬢髮盡白。文正六年歿，年七十七。（燕臺風雅）

著有：論語餘訓四卷。

西島　柳谷（1760-1823）

にしじま-りゅうこく　NISIZIMA-RYÛKOKU　（復古學派）

名準，字處平，初名維英，字子雄，稱準造，號柳谷。江戶（東京都）人。年十九從學於倉光龜峯，後又學於林述齋。時護社餘習未息，人人以詞藻相競。柳谷確守經業，專攻三禮。業成，以講說為業。柳谷在家時，事親至孝。因殊懼其孝衰於妻子，故終而不娶。文政六年歿，年六十四。私諡曰欽靖。（大日本人名辭書）

著有：周禮通義。

劉　琴溪（1752-1824）

りゅう-きんけい　RYÛ-KINKÊ　（復古學派）

名元高，字伯大，稱七藏，號琴溪。安藝（廣島縣西部）人。本姓田
西氏。受業於福山鳳洲，為廣島藩老上田氏之學舍教授，後講說於浪
華。文政七年歿，年七十三。（大阪名家著述目錄）

著有：大學啟蒙二卷。

中村　滄浪亭（1775-1824）

なかむら-そうろうてい　NAKAMURA-SÔRÔTÊ　（復古學派）

名重勝，字子威，通稱旦三郎，後改為政八郎、加介，號滄浪亭。近
江（滋賀縣）人。為彥根藩之文學，為人胸襟恢廓，有大志。博涉經
史子集，甚好日本皇典，究武術之奧旨。文政七年歿，年五十。（日
本教育史料）

著有：論語徵便覽。

山梨　稻川（1771-1826）

やまなし-とうせん　YAMANASI-TÔSEN　（復古學派）

名治憲，字玄度，一字叔子，稱東平，號稻川、昆陽山人、不如無
齋、於陵子、煙霞都尉。駿河（靜岡縣中部、東北部）人。幼而穎
悟，習文字於一乘僧院，踵而損右手，即以左手臨傚，練習之極，至
於巧妙，諸體皆入晉唐之勝境。又好詩及古文，就學於狹山侯之儒員
陰山豐洲，又從大岳太仲、僧石梁交遊，皆深激稱。稻川又以詩人有
盛名，既而聞本居宣長之徒論日本國之古音，而有所悟，故研鑽漢土
之古韻，著《古聲譜考》等，又精研《說文》，詳六書之經緯，作

《說文緯》，抱二書東上，將與江戶之名儒碩學論而定之，居三月而病歿。時文政九年，年五十六，贈正五位。

著有：周官聯事圖一卷。

野田　石陽（1777-1828）

のだ-せきよう　NODA-SEKIYÔ　（復古學派）

名孝彝，字叔友，稱吉右衛門，號石陽、靈星閣。伊豫（愛媛縣）人。仕於松山藩，為儒官。博學洽聞，奉護園（徂徠）之學。文政十一年歿，年六十。（大日本人名辭書）

著有：學庸纂注、五經纂注。

岡野　石城（1745-1830）

おかの-せきじょう　OKANO-SEKIZYÔ　（復古學派）

名元韶，字叔儀，稱內藏（一作內藏太），號石城，信州（長野縣及岐阜縣之一部分）人。仕於松代藩，為人蘊藉沈毅，洽聞博識，初受業於菊池南陽，初奉折衷學，後歸護園（徂徠）之說，以公務之餘授徒。文政十三年歿，年八十六。（松代町史）

著有：尚書纂說六卷、詩經纂說十卷、禮記纂說十卷、左傳摘解五卷、春秋左傳考一卷、論語徵補義五卷。

蒲坂　青莊（1775-1834）

ほさか-せいそう　HOSAKA-SÊSÔ　（復古學派）

名圓，字行方，稱松澤金三郎，號青莊、修文齋。江戶（東京都）人。仕於幕府，為庖吏。受業於松崎觀海，初從井上四明修宋學，尤於《韓非子》有精到之稱。天保五年歿，年六十。（墓碑）

著有：孟子考、大學考。

馬淵　嵐山（1753-1836）

まぶち-らんざん　MABUTI-RANZAN　（復古學派）

名會通，字仲觀，通稱舍人，後改為小助，號嵐山、唐棣園。京師人。受業於齋宮靜齋。天保七年歿，年八十四。（大日本人名辭書）

著有：周易玩辭二卷、尚書解問答一卷、周易詁十二卷、書詁十六卷、詩詁十七卷、儀禮考正六卷、禮記考正一卷、禮詁六卷、春秋詁十二卷、左傳辨惑一卷、春秋略詁一卷、論語文法二卷、論語文訣一卷、論語貫約八卷、論語奧義五卷、論語微言五卷、論語論評三卷、論語聯率一卷、孟子正文一卷、孟子約許六卷、大學略譯一卷、大學製文二卷、三摧中庸微言三卷、中庸文訣一卷、中庸正文一卷、孝經譯說二卷。

龜井　昭陽（1773-1836）

かめい-しょうよう　KAMEI-SYÔYÔ　（復古學派）

名昱，字元鳳，稱昱太郎，號昭陽、空石、月窟、天山遯者，筑前（福岡縣西部）人。龜井南溟之長子，受家學，肆力於經史百家，博綜精究，尤邃經義，又善於古文辭。天保七年歿，年六十四，贈五位。（大日本人名辭書）

著有：周易僭考三卷、周易考十二卷、尚書考十一卷、毛詩考二十五卷（刊）、詩經古序翼六卷、左傳鑽考三十三卷（刊）、禮記抄說十四卷、論語語由述志二十卷（刊）、孟子考二卷、讀孟子二卷、大學考一卷（刊）、中庸考一卷（刊）、孝經考一卷、讀學庸解二卷、經傳要旨一卷。

中山　城山（1763-1837）

なかやま-じょうざん　NAKAYAMA-ZYÔZAN　（復古學派）

名縢鷹，字伯鷹，號城山。讚岐（香川縣）人。家務農，初從吉田東園受醫法及經術，信奉徂徠學。後又學日本國學於渡邊葆光，業成，以講說為業。其學究和漢，兼精通佛典，以博覽著稱。天保八年歿，年七十五。（讚岐人物傳）

著有：周易考二卷、尚書考二卷、毛詩考二卷、左氏傳撥亂五傳、論語徵考二卷、孟子辨解三卷、崇孟解一卷（刊）。

秋山　景山（1758-1839）

あきやま-けいざん　AKIYAMA-KÊZAN　（復古學派）

名子交，稱多門，號景山，後改為醉翁，越後（新潟縣本州部分）人。受業於服部南郭之嗣及秋山白賁堂，然都不甚固守師說，專以砥行達用為要，為長岡藩儒官。天保十年歿，年八十二。（北越詩話）

著有：易解。

三野　象麓（1749-1840）

みの-しょうろく　MINO-SYÔROKU　（復古學派）

名元密，字伯慎，稱彌兵衛，號象麓。讚岐（香川縣）人。受業於齋宮靜齋，仕於高松藩，為文學。天保十一年歿，年九十。（香川縣三野有造氏報）

著有：繫辭傳古義（刊）、洪範古義（刊）、論語象義七卷（刊）。

堀　左山（1799-1843）

ほり-さざん　HORI-SAZAN　（復古學派）

名邦典，字佐治，稱退隱，號左山。佐渡（新潟縣佐渡市）人。年十七至江戶，執贄於成島東岳，又學文章於佐藤一齋。業成，歸而講說。天保十四年歿，年四十五。（佐渡人名辭書）

著有：論語方鳩錄

堀　管岳（1801-1844）

ほり-かんがく　HORI-KANGAKU　（復古學派）

名田功，稱彌六，號管岳。佐渡（新潟縣佐渡市）人。堀左山之弟，
受業於家兄，又學於成島東岳之門。及家兄歿，繼其後。天保十五年
歿，年四十四。（佐渡人名辭典）

著有：論語正就篇。

目目澤　鉅鹿（1768-1848）

めめざわ-きょろく　MEMEZAWA-KYOROKU　（復古學派）

名廣生，字子坤，稱新右衛門，老而稱百一翁，號鉅鹿。初受業於畑
中荷澤，後入昌平黌。業成，仕於亘理氏，進為家老。其學博洽，尤
以善於經學文章為著。而經書則用力於《詩》、《書》，其解義以漢
唐之註疏為主，廣泛折衷宋明及日本諸儒之說，安井息軒稱其為東奧
之鉅儒。嘉永元年歿，年八十一。（仙臺人物史）

著有：毛詩集疏十三卷。

安藤　適齋（1779-1849）

あんどう-てきさい　ANDÔ-TEKISAI　（復古學派）

號適齋，日向（宮崎縣）人。喜荻生徂徠之說，排斥宋學，仕於延岡
藩。嘉永二年歿，年七十一。（宮崎嘉績誌）

著有：周易定論、論語公註。

大橋　白鶴（1773-1852）

おおはし-はっかく　ÔHASI-HAKKAKU　（復古學派）

名淑明、弻，字仲亮，稱宗之助，號白鶴、退軒，越後（新潟縣本州部分）人。受業於近藤蛾眉及秋山景山，開私塾復禮館授徒。嘉永五年歿，年八十。（北越詩話）

著有：三禮圖。

松田　黃牛（1761-1853）

まつだ-こうぎゅう　MATUDA-KÔGYÛ　（復古學派）

名文成，字三就，號黃牛。信濃（長野縣及岐阜縣之一部分）人。受業於坂本天山，尤精於《易》。仕於高遠藩。嘉永六年歿，年九十三。（日本教育史料）

著有：周易玉契二卷（刊）。

高原　東郊（1776-1854）

たかはら-とうこう　TAKAHARA-TÔKÔ　（復古學派）

名熙，字子喜，號東郊、清風。備後（廣島縣東半部）人。為岡山藩老日置氏之臣，初學於家庭，後從近國之鴻儒，尤通徂徠之學。為人剛毅質直，且博覽強記，年四十二失明。安政元年歿，年七十九。（岡山市史）

著有：春秋書例。

藤澤　東畡（1794-1864）

ふじさわ-とうがい　HUZISAWA-TÔGAI　（復古學派）

名輔，（一甫作），字元發，稱昌藏，號東畡、泊園。讚岐（香川縣）人。受業於中山城山，專以復興古學自任，倡道頗力。於大阪開創泊園書院，授徒。元治元年歿，年七十一。贈從四位。（大阪名家著述目錄）

著有：大學定本一卷。

川合　梅所（1794-1871）

かわい-ばいしょ　KAWAI-BAISYO　（復古學派）

名修，字伯敬，稱豹藏，號梅所，紀伊（和歌山縣及三重縣南部）人。本姓梅本氏，為川合春川之嗣，仕於紀伊藩，為藩黌之督學。明治四年歿，年七十八。（紀藩著述目錄）

著有：左氏春秋考徵三十卷。

相馬　九方（1801-1879）

そうま-きゅうほう　SOUMA-KYÛHÔ　（復古學派）

名肇，字元基，通稱一郎，號九方。讚岐（香川縣）人。與中山城山學徂徠學，仕於岸和田藩。明治十二年歿，年七十九。（大日本人名辭書）

著有：左氏春秋解。

立野　桂山（1824-1880）

たての-けいざん　TATENO-KÊZAN　（復古學派）

名元定，字麟卿，號桂山、夢菴。肥前（佐賀縣及長崎縣一部分）人。受業於清水龍門、飯盛鳳山、草場佩川諸儒。博覽多識，旁通武技，善於詩歌。仕於佐賀藩老多久氏，桂山有志於明經弘道，悅龜井昭陽之說，而作《尚書考》等之合解。明治十三年歿，年五十七（一說明治十九年歿，年六十）。（大日本人名辭書）

著有：尚書考合解、左傳續考合解、孝經考合說。

藤川　三溪（1817-1889）

ふじかわ-さんけい　HUZIKAWA-SANKÊ　（復古學派）

名忠猷，字伯孝，通稱求馬，後改為能登，號三溪。讚岐（香川縣）
人。吉田東園之子，出而為叔父藤川之嗣。自幼有志氣，長而抱勤王
之志，與日柳燕石、小橋安藏等通氣脈，與四方慷慨之士往來交歡。
維新戰爭時從軍，後任太政官權少史、修史館御用掛等。明治二十四
年歿，年七十四。（讚岐人物傳）

著有：春秋大義二冊。

藤澤　南岳（1842-1920）

ふじさわ-なんがく　HUZISAWA-NANGAKU　（復古學派）

名恆，字君成，號南岳、醒狂、七香齋主人、九九山人、香翁。東畡
之子，初為高松藩鬻之督學，後至大阪繼承泊園書院，深有尊王之
志。大正九年歿，年七十九，贈從四位。（大阪名家著述目錄）

著有：周易輯疏文言傳一冊、新編林園月令六卷（刊）、論語彙編五
卷（刊）、補增蘇批孟子四冊（校疏）、大學家說一冊（刊）、大學
講義一冊（刊）、中庸講義二卷（刊）、中庸讀本一冊（刊）。

土屋　鳳洲（1842-1926）

つちや-ほうしゅう　TUTIYA-HÔSYÛ　（復古學派）

名弘，字伯毅，號鳳洲。和泉（大阪府西南部）人。受業於相馬九
方、池田草菴、森田節齋。初為岸和田藩儒，維新後，歷任堺、吉
野、奈良縣師範學校長、華族女學校教授、東洋大學教授等。大正十
五年歿，年八十六。敘正五位勳五等。（傳記）

著有：周易輯解四冊（刊）、孝經纂釋一卷（刊）。

陳　錢塘（?-中期）

ちん-せんとう　TIN-SENTÔ　（復古學派）

名厚，字生卿，號錢塘。上總（千葉縣中部）人。（大日本人名辭書）

著有：陳氏周易證解十二卷、十三經注疏正誤考三十卷、十三經辨誤百二十卷。

橘　壽菴（?-中期）

たちばな-じゅあん　TATIBANA-ZYUAN　（復古學派）

名晉明，字順明，號壽菴、蘿厓。大阪人。以儒為業，能詩文。（慶長以來漢學者著述目錄）

著有：孟子千二百條紫朱辨十五卷、讀孟十卷。

滿生　大麓（?-後期）

みつお-たいろく　MITUO-TAIROKU　（復古學派）

名冕，字成章，號大麓、靜學齋。受業於齋宮靜齋。（儒林源流）

著有：論語詁四卷（1778年刊）、天文本論語校勘記訓。

山崎　淳夫（?-後期）

やまざき-じゅんぷ　YAMAZAKI-ZYUNPU　（復古學派）

名徽淳，字淳夫。土佐（高知縣）人。受業於釋耒耜，倡徂徠之說，又從中山子琢攻古醫方。為人身長肌豐，言笑怡怡，喜談經濟。其學慕文昌黎，尤長於周易。年四十三歿。（鼓山房遺稿）

著有：易解。

渥美　類長（?-後期）

あつみ-るいちょう　ATUMI-RUITYÔ　（復古學派）

名類長，字學孫，稱參平，伊勢（三重縣大部分）人。受業於馬淵嵐山。（齋子學叢書）

著有：論語文訣照本一卷、論語段節一卷。

菅　牛鳴（?-後期）

すが-ぎゅうめい　SUGA-GYÛMÊ　（復古學派）

通稱茂平，號牛鳴，伊勢（三重縣大部分）人。初姓田中氏，稱己家為須賀屋，經學織造一頗深，殊精通於易，又能詩。兼學書於韓天壽，巧於一絃琴。嘗周遊四方，與梁川星巖、菊池五山友善。年七十餘而歿。（續三重先賢傳）

著有：周易筮度圖式抄一卷。

小篠　東海（?-文化）

おざさ-とうかい　OZASA-TÔKAI　（復古學派）

名敏，字興龍，稱十助，號東海、筱舍，石見（島根縣西部）人。本姓松田，寶曆二年（1752）因繼周防守家藩醫小篠家業，而修醫學。又與松崎觀海學古文辭，尤長於《易》學。且精通日本國學，為本居宣長之高足。文化（1804-1818）中仕於濱田藩，為儒臣。（大日本人名辭書）

著有：周易證象二卷、易翼詳解四卷、周易蠡測四卷（刊）、詩書旁注五卷、周禮診解六卷、禮記旁注八卷、三禮旁注十卷。

川目　直（?-天保）

かわめ-ただし　KAWAME-TADASI　（復古學派）

名直，字子繩，江戶（東京都）人。受業於蒲阪青莊，天保（1830-
1844）時人。（儒林源流）

著有：校註韓詩外傳十一卷、校註韓詩外傳增考二卷、校註韓詩外傳
逸文一卷。

古注學派

田中　大觀（1710-1735）

たなか-たいかん　TANAKA-TAIKAN　（古注學派）

名瓚，字文瑟，稱與三郎，號大觀。京師人。自幼而孤，兄事父田中由真之門人川田申易，受其訓督，而通算數之學。又從父之門人中井璋講究星學，後從宇野明霞修經術。善於文章，尤精音韻學。享保二十年歿，年二十六。（大日本人名辭書）

著有：尚書天文解一卷、經史子集解說叢（未完）。

宇野　明霞（1698-1745）

うの-めいか　UNO-MÊKA　（古注學派）

名鼎，字士新，稱三平，號明霞，京師人。幼時與父以水運為業，而不以為意，發奮求業於向井滄洲、宇佐美灊水、釋大潮等，刻厲切磋十餘年。在此之前，徂徠於江都倡復古學，明霞頗悅其說，因身多病，不能東遊，遣弟士朗從學。於京師講徂徠之學者，自明霞始，然後於其說，漸生異見，事事反擊徂徠，遂至立一家之言。終身不娶，又不仕，專以講說為事。延享二年歿，年四十八。（大日本人名辭書）

著有：左傳考三卷（刊）、論語考六卷（刊）。

岡　龍洲（1692-1767）

おか-りゅうしゅう　OKA-RYÛSYÛ　（古注學派）

名白駒，字千里，稱太仲，號龍洲，播磨（兵庫縣西南部）人。少時以醫為業，後至京師，改以儒為業，下帷教授。專究經史，作其傳注。晚年仕於蓮池侯，為文學。明和四年歿，年七十六。（大日本人

名辭書）

著有：周易解十卷、尚書解一卷、書經二典解二卷（刊）、詩經毛傳補義十二卷（刊）、左傳觿十卷（刊）、論語徵批一卷（刊）、孟子解十四卷（刊）。

南宮　大湫（1728-1778）

なんぐう-たいしゅう　NANGÛ-TAISYÛ　（古注學派）

名岳，字喬卿，稱彌六郎，號大湫、烟波釣叟，其居曰積翠樓。尾張（愛知縣西部）人。初稱井上氏，後改為南宮氏。幼喪父母，且多病，不能襲父業，入中西淡淵之門，專修儒術。業成，前往伊勢講說，晚年至江戶教授。教其徒時以德行為先，自處則以踐履為主，終身不就官途。安永七年歿，年五十一。（尾張名家誌）

著有：尚書今文定本、尚書今文纂註、春秋三傳比考、論語師說述義、大學考、大學定本、學庸旨考、中庸古注、古文孝經指解補註。

石川　金谷（1737-1778）

いしかわ-きんこく　ISIKAWA-KINKOKU　（古注學派）

名貞，字大乙，稱賴母，號金谷，伊勢（三重縣大部分）人。受業於南宮大湫，以博學洽聞見聞，初垂帷於平安，為膳所藩所聘，為教授，後謝病去職。尋仕於延岡藩，為記室【掌文書、紀錄等職，猶今之書記、秘書】，居數年，以直言忤旨，飄然拂袂而歸。安永七年歿，年四十二。（三重先賢傳）

著有：詩經正文唐音付二卷、論語正文唐音付二卷、孟子正文唐音付二卷、孝經正文唐音付二卷（刊）、六經小言一卷。

河野　恕齋（1743-1779）

こうの-じょさい　KÔNO-ZYOSAI　（古注學派）

名子龍，字伯潛，稱忠右衛門，號恕齋、鶴皐、南濱，播磨（兵庫縣西南部）人。為岡龍洲之子，因故冒河野之姓。恕齋幼而穎悟，十歲能詩，人稱神童，夙受家學，長而博學多識，尤長於文章。晚年留心於伊洛之學，與父異趣。又嗜臨池，常以模擬古帖為娛，仕於蓮池侯。安永八年歿，年三十七。（大日本人名辭書）

著有：周易王注補正三卷、洪範孔傳辨正一卷。

片山　兼山（1730-1782）

かたやま-けんざん　KATAYAMA-KENZAN　（古注學派）

名世璠，字叔瑟，稱東造，號兼山，上野（群馬縣）人。少時到江戶，從鶉士寧修經義，考究修辭之說。既入服部南郭之門，後為熊本藩時習館之生員。居五、六年，學業大進，再回江戶，為宇佐美灊水之養子，尋仕於出雲侯，為儒員。後有所悟，大疑徂徠之說，屢排斥之。灊水大怒，將之放逐。於是復其本姓，自開門戶授徒，其敘經義，雖用古注疏，不拘泥之，博究唐宋諸家之書，折衷眾說，極致穩當，人稱山子學。天明二年歿，年五十三。（大日本人名辭書）

著有：周易正文二卷（點）、周易類考四卷、古文尚書二卷（點）、古文尚書存疑、尚書類考六卷、毛詩正文三卷（點）、毛詩類考八卷、禮剗一卷、禮記正文五卷（點）、左氏獨得、春秋左傳獨斷三卷、論語一貫十卷（刊）（松下葵岡編）、論語正文二卷（點）、論語管見、論語徵膏肓三卷、論語徵癈疾三卷（刊）、孟子說、孟荀類考四卷、孟子正文七卷（點）、中庸古義一卷、中庸解癈疾、大學古義一卷、大學解癈疾、古文孝經附錄管見各一卷、古文孝經參疏三卷（刊）、古文孝經標注一卷（刊）、兼山經說一卷、經子獨得。

松平　君山（1697-1783）

まつだいら-くんざん　MATUDAIRA-KUNZAN　（古注學派）

名秀雲，字子龍，稱太郎左衛門，號君山、龍吟子。尾張（愛知縣西部）人。本姓千村氏，出而冒藩士松平氏。幼而岐嶷，七、八歲而善讀書作詩，學無常師，然博聞強識，自諸子百家迄至野史稗說，無不涉獵。為人愷悌愛人，故就學者頗多，有名之士多出於其門。為尾張藩之書物奉行【職稱，掌圖書管理等事務】。天明三年歿，年八十七。（尾張名家誌）

著有：毛詩翼六卷、詩經國風衍義十卷、孝經直解一卷（刊）。

岡崎　廬門（1734-1787）

おかざき-ろもん　OKAZAKI-ROMON　（古注學派）

名信好，字師古，小字平太，號廬門、彭齋，京師人。受業於龍草廬，善為詩。天明七年歿，年五十四。（大日本人名辭書）

著有：春秋紀要。

曾我部　容所（1735-1787）

そがべ-ようしょ　SOGABE-YÔSYO　（古注學派）

名元寬，字苞卿，稱式部，號容所、東里。阿波（德島縣）人。本姓源，年二十餘，至京都，學朱子學，後入岡白駒之門，學唐註疏。善於和算、有職故實【即朝廷、公家的禮儀、官職、法令、節日等慣例或典故，及研究這些慣例或典故的學問】。天明七年歿，年五十三。（大日本人名辭書）

著有：古本論語集解考二卷、元行沖孝經考一卷、經傳釋文序錄一卷（校）。

角田　青溪（?-1788）

つのだ-せいけい　TUNODA-SÊKÊ　（古注學派）

名明，字公熙，通稱平左衛門，後改為平之丞，號青溪。江戶（東京都）人。受業於片山兼山，仕於松江藩，為文學。天明八年歿。（儒林源流）

著有：尚書古今文同異考二卷、毛詩鄭箋同異考四卷、青溪經子說二卷。

伏原　宣條（1720-1791）

ふしはら-のぶえだ　HUSIHARA-NOBUEDA　（古注學派）

名宣條，號佩菊堂主人。京師人。本姓清原氏，仕於朝廷，為明經博士、少納言，敘正二位。寬政三年歿，年七十二。（國書解題、大日本人名辭書）

著有：尚書正本六卷（校）、毛詩鄭箋正本五卷（校）、古文孝經正本（校）。

龍　草廬（1714-1792）

りゅう-そうろ　RYÛ-SÔRO　（古注學派）

名公美，字君玉，後改名元亮，字子明，後再復舊，通稱彥二郎，後改稱衛門，號草廬、竹隱、松菊、吳竹翁、明明窗、綠蘿洞、鳳鳴。山城（京都府南部）人。本姓武田氏，幼時喪父甚貧苦，年十四勵志讀書，孜孜不怠。喜荻生徂徠、太宰春臺之學，後執贄於宇野明霞。業成，帷垂京師。草廬才思秀麗，善於詩，而自持甚高，恒慕諸葛武侯，陶靖節之為人，遂以草廬松菊為號。又好日本國學，旁受武學於織田梅咲，究其奧旨。年三十餘，為彥根藩之文學，致仕後，歸京師，專事於著述。寬政四年歿，年七十九。（大日本人名辭書）

著有：毛詩徵一卷、毛詩證、論語詮、論語闕。

岡本　稚川（?-1792）

おかもと-ちせん　OKAMOTO-TISEN　（古注學派）

名充，字至剛，稱八輔，號稚川、玉藻，紀伊（和歌山縣及三重縣南部）人。受業於川合春川，仕於紀伊藩。寬政四年歿。（和歌山線濱口惠璋氏報）

著有：程傳易證二卷、孟議六卷、尊孟餘辨一卷、大學雜解一卷。

大江　玄圃（1729-1794）

おおえ-げんぽ　ÔE-GENPO　（古注學派）

名資衡，字穉圭，稱靭負，號玄圃，京師人。本姓久川氏，受業於龍草廬，善詩又巧書。寬政六年歿，年六十七。（大日本人名辭書）

著有：大學古點、孝經古點。

石作　駒石（1740-1796）

いしずくり-くせき　ISIZUKURI-KUSEKI　（古注學派）

名貞，字子幹，一作士幹，稱貞一郎，號駒石，信州（長野縣及岐阜縣之一部分）人。累世仕於信濃福島之邑主山村氏，駒石亦繼為近侍。歲十九，始志於學，明和三年，往勢州桑名，執贄於南宮大湫，精勵刻苦，學業大進，歸其鄉時，邑中之子弟，從遊者眾，又以有吏才，益受重用，遂為室老。寬政八年歿，年五十七。（大日本人名辭書）

著有：論語口義三卷。

赤松　蘭室（1743-1797）

あかまつ-らんしつ　AKAMATU-RANSITU　（古注學派）

名勳，字大業，稱太郎兵衛，號蘭室，播磨（兵庫縣西南部）人。為
赤松滄洲長子，繼家學，自幼善詩文，與藪孤山、河野述齋共稱當時
海內三才子，為赤穗藩儒。寬正九年歿，年五十五。（大日本人名辭
書）。校有王柏書疑九卷。

古屋　愛日齋（1731-1798）

ふるや-あいじつさい　HURUYA-AIZITUSAI　（古注學派）

名鼎，字公餗，通稱鼎住，號愛日齋，肥後（熊本縣）人。自幼好
學，受業於秋山玉山。學問該博精密，仕於熊本藩，為國學之訓導，
又為侍講。出仕以來，歷事三公，在職四十六年。為人本性恬淡，貧
富榮辱，毫不膠於心。接人溫恭篤誠，遠近來謁者，無不服其德。寬
政十年歿，年六十八。（大日本人名辭書）

著有：周易說、尚書說、毛詩品物考、毛詩說、大戴禮說、禮記說、
春秋說、論語說五卷（刊）、孝經說一卷（刊）。

岡田　新川（1737-1799）

おかだ-しんせん　OKADA-SINSEN　（古注學派）

名宜生，字挺之，通稱仙太郎、彥左衛門，號新川、暢園、朝陽、甘
谷、杉齋，尾張（愛知縣西部）人。為尾張藩之世臣，自幼慧聰，以
神童為稱，及長，受業於松平君山，博覽洽聞，特長於詩律，為藩黌
之教授，進為督學。寬政十一年歿，年六十三。（尾張名家誌）

著有：孝經引證一卷（校）、鄭注孝經一卷（校）。

赤松　滄洲（1721-1801）

あかまつ-そうしゅう　AKAMATU-SÔSYÛ　（古注學派）

名鴻，字國鸞，稱良平，號滄洲、靜思翁，播磨（兵庫縣西南部）
人。本姓船曳氏，幼時為赤穗醫師大川耕齋所養，故冒大川之姓，而
大川為赤松之支族，故亦稱赤松。學業於宇野明霞，擢為赤穗藩儒
員。既見用，建議起學舍張文教。又自講說經史，以實踐躬行鼓舞士
風。嘗與柴野栗山書，忠告其解異學之禁，遂累進至家老。滄洲容貌
魁偉，鬚髮美也。而天性剛直，疾惡如讐。享和元年歿，年八十一。
（大日本人名辭書）

著有：周易便覽十卷、周易象義十卷、讀易備考、尚書獨斷十卷、
左國腴詞八卷（校）、論語省解二卷、讀孟子二卷、孔傳孝經一卷
（校）。

細井　平洲（1728-1801）

ほそい-へいしゅう　HOSOI-HÊSYÛ　（古注學派）

名德民，字世馨，稱甚三郎，號平洲、如來山人。尾張（愛知縣西
部）人。姓紀氏，家世代以農為業，平洲自幼好讀書，受業於中西淡
淵。後遊於長崎學華音，居三年，聞母疾而歸。年二十四，於名古屋
下帷教授。無幾，至江戶講說，平洲之名始顯於當世。與當時之鴻儒
秋山玉山、瀧鶴臺、澁井太室、南宮大湫等交遊，以誘掖後進為己
任，居二十年，講業甚盛。為人風流蘊藉，能容眾。其之講經義，一
奉師說，主提大義，不拘泥字句，姑據古註疏為解，不好參考宋元明
清諸家之經解，旁能詩畫。仕於名古屋藩，為儒官。又為米澤侯之賓
師，留其國一年，教化大行。享和元年歿，年七十四。贈從四位。
（大日本人名辭書）

著有：詩經大訓、詩經小訓、詩經毛鄭同異考三卷、詩經古傳十卷、

詩經夷考。

小田　穀山（1742-1804）

おだ-こくざん　ODA-KOKUZAN　（古注學派）

名煥章，字子文，稱五兵衛、定右衛門，號穀山，越後（新潟縣本州部分）人。受業於片山兼山，以講說為業，常詠諧弄世，方正不拘，放縱自適，然確信師說，始終不變。文化元年歿，年六十三，私諡曰清適。（大日本人名辭書）

著有：標註訓點周易古傳、標註訓點尚書古傳、標註訓點毛詩古傳、標註訓點春秋左氏傳、標註訓點論語翼大成。

古屋　昔陽（1734-1806）

ふるや-せきよう　HURUYA-SEKIYÔ　（古注學派）

名鬲，字公款，稱十二郎，號昔陽、紫陽，肥後（熊本縣）人。古屋愛日齋之弟，為其嗣。受業於秋山玉山，仕於熊本藩。其學以古注疏為主，認為六朝以下之經解不足取。平生之言行，頗有真儒之風，由是聲價振於一時。文化三年歿，年七十三。（大日本人名辭書）

著有：書纂言洪範一卷（校刊）、詩世本古義二十九卷（校刊）、詩教大意一卷、詩說四卷、祭禮通考一卷。

皆川　淇園（1735-1807）

みながわ-きえん　MINAGAWA-KIEN　（古注學派）

名愿，字伯恭，稱文藏，號淇園、有斐齋、筇齋、筠齋、呑海子。京師人。生而穎異，四、五歲能識字。其父令之與當時宿儒交通往來，又給經史百家之書，令之讀破。及長，以為讀書作文之要訣在明字義，由是潛思於字書，廣集古人用字之例，求之於象形，或徵之於聲

音，始知名物之義自聲音而生，聲音本於《易》。乃定音記象式之法，立一家言。弟子登於門籍者凡三千餘名，公卿諸侯中執弟子之禮者多矣，淇園亦能畫。於文化二年建學堂，稱弘道館。為人溫厚沈毅，寬於容物，敏於行事。博學淹通，以經學文章名振海內。然晚年耽於豪奢，嗜酒食，愛絲竹，時攜歌妓縱飲於鴨川，又如有乞詩文書畫者，隨貨略應之，以故時論或卑之。文化四年歿，年七十四。私諡曰弘道。贈從四位。（大日本人名辭書）

著有：周易十撰釋例一卷、周易六十四卦名開物一卷、周易繹解十卷、易原一卷（刊）、易學開物三卷、說卦傳字釋一卷、蓍卜考誤辨正一卷、古文尚書辨偽、書經繹解四卷（刊）、詩經繹解十五卷（刊）、詩經助字法二卷（刊）、二南訓闡二卷（刊）儀禮繹解八卷、左傳助字法三卷（刊）、春秋非左二卷（校點）、論語繹解十卷（刊）、孟子繹解十卷（刊）、大學繹解一卷（刊）、中庸繹解二卷（刊）。

岡島　龍湖（1771-1807）

おかじま-りゅうこ　OKAZIMA-RYÛKO　（古注學派）

名樗，字櫟夫，號龍湖，羽後（秋田縣大部分與山形縣部分）人。受業於皆川淇園。文化四年歿，年三十七。（秋田人物傳）

著有：周易註疏、學庸註疏。

谷田部　漪齋（1771-1807）

やたべ-いさい　YATABE-ISAI　（古注學派）

名忠濟，字君美，稱官藏，號漪齋，後改姓岡島氏，名樗，字櫟夫，號龍湖。羽後（秋田縣大部分與山形縣部分）人。受業於皆川淇園，以講說為業。文化四年歿，年三十七。（羽陰詩家小傳）

著有：周易註解、學庸註解。

岩垣　龍溪（1741-1808）

いわがき-りゅうけい　IWAGAKI-RYÛKÊ　（古注學派）

名彥明，字亮卿、孟厚，稱長門介，號龍溪，京師人。本姓三善氏，初學業於宮崎筠圃，後學於博士清原家，通古學，擢為大舍人，篤厚謹信之士。文化五年歿，年六十八，贈正五位。（大日本人名辭書）
著有：論語筆記二卷、論語集解標記十卷（刊）孟子筆記。

鷹見　星皐（1751-1811）

たかみ-せいこう　TAKAMI-SÊKÔ　（古注學派）

名定允，字子允，稱市郎右衛門，號星皐、翠竹園。受業於細井平洲、南宮大湫。仕於田原藩。星皐志在經世，不屑訓詁章句，以小廉曲謹，媚世而不為，中歲坐廢，後再起用復職。文化八年歿，年六十二。（大日本人名辭書）
著有：春秋五論一卷（校）、春秋私說、有明館經史說八、四庫簡明目錄經部四卷（校）

萩原　大麓（1752-1811）

はぎわら-だいろく　HAGIWARA-DAIROKU　（古注學派）

名萬世，字休卿，稱英助，號大麓。上野（群馬縣）人。少時受業於片山兼山，與松下葵岡同為入室弟子。學成，自開門戶授徒，其學專重師承，以考證為主。文化八年歿，年六十。（大日本人名辭書）
著有：左國語解二卷、孟子考一卷、五經解閉二十卷。

恩田　蕙樓（1743-1813）

おんだ-けいろう　ONDA-KÊRÔ　（古注學派）

名維周，字仲任，以字行，稱進治，號蕙樓、厄園、白山，尾張（愛知縣西部）人。岡田新川之弟，為恩田宗致之養子，故冒其姓。受業於松平君山，善為詩，才學不讓新川，時人稱之為尾府連璧。業成，為尾張侯之近侍，尋進為藩黌之總裁。文化十年歿，年七十一。（大日本人名辭書、尾張名家誌）

著有：毛詩管窺一卷、左傳考證二卷、左傳刪正一卷。

中井　履軒（1732-1817）

なかい-りけん　NAKAI-RIKEN　（古注學派）

名積德，字處叔，稱德二，號履軒。大阪人。中井竹山之弟，與竹山同學宋學於五井蘭洲，然好折衷群言，有不合所意，雖名賢鉅儒，亦不避辯駁。於經義別具一格，而不必墨守宋學。又文章圓活，甚有奇致，人稱近代之巨匠。為人姿貌魁秀，器宇曠達，睥睨一世。然自號幽人，不常出於戶外，兀兀考索經旨，多所發明。文化十四年歿，年八十六。私諡曰文清。贈從四位。（大日本人名辭書）

著有：周易三卷幷附卷、易經聞書二冊、尚書六卷幷附卷、書經聞書四冊、旁註伏生尚書一卷、旁註梅頤古文尚書一卷、毛詩品物圖考雕題一卷、古詩七卷、古詩古色一卷、古詩得所編一卷、詩經名物辨解雕題二卷、詩經聞書九冊、禮二十卷、禮記聞書二冊、左氏十五卷、左傳六卷、左傳聞書九冊、屬辭蓮珠左傳年表合本一卷、論語聞書三冊、論語四卷（刊）、孟子七卷（刊）、孟子聞書四冊、大學聞書一冊、大學雜議一卷（刊）、學庸一卷、中庸一卷（刊）、中庸天樂樓定本一卷（刊）、中庸聞書一冊、七經逢原三十二卷、七經雕題五十六卷、七經雕題略十九卷。

村瀨　栲亭（1744-1818）

むらせ-こうてい　MURASE-KÔTÊ　（古注學派）

名之熙，字君績，稱嘉右衛門，後改為土岐中書，號栲亭、神洲。京師人。幼而穎悟，善於詩。從武田梅龍學古注，後入清家之門。自中年雖專於詩文，廢棄經藝，然從遊之盛為近世所稀，又善於書畫。嘗受聘於秋田侯，侯待之以賓師，諮詢國政。致仕後，於京師講說。文政元年歿，年七十三。私諡曰文獻。（大日本人名辭書、其他）

著有：周易拾象稿十卷、尚書謄義十三卷、毛詩述義十四卷、左傳徵義六卷、學庸集義三卷。

佐野　山陰（1751-1818）

さの-さんいん　SANO-SANIN　（古注學派）

名憲，字元章，稱少進，號山陰。京師人。本姓藤原，受業於清原家，為阿波侯之儒官。文政元年歿，年六十八。（大日本人名辭書）

著有：論語古文考異十卷、孟子章指二卷（校）、真本孝經孔傳一卷（校）、御註孝經古本考一卷（校）、元行冲孝經一卷（校）。

三宅　橘園（1767-1819）

みやけ-きつえん　MIYAKE-KITUEN　（古注學派）

名邦，字元興，稱又太郎，號橘園、威如齋。加賀（石川縣南部）人。幼而穎敏，八、九歲能賦詩歌。天明末年遊於京師，訪龍草廬，不滿意而歸。後再出京，從皆川淇園。文化八年至對馬，與韓使唱和，又遊於長崎，明年京歸，此時名聲大著，受業者及於一千餘人。其學概據漢人之訓詁，不偏執宋儒之窮理，夙有所發明。為人惇厚靜默，不與人爭，其筆執論經義，超卓古今，義理明晰，無人能窺其端倪。文政二年歿，年五十三。私諡曰文景。（大日本人名辭書）

著有：禮記拔萃、左傳發揮、左國雪冤二卷、論語定書、論語拔萃、
論語解、中庸解、孝經解。

立原　東里（1744-1823）

たちはら-とうり　TATIHARA-TÔRI　（古注學派）

名萬，字伯時，稱甚五郎，號東里、翠軒。常陸（茨城縣大部分）
人。初受業於谷田部東壑，後學於大內熊耳。業成，仕於水戶藩為儒
員。始講漢唐之學，水戶自古皆奉朱學，是以忤史館總裁名越南溪之
旨，淹滯有年。至文公，乃舉為侍讀，遂累遷史館總裁，又參與政
事，勸規獻替，夙夜不懈。文公亦能納其言。當是時，松平定信為幕
府執政，東里上書警告北夷漸窺蝦夷之地，其他獻策亦不少，人皆稱
其卓識。文政六年歿，年八十。（大日本人名辭書、儒林源流）
著有：六禮私議一卷、六禮略說一卷、葬祭紀略一卷。

松下　葵岡（1748-1823）

まつした-きこう　MATUSITA-KIKÔ　（古注學派）

名壽，字子福，稱清太郎，號葵岡、一齋，文事稱葛山氏。江戶（東
京都）人。松下烏石之姪，家世代仕於幕府。葵岡受業於片山兼山，
兼山歿後，誘掖其子弟，受其學統，以之倡世，四十年如一日，稱山
子學，至今仍存，實葵岡之功居多，其平之生言行甚有古人之風。文
政六年歿，年七十六。（大日本人名辭書）
著有：周禮正文六卷（校）、論語一貫十卷（刊）、孟子說三卷、學
庸古意證解三卷、孝經精義一卷。

山本　清溪（1754-1823）

やまもと-せいけい　YAMAMOTO-SÊKÊ　（古注學派）

名正臣，字欽若，號清溪。京師人。本姓藤原氏，世代仕於大炊御門家，為從四位下近江守。受業於岩垣龍溪，精於歷代之制度，兼善於和歌。文政六年歿，年七十。（近代著述目錄後篇）
著有：論語折衷四冊。

川合　春川（1751-1824）

かわい-しゅんせん　KAWAI-SYUNSEN　（古注學派）

名孝衡，字襄平，稱仗平，號春川，美濃（岐阜縣南部）人。本姓佐竹氏，冒川合氏。受業於龍草廬，以文章著稱。後專研三禮，遂成一家之言，仕於紀伊藩。文政七年歿，年七十五。（和歌山縣濱口惠璋氏報）
著有：詩經正名篇四卷、周禮考工記圖解四卷（刊）、儀禮質疑八卷、儀禮釋宮圖解一卷（刊）、三禮說統、五禮類纂二十二卷、立禮教纂、九經補韻一卷（校）。

米谷　金城（1759-1824）

こめたに-きんじょう　KOMETANI-KINZYO　（古注學派）

名寅，字子虎，稱次郎，號金城、桃邱、似月堂。伏見（京都南部）人。受業於皆川淇園。文政七年歿，年六十七。（大日本人名辭書）
著有：禮記釋解二十八卷、春秋存疑八卷、春秋論一卷。

津阪　東陽（1756-1825）

つさか-とうよう　TUSAKA-TÔYÔ　（古注學派）

名孝綽，字君裕，稱常之進，號東陽。伊勢（三重縣大部分）人。雖自幼學醫，不成，長而赴京師，專攻經業。學無常師，自刻苦勉勵，遂以古學立家授徒。不久，為梶井王府之門客，兼為諸公卿之賓師。

後鄉還，為津藩之儒官，進為侍讀學士。上封事，或論治教，多所獻替。遇讒人構陷而被貶黜，復為任用，文化中代撰《藩祖創業記》，受命創建學館時，任為督學兼侍讀，後進為班中大夫。為人真摯率直，甚惡不義，議論亦激越，然後年悟其非，戒慎甚力。文政八年歿，年七十。私諡曰文成。贈正五位。（三重先賢傳、大日本人名辭書）

著有：春秋義註、讀左金針二卷、論語愚得解二卷、論語義註、孝經發揮一卷（刊）、孝經義註。

藤田　幽谷（1774-1826）

ふじた-ゆうこく　HUZITA-YÛKOKU　（古注學派）

名一正，字子定，稱次郎左衛門，號幽谷。水戶（茨城縣）人。幼而穎悟絕人，初從志水元禎受句讀，後學於立原東里。仕於水戶侯，入史館，後擢為小納戶，總裁編輯之事。為人豪邁至誠，教人以忠孝為主。又專力於正學，不好曲藝小技，視記聞俗學如雜藝。尤惡老莊之學，謂：「老子陽倡恬澹無為，陰自恃聰明，貴智術，不踏古人之轍，非譏聖人別立一己之見。」幽谷又憂邊事，欲著《西土詰戎記》，警發世人，稿粗成，因遭多故而不果。文政九年歿，年五十三。贈正四位。（大日本人名辭書）

著有：舜典二十八字考、孝經孔傳辨一冊。

淺井　貞菴（1770-1829）

あさい-ていあん　ASAI-TÊAN　（古注學派）

名正封，字堯甫，稱平之充，號貞菴、檞園，尾張（愛知縣西部）人。繼家業為醫，旁入中村習齋之門，究《易》太極之奧，又受漢唐古學於岡田新川。及長博學多識，凡百技藝，無不通。以醫仕於名古

屋藩，依命創立醫校，從遊者眾，門人三千。文政十二年歿，年七十
三。（名古屋市史）
著有：易經講義十五冊、周禮醫師部講義一冊、中庸講義十冊。

東　恒軒（1777-1829）

ひがし-こうけん　HIGASI-KÔKEN　（古注學派）
名吉伊，字君孚，號恒軒。伊勢（三重縣大部分）人。本姓久田氏，
出而冒東氏。自幼學好，長而博涉典籍，精通經義。其學最慕皆川淇
園之學風。文政十二年歿，年五十三。（續三重先賢傳）
著有：論語解。

萩原　樂亭（1790-1829）

はぎわら-らくてい　HAGIWARA-RAKUTÊ　（古注學派）
名善韶，字文華，初稱駒太郎，後承世稱，改為英助，號樂亭、嵩
岳。上野（群馬縣）人。萩原大麓之長子，夙受家學，博綜古今，明
清考證之諸書，無不究窮，以講說為業。文政十二年歿，年四十。
（大日本人名辭書、儒林源流）
著有：詩經集解三卷、左傳解閉、論語私說三卷、孟子私說三卷、學
庸私說二卷、孝經古今文異同考三卷。

田中　履堂（1785-1830）

たなか-りどう　TANAKA-RIDÔ　（古注學派）
名頤，字大壯，稱大藏，號履堂。越前（福井縣嶺北地方及岐阜線西
北部）人。本姓青山氏，出而為田中適所之嗣。受業於皆川淇園，曾
一時仕於津藩，但不久而辭，以講說為業。文政十三年歿，年四十
六。（越前人志）

著有：論語集註辨正二卷（刊）、論語集解新說四卷、論語講義六卷（刊）、學庸正義二卷、孟子講義七卷。

秦　滄浪（1761-1831）

はた-そうろう　HATA-SÔRÔ　（古注學派）

名鼎，字士鉉，稱嘉奈衛，號滄浪、小翁。美濃（岐阜縣南部）人。夙繼述家學，又學於細井平洲。博學，好校正吉書，皆有裨益後學。文章不襲古人，自成一家。仕於尾張藩，為明倫堂典籍，遷教授。天保二年歿，年七十一。（大日本人名辭書、尾張名家誌）

著有：周易解十二卷、讀詩吞棗一卷（刊）、左傳世足解六卷、左傳周觀六卷、春秋左氏傳校本三十卷（校刊）。

早野　橘隧（1778-1831）

はやの-きっすい　HAYANO-KISSUI　（古注學派）

名正己，字子發，稱三太郎、義藏、義三，號橘隧、反求、反堂、流水。大阪人。受業於中井履軒，以講說為業。天保二年歿，年五十四，諡節孝先生。（大阪名家著述目錄）

著有：經史抄一卷、聞書四卷。

岡崎　槐陰（1784-1831）

おかざき-かいいん　OKAZAKI-KAIIN　（古注學派）

名正忠，字子衛，稱忠介，後改為次郎兵衛，號槐陰，常陸（茨城縣大部分）人。受業於藤田幽谷，仕於水戶藩，入彰考館。天保二年歿，年四十八。（水戶文籍考）

著有：讀易漫筆一卷。

冢田　大峯（1745-1832）

つかだ-たいほう　TUKADA-TAIHÔ　（古注學派）

名虎，字叔貔，稱多門，號大峯、雄風。夙受家學，奉程朱之教，其後不求師，而攻究古今之書。遂認為經義不可立流派，曰：「我依經解經」，自作諸經之解，以廣其學。紀尾兩侯學於其門，後為尾侯之侍讀，遂擢為明倫堂督學。寬政年間，幕府下令異學之禁時，大峯上書，論其不可。天保三年歿，年八十八。（大日本人名辭書）

著有：冢氏周易正文二卷（刊）、冢注周易八卷（刊）、尚書補注十三卷（刊）、冢注尚書六卷、冢氏毛詩正文三卷（刊）、冢注毛詩二十卷（刊）、冢注詩經五卷、冢田氏國風草二卷、冢氏禮記正文四卷（刊）、禮記贅說四卷、左傳增注三十卷（刊）、冢氏春秋左氏傳正文（刊）、論語群疑考十卷（刊）、論語講錄十卷、孟子斷二卷（刊）、冢注孟子、大學國字解一卷（刊）、大學註一冊（刊）、中庸國字解一卷（刊）、中庸註一冊、孝經和字訓一卷（刊）、冢氏孝經正文一卷、冢注孝經一卷。

松本　愚山（1755-1834）

まつもと-ぐざん　MATUMOTO-GUZAN　（古注學派）

名慎，字幻憲，稱才次郎，號愚山。京師人。受業於皆川淇園，講說於大阪。天保五年歿，年八十。（大日本人名辭書）

著有：周易箋註十二卷、論語箋註十卷、孝經箋註一卷、五經圖彙三卷（刊）。

久保　筑水（1759-1835）

くぼ-ちくすい　KUBO-TIKUSUI　（古注學派）

名愛，字君節，稱莊左衛門，號筑水，安藝（廣島縣西部）人。受業

於片山兼山，以講說為業，後仕於一橋藩，為儒員。天保六年歿，年
七十七。（大日本人名辭書）
著有：論語集義十卷（刊）、學庸精義三卷（刊）。

狩谷　棭齋（1775-1835）

かりや-えきさい　KARIYA-EKISAI　（古注學派）

幼名真末，又名真秀，字自直，後改名望之，改字卿雲，稱三右衛
門，號棭齋、六漢老人、蟬翁、求古樓、超花亭，江戶（東京都）
人。本姓高橋氏，受業於松崎慊堂。其居稱常閑書院，又曰實事求是
書屋。崇奉漢學，排斥宋學，學問該博，考證精緻，明律令及小學，
至度量衡、錢貨等，無不通曉。天保六年歿，年六十一，追贈從四
位。（大日本人名辭書、東洋文化）
著有：足利學校七經孟子考二卷。

岡田　南涯（1763-1836）

おかだ-なんがい　OKADA-NANGAI　（古注學派）

名邦彥，字士髦，號南涯，京師人。受業於岩垣龍溪，以講說為業。
天保七年歿，年七十四。（大阪名家著述目錄）
著有：論語折衷、孟子折衷五卷、大學筆記、中庸筆記。

金子　鶴村（1759-1840）

かねこ-かくそん　KANEKO-KAKUSON　（古注學派）

名有斐，字仲豹，稱吉次，號鶴村，加賀（石川縣南部）人。受業於
皆川淇園，仕於加賀藩老今枝氏，為儒官。晚年好易，講老莊，又旁
善畫，於南北二宗之外，別成一家。天保十一年歿，年七十三。（石
川郡誌）

著有：易解（未完）、詩經調解五冊、中庸解一冊。

青山　拙齋（1776-1843）

あおやま-せっさい　AOYAMA-SESSAI　（古注學派）

名延于，字子世，稱量介，號拙齋、雲龍，常陸（茨城縣大部分）人。累世仕於水戶藩，幼剛直機警，長而受業於立原東里，專力於文章，文才大進。時水戶藩文教興隆，與高橋、藤田、川口等諸儒並轡而馳，駸駸乎爭先。而至於文辭，則皆推拙齋為擅長。於文公、武公之世，撰《大日本史》之神祇、禮儀、輿服諸〈志〉，於哀公之時，編《東藩文獻志》。於弘道館創設時，任小姓頭，兼務總裁。天保十四年歿，年六十八。（文苑遺談）

著有：伐柯錄二卷、左傳杜註正誤三卷。

石川　竹厓（1794-1843）

いしかわ-ちくがい　ISIKAWA-TIKUGAI　（古注學派）

名之裘，字士尚，稱貞一郎，號竹厓，近江（滋賀縣）人。幼敏警，受業於村瀨栲亭，一時稱為神童，少善於詞藝書法，意不屑之，遂專研尋經義，尤潛心於《論語》。文政三年建設津藩黌時，受聘為講官，續進總督。天保十四年歿，年五十一。（三重先賢傳）

著有：論語說約七十卷、論語講錄五卷。

松崎　慊堂（1771-1844）

まつざき-こうどう　MATUZAKI-KÔDÔ　（古注學派）

名復、明復，初名密，字明復，一字希孫，通稱退藏，又以之為初字，號慊堂、益城、木倉。肥後（熊本縣）人。初為僧，至江戶投於淺草稱念寺，主僧憐其才之敏志之確，使之學於昌平黌。居數年，林

述齋聞其有才識，致之家塾。慊堂天資聰穎且強記，數年學業大進。長而學殖淹博，文辭贍敏，尤邃於經義。年五十更有所發明，專攻漢學，又甚好《說文》，故論字畫頗為精詳。為掛川藩之儒員，致仕後，隱居於石經山房。弘化元年歿，年七十四。贈正五位。（大日本人名辭書）

著有：周禮札記二卷、論語集注二卷（刊）、爾雅札記一卷、影宋本爾雅一冊（校刊）、四書札記二卷、五經字樣一冊（審定）、五經文字（審定）、石經十三經（審定）。

猪飼　敬所（1761-1845）

いかい-けいしょ　IKAI-KÊSYO　（古注學派）

名彥博，字文卿、希文，稱安治郎，初名安次郎，通稱三郎右衛門，號敬所，近江（滋賀縣）人。自幼聰明，初就手島堵菴修心學，長後入岩垣龍溪之門攻儒學，業成，講說於京師，天保七年聘為津藩主之賓師。為人質素簡易，接人以誠。其治經時，基於古註，涉獵古今，折衷諸家，且頗強記，一度見聞，畢生不忘。弘化二年歿，年八十五。（三重先賢傳）

著有：周易禪解（校）、尚書天文解（刪補）三卷、尚書纂傳二卷、古文尚書勤王帥（校）、書經雕題略（校）、尚書總辨（校）、詩經集說二卷、周禮正誤一卷、儀禮義疏（校）、春秋釋例（校）、儀禮鄭註正誤二卷、儀禮禮節改正圖一卷、讀禮肆考四卷（刊）、文公家禮考（校）、論語一得解四卷、論語定說二卷、論語集解筆記二十卷、論語雕題略（校）、論語欄外書（校）、語孟字義（刊）、論孟考文二卷（刊）、論語一貫章講義一卷（刊）、大學解二卷、大學徵一卷、大學質疑一卷、大學原解（校）、中庸原解（校）、孝經考、古文孝經私記（刊）、四書標記十卷、四書釋地（校）、經史質疑正

續又續六卷、經句說糾繆一卷、九經談（刊）。

隨朝　若水（1790-1848）

ずいちょう-じゃくすい　ZUITYÔ-ZYAKUSUI　（古注學派）

名陳，字欽若，號若水。京師人。受業於豬飼敬所，旁從大喜多泰山學數術，皆究其蘊奧。嘉永元年歿，年六十四。（大日本人名辭書）

著有：周易小識、尚書小識、毛詩周南召南解、論語小識、孟子小識、中庸解、孝經小識。

櫻井　石門（1799-1850）

さくらい-せきもん　SAKURAI-SEKIMON　（古注學派）

名茁，字伯蘭，稱一太郎，號石門。幼而穎脫，受業於赤松囊南。以博覽強識，擢為但馬侯之侍講，後陞為督學，進而參政。致仕後，號一棹，猶周旋於藩事。嘉永三年歿，年五十二。（大日本人名辭書）

著有：尚書學斷二卷、毛詩學斷三卷、秦漢以上經籍考一卷。

中村　中倧（1778-1851）

なかむら-ちゅうそう　NAKAMURA-TYÛSÔ　（古注學派）

名元恒，字大明，稱中書，號中倧、蔣原翁。信濃（長野縣及岐阜縣之一部分）人。受業於豬飼敬所，仕於高遠藩，為儒官。嘉永二年因坐藩士之事，被謫於黑河內村。嘉永四年歿，年七十四。（伊那誌）

著有：周易衍註八卷、易學源流論一卷（刊）、尚書通解六卷、毛詩通義四卷、論語衍註二卷、論語音釋一卷、中庸衍註一卷、經史雜考十卷。

澤邊　北溟（1764-1852）

さわべ-ほくめい　SAWABE-HOKUMÊ　（古注學派）

名知紝，字孟紘，稱淡右衛門、陸介，號北溟。丹後（京都府北部）人。家以醫為業。北溟自幼好讀書，受業於皆川淇園，以博聞強記見稱。仕於宮津藩，進而參與藩政。其學參考漢、唐、宋、明及日本諸家之說，以折衷程朱。致仕後，優游自適，老當益壯，人稱山陰宿儒。嘉永五年歿，年八十九。（大日本人名辭書）

著有：論語鉤纂。

大內　玉江（1784-1854）

おおうち-ぎょくこう　ÔUTI-GYOKUKÔ　（古注學派）

名正敬，字子行，稱與一郎，號玉江，常陸（茨城縣大部分）人。受業於小宮山楓軒，仕於水戶藩，入彰考館，後為弘道館訓導。安政元年歿，年七十一。（水戶文籍考）

著有：經說採摭二十卷。

萩原　綠野（1796-1854）

はぎわら-りょくや　HAGIWARA-RYOKUYA　（古注學派）

名承，字公寵，後以字為名。稱鳳二郎，號綠野、敬齋、靜軒，晚年又號石桂堂、一枝菴。大麓之二子，受家學，好易，又工詩賦。安政元年歿，年五十九。（大日本人名辭書）

著有：讀易謄言、讀易課鈔三卷、尚書古今文考異二卷、讀禮課鈔三卷。

澤　熊山（1779-1855）

さわ-ゆうざん　SAWA-YÛZAN　（古注學派）

名徽，字子慎，稱三郎，號熊山。伊豫（愛媛縣）人。學於佐野山陰。仕於神戶藩。（大日本人名辭書）

著有：家禮詳圖一卷。

田邊　石菴（1781-1856）

たなべ-せきあん　TANABE-SEKIAN　（古注學派）

名誨輔，字季德，稱晉次郎，號石菴、旭齋。尾張（愛知縣西部）人。本姓村瀨氏，出而冐幕士田邊氏。受業於秦滄浪，後被命為昌平黌教授，兼任甲府徽典館學頭。因憂當時中國書籍之舶來極少，故編明、清諸儒之傳記及文粹，以便學徒之講習。安政三年歿，年七十六。（大日本人名辭書）

著有：讀左傳合案六卷、論孟講餘談十卷。

東條　一堂（1778-1857）

とうじょう-いちどう　TÔZYÔ-ITIDÔ　（古注學派）

名弘，字子毅，稱文藏，幼字和七郎，號一堂、瑤谷閒人。上總（千葉縣中部）人。本姓逸見氏，家為豪農，父東條自得，於江戶開醫。一堂自幼有大志，謂要與王侯交膝談論天下之事，莫善於為儒，於是，笈負前往京都，受業於皆川淇園。後歸江戶，與諸名儒交遊，才學日長，名聲大揚。其學專斥宋學，而依考據發揮聖經原意。業成，為弘前藩之儒官，致仕後，垂帷於江戶湯島，後移至神田玉池，諸侯旗下士庶人，遊其門者絡繹不絕，不久福山藩主阿部正弘迎為賓師。為人溫厚，言語明晰，對人禮讓甚謹。安政四年歿，年八十一。（大日本人名辭書）

著有：易經解、繫辭答問一卷（刊）、書經解、詩經解、禮記說、春秋左氏傳解、論語字義一卷、論語知言十卷（刊）、孟子字義一卷、

孟子知言七卷、大學知言（一名大學標識）一卷（刊）、大學講義一
卷、中庸知言（一名中庸標識）一卷（刊）、中庸講義一卷、今文孝
經鄭氏解補證一卷（刊）、古文孝經辨偽一卷、孝經孔傳辨偽一卷、
孝經兩造簡孚一卷（刊）。

黑田　梁洲（1792-1857）

くろだ-りょうしゅう　KURODA-RYÔSYÛ　（古注學派）

名善、扶善，字元民，稱五平次，號梁洲，近江（滋賀縣）人。本姓
森氏，受業於豬飼敬所，仕於膳所藩。安政四年歿，年六十六。（近
江人物志）

著有：論語訂誤一冊。

澀江　抽齋（1805-1858）

しぶえ-ちゅうさい　SIBUE-TYÛSAI　（古注學派）

名全善，字道純，號抽齋。江戶（東京都）人。初受業於市野迷菴，
後學於狩谷棭齋，旁修醫學。安政五年歿，年五十四。（儒林源
流）。

著有：經籍訪古志八卷補遺一卷（與森枳園合著）（刊）

藍澤　南城（1792-1860）

あいざわ-なんじょう　AIZAWA-NANZYÔ　（古注學派）

名祗，字子敬，稱要助，號南城，越後（新潟縣本州部分）人。學於
片山兼山，繼承家學，以講說為業。萬延元年歿，年六十九。（北越
詩話）

著有：周易索隱十一卷、古文尚書略解二十八卷、三百篇原意十八
卷、禮記講義八卷、春秋講義七卷、論語私定說四卷、論語私說六

卷、論語集解補證十卷、孟子考七卷、孟子趙註補證七卷、孝經考二
卷、經傳愚得二卷、五經一得鈔說五卷。

飛田　逸民（1778-1861）

とびた-いつみん　TOBITA-ITUMIN　（古注學派）

名勝，初名武明，字子盧，一字子健，稱勝太郎，號逸民。常陸（茨
城縣大部分）人。初受業於大田錦城，後學於藤田幽谷。仕於水戶
藩，而入彰考館。文久元年歿，年八十五。

著有：孝經釋義。

小島　成齋（1797-1862）

こじま-せいさい　KOZIMA-SÊSAI　（古注學派）

名知足，字子節，稱五一，號成齋、靜齋、心畫齋、不惑道人、風
翁，備後（廣島縣東半部）人。為福山藩士，自少嗜學，善筆札。初
受業於市河米菴，後學於狩谷棭齋之門，仕於福山藩，掌書記。凡藩
有所記載，皆成於成齋之手。文久二年歿，年六十七。（大日本人名
辭書）

著有：五經文字疏證。

江帾　木鷄（?-1862）

えばた-もくけい　EBATA-MOKUKÊ　（古注學派）

通稱愛之助，號木鷄，羽後（秋田縣大部分與山形縣部分）人。
《易》學之造詣特深，又講究天文、地理、數學，皆有所發明。文久
二年歿。（秋田人物傳）

著有：易學木鷄自解、詩經私說、左傳國字解、大學經文解一卷。

會澤　正志齋（1782-1863）

あいざわ-せいしさい　AIZAWA-SÊSISAI　（古注學派）

名安，幼名市五郎、安吉，字伯民，稱恒藏，號正志齋，別號欣賞齋、憩齋，常陸（茨城縣大部分）人。受業於藤田幽谷之門，仕於水戶藩，入彰考館，累進為總裁。其為人沈毅剛直，及襲烈公侯，參與政事，多所獻替。文久三年歿，年八十二。（大日本人名辭書）

著有：讀易日札七卷、讀書日札三卷、典謨述義及附錄五卷、刪詩義一卷、讀周官三卷、讀論日札四卷、中庸釋義一卷、孝經考一卷

清河　樂水（?-1863）

きよかわ-らくすい　KIYOKAWA-RAKUSUI　（古注學派）

名正明，稱八郎，號樂水，羽前（山形縣及秋田縣之一部分）人。弱冠時到江戶，學於東條一堂之門。其為人慷慨，夙與憂國之士相交，主張尊攘，遂被捕，遁而潛於江戶。文久三年於羽前為刺客所刃，歿。（山形善行美蹟）

著有：論語編、學庸論。

豐田　天功（1805-1864）

とよだ-てんこう　TOYODA-TENKÔ　（古注學派）

名亮，字天功，以字行，稱彥次郎，號松岡、晚翠。常陸（茨城縣大部分）人。幼而奇穎，誦史，能文，夙有才名。受業於藤田幽谷，長而學問該博，考據精奧，精於史學，又善於文章。仕於水戶藩，為學職，兼彰考館編修，尋進為總裁。元治元年歿，年六十。贈從四位。（大日本人名辭書）

著有：論語時習錄十八冊。

冢田　謙堂（1803-1868）

つかだ-けんどう　TUKADA-KENDÔ　（古注學派）

名懃四郎，號謙堂。本姓渡邊氏，為冢田大峯之嗣，冒其姓。繼家學，為尾張藩明倫堂之督學，夙通西洋之情勢，特精於經義。為人進退端莊，儉素方正，博得上下之信望，因維新之政變被處斬。明治元年歿，年六十六。（冢田大峯）

著有：孟子解（刊）、經義疑問。

佐藤　西山（1812-1868）

さとう-せいざん　SATÔ-SÊZAN　（古注學派）

名熙，初名教，字士讓，稱廣右衛門，號西山。越後（新潟縣本州部分）人。本姓小林氏，冒佐藤氏。初受業於松川痴堂，後學於成島東岳，旁修射術、兵學。西山夙談北門之邊防，以藩命遠航樺太、北海道，進行調查。明治元年歿，年五十七。（北越詩話）

著有：四書通解。

石河　明善（1819-1868）

いしこ-めいぜん　ISIKO-MÊZEN　（古注學派）

名幹修，字仲安，稱幹二郎，號明善、公磊，常陸（茨城縣大部分）人。初學業於杉山復堂，後入會澤正志齋之門，業成，仕於水戶藩，為弘道館之助教。明治元年歿，年五十。（水戶文籍考）

著有：詩說訓蒙二卷。

渡邊　樵山（1821-1873）

わたなべ-しょうざん　WATANABE-SYÔZAN　（古注學派）

名魯，字正風，通稱魯輔，號樵山、莊廬。近江（滋賀縣）人。受業

於松崎慊堂，尤明於經籍，文詩為其餘事，仕於和歌山藩。明治六年
歿，年五十三。（樵山存稿）

著有：孟子章句考。

安井 息軒 (1799-1876)

やすい-そっけん　YASUI-SOKKEN　（古注學派）

名衡，稱仲平，號息軒。少時入昌平黌，學於松崎慊堂。尋仕於飫肥
藩，為藩黌助教，兼侍讀。既而辭職，再入昌平黌，苦學精究。業
成，及下帷，四方俊秀來集。後為幕府所辟，又為藩侯世子之師。息
軒體軀短小，面有痘痕，貌愚識明，色溫氣剛。其之為經用力於漢唐
之註疏，參以眾說，考據精核，能發先儒所未發。又作文取法唐宋，
上溯秦漢。鬱然為一代泰斗，又旁通算數。性淡泊儉素自奉，殊嗜圍
碁。晚任白川代官。明治九年歿，年七十八。（大日本人名辭書）

著有：書說摘要四卷（刊）、毛詩輯疏十二卷（刊）、周禮補疏十一
卷、左傳輯釋二十五卷（刊）、論語集說六卷（刊）、孟子定本十四
卷（刊）、大學說一卷（刊）、中庸說一卷（刊）。

小林 寒翠 (1828-1877)

こばやし-かんすい　KOBAYASI-KANSUI　（古注學派）

名虎，字炳文，稱虎三郎，號寒翠、雙松、病翁，越後（新潟縣本州
部分）人。初學於古學派之門，後因厭其固陋，博涉子史百家，後學
於萩原綠野，又從佐久間象山旁攻蘭學。又歷訪羽倉簡堂、佐藤一
齋、齋藤拙堂等，博其知見，仕於長岡藩。明治十年歿，年五十。
（北越詩話）

著有：四書章句集註題疏。

岡本　況齋（1797-1878）

おかもと-きょうさい　OKAMOTO-KYÔSAI　（古注學派）

名保孝，稱勘右衛門、縫殿助，號況齋、拙誠堂、戒得居士，江戶（東京都）人。本姓若林氏，受業於狩野栎齋，為昌平黌之教官。明治十一年歿，年八十二。（大日本人名辭書）

著有：周易注疏考三卷、周易注疏考附錄一卷、易林考二卷、易音考一卷、易類書目一卷、尚書注疏考二卷、讀蔡氏月令一卷、左氏注疏考三卷、左氏傳考二卷、左氏語例一卷、公羊傳考一卷、穀梁注疏考三卷、穀梁注疏考附錄一卷、春秋會盟摸索捷徑一卷、論語注疏考一卷、讀書漫筆二卷（論語、中庸、大學、孟子）、況齋讀書志論語一卷、孟子箚記並補遺三卷、四書集注鼇頭引用書目一卷、孝經注疏考一卷、經義考引用書目一卷、經義述聞同異考一卷、經籍目錄八卷、經籍考一卷、經籍雜考一卷、譯經圖記考異一卷、學海堂經解目次一卷。

大槻　磐溪（1801-1878）

おおつき-ばんけい　ÔTUKI-BANKÊ　（古注學派）

名清崇，字士廣，稱平次，號磐溪、寧清、磐翁，陸前（宮城縣部分及岩手縣東南部）人。與大槻平泉為同族，學於昌平黌，後遊歷四方，下筆敏捷，才華富贍，被推崇為名流，兼講西洋砲術，極其蘊奧。仕於仙臺藩，為儒員。其為人軀幹長癯，性情真率，奉公愨謹，持身清儉，與人藹然可親。然至共論大事，則有侃侃不可回者。維新後，住在東京，優遊自適，世稱為詞壇老將。明治十一年歿，年七十八。（大日本人名辭書）

著有：詩經國風十篇解一卷、論語約解四卷、孟子約解三卷（刊）、讀孟管窺一卷、四書集字吟一卷、經子史日抄二十二卷、經說二卷。

種野　友直（1817-1878）

たねの-ともなお　TANENO-TOMONAO　（古注學派）

名友直，字子諒，通稱德之助，後改為德九郎。安藝（廣島縣西部）
人，廣島藩士石井氏，出而冒種野氏。幼時從春川南濱之門人某受句
讀，父兄不喜之，而令仕於官。友直獨學勉勵讀書。長而學愈廣，迄
至兵書、神佛、巫醫、人相、稗史、琴三弦之類，皆無不通曉。時請
教者漸眾，乃辭官講說。後擢列儒員，為藩黌之教官。明治十一年
歿，年六十二。（藝備偉人傳）

著有：論語集解國字辨五卷（刊）、論語說、孟子說、學庸說、五經
音釋。

猪飼　箕山（1816-1879）

いかい-きざん　IKAI-KIZAN　（古注學派）

名彥纘，字子統，通稱貞吉，號箕山，伊勢（三重縣大部分）人。本
姓井早氏，自幼好學，學於平松樂齋，後入猪飼敬所之門，敬所愛其
才學，迎為嗣。業成，為津藩黌教官，後轉為伊賀藩黌講師，維新後
開私塾授徒。明治十二年歿，年六十四。（三重先賢傳）

著有：詩經集說二卷、孝經淺釋、四書淺釋五十三卷。

東條　方菴（1810-1880）

とうじょう-ほうあん　TÔZYÔ-HÔAN　（古注學派）

名哲，字子明，稱文藏，號方菴。上總（千葉縣中部）人。東條一堂
之長子，自幼孝順，精力過人。繼父振興家學，所發明之經義，往往
令其父有起予之歡。奧殿藩主松平乘謨以賓師之禮優遇之，後為督
學，進為中老。明治十三年歿，年七十二。（大日本人名辭書）

著有：經傳釋詞十卷（刊、校）。

土井　聱牙（1818-1880）

どい-ごうが　DOI-GÔGA　（古注學派）

名有恪，字士恭，稱幾之助，初號松徑，後號聱牙、又濂菴。伊勢（三重縣大部分）人。受業於川村竹坡、石川竹崖、齋藤拙堂諸儒。初奉程朱，然後唾棄之，獨崇奉韓文公，又喜清儒考據之說，於日本獨取徂徠，為津藩黌之教官。為人雄辯縱橫，而放蕩不羈，且軀幹肥大，最畏暑夏。明治十三年歿，年六十四。（三重先賢傳）

著有：論語助字法、孟子講義、經史要言一卷（刊）、經語百條一卷（刊）。

照井　一宅（1819-1881）

てるい-いったく　TERUI-ITTAKU　（古注學派）

名全都，通稱小作，號一宅、螳螂齋。陸中（岩手縣之一部分及秋田縣之一部分）人。自幼受業於古澤溫齋、中島高康。長而讀東條一堂之《論語知言》，有所感悟，博涉經子百家，尤精研禮樂及荀子，遂至成一家之說，為盛岡藩之文學。維新後，兼縣小參事。明治十四年歿，年六十三。（傳記）

著有：禮樂論一卷（刊）、論語解十卷（刊）、孟子說、大學解、中庸解。

長井　松堂（1807-1883）

ながい-しょうどう　NAGAI-SYÔDÔ　（古注學派）

名保，字天年，號松堂、谷神。越後（新潟縣本州部分）人。本姓大江氏，出而冒長井氏。受業於丹羽思亭，以講說為業，旁善書畫。性頗嗜酒，遂醉死。明治十六年歿，年七十七。（北越詩話）

著有：論語述、孝經述。

小島　省齋（1804-1884）

こじま-しょうさい　KOZIMA-SYÔSAI　（古注學派）

名慎，字思之，幼字友吉，後改為四郎兵衛、忠太，號省齋，大和（奈良縣）人。初學醫，後從豬飼敬所攻經義，及長博覽強記，通諸子百家。其學折衷秦漢以下諸說，裁之以一家之見。仕於柏原藩，為儒員。（柏原藩史）

著有：周易竊疑、春秋左氏傳集說、論語集說、大學小記、中庸折中。

佐藤　立軒（1822-1885）

さとう-りっけん　SATÔ-RIKKEN　（古注學派）

名榥，稱新九郎，號立軒。佐藤一齋之子，受業於青山拙齋，為東叡山宮待讀，明治元年命為太政官權小史。明治十八年歿，年六十四。（大日本人名辭書）

著有：詩經輯疏。

久保　佁堂（1834-1893）

くぼ-しどう　KUBO-SIDÔ　（古注學派）

通稱吉人，號佁堂，下總（千葉縣北部、茨城縣西南部、埼玉縣東部、東京都東部）人。受業於大槻磐溪，仕於佐倉藩，為藩黌之教授。維新後，任琦玉師範學校之教諭，明治二十六年列為學士會員。致仕後，於鄉里佐原創家塾講說。明治二十六年歿，年六十。（大日本人名辭書）

著有：周易講錄、春秋講錄。

小宮山　南梁（1829-1896）

こみやま-なんりょう　KOMIYAMA-NANRYÔ　（古注學派）

名昌玄，字伯龜，稱綏介，號南梁，江戶（東京都）人。小宮山桂軒
之重孫，自幼學於家庭，後學於潤野秋齋之門。業成，仕於水戶藩，
為弘道館之教授。維新之際，偶遭國亂，罹朋黨之禍，雖及於幽閉多
年，然赦後任於東京府之史職，並總修地理志編纂之事。晚年參與編
纂《古事類苑》，及東京帝大所修之史料編纂，樂於適意餘生。明治
二十九年歿，年六十八。（大日本人名辭書）
著有：詩經講義一冊（刊）。

陸奧　福堂（1843-1896）

むつ-ふくどう　MUTU-HUKUDÔ　（古注學派）

名宗光，幼名手麿、陽之助，號福堂。家世代仕於紀藩，至江戶學於
安井息軒、水本成美之門。維新之際，赴土佐，與坂本龍馬、後藤象
二郎等交遊，又至長州與伊藤博文、井上馨等奔走國事。於明治新政
經歷諸職，任美國全權公使、農商務大臣、樞密顧問官、外務大臣
等，賜伯爵，敍正二位。明治二十九年歿，年五十四。（大日本人名
辭書）
著有：左氏辭令一斑一卷（刊）。

渡井　夢南（?-1897）

わたらい-むなん　WATARAI-MUNAN　（古注學派）

稱量藏，號夢南。甲斐（山梨縣）人。受業於茅根寒綠，仕於水戶
藩，為御小納戶役。廢藩後，歸甲府，入操觚界，為《日日新聞》之
主筆，後辭，至江戶，以漢文授徒。明治三十年歿。（東洋文化）
著有：古文孝經略解二卷。

萩原　西疇（1829-1898）

はぎわら-せいちゅう　HAGIWARA-SÊTYÛ　（古注學派）

名裕，字好問，初字公寬，稱英助，號西疇。樂亭之子，幼而失父。性英敏好學，長而善於經學文章。又兼從林洞海、杉田成卿攻洋學。業成，仕於伊豫之今治藩，為儒官。維新後，出仕陸軍省、修史局，又為學習院、高等師範學校教師。明治三十一年歿，年七十。敘正七位。（大日本人名辭書）

著有：四子左氏傳講義錄、論語講義一卷（刊）、古本大學講義。

內藤　碧海（1826-1903）

ないとう-へきかい　NAITÔ-HEKIKAI　（古注學派）

名正直，字仲養，後稱王道、彌太夫，號耻叟、碧海。常陸（茨城縣大部分）人。受業於會澤正志齋、藤田東湖。仕於水戶藩，經使番而任海防物頭，後為弘道館教授頭取。維新後，至東京，為小石川區長、東大文科大學教授等。其學力排異端，專以明古道為己任。明治三十六年歿，年七十七。（大日本人名辭書）

著有：易辭一覽一卷、周官講義、孝經講義一冊（刊）、四書講義二冊（刊）。

高橋　白山（1837-1904）

たかはし-はくざん　TAKAHASI-HAKUZAN　（古注學派）

名利貞，稱敬十郎，號白山。信濃（長野縣及岐阜縣之一部分）人。為高遠藩士，學於藩黌，後學於坂本天山及鷲津毅堂。業成，舉為助教。維新後，開私塾，又為新潟、長野兩縣下之中學校、師範學校教師，明治三十七年歿，年六十九，贈從五位。（伊那郡誌）

著有：經子史千絕一冊（刊）。

根本　羽嶽（1822-1906）

ねもと-うがく　NEMOTO-UGAKU　（古注學派）

名通明，字子龍，幼名周助，號羽嶽、健齋。羽後（秋田縣大部分與山形縣部分）人。入藩黌，學於野上楢山、平元謹齋，有出藍之稱。業成，仕於秋田藩。廢藩後，為秋田縣大屬，後至東京，仕於宮內省、大藏省，又歷任斯文學會講師、華族會館學則取調委員、東京帝國大學教授，明治三十二年為文學博士，敘從四位。其學初攻程朱，後攻漢唐訓詁，自成一家。明治三十九年歿，年八十五。（漢學者傳記集成）

著有：周易復古筮法一卷、周易象義辯正卷首一卷（刊）、論語講義一冊（刊）、駁群經平議談一卷。

山井　清溪（1846-1907）

やまのい-せいけい　YAMANOI-SÊKÊ　（古注學派）

名重章，字善甫，稱幹六，號清溪。山城（京都府南部）人。淀藩士內田氏之次子，出而為山井崑崙之後裔、嗣山井介堂。受業於養父及安井息軒、鹽谷箕山，精通於漢唐注疏。初為西條藩儒，廢藩後，垂帷於東京。後為學習院講師、第一高等學校教授。明治四十五年歿，年六十一，敘正五位勳六等。（漢學者傳記及著述集覽）

著有：尚書講義二卷（刊）、論語講義三卷、大學講義一卷。

青山　雷巖（?-1910）

あおやま-らいがん　AOYAMA-RAIGAN　（古注學派）

名延年，幼名勇之助，晚年改為勇，號雷巖，常陸（茨城縣大部分）人。青山拙齋之孫，明治四十三年歿。（東洋文化）

著有：古文孝經考異一卷（刊）。

龜谷　省軒（1838-1913）

かめたに-せいけん　KAMETANI-SÊKEN　（古注學派）

名行，字子省，初名行藏，號省軒、惜陰書屋、搜奇窟、花之屋，對馬（長崎縣對馬市）人。初受業於廣瀨旭莊，後學於安井息軒，究經義，善詩文。晚年嗜《周易》、《莊子》，旁及釋典。省軒資性恬澹，夙有勤王之志，偶與同志等倡王政復古之大義，為幕府所嫌忌。維新後，仕於岩倉具視公，參與機密，其後補為大學教官。大正二年歿，年七十六。（雜誌東洋文化）

著有：論語管見一卷（刊）。

吉留　復軒（1836-1914）

よしとめ-ふくけん　YOSITOME-HUKUKEN　（古注學派）

名置國，字晉卿，稱龜次郎，號復軒。筑後（福岡縣南部）人。受業於廣瀨淡窗及木下犀潭，為久留米藩黌之教官，後又學於安井息軒。業大成，以講說為業，專力於人才之養成。大正三年歿，年七十九。（福岡縣先賢人名辭典）

著有：國字解古經。

竹添　井井（1842-1917）

たけぞえ-せいせい　TAKEZOE-SÊSÊ　（古注學派）

名光鴻，字漸卿，稱進一郎，號井井居士。肥前（佐賀縣及長崎縣一部分）人。幼時稱神童，初受業於木下韡村，專奉程朱，人稱木門四傑之一。後年師事安井息軒，以古注為宗。業成，仕於熊本藩，出使京師、江戶、奧州、支那上海，曾在戊辰之役以藩之參謀出征，功績甚多。維新後，為天津領事，致仕後任東京帝大講師、東京高等師範學校教授等。大正三年得文學博士之稱號，列為學士會員，敘從三位

勳三等。大正六年歿，年七十六。（漢學者傳記集成）

著有：書經會箋、毛詩會箋二十卷（刊）、左氏會箋三十卷（刊）、左傳鈔四冊、論語會箋二十卷（刊）、孟子論文七卷（刊）、中庸會箋。

重野　櫟軒（?-後期）

しげの-れきけん　SIGENO-REKIKEN　（古注學派）

名葆光，字子潤，號櫟軒。攝津（大阪府中北之大部分及兵庫縣東南部）人。受業於片山兼山，仕於延岡侯。（儒林源流）

著有：周禮（校點）。

加藤　圓齋（?-天明）

かとう-えんさい　KATÔ-ENSAI　（古注學派）

名矩直，字宗叔，稱莊左衛門，號圓齋，美濃（岐阜縣南部）人。受業於岡龍洲，厭詩文，專攻經義，以講說為業，天明（1781-1789）中歿，年五十餘。（美濃文教史要）

著有：周禮說筌六卷、周官解箋六卷、儀禮解箋八卷、禮記鄭注補正十五卷、論語大疏集成、孝經鄭注疏釋、經說專門發蘊二卷。

田中　謙齋（?-弘化）

たなか-けんさい　TANAKA-KENSAI　（古注學派）

名通德，字士潛，稱潛藏，號謙齋。日向（宮崎縣）人。師事安井息軒，學業於昌平黌，為飫肥藩之文學。弘化（1844-1848）年中歿，年五十三。（大日本人名辭書）

著有：謙齋經說。

折衷學派

榊原　篁洲（1656-1706）

さかきばら-こうしゅう　SAKAKIBARA-KÔSYÛ　（折衷學派）

名玄輔，字希翊，稱小太郎，後以元輔為通稱，號篁洲、惕惕子、勃
窣散人。和泉（大阪府西南部）人。本姓下山氏。少而有奇氣，至京
師，學於木下順菴。留志於經義，不欲時流所為之詞藻浮華之事。以
順菴之薦，而仕於紀藩，為儒官。篁洲在當時既不好區別學派，故經
講，每每兼用漢魏傳注、宋明疏釋，訓詁則據馬、鄭之舊說，義理則
依程朱之性理，所謂折衷學，實胚胎於此。又旁通星曆、鎗、射御、
醫卜、茶香等諸藝。寶永三年歿，年五十一。（大日本人名辭書）
著有：易學啟蒙諺解大成八卷（刊）。

佐善　雪溪（1656-1745）

さぜん-せっけい　SAZEN-SEKKÊ　（折衷學派）

名元恭，字新九郎，號雪溪，因州（鳥取縣）人。為鳥取藩士，及
壯，至京師，出入於諸大家之門，累積學識，曾一時垂帷講說，不
久，仕於津藩，後移住於江戶。延享二年歿，年九十。（墓碑）
著有：論語講義。

井上　蘭臺（1705-1761）

いのうえ-らんだい　INOUE-RANDAI　（折衷學派）

名通熙，字子叔，小字鍋助，稱縫殿，後改嘉膳，號蘭臺、圖南，江
戶（東京都）人。受業於林鳳岡，其學風不墨守宋學，後遵奉古注。
仕於岡山藩，為侍讀。寶曆十一年歿，年五十七。（東洋文化）
著有：周易古注十卷（校）、詩經古注二十卷（校）、左傳異名考一

卷、饗禮儀注一卷。

良野　華陰（1699-1770）

よしの-かいん　YOSINO-KAIN　（折衷學派）

名芸之，字伯耕，稱平助，號華陰。讚岐（香川縣）人。少時有俠氣，長而遊於江戶，入昌平黌，受業於林鳳岡，又從長沼不遠齋學擊劍。業成，奉仕於東叡山王府，後往京師，為勸修寺王府之賓師。其學以程朱之性理為主，折衷漢唐宋明之諸家，別成一家。明和七年歿，年七十二。私諡曰文惠。（大日本人名辭書）

著有：標注今文孝經一卷、鄭注孝經一卷。

井上　金峨（1732-1784）

いのうえ-きんが　INOUE-KINGA　（折衷學派）

名立元，字純卿，稱文平，號金峨、考槃翁、柳塘閑人，江戶（東京都）人。初從川口熊峯修伊藤氏之學，後遊於井上蘭臺之門，問徂徠之說，後悟其非，盡廢所學，不主偏一家之言，而折衷漢唐宋明，別出機軸。文推韓愈、歐陽脩、歸有光等，排擊李攀龍、王世貞等古文辭之說，矯正時習詰屈聱牙之文風，江戶文學為之一變。天明四年歿，年五十三。（大日本人名辭書）

著有：易學折中一卷（刊）、易學辨疑一卷（刊）、尚書疑孔編一卷、毛詩選說四卷、三禮斷一卷、左傳筮說一卷、論語集說一卷、大學古義一卷（刊）、中庸古義一卷、孝經集說一卷（刊）、經義折衷一卷（刊）、經義緒言一卷（刊）。

小川　泰山（1769-1785）

おがわ-たいざん　OGAWA-TAIZAN　（折衷學派）

名信成，字誠甫，稱藤吉郎，號泰山，相模（神奈川縣之大部分）人。幼而慧悟，人稱奇童。受業於山本北山，尤好子類，座旁置《老》、《莊》、《管》、《晏》、《墨》、《列》等書，常加考究。天明五年歿。（大日本人名辭書）

著有：經子遺說一卷（一名泰山遺說、經子考證）（刊）。

原　狂齋（1735-1790）

はら-きょうさい　HARA-KYÔSAI　（折衷學派）

名公逸，字飛卿，稱豹藏，號狂齋、修真道人。淡路（兵庫縣淡路島、沼島）人。家世代仕於稻田家。少時家事託諸弟，辭祿遊於京攝之間。後至江戶，師事井上金峨。年二十七，始垂帷授徒，厚崇奉師說。為人任達不拘毀譽，好為放誕之行，而學術謹嚴篤實。晚悅禪理，遂剃髮為僧形，號修真道人。寬政二年歿，年五十六。（大日本人名辭書、儒林年表）

著有：周易啟蒙圖說一卷、周易匯考續貂、論語博議十卷、學庸私衡二卷。

山中　天水（1758-1790）

やまなか-てんすい　YAMANAKA-TENSUI　（折衷學派）

名恕之，亦用於字，初名久宣，字宣卿，稱猶平，號天水、鈴山。伊勢（三重縣大部分）人。家世代為農。少而好學，遂至江戶，執贄於山本北山，時年二十三。此時北山業未甚盛，不能雇使奴僕。天水、東方旗山共同服事薪水之勞。天水常助北山，文主平散明暢，詩崇清新流麗，以排擊蘐園（徂徠）修辭之業，古文辭家為之漸衰。年二十五，下帷教授，從學者頗多。寬政二年歿，年三十三。（大日本人名辭書）

著有：周易考證十二卷、周易發蘊三卷、尚書精蘊三卷、毛詩知原二卷、左傳考證三卷、論語發蘊二卷、四書考證八卷、經傳晰名義一卷。

高橋　道齋（1718-1794）

たかはし-どうさい　TAKAHASI-DÔSAI　（折衷學派）

名克明，字子啟，號道齋、九峯。上野（群馬縣）人。受業於井上蘭臺，善於詩及古文辭，兼長於臨池。寬政六年歿，年七十七。（上野人物誌）

著有：辨孟論。

澤田　東江（1732-1796）

さわだ-とうこう　SAWADA-TÔKÔ　（折衷學派）

名鱗，字文龍，通稱文治，後改為文次郎、文藏，號東江、來禽堂、萱舍、青蘿館、玉島。江戶（東京都）人。累世以商為業，至東江因好學，而入林鳳岡之門，究程朱之學。後講究漢魏古註，經義別具一格。又受運筆之法於高頤齋，遂以書著稱。寬政八年歿，年六十五。（大日本人名辭書）

著有：古文孝經一卷。

澀谷　松堂（1728-1797）

しぶや-しょうどう　SIBUYA-SYÔDÔ　（折衷學派）

名亮、潛，字子亮，稱潛藏，號松堂。越中（富山縣）人。世代務農，松堂好學，不論經史子集，有需徵於古書者，不分古、新注皆讀破之，以立一家之見。且精於字義，深究秦漢以來之古義。寬政九年歿，年七十。（富山市史）

著有：大學通解二卷、大學辨一卷。

吉田　篁墩（1745-1798）
よしだ-こうとん　YOSIDA-KÔTON　（折衷學派）

名漢宦，初名坦，字學儒，一字學生，通稱林菴、坦藏，號篁墩、竹門。家世代為水戶侯之醫員。初襲家以醫為業稱林菴。明和中擢為侍醫。中年因故被奪祿，因改姓名稱佐佐木坦藏，至江戶為儒，又復初姓。篁墩初受業於井上金峨，以博洽聞名，至是專奉漢唐疏傳，以古注為宗。又蒐輯古鈔本，考勘四子六經，辨其文字之異同，尤為精詳。寬政十年歿，年五十四（或曰六十八）。（大日本人名辭書）

著有：古文尚書孔傳指要五卷、左傳杜解補葺五卷、菅氏本論語集解考異、論語集解考異十卷、論語說稿六卷、孝經真本一卷、真本古文孝經孔傳一卷、活版經籍考一卷、經籍通考二卷。

井上　南臺（1749-1798）
いのうえ-なんだい　INOUE-NANDAI　（折衷學派）

名湛，字子存，稱新藏，號南臺，常陸（茨城縣）人。本姓山田氏，為井上金峨養子，善繼述家學，以篤實見稱，為幕府儒官。寬政十年歿，年五十一。（大日本人名辭書）

著有：尚書遺說、經義折衷考一卷、經義緒言考一卷。

關　松窗（1727-1801）
せき-しょうそう　SEKI-SYÔSÔ　（折衷學派）

名修齡，字君長，稱永二郎，號松窗。武藏（東京都、埼玉縣及神奈川縣之一部分）人。初受業於井上蘭臺，後入昌平黌學習。修學多年，遂於漢宋之學略究其淵源，主張折衷之學。享和元年歿，年七十

五。（大日本人名辭書）

著有：周易音義一卷（校）、尚書音義一卷（校）、左傳略說六卷、
論語略說五卷、孟子證解。

山本　北山（1752-1812）

やまもと-ほくざん　YAMAMOTO-HOKUZAN　（折衷學派）

名信有，字天禧，稱喜六，號北山、悉疑翁、學半堂逸士、孝經樓主
人、竹堤隱逸。江戶（東京都）人。初從山崎桃溪受句讀，自是無常
師，講究漢宋之學，又修堀川牛門之學，後服井上金峨之折衷說，而
受其誨督。北山家自素富饒，常購求奇書，故其學大進。年二十二，
著《孝經集覽》，名顯於世。故金峨弟子以之不遇，屢勸以勿立於人
之門牆，後竟自構一格。經學以孝經為根據，文以韓愈、柳宗元為
範，詩以清新為宗派。而著《作詩志彀》、《作文志彀》二書排擊徂
徠蘐園之古文辭。其學博通精核，迄至天文、兵籍、五行、小說、醫
卜、道釋、雜家、技藝，無不講究。四方士聞風而入其門者，無慮數
百人。為人豪邁矯強，耻居卑職，輸納資錢，終身不即職。寬政中柴
野栗山為幕府所召，變更學制，若非程朱學，悉目為異端。北山與是
時之市川鶴鳴、豐島豐洲、冢田大峯、龜田鵬齋，人稱五鬼。然主張
持說不為所動，人稱其堅確。文化九年歿，年六十一。私諡曰述古。
（大日本人名辭書）

著有：李鼎祚易解義疏十八卷、易象義解五卷、古文尚書勤王師三卷
（刊）、尚書後辨辨十卷、三禮古器考三卷、春秋孔志一卷、北山先
生論語二十卷、論語正義、大學辨二卷、北山先生大學說一卷、學庸
正義、中庸辨一卷、北山先生中庸說二卷、孝經集覽二卷（刊）、校
定孝經一卷（刊）、經義書一卷、經義撮說一卷（刊）、經義撮說緒
餘四卷、經說十卷。

東方　祖山（1748-1813）

ひがしかた-そざん　HIGASIKATA-SOZAN　（折衷學派）

名望，一名由賢，字滿卿，稱屯，號祖山。加賀（石川縣南部）人。
受業於山本北山，以博洽聞名。為大聖寺藩之文學。文化十年歿，年
六十六。（大日本人名辭書）

著有：易說辨蒙一冊。

金　岳陽（1758-1813）

こん-がくよう　KON-GAKUYÔ　（折衷學派）

名秀順，初名秀實，字應元，一字天祐，稱宇平治，號岳陽樓、玉
振、寬齋，羽後（秋田縣大部分與山形縣部分）人。資性敏活，學深
有見識，常凌群。其學雖宗伊藤仁齋，但不拘泥，學風頗似皆川淇
園，尤長於《周易》。仕於久保田藩，自財用長官經歷各長官，而為
國饗祭酒。文化十年歿，年五十六。（秋田縣史）

著有：易賾、尚書提綱二卷、論語始末、孝經義一卷（刊）。

豐島　豐洲（1737-1814）

としま-ほうしゅう　TOSIMA-HÔSYÛ　（折衷學派）

名幹，字子卿，稱終吉，號豐洲、考亭、由己亭。江戶（東京都）
人。本姓中岡氏。初受業於宇佐美灊水，倡徂徠，中年後，學於澤田
東江，取舍漢、宋，而成一家之言，以講說為業。文化十一年歿，年
七十八。（大日本人名辭書）

著有：周易約說、書說統、詩本旨、詩鑱、禮記節註、禮記說約二十
五卷、論語筆談一卷、論語新註四卷（刊）、論語新註補抄二卷、論
語會意一卷、論語攡、孝經餘論一卷（刊）。

雨森　牛南（1756-1815）

あめのもり-ぎゅうなん　AMENOMORI-GYÛNAN　（折衷學派）

名宗真，字牙卿，號牛南、松蔭，越前（福井縣嶺北地方及岐阜線西北部）人。為大野侯之醫官，從山本北山攻經史，博覽而善於詩，當時以詩豪為稱。文化十二年歿，年六十。（大日本人名辭書）

著有：論語賓說五卷。

八田　華陽（1762-1817）

はった-かよう　HATTA-KAYÔ　（折衷學派）

名縣，字靖民，稱大二郎，號華陽。三河（愛知縣東部）人。受業於井上金峨，為人質實不好浮華，抗厲不與世交，終身僻處窮巷，葆光自晦，然信其學者多矣。文化十四年歿，年七十二。（大日本人名辭書）

著有：周易說統四卷、書經說統、詩古義解十八卷、三禮一家言、論孟說統、大學說一卷、學庸說統。

木澤　天童（1765-1819）

きざわ-てんどう　KIZAWA-TENDÔ　（折衷學派）

名大淵，字澹兮，一字子澹，稱源一郎，號天童、樟山，信濃（長野縣及岐阜縣之一部分）人。仕於松本藩，為藩黌之教授。為人溫而厲，接物忠實，博學洽聞，才識高邁，精於日本史，其之作文詩，操筆立成。文政二年歿，年五十四。（大日本人名辭書）

著有：作易解。

下田　芳澤（1750-1820）

しもだ-ほうたく　SIMODA-HÔTAKU　（折衷學派）

名武卿，字一甫，稱三藏，號芳澤、下田翁。陸奧（青森縣、岩手縣、宮城縣、福島縣、秋田縣東北部）人。受業於井上金峨，仕於盛岡藩，為文學。文政三年歿，年七十一。（大日本人名辭書）

著有：周易說。

平井　澹所（1762-1820）

ひらい-たんしょ　HIRAI-TANSYO　（折衷學派）

名業，字可大，一字君敬，稱直藏，號澹所。伊勢（三重縣大部分）人。六歲學句讀，因勉勵，而超過他生。後遊於江戶，與關松窗學經，與平澤旭山學文，又入昌平黌攻詩、古文。為人蘊藉，然若事遇有所是非可否，則直言不為權貴而屈。其學博而有要，最精究四子之書。仕於桑名藩，為藩黌之總督。晚年自焚棄著書，僅留詩文三卷云。文政三年歿，年五十九。（三重先賢傳、大日本人名辭書）

著有：四書要解。

小笠原　冠山（1763-1821）

おがさわら-かんざん　OGASAWARA-KANZAN　（折衷學派）

名謙，字益卿，稱仲，號冠山、樂易道人，肥前（佐賀縣及長崎縣一部分）人。受業於山中天一（一說山本北山），仕於小倉藩。文政四年歿，年五十九。（大日本人名辭書）

著有：李氏易解補十七卷、周易象義約說六卷、周易集解補註、周易選說十卷、談易隨筆二卷、五象小言、論孟獨見、學庸愚解。

高橋　華陽（1752-1822）

たかはし-かよう　TAKAHASI-KAYÔ　（折衷學派）

名閔慎（一作敏慎），字正卿，稱八丈屋與市，號華陽、女護島。伊

豆八丈島（東京都八丈島）人。住江戶，受業於澤田東江。後成一家
之言，稱曰證據學。文政五年歿，年七十一。（儒林源流、尚書證）
著有：周易八象綮、易占決理考、易經辭例、易學簡理證、繫辭傳詞
例、八卦八色辨要圖、作易象圖一卷（刊）、卦爻增減之圖、尚書
人物證一卷、尚書證五卷（刊）、尚書辭例、詩經人物證、詩經證
三卷、詩經辭例、四始考證、周月令證、左傳引證、春秋史傳註卦
證、春秋史傳辭例、麟經探綮、論語人物證一卷（刊）、論語證四卷
（刊）、大學考證、大學證一卷、中庸證一卷（刊）、孝經證五卷
（刊）、孝經證話、爾雅證、四書辭例、經元搜義、經註隔義錄。

龜田　鵬齋（1752-1826）

かめだ-ほうさい　KAMEDA-HÔSAI　（折衷學派）

名長興，字穉龍，初名圖南，初字心卿，幼名彌吉，稱文左衛門，號
鵬齋、善身堂，江戶（東京都）人。受業於井上金峨，與同門之山本
北山、原狂齋等切磋講習。性豪邁，蔑視世儒，與北山等從事創作歐
陽脩、蘇軾之平散流暢之文，排擊徂徠一派之古文辭，江戶之文風為
之一變。因故斷絕仕進之志，而放浪於詩酒之間。晚年好臨池之技，
特善草楷。文政九年歿，年七十五。（大日本人名辭書）
著有：左氏傳說、論語撮解一卷（刊）、大學私衡（一名大學辨疑）
一卷（刊）、中庸說並集傳一卷、中庸辨義一卷。

野崎　藤橋（1766-1828）

のざき-とうきょう　NOZAKI-TÔKYÔ　（折衷學派）

名謙藏，字黎民，稱源藏，號藤橋、藤橘。加賀（石川縣南部）人。
夙出於京，與皆川淇園學，專修經史，又長於詩文。後至江戶，開塾
講經。後隨鳥取藩八代藩主池田齊稷移住鳥取，任學館教授、奉行，

掌學政。文政十一年歿,年六十三。(日本教育史資料)

著有:左傳晰義三卷、孟子晰義一卷。

中野 素堂(1765-1829)

なかの-そどう NAKANO-SODÔ (折衷學派)

名正興,字子興,一字善祐,號素堂。伊勢(三重縣大部分)人。受
業於山本北山,善於詩,為津藩之儒官。文政十二年歿,年六十五。
(三重先賢傳)

著有:尊孟後辨。

瀨谷 桐齋(1773-1833)

せや-どうさい SEYA-DÔSAI (折衷學派)

名勝明,一名晉,字子順,稱小太郎,號桐齋、程野、聖雨齋。羽後
(秋田縣大部分與山形縣部分)人。博覽多藝,時人推為儒宗。仕於
秋田藩。天保四年歿,年六十一。(秋田人物傳)

著有:尚書解、左傳解一卷(刊)、孟子解、大學解、中庸解。

中島 東關(1772-1835)

なかじま-とうかん NAKAZIMA-TÔKAN (折衷學派)

名嘉春,稱門藏。號東關。江戶(東京都)人。本姓百井氏,出而冒
中島氏。受業於山本北山,仕於高田藩江戶藩邸,兼開私塾講說。天
保六年歿,年六十四。(北越詩話、高田市史)

著有:左傳隨筆一卷、春秋左傳說二卷、孟子解義四卷。

宮本 篁村(1788-1838)

みやもと-こうそん MIYAMOTO-KÔSON (折衷學派)

名鉉，字士鉉，稱鼎吉，號篁村。常陸（茨城縣大部分）人。學於山本北山。天保九年歿，年五十一。（水戶文籍考）

著有：周易正象、周易諸說考異、書經諸說折衷、書經講義錄、詩經諸說折衷、三禮諸說辯論、左傳諸說辯論、春秋經傳要義二卷、論語薈說、孟子章解、大學本義二卷、中庸本義二卷、經籍談辯誤。

岡田　煌亭（1792-1838）
おかだ-こうてい　OKADA-KÔTÊ　（折衷學派）

名欽，字彥輔、秀三，稱彥助，號煌亭、南嶽（一作南嶺），上總（千葉縣中部）人。受業於朝川善菴。天保九年歿，年四十七。（大日本人名辭書）

著有：九家論語說批評二十卷、皇清經解一斑六卷（刊）、七經箚記八卷（刊）。

石井　繩齋（1786-1840）
いしい-じょうさい　ISII-ZYÔSAI　（折衷學派）

名耕，字子耕，稱俊助，號繩齋、佛塢，伊豆（靜岡縣伊豆半島及東京都伊豆諸島）人。受業於山本北山，尤精經義，仕於田中藩，為文學。（靜岡縣人物誌）

著有：大學叢說一卷、大學證註一卷、校定大學一卷。

近藤　正齋（1783-1841）
こんどう-せいさい　KONDÔ-SÊSAI　（折衷學派）

名守重，通稱重藏，號正齋、昇天真人，江戶（東京都）人。為幕臣，為人精敏勁悍，好讀書，受業於井上金峨，業成，仕於幕府，經先手組與力【先鋒隊捕吏】、長崎奉行手附【長崎地方長官之小

吏】、支配勘定【掌幕府財政領地之調查】等職，後隨大使渡澤捉
島，撤掉俄羅斯人所建立之標識，而換上日本之標柱後歸國。自是正
齋盡心於邊疆，製作邊要分界圖，並獻北海警備之策。後任書物奉
行，晚年因坐事得罪，不遇而終。天保十二年歿，年五十九，贈正五
位。（大日本人名辭書）

著有：論語考、足利五經版式二卷。

芳川　波山（1794-1846）

よしかわ-はざん　YOSIKAWA-HAZAN　（折衷學派）

名俊逸，字公晦，通稱善治，後改為萬助，號波山。武藏（東京都、
埼玉縣及神奈川縣之一部分）人。其先為紀州人。波山幼時有神童之
稱。長而受業於山本北山。為人明敏端嚴，持己遜讓，待人寬厚，家
庭之間能緝睦，迄至奴僕，無不服其德。仕於忍藩。弘化三年歿，年
五十三。（埼玉縣人物誌）

著有：周易叢說一卷。

池守　秋水（1778-1848）

いけもり-しゅうすい　IKEMORI-SYÛSUI　（折衷學派）

名龍，字潛夫，稱儀右衛門，號秋水，豐前（福岡縣東部及大分縣北
部）人。本姓大田氏，累世仕於豐前小倉侯。秋水受業於龜田鵬齋，
經述深邃，材用自固，足以見之於事業。然天挺趺宕，不喜徇俗，行
俗忤，學時乖，乃致祿而去，改池田氏，以講說為事。嘉永元年歿，
年七十一。（大日本人名辭書）

著有：周易質疑、孟子摘解六卷、中庸斷。

鈴木　順亭（1825-1848）

すずき-じゅんてい　SUZUKI-ZYUNTÊ　（折衷學派）

名嘉，字君則，號順亭、松溪。鈴木文臺之兄，家以醫為業，順亭初居家學醫，旁修經術，因憂心不能專攻學問，故至江戶，入儒醫多紀安叔之門。以不得志而辭，後從高崎藩醫山田昌榮學。性頗強記，讀書專心。昌榮稱其才為吾門之青藍寒冰。及長，其學益博，自經籍雜著及迄日本國典，無不講究，尤精於《孝經》。人皆期其大器，惜哉，嘉永元年歿，年僅二十四。（北越詩話）

著有：孝經疏證五卷（刊）、孝經疏證考異一卷（刊）、孝經疏證解題二卷（刊）。

朝川　善菴（1781-1849）

あさかわ-ぜんあん　ASAKAWA-ZENAN　（折衷學派）

名鼎，字五鼎，號善菴，上野（群馬縣）人。片山兼山之子，幼而失父，因為朝川默翁醫師所養育，故胄朝川之姓。年十二，入山本北山之門，北山一見視為神童。及長，遊於諸方，學問益博，尤精於經業。雖無意於筮仕，然感松浦侯之舊契，而為儒臣。嘉永二年歿，年六十九，私諡曰為學古先生。（上野人物史）

著有：周易愚說二卷、易說家傳記聞四卷、詩書困知說六卷、左傳諸注補考八卷、春秋內外傳八考一卷（一名左國八考）、論語集說八卷、論語漢說發揮十卷、孟子旁注一卷、大學原本釋義一卷（刊）、古文孝經考異二卷、古文孝經私記二卷（刊）、孝經五記、孝經六書、孝經孔傳音註一卷（校）、孝經定本一卷（刊）、孝經會通一卷（校）、孝經證注二卷、訂正孝經孔氏傳二卷、訂正孝經鄭氏注一卷。

黑澤　四如（1783-1851）

くろさわ-しじょ　KUROSAWA-SIZYO　（折衷學派）

名重巽，字風卿，通稱勘五郎，後改為宇左衛門，號四如、半村，羽後（秋田縣大部分與山形縣部分）人。自幼穎敏，受業於金岳陽、富永茅齋，聞一而知十，人皆稱神童。業成，為秋田藩黌之教官，後進為明德館之文學。又大起家塾，教育門生數十年，門下英才輩出，其不知幾百人。其學初學程朱，後變為折衷之學風。嘉永四年歿，年六十九。（秋田縣史）

著有：易考、書經考、春秋考、四書考。

和氣　柳齋（1777-1853）

わけ-りゅうさい　WAKE-RYÛSAI　（折衷學派）

名行藏，字大道，稱行三，號柳齋、尚古道人。江戶（東京都）人。嘉永六年歿，年七十七。（儒林源流）

著有：論孟異同編二卷。

龜田　綾瀨（1778-1853）

かめだ-りょうらい　KAMEDA-RYÔRAI　（折衷學派）

名常梓，字木王，稱三藏，號綾瀨、佛樹齋，江戶（東京都）人。龜田鵬齋之義子，關宿之藩儒。嘉永六年歿，年七十六。（大日本人名辭書）

著有：學易漫錄二卷、學經堂禹貢考一卷、讀詩雜抄三卷。

加倉井　砂山（1805-1855）

かくらい-さざん　KAKURAI-SAZAN　（折衷學派）

名雍，字立卿，稱淡路，號砂山、西軒、懶菴、不知老齋，常陸（茨

城縣大部分）人。幼穎悟精敏，受業於同族加倉井松山，長才氣超
邁，洽聞強識，博涉經史，兼通書法、武技，業成，專致力於子弟之
教育，稱其私塾為「日新塾」，從遊之徒三千，多出人傑。安政二年
歿，年五十一。（加倉井砂山傳）

著有：葬祭略禮。

廣瀨　淡窗（1782-1856）

ひろせ-たんそう　HIROSE-TANSÔ　（折衷學派）

名建，字子基，初名簡，又玄簡，通稱寅之助，後改為求馬，號淡
窗、苓陽、青溪、遠思樓主人。豐後（大分縣北部以外之大部分）
人。幼而穎悟，夙以神童著稱。長而遊於筑前（福岡縣西北），入龜
井塾，從南溟、昭陽父子修經業。專力於義理之思索，以識見超邁而
顯。又善於詩，人稱海西詩聖。淡窗性溫恭篤敬，不苟言語，於鄉開
私塾授徒，其塾號咸宜園。來學者前後實四千餘人，家塾之盛，未曾
所有。淡窗嚴其規約，密其課程。又設其業級，鼓以月旦之評。乃人
材彬彬，知名之士，多出其門。大村、府內二侯，厚禮延之，待以賓
師。安政三年歿，年七十五。私諡曰文玄。贈從四位。（淡窗全集）

著有：讀左傳一卷、論語三言解、讀論語一卷、讀孟子一卷。

朝川　同齋（1814-1857）

あさかわ-どうさい　ASAKAWA-DÔSAI　（折衷學派）

名農、慎，字士修、永甫，稱晉四郎，號同齋、嘉遯、眠雲山房、小
泉漁夫，加賀（石川縣南部）人。本姓橫江氏，少時為市河米菴之塾
僕，一意專攻書法，刻苦數年，既通諸體，筆力氣韻，殆迫其師，後
為朝川善菴之婿，改姓朝川。又從善菴修儒，而為松甫侯之儒官。安
政四年歿，年四十四，門人私諡曰紹復先生。（大日本人名辭書）

著有：尚書古今文管窺二卷（刊）

日尾　荊山（1789-1859）

ひお-けいざん　HIO-KÊZAN　（折衷學派）

名瑜，字德光，通稱多門，後改為宗右衛門，號荊山。武藏（東京都、埼玉縣及神奈川縣之一部分）人。幼而岐嶷，機警過人，好書讀屬文，里人視為神童。長而至江戶，專心攻學，博綜泛覽，學業大進。以為學問之所急在實踐，實踐在至誠。因名其堂曰至誠。其攻經，不主一家，考證辨析，歸止於至當。又倡講究日本書之必要，自治亂制度至瑣屑之事，無不講究。於是名聲大起，入門者日夕相繼。荊山為人風範秀粹，志氣豁朗，其學自固無師承，直溯鄒魯。安政六年歿，年七十一。私諡曰文貞。（大日本人名辭書）

著有：尚書折衷辨斷六卷、書經蔡傳渾天儀圖考一卷（刊）、左傳折衷辨斷八卷、論孟二大疑辨一卷、四書折衷辨斷三十九卷。

恒遠　醒窗（1805-1861）

つねとお-せいそう　TUNETOO-SÊSÔ　（折衷學派）

名和，字子達、真卿，稱賴母，號醒窗、轟谷、櫟川、遠帆樓。豐前（福岡縣東部及大分縣北部）人。受業於廣瀨淡窗，以講說為業。文久元年歿，年五十七。（福岡先賢人名辭典）

著有：學庸解。

井田　澹泊（?-1866）

いだ-たんぱく　IDA-TANPAKU　（折衷學派）

名均，字耕夫，稱徹助，號澹泊，美濃（岐阜縣南部）人。初從菱田毅齋、佐藤一齋學朱學，後學於龜田鵬齋，遂倡折衷說。精通《易》

及《論語》，仕於大垣藩，為文學。慶應二年歿。（美濃文教史要）
著有：論語經綸二十卷（刊）。

河野　鐵兜（1825-1867）

こうの-てっとう　KÔNO-TETTÔ　（折衷學派）

名羆，字夢吉，稱絢夫，號鐵兜、秀野，播磨（兵庫縣西南部）人。
幼有神童之名，受業於吉田鶴仙，後學於梁川星巖，精通《詩》學，
名高一時，仕於林田藩。慶應三年歿，年四十三。（大日本人名辭
書）
著有：詩轍。

鈴木　文臺（1797-1870）

すずき-ぶんだい　SUZUKI-BUNDAI　（折衷學派）

名弘，字子毅，稱陳藏，號文臺、石舟。越後（新潟縣本州部分）
人。幼而穎悟，受業於後藤託玩。文臺天才英敏，能難經解。稍長，
群書百籍無不通曉。後遊於江戶，學業大成。以講說為業，又為峯山
侯之賓師。明治三年歿，年七十五，贈從五位。（北越詩話）
著有：周易卦象解三卷、詩經補義考增二卷、春秋穀梁傳註疏箋一卷
（刊）、孟子考二卷。

伊藤　鳳山（1806-1870）

いとう-ほうざん　ITÔ-HÔZAN　（折衷學派）

名馨，字子德，通稱鄉太郎，後改大三郎，號鳳山，出羽（山形縣及
秋田縣一部分）人。為朝川善菴所養，學經業，後因故離別，為天童
藩之文學。明治三年歿，年六十五。（大日本人名辭書）
著有：周易詳解、左傳章句文字五卷（刊）、論語八十一難一卷（未

完）、論語序說私考一卷（刊）、論語詳解十卷、孟子年譜一卷、孟子私考一卷（未完）、孟子詳解、孟子說鈴一卷、舊本大學詳解一卷、中庸詳解、四書朱註折義十卷、孝經孔傳讀本一卷（刊）、經無是問答一卷（刊）、十三經章句文字二十五卷。

伊藤　宜堂（1792-1874）

いとう-ぎどう　ITÔ-GIDÔ　（折衷學派）

名雅言，字俊藏，號宜堂、不如及齋，伯耆（鳥取縣中西部）人。少壯出江戶，與島田元旦、菊田五山、廣瀨林外、朝川善菴等鑽研經義，尤邃《周易》，旁巧於書，兼善墨竹之畫，晚年仕於鳥取藩。明治七年歿，年八十三。（日本教育史）

著有：周易包蒙五十卷（刊）。

肥田野　築村（1801-1874）

ひだの-ちくそん　HIDANO-TIKUSON　（折衷學派）

名徹，字士朗，稱徹太郎，號築村。越後（新潟縣本州部分）人。初從新發田藩之藩醫松田本菴讀書，後至江戶，雖執贄於朝川善菴，然無所得，又學於龜田綾瀨、池守秋水。業成，講說於鄉。明治七年歿，年七十四。（北越詩話、越佐名家著述目錄）

著有：易說。

平元　謹齋（1810-1876）

ひらもと-きんさい　HIRAMOTO-KINSAI　（折衷學派）

名重德，字恒卿，通稱貞治，後改為正，號謹齋、顗堂。羽後（秋田縣大部分與山形縣部分）人。受業於黑澤四如。長而博綜該覽，能折衷諸家。至於性情之說，專取仁齋之說，旁善兵學、刀槍、和歌。仕

於秋田藩,為文學。明治九年歿,年六十七。(秋田人物傳)

著有:周易考三冊、周易卦圖一冊、易私說一冊、易私錄一冊、讀易私說一冊、尚書考一冊、尚書輯說三冊、毛詩私說四冊、詩經私說、周官考二冊、喪禮錄一冊、儀禮考一冊、儀禮私錄一冊、儀禮備考一冊、儀禮儀法會要一冊、儀禮續考一冊、禮記私錄一冊、左傳對問二條一冊、春秋說一冊、論語考四冊。

原　修齋（1814-1877）

はら-しゅうさい　HARA-SYÛSAI　（折衷學派）

名雄,字君量,一字子傑、公飛,稱理一,號修齋、淡圃。松洲之子,初受業於朝川善菴,後入昌平黌。其學博通經史,精於《左傳》,兼能畫。以講說為業,明治十年歿,年六十四。(北越詩話)

著有:詩經鈔說十卷、讀春秋五卷、論語抄錄十卷。

龜田　鶯谷（1807-1881）

かめだ-おうこく　KAMEDA-ÔKOKU　（折衷學派）

名長保,字申士,初名毅,通稱保次郎,晚年或稱嚶彥,號鶯谷、學孔堂、本教教舍、稽古堂,下總(千葉縣北部、茨城縣西南部、埼玉縣東部、東京都東部)人。本姓鈴木氏,為龜田綾瀨之嗣。性雄邁,繼述家學,多所發明。常倡神典聖經一致說,推演《易經》及〈洪範〉、〈五行〉之義,竟闡明神典之奧秘,論述國體國教之原旨。晚年仕於關宿藩。明治十四年歿,年七十五。(房總の偉人)

著有:論語集注異說二十卷、綾瀨先生四書朱熹集註本寫著孟子二卷。

長　梅外（1810-1885）

ちょう-ばいがい　TYÔ-BAIGAI　（折衷學派）

名允文，字世文，號梅外、南樑。本姓長谷氏。豐後（大分縣北部以外之大部分）人。初學醫，後志於儒，受業於廣瀨淡窗。尤精於《易》、《詩》、《書》、《左傳》，又善於詩。業成，以講說為業。幕末時參與攘夷之軍，受幕府之嫌忌，逃至長州。為長侯之賓師，督藩學。維新後，移住東京。為人敦行，氣宇飄灑，有古人之風。明治十八年歿，年七十六。（大日本人名辭書）

著有：詩書評論（刊）、左傳彙箋。

泉　達齋（1819-1885）

いずみ-たつさい　IZUMI-TATUSAI　（折衷學派）

名家胤，初名家寬，通稱佐仲，後改靜也，號達齋，羽後（秋田縣大部分與山形縣部分）人。受業於中田錦江，後又入秋田藩黌學習，尤精於《易》。晚年潛思於日本國學，被權少講義舉為祠官。明治十八年歿，年六十七。（秋田人物傳）

著有：易學私考。

佐佐　泉翁（1810-1886）

ささ-せんおう　SASA-SENÔ　（折衷學派）

名泉，字如是，通稱禮藏，後改為泉右衛門，號泉翁、樂軒、樂菴、白水。本姓小筱氏，其父為小筱東海。泉翁初從猪飼敬所專攻古義，後學於賴山陽，又受神典於足代氏，更受經史於朝川善菴。仕於川越藩。明治十九年歿，年七十七。（埼玉縣人物誌）

著有：經義史論雜說。

渡　東嵎（1811-1887）

わたり-とうぐう　WATARI-TÔGÛ　（折衷學派）

受業於芳野金陵，人稱同門四傑之一。仕於秋田支封岩崎藩，為儒員。維新時，任小參事。明治二十年歿，年七十七。（東洋文化）

著有：中庸集說。

肥田野　竹塢（1835-1887）

ひたの-ちくう　HITANO-TIKUU　（折衷學派）

名節，字士操，稱嘉平次，號竹塢、抱甕。越後（新潟縣本州部分）人。肥田野築村之子，學於芳野金陵之門，繼父業講說。後為新發田中學校之教諭。明治二十年歿，年五十三。（北越詩話）

著有：論語說一卷

石井　祚景（1820-1891）

いしい-むらかげ　ISII-MURAKAGE　（折衷學派）

名祚景，稱藏人，羽後（秋田縣大部分與山形縣部分）人。為佐竹侯之家臣，自幼好學，初入藩黌，後就學於平元謹齋。明治二十四年歿，年七十二。（秋田人物傳）

著有：經語解。

圓山　溟北（1818-1892）

まるやま-めいほく　MARUYAMA-MÊHOKU　（折衷學派）

名葆，一名九葆，字子光，稱三平，號溟北、興古為徒齋、宛在水中央漁者。佐渡（新潟縣佐渡市）人。本姓小池氏，為圓山氏所養，故冒其姓。受業於龜田綾瀨。為州之儒官，維新後，為度津神社之宮司。明治二十五年歿，年七十五。（佐渡先哲遺墨）

著有：大學夷考並問答附錄一卷（刊）、四書標異十九卷。

犬飼　松窗（1816-1893）

いぬかい-しょうそう　INUKAI-SYÔSÔ　（折衷學派）

名博，字淵卿，稱源三郎，號松窗，備中（岡山縣西部）人。獨學，而私淑於伊藤東涯、中井履軒之說，將之折衷，而成一家之言。明治二十四年歿，年七十八。（岡山縣人物傳）

著有：論語章旨。

隨朝　欽哉（1832-1893）

ずいちょう-きんさい　ZUITYÔ-KINSAI　（折衷學派）

名達，字子善，稱撰一，號欽哉。下總（千葉縣北部、茨城縣西南部、埼玉縣東部、東京都東部）人。為隨朝若水之嗣。受業於朝川善菴，仕於井上侯，為侍講。維新後，為江刺縣大屬，然一年餘而辭去，歸而自開門戶講說，以優遊風月為友，明治二十六年歿，年六十二。（大日本人名辭書）

著有：春秋獲麟論。

平塚　春江（1824-1894）

ひらつか-しゅんこう　HIRATUKA-SYUNKÔ　（折衷學派）

名盛歊，字香卿，稱千歲，號春江、上代野人。出羽（山形縣及秋田縣一部分）人。受業於林方齋，善詩文，兼工書。仕於秋田藩，為藩黌之教授。維新後，以風月為侶。明治二十七年歿。年七十一。（秋田人物傳）

著有：書經考一卷。

石垣　柯山（1828-1898）

いしがき-かざん　ISIGAKI-KAZAN　（折衷學派）

名成廉，稱甚之助，後改兵衛，號柯山，羽後（秋田縣大部分與山形縣部分）人。本姓沼田氏，出而冒石垣氏，學於秋田藩黌明德館，師事黑澤四如。學成，歸鄉後繼家業，為博文書院教授，以講說為業。明治三十一年歿，年七十一。（秋田人物傳）

著有：孝經私解。

太田代　東谷（1834-1901）

おおたしろ-とうこく　ÔTASIRO-TÔKOKU　（折衷學派）

名恒德，號東谷、不知菴，陸中（岩手縣之一部分及秋田縣之一部分）人。累世仕於南部侯，幼時聰明強記，初入盛岡藩黌修業，後學於照井一宅，又東遊從學於海保漁村，不久，入昌平黌，刻苦研鑽，其學頗為宏博，文則自成一家，業成，而歸，為藩黌作人館之教授，致仕後，自開門戶授徒。明治三十四年歿，年六十八。（岩手縣鄉土叢話）

著有：周易乾坤註釋一卷、論語發矇標註四卷、論語說四卷、孟子說、大學說一卷、中庸說一卷。

谷口　藍田（1822-1902）

たにぐち-らんでん　TANIGUTI-RANDEN　（折衷學派）

名中秋，字大明，號藍田、介石。肥前（佐賀縣及長崎縣一部分）人，初受業於廣瀨淡窗，後學於羽倉簡堂。善於詩，為肥前鹿島之藩儒，兼大參事，晚年建藍田書院，為教授。明治三十四年歿，年八十一，贈正五位。（藍田全集）

著有：周易講義錄。

石川　鴻齋（1833-1918）

いしかわ-こうさい　ISIKAWA-KÔSAI　（折衷學派）

名英，字君華，號鴻齋、芝山外史、雪泥，三河（愛知縣東部）人。入西岡翠園之門，善詩文書畫。大正七年歿，年八十六。（大日本人名辭書）

著有：易林神占（刊）。

菊地　南陽（?-中期）

きくち-なんよう　KIKUTI-NANYÔ　（折衷學派）

名武慎，字伯修，稱千藏，號南陽，江戶（東京都）人。為井上金峨之門人。（大日本人名辭書）

著有：三禮圖二十卷（校）、春秋左傳屬事二十卷（校）。

山本　素堂（?-後期）

やまもと-そどう　YAMAMOTO-SODÔ　（折衷學派）

名信孝，字天桂，稱卯之助，號素堂。江戶（東京都）人。山本北山之孫，（大日本人名辭書）

著有：論語抄二卷（刊）。

奧村　茶山（?-後期）

おくむら-ちゃざん　OKUMURA-TYAZAN　（折衷學派）

名慎猷，字子彥，一字修夫，號茶山，相模（神奈川縣之大部分）人。受業於山本北山，住江戶。（儒林源流）

著有：左傳附註十卷（校）、論語師說四卷、孝經私說一卷。

廣澤　文齋（?-後期）

ひろさわ-ぶんさい　HIROSAWA-BUNSAI　（折衷學派）

名維直，字溫卿，稱文內，號文齋。江戶（東京都）人。受業於和氣柳齋。（儒林源流）

著有：左國古義俚解二卷。

太田　熊山（?-安政）

おおた-ゆうざん　ÔTA-YÛZAN　（折衷學派）

名保、博洽，字君明，稱泰藏（一作退藏），號熊山、方齋，佐渡（新潟縣佐渡市）人。受業於本間默齋，後又學於朝川善菴，仕於壬生藩。安政（1854-1860）初年歿，年約六十前後。（佐渡先哲遺墨）

著有：論語證注十三卷。

考證學派

大田　錦城（1765-1825）

おおた-きんじょう　ÔTA-KINZYÔ　（考證學派）

名元貞，字公幹，稱才佐，號錦城，加賀（石川縣南部）人。幼而作詩，講說經史，人稱神童。及長，學於皆川淇園，後從山本北山，皆不滿其意，慨然欲求之古人，勵精刻苦，錦城學問淵博，百家之書，莫無不讀，而尤長於經術，密於考據，其解經薈萃漢、唐、宋、明、清，及日本諸儒之說，仲裁其衷，竟建一家之學。其為人疏暢洞達，不設城府，不事矯飾，甚有口辯，講說經史，雄辯如流。仕於加賀侯，班列上士。文政八年歿，年六十一。（大日本人名辭書）

著有：周易重言考二卷、周易參考十二卷、周易比例考六卷、周易象義十卷、周易會通纂要二十四卷、周易繫辭詳說二卷、易解、易象箋解、尚書孔傳纂疏十二卷、尚書紀聞十三卷（刊）、尚書精義十三卷、書經聞書十三卷、毛詩大序十繆一卷、毛詩六義考續考二卷、毛詩微言八卷、毛詩微管、毛詩詳說三卷、左氏糾繆、左傳杜解紕繆三卷、左傳補考三卷、左傳駁語、左占指象、論語大疏二十卷、論語名義考一卷、論語作者考一卷、論語聞書（一名論語筆記）九卷、孟子考七卷、孟子解一卷（刊）、孟子精蘊九卷、大學考二卷、大學考草一卷、大學定本一卷、大學原解三卷（刊）、中庸考二卷、中庸考草二卷、中庸原解六卷（刊）、中庸說二卷、孝經詳說三卷、壁經辨正十二卷、九經談十卷（刊）。

伊藤　鹿里（1778-1838）

いとう-ろくり　ITÔ-ROKURI　（考證學派）

名祐義，字忠岱，通稱大助，號鹿里，信州（長野縣及岐阜縣之一部

分）人。為釋者，受業於大田錦城，以講說為業，好繕寫書，迄歿時寫有千餘卷。天保九年歿，年六十一。（大日本人名辭書）

著有：孟子莛撞二卷、大學定本一卷、大學國字解二卷（刊）、大學圖解一卷（刊）、中庸莛撞一卷（刊）、孝經國字解三卷。

若林　嘉陵（1761-1841）

わかばやし-かりょう　WAKABAYASI-KARYÔ　（考證學派）

名戀，字德倫，稱十大夫，號嘉陵、遊龍園。武藏（東京都、埼玉縣及神奈川縣之一部分）人。受業於大田錦城。天保十二年歿，年八十一。（漢學者傳記及著述集覽）

著有：王注周易國字解三卷、四書自解十卷。

堤　它山（1783-1849）

つつみ-たさん　TUTUMI-TASAN　（考證學派）

名公愷，字公甫，稱鴻之佐，號它山、稚松亭。越前（福井縣嶺北地方及岐阜線西北部）人。初仕於大野藩，但因慍於不受執政者之禮遇而致仕。至江戶，入大田錦城之門，其學以博涉為稱。為人有才氣。後仕於姬路藩。嘉永二年歿，年六十七。（大日本人名辭書）

著有：胡一桂易圖一卷（校）、嚴氏詩緝三十六卷（校）、論語折衷六卷、讀論語集註五卷、孝經改觀二卷。

海保　漁村（1798-1866）

かいぼ-ぎょそん　KAIBO-GYOSON　（考證學派）

名元備，字純卿、老鄉，別名紀之，別字春農，稱章之助，號漁村、傳經廬，上總（千葉縣中部）人。師事於大田錦城，為幕府醫黌直舍之儒學教授。其為人敦樸寡言，黽勉讀書，尤精究經學，為考據學之

泰斗。慶應二年歿，年六十九。（四書注釋全書漁村年譜）
著有：周易古占法四卷（刊）、周易正義校勘記補正一卷、周易象義
餘錄五卷、周易解題一卷、周易漢注考六卷、尚書正義校勘記補正一
卷、尚書漢注考六卷、毛詩輯聞二十卷、左傳正義校勘記補正一卷、
左傳集註、左傳補證四卷、公羊傳考證一卷、論語通解十卷、論語集
注刪存、論語漢注考十卷、論語駁異一卷、論語講義要略五卷、論孟
要點三卷、孟子年表一卷、孟子趙氏義二十卷、孟子鄭注補證七卷、
孟子輯聞二十卷、大學鄭氏義四卷（刊）、改定大學章句一卷、學庸
注疏考正二卷、中庸鄭氏義八卷（刊）、孝經古今文疏證四卷、十七
史經說、經學字義古訓一卷（刊）、經籍源流考三卷。

西岡　天津（1803-1867）
にしおか-てんしん　NISIOKA-TENSIN　（考證學派）
名淵，稱善助，號天津。三河（愛知縣東部）人。受業於大田錦城，
尤通曉《毛詩》。為人澹泊，寡言沈默，不敢與人抗。從遊頗多，為
吉田藩之儒官。慶應三年歿，年六十五。（日本教育史料）
著有：論語訓約覽十卷（刊）、大學解約覽一卷（刊）。

大田　晴軒（1795-1873）
おおた-せいけん　ÔTA-SÊKEN　（考證學派）
名敦，字叔復，稱魯三郎，號晴軒，加賀（石川縣南部）人。大田錦
城之三子，幼時父忙於世務，無暇授業，殆以獨學攻研家學。強記博
學，少時其名聲既已震於藝林之間。尤悅《老子》，為之全解，闡前
人未發之秘，以啟迪後人，仕於吉田侯。明治六年歿，年七十九。
（大日本人名辭書）
著有：周易精義、易傳辨語、葆光齋易說二卷、詩書易禮標注四卷、

春秋左傳考一冊、論語纂言三卷、孟子考三卷、孟子說鈴二卷、大學
改本集說、中庸考一卷、中庸繼述、孝經考一卷、經義類聚二十卷、
三經小傳三卷（刊）。

皆川　梅翁（1794-1875）

みながわ-むねみ　MINAGAWA-MUNEMI　（考證學派）

名盛貞，後改為宗海，字子恭，通稱美也吉，後改為辰右衛門，號梅
翁、抽顛。羽後（秋田縣大部分與山形縣部分）人。生而穎悟，初受
業於本庄藩篠原鶴汀、遠田赤治，後入大田錦城之門。業成，仕於本
庄藩，教授子弟。明治八年歿，年八十三。（秋田縣史、秋田人物
傳）

著有：小易卦象義、九經解。

東條　琴臺（1795-1878）

とうじょう-きんだい　TÔZYÔ-KINDAI　（考證學派）

名信耕，又稱為耕，字子臧，幼名義藏，稱文左衛門，號琴臺、吞海
翁。江戶（東京都）人。學於伊東藍田、倉成龍渚、山木北山、龜田
鵬齋、大田錦城諸儒。以博覽強記有名，執筆《先哲叢談》後編及續
編，名譟一時，嘗著《伊豆七島圖考》，蒙幕府之譴責，謫居高田
藩，教授藩子弟，及於維新。後歸江戶，仕於龜戶神社飼官、教部省
等。明治十一年歿，年八十四。（門人田中抱作氏談、大日本人名辭
書）

著有：易說問答、四書注考、皇朝經籍通考六卷、經籍通志二十卷。

島田　篁村（1838-1898）

しまだ-こうそん　SIMADA-KÔSON　（考證學派）

名重禮，字敬甫，號篁村。江戶（東京都）人。幼而穎異，好學。初
學於安積艮齋及海保漁村，後入昌平黌。因鹽谷宕陰推重之，故薦為
助教。明治初，受村上侯之聘，督導藩學。後創雙桂精舍於江戶下谷
長者町，於此講說。明治十四年任東京大學教授，後授予文學博士之
稱號，不久，為東京學士會院會員。篁村自奉甚薄，而厚於親故。無
其他嗜好，唯喜書籍，故藏書數萬卷，日夕校讀，以資考據。其學雖
以漢儒之說為本據，然義理則參取宋儒之說。明治三十一年歿，年六
十一。以特旨敍高等官一等正四位勳三等。（大日本人名辭書）
著有：百濟所獻論語考。

中井　乾齋（?-後期）

なかい-けんさい　　NAKAI-KENSAI　　（考證學派）

名豐民，字子來，通稱準之助，後改為隆益，號乾齋。三河（愛知縣
東部）人。受業於大田錦城，仕於吉田藩。（茨城大觀、近代名家著
述目錄後篇）

著有：周易比例考補二卷、周易晰義十卷、周易象原八卷、繫辭新論
四卷、詩集義二十卷、三禮問答六卷、左氏比玉二卷、春秋綜義二十
卷、三傳就正錄六卷、論語辨義五卷、孟子精義二卷、大學正義二
卷、中庸本義二卷、孝經纂義三卷（刊）、四書會要十卷、五經說叢
三十卷。

儒者

梁田　毅齋（1671-1743）

やなだ-きさい　YANADA-KISAI　（儒者）

名忠、勝信，字勝德，稱信輔，號毅齋。江戶（東京都）人。寬保三年歿，年七十三。（漢學者傳記及著述集覽）

著有：易書啟蒙解十二卷、通俗二禮考二卷、四書辨蒙詳說五十二卷。

佐藤　敬菴（1683-1755）

さとう-けいあん　SATÔ-KÊAN　（儒者）

名惟孝，字士友，一字經卿，稱新介，號敬菴、冬嶺館。江戶（東京都）人。為江戶之儒者。（續續日本儒林叢書）

著有：周易說統十二卷、周易談二卷、漢土易傳約說五卷、書集傳辨誤二卷、書說統六卷、毛詩解頤一卷、詩說統九卷。

井狩　雪溪（?-1766）

いかり-せっけい　IKARI-SEKKÊ　（儒者）

名總，字季群，稱彥三郎，號雪溪處士、醉墨主人，攝津（大阪府中北之大部分及兵庫縣東南部）人。為攝津之儒者，明和三年歿。（儒林源流、國書解題）

著有：左傳三事考一卷（明遠館叢書）。

青木　雲岫（?-1778）

あおき-うんしゅう　AOKI-UNSYÛ　（儒者）

名體信，稱直右衛門，號雲岫、餘韵。羽後（秋田縣大部分與山形縣

部分）人。仕於秋田藩家老梅津忠英，攻經義旁學兵學，又好和歌。
安永七年歿。（秋田人物傳）

著有：論語合讀。

松宮　觀山（1686-1780）

まつみや-かんざん　MATUMIYA-KANZAN　（儒者）

名俊仍，字舊貫，稱主鈴、左司馬，號觀山、觀梅道人。為下野足利
郡養命山修驗俊惠之子，十四歲時，為江戶處士松宮政種之養子，稱
松宮左司馬。元祿十一年（1699）至江戶，就北條守約【北條流兵學
之祖北條氏長之季子】修兵學。觀山之學，互乎神儒佛三教，亦通天
文數理，而崇日本國體，用心於宣揚皇道，明和六年三月因故被逐出
江戶。安永九年歿，年九十五。（松宮觀山集及其他）

著有：卜筮卦爻問答三卷、卜筮盲筇秘傳集二卷、卜筮極秘傳八卷、
卜筮經驗十六卷、增續卜筮盲筇二卷。

江良　仲文（1745-1789）

えら-ちゅうぶん　ERA-TYÛBUN　（儒者）

名元昌，字仲文，稱十郎，肥後（熊本縣）人。學於家庭，業成，開
私塾。為肥後之儒者，與齊藤芝山興起騎馬射箭的競技，為其師範，
教導子弟。寬政元年歿，年四十五。（肥後先哲偉蹟）

著有：毛詩六義、學庸正解。

松田　拙齋（1732-1791）

まつだ-せっさい　MATUDA-SESSAI　（儒者）

名長恭，字宗養，號拙齋。江戶（東京都）人。寬政三年歿。年六
十。（大日本人名辭書）

著有：尚書通、春秋左氏通、論語通七冊、孟子通、中庸通。

田宮　橘菴（1753-1815）

たみや-きつあん　TAMIYA-KITUAN　（儒者）

名純、悠，字仲宣、鳳卿，通稱由藏，號橘菴、盧橘菴、東牖子。京都人。幼時學儒於原田越齋、久米訂齋，天明五年至大阪，與大田南畝、曲亭馬琴交往，以文筆為業。文化十一年移住河內，文化十二年歿，年六十三。（大阪名家著述目錄）

著有：易術斷則一卷（刊）。

土肥　鹿鳴（1744-1816）

どひ-ろくめい　DOHI-ROKUMÊ　（儒者）

名貫雅，稱秀太郎，號鹿鳴。因幡（鳥取縣東部）人。至江戶，專倡《易》說。文化十三年歿，年七十三。（國書解題）

著有：周易卦主論一卷、周易卦象闡一卷、周易卦變談一卷、周易便覽一卷、周易龍象解一卷、周易龍象論一卷、周易蠱巽三日考一卷、易象發揮八卷（一名易學發揮）、易象辨疑三卷、易經俚解六卷、易經韻字句讀考四卷、易話三卷、易說示蒙四卷、易學手引草一卷、易學要領一卷、左易便覽一卷、左傳比事徵三卷、左國易解三卷。

高岡　養拙（1753-1824）

たかおか-ようせつ　TAKAOKA-YÔSETU　（儒者）

名秀成，字實甫，稱閑八，號養拙、醉月老人。江戶（東京都）人。以商仕於官，又下帷教授。文政七年歿，年七十二。（大日本人名辭書）

著有：周易約解六卷、易文斷釋、讀易餘論一卷、論語約說一卷附仁

說、讀孟子四卷、學庸五管窺一卷。

井川　東海（1763-1825）

いかわ-とうかい　IKAWA-TÔKAI　（儒者）

名恭、長恭，字思堂，號東海，江戶人。開私塾，以儒為業。文政八年歿，年六十三。（儒林源流）

著有：論語通。

齋藤　鶴磯（1752-1828）

さいとう-かくき　SAITÔ-KAKUKI　（儒者）

名敬夫，字之休，稱宇八郎，號鶴磯、鶴城。江戶（東京都）人。文政十一年歿，年七十七。（埼玉名家著述目錄）

著有：女孝經補註一卷。

內田　周齋（1784-1830）

うちだ-しゅうさい　UTIDA-SYÛSAI　（儒者）

名楨，字元盛，號周齋、蕉雨、似雲亭，武藏（東京都、埼玉縣及神奈川縣之一部分）人。年十六，至江戶，欲入塚田多之門，不果。至日本橋購書歸鄉苦讀，後太田錦城來關東為學子講經，周齋亦來聽講。不久，自開寺小屋【江戶時代的庶民教育機構。以僧侶、武士、神官、醫生等為師，教孩童讀、寫、算盤等事。】，教授四書五經。周齋詳於音韻學及《易》學。文政十三年歿，年四十七。（埼玉名家著述目錄）

著有：左傳集說辨義、論語集說辨正抄。

山本　樂艾（1781-1840）

やまもと-らくがい　YAMAMOTO-RAKUGAI　（儒者）

名維專，字甫良，稱次右衛門，號樂艾。越前（福井縣嶺北地方及岐阜線西北部）人。自幼好學，特潛心於《韻鏡》。為人溫雅，無輕薄之風，人皆歡服，乞教者滿於戶外。天保十一年歿，年六十。（越前人物志）

著有：詩經音註十二冊。

井田　赤城（1768-1842）

いだ-せきじょう　IDA-SEKIZYÔ　（儒者）

名龍，字雲卿，稱定七郎，號赤城、愚直翁、退耕處士，武藏（東京都、埼玉縣及神奈川縣之一部分）人。本姓長尾氏。天保十三年歿，年七十五。

著有：石經大學解一卷（刊）。

赤澤　一堂（1796-1847）

あかざわ-いつどう　AKAZAWA-ITUDÔ　（儒者）

名一、萬，字太乙，稱太一郎、多一郎，號一堂。讚岐（香川縣）人。住京都，能詩。弘化四年歿，年五十二。（儒林源流）

著有：詩經講義八卷、左傳講義五卷、四書集注講義四卷、孝經講義一卷。

村上　聽雨（1794-1866）

むらかみ-ちょうう　MURAKAMI-TYÔU　（儒者）

名恒夫，號聽雨、亦愚居士。京都人。慶應二年歿，年七十三。

著有：四書晰文三卷。

木村　大讓（1818-1893）

きむら-だいじょう　KIMURA-DAIZYÔ　（儒者）

名良，字貞卿，稱平右衛門，號大讓、履軒、三霞，紀伊（和歌山縣及三重縣南部）人。精通書畫、篆刻、茶道。明治二十六年歿，年七十六。（和歌山縣濱口惠璋氏報）

著有：周易繫辭解。

平　俞（?-中期）

へい-ゆ　HÊ-YU　（儒者）

下總（千葉縣北部、茨城縣西南部、埼玉縣東部、東京都東部）人。

著有：大學述一卷（刊）、中庸述一卷。

末包　金陵（?-中期）

すえかね-きんりょう　SUEKANE-KINRYÔ　（儒者）

名時亮，字君卿，號金陵。讚岐（香川縣）人。與後藤芝山交遊（讚岐人物傳）

著有：春秋左氏傳解六冊、春秋左氏傳解圖案、春秋左氏傳解圖說一冊、論語解。

河野　界浦（?-中期）

こうの-かいほ　KÔNO-KAIHO　（儒者）

名清通，稱齋宮，號界浦、漣（漣）窩，泉州（大阪府南部）人。

著有：經緯玉露二卷、應師眾經音義韻譜十卷。

太田　子規（?-中期）

おおた-しき　ÔTA-SIKI　（儒者）

名嘉方，字子規，稱半左衛門，京師人。為京都之儒者。（大日本人名辭書）

著有：梅花心易鈔四卷。

山本　南陽（?-中期）

やまもと-なんよう　YAMAMOTO-NANYÔ　（儒者）

名龍，字雲起，稱太仲，號南陽。下野（栃木縣）人。（大日本人名辭書）

著有：論語五家序考一卷、足利本古文孝經直解一卷、足利本劉炫孝經一卷（校刊）。

武井　子廉（?-中期）

たけい-しれん　TAKEI-SIREN　（儒者）

名簡，字子廉，信州（長野縣及岐阜縣之一部分）人。（國書解題）

著有：論語繹解翼十卷（刊）。

鈴木　龍洞（?-明和）

すずき-りゅうどう　SUZUKI-RYÛDÔ　（儒者）

名行義，字子達，號龍洞、好古軒。武藏國東部（東京都、埼玉縣、神奈川縣之一部分）人。修儒學，旁通和學。明和（1764-1772）年間人。

著有：卜筮論一卷、論語朱氏新注正誤十卷、大學諸注集覽四卷、中庸諸注集覽四卷。

和田　絅（?-後期）

わだ-けい　WADA-KÊ　（儒者）

出雲（島根縣東部）人。安政（1854-1860）時人。

著有：易傳圖解一卷（刊）、書經訓蒙二卷（刊）、論語便蒙抄二卷
（刊）、大學啟一卷（刊）、中庸集解一卷（刊）。

菅間　鷲南（?-後期）

すがま-しゅうなん　SUGAMA-SYÛNAN　（儒者）

名元祥，字休卿，稱貞介，號鷲南、孔張堂，加賀（石川縣南部）
人。（大日本人名辭書）

著有：六經略談十卷。

北條　蠖堂（?-後期）

ほうじょう-かくどう　HÔZYÔ-KAKUDÔ　（儒者）

名永，字士伸、子伸，稱永二郎，號護堂。江戶（東京都）人。以講
說為業。（儒林源流）

著有：毛詩名物圖四卷。

佐藤　東齋（?-後期）

さとう-とうさい　SATÔ-TÔSAI　（儒者）

名惟春，號東齋。江戶（東京都）人。為江戶之儒者。（大日本人名
辭書）

著有：周易闡十二卷、論語闡五卷、中庸闡一卷。

瀧　無量（?-後期）

たき-むりょう　TAKI-MURYÔ　（儒者）

名清，號無量。出雲（島根縣東部）人。文化（1804-1818）中，作
《古本大學圖解》。鵬齋、錦城為之序。（大日本人名辭書）

著有：古本大學圖解（一名大學章圖）。

舟生　釣濱（?-後期）

ふにゅう-ちょうひん　HUNYÛ-TYÔHIN　（儒者）

名滿成、滿生、備成，字榮卿，號釣濱。江戶（東京都）人。（近代
著述目錄後篇）

著有：左傳杜解補衼一卷、論語餘意一卷、孟荀獨斷八卷。

菅　新菴（?-後期）

かん-しんあん　KAN-SINAN　（儒者）

名震孟，字巽旬，通稱孟荀，號新菴，江戶（東京都）人。（大日本
人名辭書）

著有：易經俚解八卷、論語講筆二卷。

河原　橘枝堂（?-後期）

かわはら-きっしどう　KAWAHARA-KISSIDÔ　（儒者）

名澤，字君潤，號橘枝堂、九疑山人，京師人。活躍於寬政（1789-
1801）時期之儒者（慶長以來漢學者著述目錄）

著有：論語古斷十卷。

星野　熊嶽（?-後期）

ほしの-ゆうがく　HOSINO-YÛGAKU　（儒者）

名璞，字子常，號熊嶽。伊勢（三重縣大部分）人。

著有：詩經四始考證二卷（刊）、大學考證、大學證一卷、大學輯
錄、四書考證。

小倉　無邪（1690-天明）

おぐら-むじゃ　OGURA-MUZYA　（儒者）

名三，字永世、新甫，稱三藏，號無邪（一說無鄰），江戶（東京都）人。天明（1781-1789）時儒者。

著有：周易研幾十二卷。

金澤　松下亭（?-寬政）

かなざわ-しょうかてい　KANAZAWA-SYÔKATÊ　（儒者）

名休，字子匹，號松下亭，三河（愛知縣東部）人。寬政（1789-1801）時期之儒者。（國書解題）

著有：春秋左傳國次七卷（刊）。

高安　蘆屋（?-寬政）

たかやす-ろおく　TAKAYASU-ROOKU　（儒者）

名昶，字載陽、春民，稱莊次郎、莊二郎、莊治郎，號蘆屋、半時菴。大阪人。本為富商，中途零落。初學於菅甘谷，又學於中井竹山，善於書法，晚年以著書為業。雖有奇才，然多病，居無定所，超越名利之外，恬然終生。（典籍作者便覽）

著有：左氏捷覽一卷。

久田　湖山（?-寬政）

ひさしだ-こざん　HISASIDA-KOZAN　（儒者）

名犁，字耕甫，稱典膳，號湖山，近江（滋賀縣）人。自幼學於京師，不問師不求友，一味獨自閉戶讀書，專心於經學，而推尊孟子。以駁徂徠之說為己任，頗有奇行。常不定居，講學諸州而歿。寬政（1789-1801）中人。（聖學問答辯）

著有：非大學解一卷、非中庸解一卷。

砂川　由信（?-天保）

すながわ-よしのぶ　SUNAGAWA-YOSINOBU　（儒者）

名由信，稱順助。淡路（兵庫縣淡路島、沼島）人。本姓物部氏，天保（1830-1844）間人。（國書解題）

著有：大學序次考異一卷（刊）、大學章句講本二卷（刊）。

小林　函山（?-天保）

こばやし-かんざん　KOBAYASI-KANZAN　（儒者）

名白蟻，字和同，稱垤藏，號函山。自稱大易遺傳專門二千三百七十餘年之後學，而開復古大周易館象數學塾，聚徒教授。天保（1830-1844）時期之儒者。（國書解題）

著有：大周易象數圖經要領一卷（刊）。

重田　蘭溪（?-嘉永）

しげた-らんけい　SIGETA-RANKÊ　（儒者）

名正為，字玄恭，稱玄泰，號蘭溪。住江戶，以漢學、醫學著稱，又善於畫。嘉永（1848-1854）年間之儒者。

著有：論語略解（刊）、四書略解十卷（刊）。

河又　浩齋（?-嘉永）

かわまた-こうさい　KAWAMATA-KÔSAI　（儒者）

名秀祐，號浩齋，嘉永（1848-1854）時人。（國書解題）

著有：浩齋經說一卷（刊）。

石川　大椿（?-嘉永）

いしかわ-だいちん　ISIKAWA-DAITIN　（儒者）

名廣亮，稱直右衛門，號大椿、天臺，羽後（秋田縣大部分與山形縣部分）人。嘉永（1848-1854）時之儒者。（羽陰詩家小傳）

著有：論語同義傳。

谷　嚶齋（?-明治）

たに-おうさい　TANI-ÔSAI　（儒者）

名喬，號嚶齋。

著有：標注四書字類大全六冊（1884年刊）。

佐藤　雲韶（?-明治）

さとう-うんしょう　SATÔ-UNSYÔ　（儒者）

佐藤牧山之義子，愛知師範學校、名古屋高等女學校教諭。

著有：論孟提要一卷、大學提要一卷、中庸提要一卷。

吉田　訥所（?-?）

よしだ-とっしょ　YOSIDA-TOSSYO　（儒者）

稱新之助，號訥所。（大日本人名辭書）

著有：左傳杜解補正（校點）。

西　湖學（?-?）

にし-こがく　NISI-KOGAKU　（儒者）

名小角，號湖學。薩摩（鹿兒島縣）人。

著有：詩經古義、重刻孝經一卷。

岡田　阜谷（?-?）

おかだ-ふこく　OKADA-HUKOKU　（儒者）

名贇，字子贇，稱權兵衛，號阜谷，江戶（東京都）人。為江戶之儒者。（大日本人名辭書）

著有：鄭玄注學庸二卷（校）。

儒醫

綾部　道弘（1635-1700）

あやべ-みちひろ　AYABE-MITIHIRO　（儒醫、藩）

豐後（大分縣北部以外之大部分）人。八歲有志於學，記憶力極強，能讀後成誦，及長，兼修醫學，學業大進。後以儒醫仕於杵筑藩，為藩主侍讀。為人鯁直，而內敦親戚，外信朋友，眾稱其曰「鄉之伯夷」，以四書五經教門人。元祿十三年歿，年六十六。（大日本人名辭書）

著有：謙卦辭一卷。

加藤　九皐（1664-1728）

かとう-きゅうこう　KATÔ-KYÛKÔ　（儒醫、藩）

名博，字與厚，稱宗博，號九皐、春風洞，武藏（東京都、埼玉縣及神奈川縣之一部分）人。以儒醫仕於水戶藩，入彰考館。享保十三年歿，年六十五。（水戶文籍考）

著有：喪禮略私註一卷。

鈴木　松江（1704-1784）

すずき-しょうこう　SUZUKI-SYÔKÔ　（儒醫、藩）

名宜愛，稱子之吉，號松江。常陸（茨城縣大部分）人。初以染物為業，後學醫與儒於佐川三順，仕於水戶藩，入彰考館，後遷為弘道館訓導，文久元年陞為教授。（水戶文籍考）

著有：論語集說、讀經緒言。

岡　澹齋（1737-1786）

おか-たんさい　OKA-TANSAI　（儒醫）

名元鳳，字公翼，稱尚達、元達，號澹齋、魯菴、慈菴、白洲、隔九所，河內（大阪府東部）人。自幼有神童之稱，以醫為業，嗜物產學，雜植藥草於庭園。又善於詩，在片山北海之混沌社，頗為著名，受文辭於菅谷甘谷。天明六年歿，年五十。（國書解題、儒林源流）著有：毛詩品物圖考七卷（刊）。

富田　育齋（1706-1794）

とみだ-いくさい　TOMIDA-IKUSAI　（儒醫、藩）

名安實，字慶壽，稱魁朔、三郎，號育齋、南丘、西村、明觀、酣叟。仙臺（宮城縣、岩手縣南部、福島縣一部分）人。為儒醫而通兵法，蓋為山鹿素行之亞流。仕於仙臺藩，其學以古為師，甚惡後儒之異說。寬政六年歿，年八十九。（仙臺人物史）著有：論語解評二十卷。

田中　弄叟（1728-1797）

たなか-ろうそう　TANAKA-RÔSÔ　（儒醫）

名善正，稱僊菴，號弄叟。寬政九年歿，年七十。（典籍作者便覽）著有：左傳景譜一卷。

田中　適所（1725-1801）

たなか-てきしょ　TANAKA-TEKISYO　（儒醫、藩）

名允孚，字信藏，號適所、必大。豐後（大分縣北部以外之大部分）人。至京師，學醫法於奧村南山。又善屬文辭。阿波侯迎為儒醫，二個月而辭去，後又受召於鯖江侯，亦一年而去，至福井以醫為業。享

和元年歿，年七十七。（越前人物志）

著有：論語注辨正二卷、論語講義四卷（刊）。

朝倉　荊山（1755-1818）

あさくら-けいざん　ASAKURA-KÊZAN　（儒醫、藩）

名璞，字琢卿，通稱玄蕃，號荊山，山城（京都府南部）人。為山城國淀藩之儒醫。文政元年歿，年六十四。（儒林源流）

著有：孟子文階一卷（刊）

石山　瀛洲（1744-1819）

いしやま-えいしゅう　ISIYAMA-ÊSYÛ　（儒醫）

名公文，字章卿，號瀛洲、牆東菴，近江（滋賀縣）人。少而學醫，兼攻經義，後漫遊於攝河之間，歸而以醫為業，頗善詩歌文章，治療之餘力常吟咏。文政二年歿，年七十六（一說六十六）。（近江人物誌）

著有：論語衡。

松村　九山（1743-1822）

まつむら-きゅうざん　MATUMURA-KYÛZAN　（儒醫、藩）

名良猷，字孔凱，稱栖雲，號九山。本為越前勝山之藩士。父為醫官，九山幼而穎敏，受業於父。長而學武技算法，入其妙。少壯得罪，免官而走於大野藩，仕於大野藩，為侍醫兼侍講。文政五年歿，年八十。私諡曰文忠。（大野郡史）

著有：論語古訓餘義（刊）、管仲孟子論一卷（刊）、讀經談一卷（刊）、續九經談一卷。

關屋　致鶴（?-1830）

せきや-ちかく　SEKIYA-TIKAKU　（儒醫）

名榮，號致鶴、百千堂。天保元年歿。（大日本人名辭書）

著有：論語古傳、論語從政、論語讚則一卷、孟子辨疑、大學說約。

江馬　蘭齋（1747-1838）

えま-らんさい　EMA-RANSAI　（儒醫、藩）

名春琢，字元恭，稱春齡，號蘭齋，美濃（岐阜縣南部）人。本姓鷲見氏，冐江馬氏，以儒醫仕於大垣藩。天明初年，（荷）蘭醫學盛行於江都，蘭齋又入前野蘭化之門學習蘭醫，遂以之為業。天保九年歿，年九十二。（本朝醫人傳）

著有：論語訓詁解二十卷。

茅原　虛齋（1774-1840）

ちはら-きょさい　TIHARA-KYOSAI　（儒醫）

名定，一名玄定，字叔同，稱文助，號虛齋、長南、茅窗。中國（本州西部）人。雖以醫為業，然通經義，兼精本草。天保十一年歿，年六十七。（大日本人名辭書、國書解題）

著有：詩經名物集成五卷（刊）、左傳名物考六卷、左傳制義三卷、論孟質義五卷、孟子集義七卷、九經輯異六卷、逸經二卷、經音通四卷。

服部　大方（1770-1846）

はっとり-たいほう　HATTORI-TAIHÔ　（儒醫、藩）

名誼，字和甫，號大方。信濃（長野縣及岐阜縣之一部分）人。初稱澤典學，仕於二本松藩，為儒官。弘化三年歿，年七十七。（大日本

人名辭書）

著有：易通一卷、易說十二卷、讀易闡旨一卷、偽尚書辨一冊（寫）、讀春秋一卷、論語傳義、大學圖會一卷（刊）、學庸考二卷。

神　晉齋（1800-1866）

じん-しんさい　ZIN-SINSAI　（儒醫、藩）

名惟孝，字伯友，稱讓助，號晉齋。岡山（岡山縣）人。以儒醫仕於篠山藩。慶應二年歿，年六十七。（岡山人物傳）

著有：大學述義一卷（刊）。

城　鞠洲（1800-1870）

じょう-きくしゅう　ZYÔ-KIKUSYÛ　（儒醫、藩）

名由道，字升卿，稱允，號鞠洲。肥後（熊本縣）人。為儒醫，幼學於家庭。初以醫為業，後仕於熊本藩，講儒學與醫學。明治三年歿，年七十一。（日本教育資料）

著有：論語講義。

小畑　詩山（1794-1875）

おばた-しざん　OBATA-SIZAN　（儒醫）

名行簡，字居敬，稱良卓，號詩山、真隱，仙臺（宮城縣、岩手縣南部、福島縣一部分）人。少時到江戶學醫，又攻究經史詩文，與龜田鵬齋、朝川善菴、大窪詩佛等名流追逐周旋，其學該博，通經史百家，列侯士大夫聞其名，執師弟之禮者頗多，在江戶開醫，旁以儒授子弟，性頗好漫遊。明治八年歿，年八十二。（仙臺人名大辭書）

著有：旁譯春秋左氏傳三十卷（刊）、論語湯雪解四卷、孟子湯雪解

四卷、孝經一卷。

蘆川　桂洲（?-中期）
あしかわ-けいしゅう　ASIKAWA-KÊSYÛ　（儒醫）

名正柳，字道安，稱正立，號桂洲，長門（山口縣西半部）人。（近代著述目錄後篇）

著有：孝經大義詳解五卷（刊）

大野　竹瑞（?-中期）
おおの-ちくずい　ÔNO-TIKUZUI　（儒醫、藩）

名董喜，字玄格，號竹瑞、庚金、保精菴，豐後（大分縣北部以外之大部分）人。世家為岡藩之官醫。竹瑞遊歷四方，至江戶以儒醫為業。後仕於富山藩。年六十。（日本教育史料）

著有：易學啟蒙解、四書集註講義四十一卷。

平住　專菴（?-正德）
ひらずみ-せんあん　HIRAZUMI-SENAN　（儒醫）

名周道，字專安，號專菴、靜齋、橘舘。大阪人。以醫為業，兼以儒學授徒。正德（1711-1716）時代人。（大阪名家著述目錄）

著有：卜筮私考、卜筮擲丸要訣、周易本義拙解十二卷、易學啟蒙索驥編四卷。

加藤　正菴（1745-後期）
かとう-せいあん　KATÔ-SÊAN　（儒醫）

名公達，號正菴，尾張（愛知縣西部）人。為外科醫，性樸率，淡於利情，治人而忘其名，歲暮取金於囊，出，見親友之貧者，即取而與

之，終身不失富。（大日本人名辭書）

著有：春秋左氏傳國字解三冊（刊）。

石原　桂園（?-後期）

いしはら-けいえん　ISIHARA-KÊEN　（儒醫）

名享，字龍卿，號桂園、芝場菴、梓山，美濃（岐阜縣南部）人。
（近代著述目錄後篇）

著有：王注周易注箋解十一卷。

石原　東隄（?-後期）

いしはら-とうてい　ISIHARA-TÔTÊ　（儒醫）

名和，字子周，號東隄，美濃（岐阜縣南部）人。石原桂園之子，繼
醫業。為梁川星巖等所創白鷗詩社之會員，與江馬細香等交遊。（儒
林源流）

著有：讀左氏便覽二卷。

藩主

鍋島　直興（1730-1757）

なべしま-なおおき　NABESIMA-NAOOKI　（藩主）

二十歲為肥前國蓮池藩第五代藩主，稱從五位攝津守，好文學。寶曆
七年歿，年二十八。（漢學者傳記及著述集覽）

著有：左傳拔錄一卷。

藤原　溫齋（1801-1882）

ふじわら-おんさい　HUZIWARA-ONSAI　（藩主）

名九鬼隆都（くきたかひろ），稱大隅守，號溫齋。為丹波國綾部藩
第九代藩主（1822-1861）。敍從五位下。（國書解題）

著有：古文孝經攝字注二卷（刊）。

藩儒

乾　長孝（1741-1798）

いぬい-ながたか　INUI-NAGATAKA　（藩儒）

因幡（鳥取縣東部）人，家世代為鳥取藩家老，長孝文武皆秀，在職三十餘年，藩政大舉。又好學，能通儒佛百家。寬政十年歿，年五十八。

著有：繫辭不言解一卷、尚書論、詩說、乾注樂記一卷、春秋知微、大學變通一卷、乾注中庸一卷、乾注孝經。

安積　希齋（1630-1666）

あさか-きさい　ASAKA-KISAI　（藩儒）

名貞吉，字惠吉，稱介之丞，號希齋，常陸（茨城縣大部分）人。仕於水戶藩，寬文六年歿，年三十七。（水戶文籍考）

著有：祭禮私考一卷。

古市　南軒（1661-1722）

ふるいち-なんけん　HURUITI-NANKEN　（藩儒）

名剛，字子強，稱東之進，號南軒、芳林園、春光，江戶（東京都）人。享保七年歿，年六十二。（大日本人名辭書）

著有：卜筮指南大全八卷、經書字辨二卷（刊）。

入江　東阿（1699-1773）

いりえ-とうあ　IRIE-TÔA　（藩儒）

名修敬，字君義，初名敬善，字惺叔，稱平馬，號東阿、龍渚，後又改名修，字保叔，號寧泉，筑後（福岡縣南部）人。以儒仕於久留米

藩，東阿博學多識，達於山鹿流兵學、天文、曆學、算術、量地之術。安永二年歿，年七十五。（福岡縣先賢人名辭典）

著有：論語說藪。

富田　王屋（1728-1776）

とみだ-おうおく　TOMIDA-ÔOKU　（藩儒）

名充實，字伯耳，稱源吉，號王屋。仙臺（宮城縣、岩手縣南部、福島縣一部分）人。富田育齋之子，夙受家學，精究六經，旁善天文、曆算、詩賦，春秋尤其所得意。嘗網羅傳記囊括古今，以立一家之說，為仙臺藩之儒員。安永五年歿，年四十九。（仙臺人物傳）

著有：易斷。

諸葛　琴臺（1748-1810）

もろくず-きんだい　MOROKUZU-KINDAI　（藩儒）

名蠡，字君測，稱次郎太夫，號琴臺、鬒髮山人、鳳棲園。下野（栃木縣）人。精通度量之學，為東臺輪王寺宮之侍讀，後仕於姬路藩。文化七年歿，年六十三。（一說文化十年歿，年六十七。）（大日本人名辭書）

著有：易統四卷、易筮探賾一卷、諸葛易傳內外編十六卷、蕉窗易話一卷、諸葛書傳十三卷、諸葛詩傳十八卷、讀論語十卷、大學考一卷、學庸經傳考二卷、孝經考一卷、經學或問三卷。

梅津　白巖（1742-1821）

うめづ-はくがん　UMEZU-HAKUGAN　（藩儒）

名忠常，字君恕，稱定之丞，號白巖、無二園，羽後（秋田縣大部分與山形縣部分）人。仕於秋田藩，為藩黌之教官，後轉為直官長。文

政四年歿，年八十。（羽陰詩家小傳）

著有：孝經說。

鈴木　大凡（1751-1823）

すずき-たいぼん　SUZUKI-TAIBON　（藩儒）

名重宣，字俊卿，稱千介，號大凡、檻泉、風詠亭。常陸（茨城縣大部分）人。仕於水戶藩，入彰考館。文政六年歿，年七十三。（水戶文籍考）

著有：天文成象一卷、大學解。

宮田　五溪（?-1843）

みやた-ごけい　MIYATA-GOKÊ　（藩儒）

名華龍，字子雲，稱清藏，號五溪。江戶（東京都）人。仕於水口藩。天保十四年歿。（大日本人名辭書）

著有：古文尚書總辨一卷（刊）、毛詩鉤沈十五卷、三禮古制考七卷、三禮雛象解一卷、論語鄉黨圖解一卷、孟子條辨二卷、古本大學解詁一卷、古文孝經解詁一卷、古文孝經翼注一卷。

諸葛　歸春（1783-1847）

もろくず-きしゅん　MOROKUZU-KISYUN　（藩儒）

名晃，字君韜，稱次郎太夫，號歸春、艮軒。下野（栃木縣）人。諸葛琴臺之子，仕於姬路藩，為藩儒。弘化四年歿，年六十五。（大日本人名辭書）

著有：周易晰義四卷、撲菁略說一卷、詩序集說三卷、春秋三統曆譜一卷、孟子劄記二卷、孝經精義一卷、爾雅集釋三卷、四書讀法正誤一卷、五經讀法正誤六卷。

赤城　彩霞（1805-1848）

あかぎ-さいか　AKAGI-SAIKA　（藩儒）

名世謙，字士光，稱總太郎，號彩霞，紀伊（和歌山縣及三重縣南部）人。以文學仕於和歌山藩，參與《紀伊續風土記》之纂修。弘化五年歿，年四十四。（和歌山縣濱口惠璋氏報）

著有：四書正文、大學定說一卷。

內海　雲石（?-1849）

うつみ-うんせき　UTUMI-UNSEKI　（藩儒）

名重彝，字原卿，稱左門，號雲石，近江（滋賀縣）人。姓源氏，累世仕於藤堂侯。雲石善槍術，擢為指南。又經學造詣頗深，《易》學尤為其所得意也。嘉永二年歿，年五十餘。（三重先賢傳）

著有：易繫私鈔、學庸私鈔。

蒔田　鳳齋（?-1850）

まきた-ほうさい　MAKITA-HÔSAI　（藩儒）

名貞、忠貞，字元茂，通稱雁門，號鳳齋、雁門。越前（福井縣嶺北地方及岐阜線西北部）人。仕於福井藩，任高柳村之代官。致仕後，講說於大阪。博覽而精韻學，兼音曲之末藝，無不通曉。嘉永三年歿。（若越墓碑めぐり）

著有：周易通、古文尚書正讀二卷（刊）、尚書通、毛詩通、左傳通、春秋經文匯纂六卷（刊）、論語通、孟子通、大學發揮摘注、學庸通、孝經通二卷（刊）。

小南　栗齋（1771-1860）

こみなみ-りっさい　KOMINAMI-RISSAI　（藩儒）

名寬，字士栗，稱常八郎，號栗齋、古學道人，江戶（東京都）人。
仕於壬生藩。萬延元年歿，年九十。（大日本人名辭書）
著有：古易大數一卷（刊）、大學讀原本一卷（刊）、四書談四卷
（刊）、經學文章論一卷（刊）。

中島　黃山（1815-1870）

なかじま-こうざん　NAKAZIMA-KÔZAN　（藩儒）

名淳，一名龔，字大初，一字君敬，稱長藏，號黃山。岩代（福島縣
西半部）人。受業於鄉儒鈴木堯民，為二本松藩之文學。後任新潟縣
大屬。明治三年歿，年五十六。（安達郡誌）
著有：中庸解。

古屋　有齋（1814-1893）

ふるや-ゆうさい　HURUYA-YÛSAI　（藩儒）

名敏，字文成，稱文作，號有齋，丹波（京都府中部、兵庫縣東北一
部分、大阪府一部分）人。初為久留米藩之儒員，後以講說為業。明
治二十六年歿，年八十。（福岡縣先賢人名辭典）
著有：周易辯明。

芳賀　篁墩（1829-1914）

はが-こうとん　HAGA-KÔTON　（藩儒）

名勝安，號篁墩。羽後（秋田縣大部分與山形縣部分）人。自幼好漢
學，年十四為時習書院之直館，後進為教官，在職二十四年。與小野
湖山、大沼枕山等交遊，夙以詩名顯聞，為秋田藩之儒員。大正三年
歿，年八十六。（秋田人物傳）
著有：經子諸考。

川合　元（?-明和）

かわい-げん　KAWAI-GEN　（藩儒）

名元，稱忠藏。仕於紀伊藩，為文學。明和（1764-1772）中之儒者。（紀藩著述目錄）

著有：詩精一卷、詩活樣四卷、論語室二卷、論語堂五卷、孟子選二卷。

川田　喬遷（?-明和）

かわだ-きょうせん　KAWADA-KYÔSEN　（藩儒）

名良煕，字宗仲，號喬遷，遠江（岡縣西部）人。仕於相良藩，明和（1764-1772）中之儒者。（大日本人名辭書）

著有：論語古說十卷（刊）、學庸軌說二卷。

遲塚　速叟（?-後期）

ちづか-そくそう　TIZUKA-SOKUSÔ　（藩儒）

名久德，稱九二八，號速叟。常陸（茨城縣大部分）人，仕於守山藩，為文學。

著有：論語註五卷（刊）、大學諺解一卷（刊）。

吉田　鷺湖（?-天保）

よしだ-がこ　YOSIDA-GAKO　（藩儒）

名清，字士廉，稱農八郎，號鷺湖、靈鳳。信濃（長野縣及岐阜縣之一部分）人。天保（1830-1844）年間之儒者。（大日本人名辭書）

著有：孝經管解一卷。

松井　蝸菴（?-?）

まつい-かあん　　MATUI-KAAN　　（藩儒）

名邦彥，一名甃，字之國，稱源太夫，號蝸菴、可菴、柳樊。出雲
（島根縣東部）人。為松江藩儒。（大日本人名辭書）

著有：周易程傳備考二卷、尚書二典備考二卷、節略尚書俚語二卷、
左傳通覽十二卷。

藩士

松崎　觀瀾（1682-1753）

まつざき-かんらん　MATUZAKI-KANRAN　（藩士）

名堯臣，字子允，稱左吉，號觀瀾、白圭。江戶（東京都）人。初就中野撝謙修程朱學，後從伊藤東涯，又就三輪執齋學陽明學，然後悟其非，作書論諸家之要及其長短，名曰《正言》。兼修越後流之兵法。仕於篠山藩，自侍臣進為執政，然屢遭讒間而沮，不能終其功業。寶曆三年歿，年七十二。（大日本人名辭書）

著有：中庸管見一卷。

高成田　琴臺（1747-1813）

たかなりた-きんだい　TAKANARITA-KINDAI　（藩士）

名賴亮，字君明，稱甚十郎，號琴臺。陸前（宮城縣部分及岩手縣東南部）人。受業於富田王屋，攻六經、《左氏春秋》。銳意勉學，遂淹貫百家，特邃《易》象。仕於仙臺藩。文化十年歿，年六十七。（仙臺人物傳）

著有：周易官占考、經傳獨斷。

岸　勝明（1740-1815）

きし-かつあき　KISI-KATUAKI　（藩士）

伊賀（三重縣西部）人。自幼穎悟，年甫十三能暗誦四書，及長兼通兵學，為上野之藩士，任學職。文化十二年歿，年七十六。（三重先賢傳）

著有：國風大意。

藤堂　湼齋（1755-1826）

とうどう-せっさい　TÔDÔ-SESSAI　（藩士）

名光寬，字寅亮，稱數馬，號湼齋。為津藩之國老，文武兩道之總教，夙以材識著稱，學問該博，旁究兵學，通琴學，精音韻，兼善武技。為人嚴恭而有威，尤專意於經國。誠德侯之時，起學政，崇祀典，旌表孝義，為津藩國校之總督。於是庶政一新，四隣嚮化。文政九年歿，年七十二。（三重先賢傳、事實文編）

著有：繫辭。

原　松洲（1777-1829）

はら-しょうしゅう　HARA-SYÔSYÛ　（藩士）

名簡，字南史，稱清介，號松洲、優所。江戶（東京都）人。本姓大泉氏，其先出自伊達侯。師承不詳，松洲幼而穎敏強記，習武技。長而好學，邃史學。初仕於栃木侯，後至越後柏崎，從事講說，晚年為桑名藩士。文政十二年歿，年五十三。（北越詩話）

著有：周易筆記二卷。

水野　陸沈（1783-1854）

みずの-りくちん　MIZUNO-RIKUTIN　（藩士）

名民興，號陸沈、訥齋。美濃（岐阜縣南部）人。為大垣藩士，博涉經史百家之書，以經史著稱，兼長於算數。創立藩黌之時，擢為講官。嘉永七年歿，年七十二。（美濃文教史要）

著有：四書度量考一卷。

伊東　奚疑（1795-1859）

いとう-けいぎ　ITÔ-KÊGI　（藩士）

名祐道，字子成，稱太輔，號奚疑、茹堂、一枝，陸前（宮城縣部分

及岩手縣東南部）人。學問該博，尤通於《易》學，仕於仙臺藩，為郡奉行。安政六年歿，年六十五。（仙臺風藻）

著有：大易十翼微臭七卷、論語慎思二十卷、孟子故國章鄙語解一卷、中庸慎思二卷、石經大學慎思一卷、孝經大意一卷、孝經慎思。

小澤　精菴（1798-1864）

おざわ-せいあん　OZAWA-SÊAN　（藩士）

名斑美、孱守，字自焰，稱新兵衛，號精菴。本為相模小田原之藩士，因故到越後以講說為業，其教學徒以令自探究文理為主，又講兵學，談天文，通砲術，多才多藝，為人所敬重。元治元年歿，年六十七。（北越詩話）

著有：十三經考勘記補遺。

三島　通庸（1835-1888）

みしま-みちつね　MISIMA-MITITUNE　（藩士）

通稱彌兵衛，初稱彌五郎。本姓千木氏，為鹿兒島藩士。明治四年至東京，出仕東京府廳，後進任酒田、山形、福島、栃木縣令，又轉職於內務省，明治十八年任警視總監。明治二十年授子爵，明治二十一年歿，年五十四，敘三位勳二等。（大日本人名辭書）

著有：孝經解、四書解。

高垣　柿園（1835-1895）

たかがき-しえん　TAKAGAKI-SIEN　（藩士）

名重明，稱第八郎，號柿園、毬川。姓源氏。羽後（秋田縣大部分與山形縣部分）人。為秋田藩士，學於藩黌，業成，為準教授。廢藩後，為大曲學校教員。明治二十八年歿，年六十一。（秋田人物傳）

著有：孝經講義一卷（刊）。

小松　愚山（1822-1897）

こまつ-ぐざん　KOMATU-GUZAN　（藩士）

名弘毅，稱東吉，後改為勇，號愚山，羽後（秋田縣大部分與山形縣部分）人。本姓佐藤氏，冒小松氏。學槍術兵法於秋田藩黌，亦旁修經義。業成，仕於秋田藩，維新之際，有功績。後以講說為業，致力於漢學之振興。明治三十年歿，年七十六。（秋田人物傳）

著有：五經解、四書解。

千早　東山（1822-1901）

ちはや-とうざん　TIHAYA-TÔZAN　（藩士）

名正忠，字子恕、恕公，稱武一郎，號東山。仙台人。本姓小林氏，為山地蕉窗之養子。至江戶，學於成島東岳及龜田綾瀨，後為仙臺藩之藩士。明治三十四年歿，年八十。

著有：書經古註諺解六卷、毛詩國字辨十卷（刊）、毛詩鄭箋標註九卷（刊）、詩經國字辨十卷、論語集解國字辨五卷（刊）。

陸　九皋（1843-1916）

くが-きゅうこう　KUGA-KYÛKÔ　（藩士）

名義猶，初稱中村他三郎，號九皋。為金澤藩士，維新之時，脫藩潛行於九州，與西鄉隆盛（1827-1877）、桐野利秋（1838-1877）等交往。征韓論起，辭官到江戶，因島田一郎之獄而連坐，被處以終身禁錮。憲法發佈之際，遇特赦，後受命為藩之歷史編纂員。大正五年歿，年七十四。（大日本人名辭書）

著有：易經大義考。

細川　十洲（1834-1923）

ほそかわ-じっしゅう　HOSOKAWA-ZISSYÛ　（藩士）

名元、習，幼名熊太郎，通稱潤次郎，號十洲。土佐（高知縣）人。天資聰敏，與岩崎秋溟、間崎滄浪共稱三神童。初學於家庭，長而至江都，入高島秋帆之門。業成，仕於土佐藩，為制度改正用後，與吉田東洋多所獻替。維新後，為學校權判事，起草新聞條例、出版條例。又後年創始日文之活字，為今日之印刷局。後歷任文部省出仕、印刷局長、司法大輔、東京高等師範學校長、貴族院副議長、樞密顧問官等。明治三十三年賜男爵，續得文學博士之稱號，大正十二年歿，年九十。依特旨敘從一位，賜桐花大綬章。（南學史）

著有：新撰婚禮式、論語講義一冊（刊）、天文版論語考一卷（刊）。

山崎　如山（?-後期）

やまざき-じょざん　YAMAZAKI-ZYOZAN　（藩士）

名苞，號如山、崛崍。肥後宇土藩士，文政初，隱棲於江戶，與井田赤成等交遊。生來弱視，至晚年而失明。

著有：孝經宗旨引證（校）（1819年刊）。

西山　元文（?-寬政）

にしやま-げんぶん　NISIYAMA-GENBUN　（藩士）

名元、元文，通稱寬兵衛。對馬（長崎縣對馬市）人。為對馬藩士，寬政（1789-1801）中人。

著有：周易國字解二十八卷、尚書標注十三卷、詩經考二十卷、左傳會業二十二卷、論語古訓國字解四十六卷、論語古義解四卷。

日本國學者

深澤　君山（1741-1809）

ふかざわ-くんざん　HUKAZAWA-KUNZAN　（日本國學者）

名薰，字南公，號君山。江戶（東京都）人。為三日月藩之重臣，性好學，通經傳及日本國學。文化六年歿，年六十九。（日本教育史料）

著有：國風發蒙十卷。

鈴木　離屋（1764-1837）

すずき-りおく　SUZUKI-RIOKU　（日本國學者）

名腹，字叔清，稱常介，號離屋。尾張（愛知縣西部）人。本姓山田氏，離屋幼而岐嶷，稍長，日夜專講究儒學，善文章，旁從本居宣長學和學。業成，自以儒開門授徒，其授徒時，師道頗嚴。性剛毅，有大節，以道自任。後仕於尾張藩，為明倫堂教授，於明倫堂設和學科者始於離屋。天保八年歿，年七十四。（大日本人名辭書）

著有：論語參解五卷（刊）、大學參解一卷（刊）、六經諸子說。

渡邊　荒陽（1752-1838）

わたなべ-こうよう　WATANABE-KÔYÔ　（日本國學者）

名之望，字萬夫，稱政之助，號荒陽、時習堂。江戶（東京都）人。寬政二年（1790）至江戶，為町儒，開私塾教學，十一年仕於越後高田藩，為藩儒。文化十一年（1814）與平田篤胤學於日本國學，後對篤胤多所批評。天保九年歿，年八十七。

著有：周易體撰六卷、尚書特解六卷、毛詩辨衡十卷、夏小正蝨須二卷（刊）、春秋時習十卷、論語時習十卷、論語時習翼二十卷、語孟

子助字私考一卷、孟子礩諸、讀孟子四卷、大學辟硋一卷、學庸鼠璞
三卷、中庸辟硋一卷、孝經辟硋一卷、孝經贅義二卷、定本古文孝經
一卷、六經大義附語孟睫十四卷。

奧村　止齋（1792-1843）

おくむら-しさい　OKUMURA-SISAI　（日本國學者）

名榮實，稱丹後，號止齋，加賀（石川縣南部）人。仕於加賀藩，為
老職。古今之書無所不讀，又通日本國學，自和漢音韻至制度車服無
不講究。天保十四年，年五十二。（大日本人名辭書）

著有：大學纂述。

八木　中谷（1800-1854）

やぎ-ちゅうこく　YAGI-TYÛKOKU　（日本國學者）

名美穗，幼名林之助，通稱金兵衛，號中谷、中林。駿河（靜岡縣中
部、東北部）人。初學於家庭，年十一既素讀【日本學者在學習漢文
時，有依中文語順直接音讀和依日文語順訓讀兩種方式，素讀屬於後
者，即只管朗讀其音，背誦其文，不管其義及內容的一種訓練】。四
書五經，後從釋大肅研究儒學，兼通佛典之要義。又後修日本皇學，
頗以博覽為人所知，為橫須賀藩之文學。安政元年歿，年五十五。
（靜岡縣人物誌）

著有：論語註解。

山崎　北峯（1796-1856）

やまざき-ほっぽう　YAMAZAKI-HOPPÔ　（日本國學者）

名美成，字久卿，通稱長崎屋新兵衛，後改為久作，號北峯、好問
堂。江戶（東京都）人。以藥舖為業，然性好讀書，厭棄塵俗，遂廢

其業，常親筆硯，以著述為事。又學日本國學於小山田松屋。安政
（一說文久）三年歿，年六十一（年六十七）。（漢學者傳記及著述
集覽）

著有：四禮通考四卷、四書講釋一卷。

殿岡　北海（1782-1865）

とのおか-ほっかい　TONOOKA-HOKKAI　（日本國學者）

名從，字復、復一、大體，稱又一、玻璃藏，號北海、瓊華堂、神
通。越中（富山縣）人。本姓青木，與清水濱臣學日本國學，初仕於
富山藩，為藩士，後住江戶教學。北海通和漢學、《易經》，兼善和
歌、書。（大日本人名辭書）

著有：周易外傳定象篇一卷（刊）、易數開元略說三卷。

關谷　潛（1765-寬政）

せきや-ひそむ　SEKIYA-HISOMU　（日本國學者）

名潛，稱敬藏。學於本居宣長，修古學。寬政前後之人。

著有：易象直解一卷、大學新註一卷。

其他

松澤　老泉（1769-1822）

まつざわ-ろうせん　MATUZAWA-RÔSEN　（出版家）

名麥，字士屑，稱和泉屋庄次郎，號老泉、成楊。江戶（東京都）人。經營書肆，號慶元堂，有考據學之著作遺世。文政五年歿，年五十四。（大日本人名辭書）

著有：經典釋文盛事一卷、經籍答問二卷（刊）。

小龜　勤齋（?-延寶）

こがめ-きんさい　KOGAME-KINSAI　（出版家）

名益英，字叔華，通稱三左衛門，號勤齋、嘉琴。京師人。本姓津高，於京都經營書肆，延寶（1673-1681）時期之儒者。（大日本人名辭書）

著有：周易菁秘事六卷、大學諺解六卷。

馬場　信武（?-1715）

ばば-のぶたけ　BABA-NOBUTAKE　（易學者）

初稱尾田玄古，後名曰信武。京師人。精於日本典故之學，兼能《易》術，明兵學。正德五年歿。（大日本人名辭書）

著有：八卦掌中指南四卷、占卜俚諺鈔九卷、周易一生記五卷（刊）、周易八卦藏本鈔一卷（刊）、周易日用掌中指南（一名本卦指南）五卷、周易指掌大成、周易學啟蒙傳疑二卷（刊）、易學啟蒙圖說一卷（刊）、易學啟蒙說統四卷（刊）、梅花心易掌中指南五卷（刊）、斷易指南鈔（一名初學直擲錢鈔）十卷（刊）、麟鳳龜龍占一卷、書經天文指南四卷、書經天度辨四卷、五經圖解十二卷。

井田　龜學（1756-1802）

いだ-きがく　IDA-KIGAKU　（易學者）

名長秀，號龜學、潛龍堂。《易》學者，享和二年歿，年四十七。
（國書解題）

著有：易學卦象自在三卷、易學射考指南二卷、易學通解二卷
（刊）、易學餘考一卷、掌中疑卜辨一卷、歲卦斷一卷。

高松　貝陵（?-後期）

たかまつ-ばいりょう　TAKAMATU-BAIRYÔ　（易學者）

名芳孫，號貝陵、易蘇堂。姓源，為《易》學者，講說於江戶。

著有：周易道標四十一卷、新撰周易序卦斷法二卷（刊）、日東周易
蘇十三卷（刊）、日東周易蘇卦爻象系譜（弘化四年自序）。

水谷　雄琴（?-文化）

みずのや-ゆうきん　MIZUNOYA-YÛKIN　（易學者）

名君龍，字起雲，稱正介、庄助，號雄琴。備中（岡山縣西部）人。
本姓源，住大阪，講說《易》學，兼行占筮，頗有奇驗之稱。文化之
初歿。（大阪名家著述目錄）

著有：中華龜卜考一卷（刊）、日本龜卜考一卷、周易正字考一卷、
周易折衷削要二十四卷、周易取象徵五卷、周易衡十五卷、易占的附
射覆口訣二卷、易占通二卷、非易學啟蒙二卷、歷代占例考二卷、定
本洛書新說一卷。

市野　迷菴（1765-1826）

いちの-めいあん　ITINO-MÊAN　（校勘學）

名光彥，字俊卿、伯邦，通稱彌三郎，後改三右衛門，號迷菴、箟

窗、醉堂，江戶（東京都）人。市野東谷之孫，受業於黑澤雉岡，其學奉洛閩，文出入於宋明，以歸有光為宗，又以古書之校勘著稱。文政九年歿，年六十二。（大日本人名辭書）

著有：論語大永本集解劄記四卷、論語正平本集解劄記十卷、活版經籍考一卷。

最上　鶯谷（1754-1836）

もがみ-おうこく　MOGAMI-ÔKOKU　（探勘家）

名常矩、元吉，字子員，稱德內，號鶯谷、甌山、白虹齋。出羽（山形縣及秋田縣一部分）人。天明元年（1781）至江戶，學醫於山田圖南（1749-1787），學和算於串原正峯，後受業於本田利明，究天文、測量、地理、航海之學。兼經術之造詣頗深，精通音韻之學，寬政三年及四年受幕命渡航至蝦夷及樺太，視察探檢俄人之狀況。寬政十年隨使番大河內政壽與近藤守重至樣似【町名，位於北海道南部日高振興局館內】而歸。天保七年歿，年八十三（一說八十二歲）。贈正五位。（大日本人名辭書、山形善行美蹟）

著有：論語彙訓二十四卷、孝經古今文異同考一卷、孝經白天章三卷。

矢部　騰谷（1774-1838）

やべ-とうこく　YABE-TÔKOKU　（幕府官員）

名保惠，字誨人，稱與藏、為八、為八郎，號騰谷。陸奧（青森縣、岩手縣、宮城縣、福島縣、秋田縣東北部）人。住江戶，任幕府之同心【下級公安】，能儒學。天保九年歿，年六十五。（大日本人名辭書、其他）

著有：論語三家定說考十卷、大學原文句讀一卷、大學集義二卷（刊）、中庸集義二卷。

著作篇

本經籍目錄依《易》、《書》、《詩》、《禮》、《春秋》、《論語》、《孟子》、《孝經》、《爾雅》、群經總義等類區分。

易類	四書類
書類	論語
詩類	孟子
禮類	大學
周禮	中庸
儀禮	論孟
禮記	學庸
三禮及其他相關	四書
春秋類	孝經類
左傳	爾雅類
公羊傳	群經總義類
穀梁傳	
春秋相關	

易類

書名	姓	字號
九卦廣義一卷	佐藤	一齋
入易門庭一卷	荻生	金谷
八卦八色辨要圖	高橋	華陽
八卦通象一卷	神林	復所
八卦掌中指南四卷	馬場	信武
十六卦考	神林	復所
卜筮私考	平住	專菴
卜筮卦爻問答三卷	松宮	觀山
卜筮盲筇秘傳集二卷	松宮	觀山
卜筮指南大全八卷	古市	南軒
卜筮貨殖考一卷	井上	鶴洲
卜筮晴雨考一卷	井上	鶴洲
卜筮筆記並出處論	佐藤	直方
卜筮極秘傳八卷	松宮	觀山
卜筮經驗十六卷	松宮	觀山
卜筮論一卷	鈴木	龍洞
卜筮擲丸要訣	平住	專菴
三易考	神林	復所
三易通考四卷	佐藤	麟趾

書名	姓	字號
大周易象數圖經要領一卷（刊）	小林	函山
大易十翼微臭七卷	伊東	奚疑
大衍略說說卦八卦巨象考	神林	復所
大象解一卷	伊藤	仁齋
小易卦象義	皆川	梅翁
小畜象卦對象辨	宮永	大倉
中洲易叢八卷	真勢	中洲
中華龜卜考一卷（刊）	水谷	雄琴
五行易指南十卷（刊）	櫻田	虎門
五象小言	小笠原	冠山
五隣通卦活法傳一卷	新井	白蛾
六十四卦活法一蒙	真勢	中洲
六十四卦斷例一卷	真勢	中洲
反卦互體圖說一卷	中村	惕齋
反易辨二卷	佐佐木	琴臺
天文成象一卷	鈴木	大凡
天文成象圖	森	蘭澤
心易真訣一卷	真勢	中洲
日本龜卜考一卷	水谷	雄琴

書名	姓	名	書名	姓	名
日東周易蘇十三卷（刊）	高松	貝陵	古易病斷二卷（刊）	新井	白蛾
日東周易蘇卦爻象系譜（弘化四年自序）	高松	貝陵	古易通	新井	白蛾
王注周易注箋解十一卷	石原	桂園	古易察病傳一卷（刊）	新井	白蛾
王注周易國字解三卷	若林	嘉陵	古易對問一卷（刊）	新井	白蛾
占卜俚諺鈔九卷	馬場	信武	古易精義一卷（刊）	新井	白蛾
占考談	海保	青陵	古易精義指南二卷（刊）	新井	篤光
占法極秘口訣一卷	新井	白蛾	古易縮極傳一卷	新井	白蛾
占法儀要儀	守屋	心翁	古易鍵	芥川	丹丘
占筮活潑潑一卷	松井	羅洲	古易斷時言四卷（刊）同外篇	新井	白蛾
占筮問答	中村	習齋	古易鑑五卷	芥川	丹丘
古周易經斷外篇共十卷（刊）	新井	白蛾	四象陰陽異同辨	神林	復所
古易一家言補共二卷（刊）	新井	白蛾	本卦要儀	守屋	心翁
古易又玄解五卷	井上	鶴洲	正易推術一卷	赤井	東海
古易大數一卷（刊）	小南	栗齋	立象盡意三卷	松井	羅洲
古易天眼方位傳二卷	新井	白蛾	伊川易傳序	佐藤	直方
			伏羲八卦圖講義一卷	淺見	絅齋
古易占病軌範二卷（刊）	井上	鶴洲	列象一義	神林	復所
			名象略辨	宮永	大倉
古易占病軌範後編二卷（刊）	井上	鶴洲	地水卦象發蘊	神林	復所
			朱易衍義三卷（編次）	山崎	闇齋

書名	姓	字號
朱易衍義筆記一卷	三宅	尚齋
朱易衍義講義一卷	淺見	絅齋
朱易衍義講義二卷	稻葉	迂齋
朱易衍義講義三冊	宇井	默齋
艮止說一卷（刊）	陶山	鈍翁
艮卦象辭直解一卷	陶山	鈍翁
作易象圖一卷（刊）	高橋	華陽
作易解	木澤	天童
刪定周易講義八卷（刊）	真勢	中洲
李氏易解補十七卷	小笠原	冠山
李鼎祚易解義疏十八卷	山本	北山
京氏易傳增註	熊阪	台州
卦爻增減之圖	高橋	華陽
卦綜考	足代	立溪
卦變一例	神林	復所
卦變集說一卷	淺見	絅齋
卦變諸說一卷	淺見	絅齋
周易一生記五卷（刊）	馬場	信武
周易八卦藏本鈔一卷（刊）	馬場	信武
周易八象槧	高橋	華陽
周易十撰釋例一卷	皆川	淇園
周易三卷并附卷	中井	履軒
周易口義	佐藤	麟趾
周易大象義	宮永	大倉
周易大傳研幾八冊	小倉	三省
周易小識	隨朝	若水
周易六十四卦名開物一卷	皆川	淇園
周易反正十二卷	太宰	春臺
周易手記六卷	林	羅山
周易日用掌中指南（一名本卦指南）五卷	馬場	信武
周易比例考六卷	大田	錦城
周易比例考補二卷	中井	乾齋
周易王注補正三卷	河野	恕齋
周易包蒙五十卷（刊）	伊藤	宜堂
周易占法儀	守屋	心翁
周易古占法四卷（刊）	海保	漁村

周易古注十卷（校）	井上	蘭臺	周易本義考	新井	白蛾
周易古斷	戶崎	淡園	周易本義私考十三卷	林	鵝峯
周易句解十卷（校）	小出	永安	周易本義拙解十二卷	平住	專菴
周易外傳定象篇一卷（刊）	殿岡	北海	周易本義首書七卷	林	鵝峯
周易本旨十六卷	伊藤	蘭嵎	周易本義國字解五卷	江村	復所
周易本筮指南二卷	谷川	龍山	周易本義疏	蟹	養齋
周易本義七卷（點）	林	羅山	周易本義疏鈔	巖村	南里
周易本義十二卷序例一卷（刊）	山崎	闇齋	周易本義筆記二冊	宇井	默齋
周易本義口訣	守屋	心翁	周易本義質疑	巖村	南里
周易本義旨註鈔	守屋	心翁	周易本義窺觀一冊	神林	復所
周易本義旨註鈔文言傳	守屋	心翁	周易正文一卷	真勢	中洲
周易本義旨註鈔序卦傳	守屋	心翁	周易正文二卷（點）	片山	兼山
周易本義旨註鈔彖傳	守屋	心翁	周易正字考一卷	水谷	雄琴
周易本義旨註鈔象傳	守屋	心翁	周易正象	宮本	篁村
周易本義旨註鈔說卦傳	守屋	心翁	周易正義校勘記補正一卷	海保	漁村
周易本義旨註鈔雜卦傳	守屋	心翁	周易玉契二卷（刊）	松田	黃牛
周易本義旨註鈔繫辭傳	守屋	心翁	周易生音	宮永	大倉
			周易安俟錄	山本	青城
			周易考二卷	中山	城山

書名	姓	號	書名	姓	號
周易考十二卷	龜井	昭陽	周易便覽十卷	赤松	滄洲
周易考三冊	平元	謹齋	周易南坡疏抄十八卷	大菅	南坡
周易考證十二卷	山中	天水	周易拾象稿十卷	村瀨	栲亭
周易序卦傳一卷	松井	羅洲	周易指掌大成	馬場	信武
周易折衷削要二十四卷	水谷	雄琴	周易洗心解十二卷	平賀	中南
周易私考翼七卷	林	鵝峯	周易珍說六卷	荒井	鳴門
周易私講	奧宮	慥齋	周易研幾十二卷	小倉	無邪
周易私斷六卷（刊）	大橋	訥菴	周易約解六卷	高岡	養拙
周易卦主論一卷	土肥	鹿鳴	周易約說	豐島	豐洲
周易卦象解三卷	鈴木	文臺	周易約說	戶崎	淡園
周易卦象闡一卷	土肥	鹿鳴	周易衍註八卷	中村	中倧
周易卦圖一冊	平元	謹齋	周易要略三卷	東	澤瀉
周易卦變談一卷	土肥	鹿鳴	周易述參訂二卷	重野	成齋
周易取象徵五卷	水谷	雄琴	周易述義八卷（校）	大橋	訥菴
周易官占考	高成田	琴臺	周易重言考二卷	大田	錦城
周易定論	安藤	適齋	周易音訓二卷（刊）	昌谷	精溪
周易或問二卷	清水	春流	周易音義一卷（校）	關	松窗
周易河圖洛書解	宮永	大倉			
周易注	菊地	大瓠	周易家人升二卦卦變說	川田	琴卿
周易注疏考三卷	岡本	況齋	周易時中解	森	東郭
周易注疏考附錄一卷	岡本	況齋	周易特解十二卷	坂本	天山
周易玩辭二卷	馬淵	嵐山	周易秘傳書十二冊	齋藤	芝山
周易便覽一卷	土肥	鹿鳴			

周易秘傳鈔	守屋	心翁	周易統	落合	雙石
周易秘解	真勢	中洲	周易通	蒔田	鳳齋
周易秘箋一卷	松永	寸雲	周易復古筮法一卷	根本	羽嶽
周易索隱十一卷	藍澤	南城	周易晰義十卷	中井	乾齋
周易訓點異同一卷（刊）	林	鵝峯	周易晰義四卷	諸葛	歸春
周易乾坤古義一卷	伊藤	仁齋	周易發蘊三卷	山中	天水
周易乾坤註釋一卷	太田代	東谷	周易程傳私考十八冊	林	鵝峯
周易乾坤象解	宮永	大倉	周易程傳私考補十卷	林	鳳岡
周易乾坤義理解	宮永	大倉	周易程傳備考二卷	松井	蝸菴
周易動植象考十二卷	江村	復所	周易程傳鈔說四卷	中村	惕齋
周易參考十二卷	大田	錦城	周易童子問附或問一卷（校）	石井	磯岳
周易啟蒙考	新井	白蛾	周易筆記二卷	原	松洲
周易啟蒙國字解十卷	穗積	能改齋	周易註二卷	伊藤	東涯
周易啟蒙圖說一卷	原	狂齋	周易註疏	岡島	龍湖
周易啟蒙翼傳一卷	中村	惕齋	周易註解	谷田部	漪齋
周易啟蒙欄外書一卷	佐藤	一齋	周易詁十二卷	馬淵	嵐山
周易國字解二十八卷	西山	元文	周易象原八卷	中井	乾齋
周易略五卷	村田	箕山	周易象義	杉山	竹外
			周易象義二十卷	鈴木	石橋
			周易象義二卷	永井	星渚
周易略說二卷	津輕	儼淵	周易象義十二卷	真勢	中洲

周易象義十卷	大田	錦城	周易傳義異同考八卷	安東	省菴
周易象義十卷	赤松	滄洲	周易傳義講義十卷	室	鳩巢
周易象義約說六卷	小笠原	冠山	周易匯考續貂	原	狂齋
周易象義餘錄五卷	海保	漁村	周易彙註	富永	滄浪
周易象義辯正卷首一卷（刊）	根本	羽嶽	周易愚解二卷	戶崎	淡園
周易象解	谷川	龍山	周易愚說二卷	朝川	善菴
周易象解	芥川	丹丘	周易新見二十三冊	林	鵝峯
周易象徵十卷	真勢	中洲	周易新疏八卷（刊）	河田	東岡
周易象徵正文音義二卷（刊）	松井	羅洲	周易新疏十卷	室	鳩巢
周易象徵樞機十卷	松井	羅洲	周易新疏別錄二卷（刊）	河田	東岡
周易象徵諺解十四卷	真勢	中洲	周易會通纂要二十四卷	大田	錦城
周易象徵講義三十二卷	真勢	中洲	周易筮法經驗	伊藤	萬年
周易跋鼇二十二卷	佐和	莘齋	周易筮度圖式抄一卷	菅	牛鳴
周易進講手記六冊	三輪	執齋	周易經翼通解十八卷	伊藤	東涯
周易集解補註	小笠原	冠山	周易經翼通解十八卷（刊）	伊藤	東所
周易傳義考異九卷	伊藤	東涯	周易義例卦變考一卷	伊藤	東涯
周易傳義國字解八卷	伊藤	蘭齋	周易補註	寺本	直道
周易傳義國字解六十六卷	穗積	能改齋	周易解	姥柳	有莘
			周易解	堀江	惺齋

周易解（刊）	三野	藻海	周易精蘊	新井	白蛾
周易解十二卷	秦	滄浪	周易蓍秘事六卷	小龜	勤齋
周易解十二卷（刊）	白井	重行	周易說	下田	芳澤
周易解十卷	岡	龍洲	周易說	古屋	愛日齋
周易解五卷	片岡	如圭	周易說約徵象七卷	三浦	佛巖
周易解詁十四卷	松井	羅洲	周易說統十二卷	細合	斗南
周易解詁翼十二卷	松井	羅洲	周易說統十二卷	佐藤	敬菴
周易解題一卷	海保	漁村	周易說統四卷	八田	華陽
周易詳解	伊藤	鳳山	周易廣義補四冊	尾藤	二洲
周易道標四十一卷	高松	貝陵	周易標注二十四卷	帆足	萬里
周易雋註二卷（刊）	河田	東岡	周易標記	小谷	巢松
周易僭考三卷	龜井	昭陽	周易談二卷	佐藤	敬菴
周易圖考一卷	佐藤	一齋	周易諸說考異	宮本	篁村
周易圖說	山本	中齋	周易質疑	池守	秋水
周易圖說一卷	坂本	天山	周易學啟蒙傳疑二卷（刊）	馬場	信武
周易漢注考六卷	海保	漁村	周易橫圖	杉山	竹外
周易皷缶	山口	剛齋	周易衡十五卷	水谷	雄琴
周易箋註十二卷	松本	愚山	周易諺解三卷	真勢	中洲
周易管見二卷	座光寺	南屏	周易諺解敍例一卷	真勢	中洲
周易管窺四卷	池田	冠山	周易輯疏文言傳一冊	藤澤	南岳
周易精義	大田	晴軒	周易輯解四冊（刊）	土屋	鳳洲
周易精義十二卷（刊）	佐藤	延陵			

周易辨義十卷	井上	蘆洲	周易繫辭傳釋義二卷	齋宮	靜齋
周易選說十卷	小笠原	冠山	周易繫辭解	木村	大讓
周易龍象解一卷	土肥	鹿鳴	周易繫辭詳說二卷	大田	錦城
周易龍象論一卷	土肥	鹿鳴			
周易禪解（校）	猪飼	敬所	周易繹解十卷	皆川	淇園
周易翼解十三卷（刊）	井上	鶴洲	周易證象二卷	小篠	東海
周易講案一冊	鎌田	梁洲	周易類考四卷	片山	兼山
周易講義	谷口	鹿洞	周易纂註	鎌田	梁洲
周易講義	千手	廉齋	周易釋故二十五卷（刊）	真勢	中洲
周易講義	山口	菅山	周易闡十二卷	佐藤	東齋
周易講義	林	鳳岡	周易欄外書十卷	佐藤	一齋
周易講義三卷	齋宮	靜齋	周易欄外書附錄一卷	佐藤	一齋
周易講義四卷	真勢	中洲	周易蠡測四卷（刊）	小篠	東海
周易講義錄	谷口	藍田			
周易講錄	久保	侈堂	周易辯明	古屋	有齋
周易叢書	佐藤	牧山	周易竊疑	小島	省齋
周易叢說一卷	芳川	波山	周易蠱巽三日考一卷	土肥	鹿鳴
周易斷叢	白井	重行			
周易雜收	宮永	大倉	周易變占論一卷（刊）	山本	樂所
周易雜說九冊	星野	鵜水	周易體撰六卷	渡邊	荒陽
周易題說不（一名周易抄）六卷（刊）	林	羅山	定本洛書新說一卷	水谷	雄琴
周易繫辭傳詳解八卷	戶崎	淡園	尚占影響傳	松井	羅洲
			易大意一卷	齋宮	靜齋

易文六書考	神林	復所	易林考二卷	岡本	況齋
易文斷釋	高岡	養拙	易林神占（刊）	石川	鴻齋
易占決理考	高橋	華陽	易林圖解二卷	片岡	如圭
易占的附射復口訣二卷	水谷	雄琴	易胃解二十二卷	佐藤	麟趾
易占要略一卷（刊）	太宰	春臺	易音考一卷	岡本	況齋
易占通二卷	水谷	雄琴	易原一卷（刊）	皆川	淇園
易占挨方一卷	松井	羅洲	易原圖略說一卷（刊）	谷川	龍山
易占挨方考（一名真勢易蘊）一卷	真勢	中洲	易原圖略說一卷（刊）	真勢	中洲
易本義十三冊	三宅	尚齋	易書啟蒙解十二卷	梁田	毅齋
易本義翼十二卷	大高坂	芝山	易書階梯五卷	山崎	子列
易本義講義	稻葉	默齋	易乾鑿度二卷（校）	木村	巽齋
易本義纂要	金子	霜山	易啟蒙全解十二卷	築田	元叔
易本義續五冊	三宅	尚齋	易啟蒙私考一冊	林	鵝峯
易本義續續一冊	三宅	尚齋	易統四卷	諸葛	琴臺
易守翼十八卷	倉成	龍渚	易術手引草一卷（刊）	片岡	如圭
易考	黑澤	四如	易術妙鏡一卷（刊）	片岡	如圭
易私說一冊	平元	謹齋	易術明畫二卷	片岡	如圭
易私錄一冊	豐島	洞齋	易術便蒙一卷（刊）	片岡	如圭
易私錄一冊	平元	謹齋	易術要秘一卷	真勢	中洲
易繫辭廣義一卷	尾藤	二洲	易術傳十卷	片岡	如圭
易例便蒙二冊	神林	復所			
易卦圖	中江	藤樹			

易術夢斷一卷	片岡	如圭
易術夢斷補一卷	片岡	如圭
易術斷則一卷（刊）	田宮	橘菴
易通一卷	服部	大方
易象直解一卷	關谷	潛
易象起原一卷	佐佐木	琴臺
易象深機四卷	松井	羅洲
易象發揮八卷	神林	復所
易象發揮八卷（一名易學發揮）	土肥	鹿鳴
易象義解五卷	山本	北山
易象箋解	大田	錦城
易象辨疑三卷	土肥	鹿鳴
易傳私考未定稿	櫻田	虎門
易傳私解五卷	澁井	太室
易傳圖解一卷（刊）	和田	絅
易傳辨語	大田	晴軒
易筮探賾一卷	諸葛	琴臺
易經七卷（刊）	溪	百年
易經大義考	陸	九皋
易經小解附原卦七卷	熊澤	蕃山
易經本義和解	杉山	正義
易經本義講義四冊	落合	東堤
易經本義講義四卷	山本	復齋
易經私錄	三島	中洲
易經和鈔五卷	愛甲	喜春
易經俚解八卷	菅	新菴
易經俚解六卷	土肥	鹿鳴
易經國字解	桃	白鹿
易經解	東條	一堂
易經聞書二冊	中井	履軒
易經蒙引二十四卷（校）	山脇	道圓
易經講義二卷	稻葉	迂齋
易經講義十五冊	淺井	貞菴
易經辭例	高橋	華陽
易經韻字句讀考四卷	土肥	鹿鳴
易解	山崎	淳夫
易解	秋山	景山
易解	大田	錦城
易解（未完）	金子	鶴村
易解六卷	井上	四明
易話三卷	土肥	鹿鳴
易話三卷（刊）	片岡	如圭
易道小成稿	河田	東岡

易道初學一卷（刊）	新井	白蛾	易學口號	中村	習齋
易道撥亂一卷（刊）	太宰	春臺	易學手引草一卷	土肥	鹿鳴
			易學木鷄自解	江帾	木鷄
易道撥亂辨一卷（刊）	森	東郭	易學折中一卷（刊）	井上	金峨
易雋六卷（刊）	河田	東岡	易學私考	泉	達齋
易疑一卷	伊藤	蘭嵎	易學卦象自在三卷	井田	龜學
易說	橫溝	藿里			
易說	肥田野	築村	易學要略	中村	習齋
易說一卷	中井	竹山	易學要領一卷	土肥	鹿鳴
易說十二卷	服部	大方	易學射考指南二卷	井田	龜學
易說十二卷（一名仁里周易說稿）	佐佐木	琴臺	易學啟蒙四卷（刊）	山崎	闇齋
易說五卷	渡邊	蒙菴	易學啟蒙合解評林八卷	毛利	貞齋
易說示蒙四卷	土肥	鹿鳴	易學啟蒙考證一卷	淺見	絅齋
易說便蒙	黑澤	節窩			
易說家傳記聞四卷	朝川	善菴	易學啟蒙助講二卷	大塚	退野
易說問答	東條	琴臺	易學啟蒙序師說一卷	淺見	絅齋
易說辨蒙一冊	東方	祖山	易學啟蒙序講義略一卷	淺見	絅齋
易說闡旨二卷	神林	復所	易學啟蒙要義	守屋	心翁
易數八陳說	佐藤	直方			
易數多少進退考	神林	復所	易學啟蒙索驥編四卷	平住	專菴
易數開元略說三卷	殿岡	北海	易學啟蒙國字解	蟹	養齋
易論	手塚	玄通	易學啟蒙探索鈔	守屋	心翁

易學啟蒙通釋鈔八卷（刊）	小出	永安	易學通義八卷	井上	鶴洲
易學啟蒙筆記四卷	三宅	尚齋	易學通解二卷（刊）	井田	龜學
易學啟蒙補要解師說一卷	淺見	絅齋	易學提要一卷	貝原	益軒
易學啟蒙解	大野	竹瑞	易學發蒙五卷（刊）	井上	鶴洲
易學啟蒙解五卷	片岡	如圭	易學筆記一卷	淺見	絅齋
易學啟蒙鉤深圖二卷	增島	蘭園	易學象意考一卷（刊）	新井	白蛾
易學啟蒙圖考一卷	河田	迪齋	易學開物三卷	皆川	淇園
易學啟蒙圖說一卷（刊）	馬場	信武	易學階梯附言一卷	谷川	龍山
易學啟蒙摘說五卷	櫻田	虎門	易學楷梯二卷（刊）	真勢	中洲
易學啟蒙說統四卷（刊）	馬場	信武	易學源流論一卷	坂本	天山
易學啟蒙諸老說	林	潛齋	易學源流論一卷（刊）	中村	中倧
易學啟蒙諺解大成八卷（刊）	榊原	篁洲	易學跡斷考五卷	井上	鶴洲
易學啟蒙講義	荻野	斃己齋	易學餘考一卷	井田	龜學
易學啟蒙講義二卷	真勢	中洲	易學辨疑一卷（刊）	井上	金峨
易學啟蒙講義三卷	淺見	絅齋	易學聲斷考一卷	井上	鶴洲
易學啟蒙講義序	佐藤	直方	易學講習別錄一卷	淺見	絅齋
易學啟蒙纂要四卷	金子	霜山	易學講義二卷	渡邊	蒙菴
易學略說	園山	酉山	易學簡理證	高橋	華陽
			易翼詳解四卷	小篠	東海
			易翼餘考五卷	林	鵝峯

易斷	富田	王屋	原卦畫一卷	淺見	絅齋
易隤	金	岳陽	校正象變辭占四卷（刊）	真勢	中洲
易繫私鈔	內海	雲石			
易繫辭傳一冊	豐島	洞齋	啟蒙蓍數諸圖	淺見	絅齋
易繫辭傳小解二卷	熊澤	蕃山	推易衍旨	佐佐木	琴臺
			梅花心易掌中指南五卷（刊）	馬場	信武
易辭一覽一卷	內藤	碧海			
易類書目一卷	岡本	況齋	梅花心易評注一卷	新井	白蛾
易類說一卷	淺見	絅齋			
易類編三卷（刊）	新井	白蛾	梅花心易鈔四卷	太田	子規
			陳氏周易證解十二卷	陳	錢塘
河洛五行叢說一卷	淺見	絅齋			
			掌中疑卜辨一卷	井田	龜學
河圖說一卷	淺見	絅齋	撲蓍略說一卷	諸葛	歸春
河圖數生出講義一卷	淺見	絅齋	復古周易經正文二卷（刊）	真勢	中洲
非易學啟蒙二卷	水谷	雄琴			
俗易鋤莠一卷	神林	復所	復古易精義入神傳二卷（刊）	真勢	中洲
洛書乘數筆記一卷	淺見	絅齋	程易夜話	平野	深淵
			程易衍旨四卷	黑澤	雉岡
皇極內篇筮卜儀	蟹	養齋	程傳易證二卷	岡本	稚川
胡一桂易圖一卷（校）	堤	它山	筆記周易本義十六卷（刊）	中村	惕齋
音訓易知錄一卷	武井	用拙	筆記易學啟蒙四卷	中村	惕齋
冢氏周易正文二卷（刊）	冢田	大峯			
			筆記續易要領四卷（刊）	中村	惕齋
冢注周易八卷（刊）	冢田	大峯	象圖變通傳三卷	松井	羅洲

象變辭占考三卷	松井	羅洲	談易隨筆二卷	小笠原	冠山
新撰周易序卦斷法二卷（刊）	高松	貝陵	諸家占筮說	中村	習齋
歲卦斷一卷	井田	龜學	諸葛易傳內外編十六卷	諸葛	琴臺
筮法指南一卷（刊）	真勢	中洲	質問易話一卷	井上	蘆洲
筮法要儀	守屋	心翁	學易一卷	中村	黑水
筮法緒言一卷	真勢	中洲	學易漫錄二卷	龜田	綾瀨
筮則一冊	真勢	中洲	歷代占例考二卷	水谷	雄琴
筮儀新說一卷	真勢	中洲	蕉窗易話一卷	諸葛	琴臺
葆光齋易說二卷	大田	晴軒	薛氏易要語一卷	淺見	絅齋
圖書發蘊付讀逐初堂易說二卷	神林	復所	薛氏畫前易說一卷	淺見	絅齋
漢土易傳約說五卷	佐藤	敬菴	謙卦辭一卷	綾部	道弘
著卜考誤辨正一卷	皆川	淇園	斷易指南鈔（一名初學直擲錢鈔）十卷（刊）	馬場	信武
著卦考誤一卷（校點）	山崎	闇齋	斷易真訣二卷	真勢	中洲
說卦傳字釋一卷	皆川	淇園	醫易口訣三卷	真勢	中洲
增補周易私斷十一卷	並木	栗水	雞肋周易	足代	立溪
增續卜筮盲筓二卷	松宮	觀山	繫辭	藤堂	渫齋
履隨象解	宮永	大倉	繫辭不言解一卷	乾	長孝
廣易必讀二卷（刊）	新井	白蛾	繫辭答問一卷（刊）	東條	一堂
標註訓點周易古傳	小田	穀山	繫辭傳古義（刊）	三野	象麓
			繫辭傳參伍考證一卷	淺見	絅齋
			繫辭傳詞例	高橋	華陽

繫辭傳辨解	戶崎	淡園
繫辭新論四卷	中井	乾齋
蘇易傳翼十卷	堀	南湖
續周易考	名倉	松窗
讀周易私記四卷	金子	霜山
讀易小言二卷	增島	蘭園
讀易反心錄一卷	吉村	斐山
讀易日札七卷	會澤	正志齋
讀易本義私語	中村	習齋
讀易抄八卷	春日	潛菴
讀易私記	高橋	復齋
讀易私記	若山	勿堂
讀易私說一冊	平元	謹齋
讀易私說一卷	伊藤	東涯
讀易要領一卷	中村	蘭林
讀易草一卷	荻生	金谷
讀易備考	赤松	滄洲
讀易鈔說十三卷	井上	蘆洲
讀易圖例一卷	伊藤	東涯
讀易漫筆一卷	岡崎	槐陰
讀易課鈔三卷	萩原	綠野
讀易餘論一卷	高岡	養拙
讀易錄三冊	池田	草菴
讀易贍言	萩原	綠野
讀易雜抄四卷	荻生	金谷

讀易闡旨一卷	服部	大方
讀程氏易傳記	中村	習齋
鼇頭易學小箋卷	新井	白蛾
觀易著咏（刊）	鷹羽	雲淙

書類

大禹謨辨一卷	伊藤	東涯
今文尚書說稿三卷	佐佐木	琴臺
古文尚書二卷（點）	片山	兼山
古文尚書孔傳指要五卷	吉田	篁墩
古文尚書孔傳標注十三卷	宇野	東山
古文尚書正讀二卷（刊）	蒔田	鳳齋
古文尚書存疑	片山	兼山
古文尚書直解	熊阪	台州
古文尚書紀年解四卷	齋藤	芝山
古文尚書國字解十五卷	齋藤	芝山
古文尚書略解二十八卷	藍澤	南城
古文尚書勤王帥（校）	猪飼	敬所

古文尚書勤王師三卷（刊）	山本	北山	尚書古今文同異考二卷	角田	青溪
古文尚書增注十卷	齋藤	芝山	尚書古今文考異二卷	萩原	綠野
古文尚書增註別錄七卷	齋藤	芝山	尚書古今文管窺二卷（刊）	朝川	同齋
古文尚書辨偽	皆川	淇園	尚書古文考（刊）	山井	崑崙
古文尚書總辨一卷（刊）	宮田	五溪	尚書正本六卷（校）	伏原	宣條
古註尚書考五卷	戶崎	淡園	尚書正義校勘記補正一卷	海保	漁村
典謨述義及附錄五卷	會澤	正志齋	尚書考一冊	平元	謹齋
尚書二典備考二卷	松井	蝸菴	尚書考二卷	中山	城山
尚書人物證一卷	高橋	華陽	尚書考十一卷	龜井	昭陽
尚書小識	隨朝	若水	尚書考六卷	垣內	熊岳
尚書今文定本	南宮	大湫	尚書考文四卷	永井	星渚
尚書今文纂註	南宮	大湫	尚書考合解	立野	桂山
尚書今古文系表一卷	三島	中洲	尚書抄說三冊	牧野	默菴
尚書六卷并附卷	中井	履軒	尚書折衷辨斷六卷	日尾	荊山
尚書天文解（刪補）三卷	豬飼	敬所	尚書典謨說二卷（刊）	箕浦	靖山
尚書天文解一卷	田中	大觀	尚書注疏十卷（校）	芥川	丹丘
尚書孔傳纂疏十二卷	大田	錦城	尚書注疏考二卷	岡本	況齋
尚書去病一卷（刊）	下鄉	樂山	尚書直旨	樋口	義所
			尚書後辨辨十卷	山本	北山

尚書紀聞十三卷（刊）	大田	錦城	尚書精蘊三卷	山中	天水
尚書衍文考一卷	永井	星渚	尚書說	佐藤	牧山
尚書音義一卷（校）	關	松窗	尚書說	古屋	愛日齋
尚書特解六卷	渡邊	荒陽	尚書說二卷	座光寺	南屏
尚書問辨錄一冊	若山	勿堂	尚書說四卷	摩島	松南
尚書梅本辯說二十四卷	平賀	中南	尚書標注十三卷	西山	元文
尚書通	松田	拙齋	尚書蔡傳贅說三卷	池田	草菴
尚書通	蒔田	鳳齋	尚書論	乾	長孝
尚書通義	森	蘭澤	尚書學一卷（刊）	荻生	徂徠
尚書通解六卷	中村	中倧	尚書學斷二卷	櫻井	石門
尚書通讀	林	蓀坡	尚書獨斷十卷	赤松	滄洲
尚書提綱二卷	金	岳陽	尚書輯義十六卷	市川	鶴鳴
尚書集解	元田	竹溪	尚書輯說三冊	平元	謹齋
尚書補注十三卷（刊）	冢田	大峯	尚書遺說	井上	南臺
尚書解	瀨谷	桐齋	尚書總辨（校）	猪飼	敬所
尚書解	堀江	惺齋	尚書講義二卷（刊）	山井	清溪
尚書解一卷	岡	龍洲	尚書贐義十三卷	村瀨	栲亭
尚書解問答一卷	馬淵	嵐山	尚書證五卷（刊）	高橋	華陽
尚書漢注考六卷	海保	漁村	尚書辭例	高橋	華陽
尚書疑孔編一卷	井上	金峩	尚書類考六卷	片山	兼山
尚書管見一卷	中井	竹山	尚書纂註	鎌田	梁洲
尚書精義十三卷	大田	錦城	尚書纂傳二卷	猪飼	敬所

書名	姓	名	書名	姓	名
尚書纂說六卷	岡野	石城	書集傳纂要	金子	霜山
尚書欄外書九卷	佐藤	一齋	書集傳纂疏	昌谷	精溪
洪範孔傳辨正一卷	河野	恕齋	書經二典解二卷（刊）	岡	龍洲
洪範古義（刊）	三野	象麓	書經天文指南四卷	馬場	信武
洪範全書六卷（編次）	山崎	闇齋	書經天度辨四卷	馬場	信武
洪範全書指要四卷	蟹	養齋	書經古註諺解六卷	千早	東山
洪範師說一卷	淺見	絅齋	書經考	黑澤	四如
洪範發微	遊佐	木齋	書經考	戶崎	淡園
洪範筮法一卷	荻生	金谷	書經考一卷	平塚	春江
洪範談三卷（刊）	海保	青陵	書經私考四卷	林	鵝峯
禹貢地圖	桃	西河	書經私錄	三島	中洲
冢注尚書六卷	冢田	大峯	書經要領一卷	伊藤	東涯
書十一篇傍訓一卷	荻生	金谷	書經重考十五冊	林	檉宇
書反正二卷（刊）	伊藤	蘭嵎	書經訓蒙二卷（刊）	和田	絅
書本義六卷	福井	敬齋	書經國字解三十二卷	穗積	能改齋
書序辨一卷	佐佐木	琴臺	書經國字解六卷	宇野	東山
書笏一卷	古賀	茶溪	書經統	落合	雙石
書詁十六卷	馬淵	嵐山	書經通解國字箋四卷	新井	白蛾
書集傳音釋六卷（刊）	昌谷	精溪	書經插解八卷（刊）	河田	迪齋
書集傳窺觀二卷	神林	復所	書經跋鼇十三卷	佐和	莘齋
書集傳辨誤二卷	佐藤	敬菴			

書經集注六卷（點）	林	羅山	書經繹解四卷（刊）	皆川	淇園
書經集傳首書	松永	寸雲	書解六卷	渡邊	蒙菴
書經集傳講義	稻葉	默齋	書說統	豐島	豐洲
書經彙註	富永	滄浪	書說統十三卷	細合	斗南
書經會箋	竹添	井井	書說統六卷	佐藤	敬菴
書經解	東條	一堂	書說摘要四卷（刊）	安井	息軒
書經解（刊）	三野	藻海	書斷	中井	竹山
書經圖考一卷	佐久間	熊水	書纂言洪範一卷（校刊）	古屋	昔陽
書經聞書十三卷	大田	錦城	校有王柏書疑九卷	赤松	蘭室
書經聞書四冊	中井	履軒			
書經說統	八田	華陽	校定盤庚篇一卷	中井	碩果
書經標注六卷	帆足	萬里	執中說一卷	淺見	絅齋
書經蔡傳渾天儀圖考一卷（刊）	日尾	荊山	傍註伏生尚書一卷	中井	履軒
書經諸說折衷	宮本	篁村	傍註梅頤古文尚書一卷	中井	履軒
書經輯義	市川	鶴鳴	堯典和譯一卷	三輪	執齋
書經雕題略（校）	猪飼	敬所	筆記書經集傳十二卷（刊）	中村	惕齋
書經講義	元田	東野	舜典二十八字考	藤田	幽谷
書經講義	櫻木	闇齋	節略尚書俚語二卷	松井	蝸菴
書經講義二冊	落合	東堤			
書經講義三卷	大串	雪瀾	虞書諺解	片山	鳳翩
書經講義錄	宮本	篁村	偽尚書辨一冊（寫）	服部	大方
書經講證	箕浦	立齋			
書經贅說	池田	草菴			

聞書四卷	早野	橘隧	毛詩合解二卷	櫻井	東亭
標註訓點尚書古傳	小田	穀山	毛詩名物圖四卷	北條	蠖堂
諸葛書傳十三卷	諸葛	琴臺	毛詩字詁	田中	鳴門
學經堂禹貢考一卷	龜田	綾瀨	毛詩存疑六卷	永井	星渚
讀書日札三卷	會澤	正志齋	毛詩考二十五卷（刊）	龜井	昭陽
讀書經蔡傳	中村	習齋	毛詩考二卷	中山	城山
讀書隨筆六卷	草加	驪川	毛詩私說四冊	平元	謹齋
			毛詩周南召南解	隨朝	若水

詩類

			毛詩或問一卷	古賀	侗菴
			毛詩知原二卷	山中	天水
二南正名二卷	座光寺	南屛	毛詩品物考	古屋	愛日齋
二南訓闡二卷（刊）	皆川	淇園	毛詩品物圖考七卷（刊）	岡	澹齋
三百篇原意十八卷	藍澤	南城	毛詩品物圖考雕題一卷	中井	履軒
小雅旻解一卷	齋宮	靜齋	毛詩述義十四卷	村瀨	栲亭
六義詳說一卷	神林	復所	毛詩國字解二十卷	齋藤	芝山
木瓜考一卷	新井	白石	毛詩國字解十卷（刊）	宇野	東山
毛詩十考	香川	南濱			
毛詩大序十繆一卷	大田	錦城	毛詩國字辨十卷（刊）	千早	東山
毛詩六義	江良	仲文	毛詩通	蒔田	鳳齋
毛詩六義考續考二卷	大田	錦城	毛詩通義	森	蘭澤
			毛詩通義四卷	中村	中倧
毛詩正文三卷（點）	片山	兼山	毛詩集疏十三卷	目目澤	鉅鹿

毛詩微旨十六卷	平賀	中南	毛詩辨解十六卷	市川	鶴鳴
毛詩微言八卷	大田	錦城	毛詩辨衡十卷	渡邊	荒陽
毛詩微管	大田	錦城	毛詩選說四卷	井上	金峨
毛詩會箋二十卷（刊）	竹添	井井	毛詩翼六卷	松平	君山
毛詩補註	寺本	直道	毛詩證	龍	草廬
毛詩補傳三十一卷（刊）	仁井田	南陽	毛詩類考八卷	片山	兼山
毛詩解	奧田	三角	毛詩纂註	鎌田	梁洲
毛詩解頤一卷	佐藤	敬菴	毛詩覽	田中	鳴門
毛詩詳說三卷	大田	錦城	古詩七卷	中井	履軒
毛詩鉤沈十五卷	宮田	五溪	古詩古色一卷	中井	履軒
毛詩管窺一卷	恩田	蕙樓	古詩得所編一卷	中井	履軒
毛詩說	古屋	愛日齋	叶韻辨疑一卷	渡邊	蒙菴
毛詩劉傳稿一卷	古賀	侗菴	四始考證	高橋	華陽
毛詩徵一卷	龍	草廬	伐柯篇二卷	小河	立所
毛詩鄭箋正本五卷（校）	伏原	宣條	伐柯錄二卷	青山	拙齋
毛詩鄭箋同異考四卷	角田	青溪	多識編五卷（刊）	林	羅山
毛詩鄭箋標注二十一卷	宇野	東山	朱氏詩傳膏肓二卷（刊）	太宰	春臺
毛詩鄭箋標註九卷（刊）	千早	東山	朱注詩經標解六卷	宇野	東山
毛詩學斷三卷	櫻井	石門	考訂詩經一冊（刊）	山本	溪愚
毛詩輯疏十二卷（刊）	安井	息軒	刪詩義一卷	會澤	正志齋
毛詩輯聞二十卷	海保	漁村	改正詩經集註十五卷	松下	見林

周南召南次序一卷	齋宮	靜齋	詩小撮	林	蓀坡
風雅二卷（刊）	玉乃	九華	詩世本古義二十九卷（校刊）	古屋	昔陽
冢氏毛詩正文三卷（刊）	冢田	大峯	詩古言十八卷	伊藤	蘭嵎
冢田氏國風草二卷	冢田	大峯	詩古義解十八卷	八田	華陽
			詩本旨	豐島	豐洲
冢注毛詩二十卷（刊）	冢田	大峯	詩本草一卷（刊）	柏木	如亭
冢注詩經五卷	冢田	大峯	詩朱傳質疑六卷	古賀	侗菴
校有韓詩外傳十卷	秋山	玉山	詩序集說三卷	諸葛	歸春
			詩序辨一叢	增島	蘭園
校註韓詩外傳十一卷	川目	直	詩活樣四卷	川合	元
校註韓詩外傳逸文一卷	川目	直	詩書古傳（後由太宰春臺完成）	荻生	徂徠
校註韓詩外傳增考二卷	川目	直	詩書古傳三十四卷	太宰	春臺
校韓詩外傳	藤澤	子山	詩書古傳補考	五味	釜川
訓點毛詩艸木鳥獸蟲魚疏二卷	松下	見林	詩書困知說六卷	朝川	善菴
			詩書序考一卷	林	鵝峯
國風大意	岸	勝明	詩書易禮標注四卷	大田	晴軒
國風發蒙十卷	深澤	君山			
復古毛詩別錄八卷	齋藤	芝山	詩書旁注五卷	小篠	東海
			詩書參考	鎌田	梁洲
筆記詩經集傳十四卷（刊）	中村	惕齋	詩書疏林	竹田	春菴
			詩書傍註	宮下	尚絅
詩三說合錄一卷（刊）	山口	剛齋	詩書筆記	關藤	藤陰
詩大小序辨一卷	佐佐木	琴臺	詩書筆記	千手	廉齋

詩書評論（刊）	長	梅外	詩經毛傳補義十二卷（刊）	岡	龍洲
詩書集傳朱蔡同異考六卷	安東	省菴	詩經毛鄭同異考三卷	細井	平洲
詩書疑問四卷	大高坂	芝山	詩經古序翼六卷	龜井	昭陽
詩書說	野本	白巖	詩經古注二十卷（校）	井上	蘭臺
詩書輯說二卷	三島	中洲	詩經古傳十卷	細井	平洲
詩書講義	林	鳳岡	詩經古義	西	湖學
詩問一卷	細合	斗南	詩經句解	若林	竹軒
詩教大意一卷	古屋	昔陽	詩經四始考證二卷（刊）	星野	熊嶽
詩詁十七卷	馬淵	嵐山	詩經本草五卷	黑田	金城
詩開卷義一卷	齋宮	靜齋	詩經正文二卷（校）	伊藤	東涯
詩集傳質朱一卷	增島	蘭園	詩經正文唐音付二卷	石川	金谷
詩集傳翼八卷	莊田	恬逸	詩經正名篇四卷	川合	春川
詩集傳纂要	金子	霜山	詩經目讀二卷	桃	翠菴
詩集傳續錄附別錄・餘錄六卷	安東	省菴	詩經示蒙句解十八卷（刊）	中村	惕齋
詩集義二十卷	中井	乾齋	詩經名物集成五卷（刊）	茅原	虛齋
詩傳叶韻十八例	神林	復所	詩經名物圖一卷	新井	白石
詩傳要略	神林	復所	詩經名物辨解七卷（刊）	江村	復所
詩傳惡石一卷	渡邊	蒙菴	詩經名物辨解雕題二卷	中井	履軒
詩經人物證	高橋	華陽	詩經夷考	細井	平洲
詩經口義	佐藤	直方			
詩經大訓	細井	平洲			
詩經小訓	細井	平洲			
詩經之部八卷	溪	百年			

詩經叶韻考一卷	中村	惕齋	詩經跋鼇三十卷	佐和	莘齋
詩經考	戶崎	淡園	詩經鈔說十卷	原	修齋
詩經考二十卷	西山	元文	詩經集傳講義	稻葉	默齋
詩經助字法二卷（刊）	皆川	淇園	詩經集解三卷	萩原	樂亭
詩經私考三十二卷	林	鵝峯	詩經集說二卷	猪飼	箕山
			詩經集說二卷	猪飼	敬所
詩經私說	江帾	木鷄	詩經彙註	富永	滄浪
詩經私說	平元	謹齋	詩經新註三卷（刊）	山本	溪愚
詩經私錄	三島	中洲	詩經補義考增二卷	鈴木	文臺
詩經私講三卷	村田	箕山			
詩經要領一卷	伊藤	東涯	詩經解	東條	一堂
詩經音訓考一冊	近藤	西涯	詩經解	新井	白蛾
詩經音註十二冊	山本	樂艾	詩經解（刊）	三野	藻海
詩經原志晰義二卷（刊）	平賀	中南	詩經圖	田邊	樂齋
詩經國字解十卷	宇野	東山	詩經圖六卷	新井	白石
詩經國字解三十五卷	穗積	能改齋	詩經圖考一卷	佐久間	熊水
			詩經聞書九冊	中井	履軒
詩經國字辨十卷	千早	東山	詩經蒙引一卷（校）	山脇	道圓
詩經國風十篇解一卷	大槻	磐溪	詩經說約二十八卷（校）	伊藤	東涯
詩經國風衍義十卷	松平	君山			
詩經統	落合	雙石	詩經調解五冊	金子	鶴村
詩經插解（未完）	河田	迪齋	詩經諸說折衷	宮本	篁村
			詩經輯疏	佐藤	立軒
詩經筆記	佐藤	直方	詩經辨義	渡邊	蒙菴

詩經辨解	市川	鶴鳴	詩說統九卷	佐藤	敬菴
詩經講義	中村	習齋	詩說統十八卷	細合	斗南
詩經講義一冊（刊）	小宮山	南梁	詩說備考二卷	古賀	侗菴
			詩徵古稿一卷	古賀	侗菴
詩經講義二冊	宮內	鹿川	詩論一卷（刊）	太宰	春臺
詩經講義二冊	落合	東堤	詩論筆記	佐藤	直方
詩經講義二卷	大串	雪瀾	詩斷	中井	竹山
詩經講義八卷	赤澤	一堂	詩轍	河野	鐵兜
詩經講證	箕浦	立齋	詩闡旨十卷	福井	敬齋
詩經繹解十五卷（刊）	皆川	淇園	詩鑱	豐島	豐洲
詩經證三卷	高橋	華陽	標註訓點毛詩古傳	小田	穀山
詩經辭例	高橋	華陽	諸葛詩傳十八卷	諸葛	琴臺
詩經關雎講義一卷	稻葉	默齋	辨詩傳膏肓一卷（刊）	中村	蘭林
詩經纂說十卷	岡野	石城	韓詩外傳標注	西島	城山
詩經欄外書六卷	佐藤	一齋	嚴氏詩緝三十六卷（校）	堤	它山
詩解十八卷	伊藤	東所	讀詩吞棗一卷（刊）	秦	滄浪
詩解名物一卷	伊藤	東所	讀詩折衷一卷	古賀	侗菴
詩解釋例一卷	伊藤	東所	讀詩私說	平元	梅隣
詩疑二十二卷	岡井	赤城	讀詩要領一卷	伊藤	東涯
詩精一卷	川合	元	讀詩要領一卷（刊）	中村	蘭林
詩說	乾	長孝			
詩說	佐藤	牧山	讀詩隨筆六卷	草加	驪川
詩說四卷	古屋	昔陽	讀詩雜抄三卷	龜田	綾瀨
詩說訓蒙二卷	石河	明善			

觀詩詩（國風部）	鷹羽	雲淙

禮類

1　周禮

考工記國字解二卷	井口	蘭雪
考工記圖考	桃	西河
考工記管籥及附續三卷	井口	蘭雪
周官三物考	神林	復所
周官名物鈔二卷	平賀	中南
周官考二冊	平元	謹齋
周官音類聚一卷	細野	要齋
周官備考九卷	山縣	大華
周官集成十八卷	平賀	中南
周官義疏刪四卷	平賀	中南
周官解箋六卷	加藤	圓齋
周官圖考二十四卷	倉成	龍渚
周官圖說一卷	岡井	蓮亭
周官聯事圖一卷	山梨	稻川
周官講義	內藤	碧海
周禮（校點）	重野	櫟軒
周禮三卷（點）	林	羅山
周禮三物說	岩崎	守齋

周禮弓矢人國字解四卷	大菅	南坡
周禮井田圖說三卷	齋藤	芝山
周禮王城朝廟圖說四卷	齋藤	芝山
周禮札記二卷	松崎	慊堂
周禮正文六卷（校）	松下	葵岡
周禮正誤一卷	猪飼	敬所
周禮刑法錄二卷	齋藤	芝山
周禮考工記圖解四卷（刊）	川合	春川
周禮考文	永井	星渚
周禮武教錄二卷	齋藤	芝山
周禮通義	西島	柳谷
周禮復古圖官八卷	齋藤	芝山
周禮詁訓	清水	江東
周禮義	永井	星渚
周禮補疏十一卷	安井	息軒
周禮解	清水	江東
周禮圖說一卷	仁井田	南陽
周禮說筌六卷	加藤	圓齋
周禮儀禮抄一卷	中村	惕齋
周禮數目圖	片山	鳳翮
周禮學校圖說國字解三卷	齋藤	芝山

周禮窺六卷	桃	西河
周禮諺解六卷	小篠	東海
周禮醫師部講義一冊	淺井	貞菴
非周禮稿一卷	古賀	侗菴
讀周官三卷	會澤	正志齋
讀周官經說	辛島	鹽井
讀周禮四卷	草加	驪川

2　儀禮

新定儀禮圖二帖（刊）	村松	蘆溪
儀禮三卷（點）	林	羅山
儀禮凡例考纂	澁江	松石
儀禮考	永井	星渚
儀禮考一冊	平元	謹齋
儀禮考正六卷	馬淵	嵐山
儀禮別錄十七卷	齋藤	芝山
儀禮私錄一冊	平元	謹齋
儀禮射御圖國字解二卷（刊）	大竹	麻谷
儀禮備考一冊	平元	謹齋
儀禮備考三卷	山縣	大華
儀禮詁訓	清水	江東
儀禮逸經傳一卷（校）	木村	巽齋
儀禮義疏（校）	猪飼	敬所

儀禮解	伴	東山
儀禮解	清水	江東
儀禮解箋八卷	加藤	圓齋
儀禮圖抄	服部	南郭
儀禮綱十卷	倉成	龍渚
儀禮說蘊二十卷	平賀	中南
儀禮儀法會要一冊	平元	謹齋
儀禮質疑八卷	川合	春川
儀禮鄭註正誤二卷	猪飼	敬所
儀禮禮節改正圖一卷	猪飼	敬所
儀禮繹解八卷	皆川	淇園
儀禮釋	田邊	樂齋
儀禮釋宮圖解一卷（刊）	川合	春川
儀禮續考一冊	平元	謹齋
讀儀禮二十卷	佐和	莘齋
讀儀禮二卷	草加	驪川

3　禮記

大戴禮別錄二卷	齋藤	芝山
大戴禮記補注十卷	伊東	藍田
大戴禮備考	園山	酉山
大戴禮補注	田邊	樂齋

大戴禮說	古屋	愛日齋	禮記私錄一冊	平元	謹齋
小戴禮別錄六卷	齋藤	芝山	禮記拔萃	三宅	橘園
月令廣義一卷	中村	惕齋	禮記國字解十六卷	穗積	能改齋
王制分封田畝考一卷	福島	松江	禮記傍注八卷	小篠	東海
王制圖考	桃	西河	禮記備考五卷	山縣	大華
周月令證	高橋	華陽	禮記節註	豐島	豐洲
冢氏禮記正文四卷（刊）	冢田	大峯	禮記圖解一卷	荻生	徂徠
夏小正蟸須二卷（刊）	渡邊	荒陽	禮記聞書二冊	中井	履軒
乾注樂記一卷	乾	長孝	禮記說	東條	一堂
筆記禮記集傳十六卷（刊）	中村	惕齋	禮記說	古屋	愛日齋
新編林園月令六卷（刊）	藤澤	南岳	禮記說約二十五卷	豐島	豐洲
樂記集說一卷	平岩	元珍	禮記鄭注補正十五卷	加藤	圓齋
蔡氏月令補三卷	增島	蘭園	禮記鄭注辨妄五卷	平賀	中南
禮記月令諺解二卷（刊）	山本	洞雲	禮記鄭註補義三卷	永井	星渚
禮記王制地理圖說一卷附錄一卷（刊）	長久保	赤水	禮記講義八卷	藍澤	南城
			禮記贅說四卷	冢田	大峯
禮記正文五卷（點）	片山	兼山	禮記纂一卷	貝原	益軒
禮記考正一卷	馬淵	嵐山	禮記纂成	清水	江東
			禮記纂義二十四卷	平賀	中南
禮記抄說十四卷	龜井	昭陽	禮記纂說十卷	岡野	石城
禮記私考	林	鵝峯	禮記釋解二十八卷	米谷	金城

禮運輯義一卷（刊）	市川	鶴鳴	三禮獨斷二十六卷	佐佐木	琴臺
讀蔡氏月令一卷	岡本	況齋	三禮斷一卷	井上	金峨
讀禮記	桃	白鹿	三禮雛象解一卷	宮田	五溪
			士庶喪祭考	蟹	養齋

4 三禮及其他相關

二禮儀略四卷（刊）	村士	玉水	五禮輯監四十八卷	佐和	莘齋
二禮童覽二卷（刊）	藤井	懶齋	五禮類纂二十二卷	川合	春川
二禮儀略四卷（校）	岡田	寒泉	六禮私議一卷	立原	東里
二禮謬解二卷	林	羅山	六禮略說一卷	立原	東里
三禮一家言	八田	華陽	文公家禮考（校）	猪飼	敬所
三禮口訣五卷	貝原	益軒	文公家禮通考一卷刊	室	鳩巢
三禮古制考七卷	宮田	五溪			
三禮古器考三卷	山本	北山	四禮通考四卷	山崎	北峯
三禮旁注十卷	小篠	東海	立禮教纂	川合	春川
三禮問答六卷	中井	乾齋	家禮抄略一卷（編）	稻葉	默齋
三禮圖	大橋	白鶴	家禮抄略講義	稻葉	默齋
三禮圖二十卷（校）	菊地	南陽	家禮訓蒙疏五卷	中村	惕齋
三禮圖考一卷	岡田	寒泉	家禮訓蒙疏四卷（刊）	若林	強齋
三禮說統	川合	春川	家禮授示訓四卷	蟹	養齋
三禮標記	小谷	巢松	家禮通考	中村	習齋
三禮諸說辯論	宮本	篁村	家禮筆解	田邊	樂齋
			家禮註	大塚	觀瀾
			家禮新圖	中村	習齋

家禮詳圖一卷	澤	熊山	新定三禮圖考四卷	山本	樂所
家禮圖一卷	櫻田	虎門	新撰婚禮式	細川	十洲
家禮圖評	中村	習齋	葬祭式一卷（刊）	中村	蘭林
家禮儀節考附錄共十卷	新井	白石	葬祭紀略一卷	立原	東里
家禮講義	中村	習齋	葬祭略禮	加倉井	砂山
婚禮略儀一卷	佐和	莘齋	葬祭辨論一卷（刊）	熊澤	蕃山
祭禮考一卷	原	花祭	葬禮略考一卷	荻生	徂徠
祭禮私考一卷	安積	希齋	葬禮略義一卷	岡田	寒泉
祭禮記一卷	橫田	何求	禮二十卷	中井	履軒
祭禮略義一卷	岡田	寒泉	禮法考	毛利	壺邱
祭禮通考一卷	古屋	昔陽	禮書抄略二十四卷（刊）	溝口	浩軒
祭禮筆記	荻野	斃己齋	禮詁六卷	馬淵	嵐山
祭禮節解三卷（刊）	三宅	鞏革齋	禮儀類點引用記者考一卷	藤	偃潭
通俗二禮考二卷	梁田	毅齋	禮樂志十六卷（刊）	小宮山	桂軒
喪服私議	兼松	石居	禮樂問	水足	博泉
喪服圖解一卷	福島	松江	禮樂論一卷（刊）	照井	一宅
喪祭小記一卷	淺見	絅齋	禮斷	中井	竹山
喪祭略記一卷	淺見	絅齋	禮刴一卷	片山	兼山
喪禮名目	鈴木	石橋	饗禮儀注一卷	井上	蘭臺
喪禮私說	佐久間	象山	讀禮肆考四卷（刊）	猪飼	敬所
喪禮略私註一卷	加藤	九皋			
喪禮節解二卷	三宅	鞏革齋			
喪禮錄一冊	平元	謹齋			

讀禮課鈔三卷	萩原	綠野	左氏熟語一卷	伊藤	東涯
			左氏獨得	片山	兼山
春秋類			左氏辭令一斑一卷（刊）	陸奧	福堂
			左占指象	大田	錦城
1　左傳			左占指象一卷	奧田	尚齋
四子左氏傳講義錄	萩原	西疇	左易便覽一卷	土肥	鹿鳴
左氏人名記略一冊	加賀美	櫻塢	左國一家言三卷	井上	蘆洲
左氏十五卷	中井	履軒	左國古義俚解二卷	廣澤	文齋
左氏比玉二卷	中井	乾齋	左國考	伊藤	兩村
左氏注疏考三卷	岡本	況齋	左國考五卷	永井	星渚
左氏糾繆	大田	錦城	左國易一家言三卷（刊）	谷川	龍山
左氏春秋考徵三十卷	川合	梅所	左國易八考一卷（刊）	新井	白蛾
左氏春秋解	相馬	九方	左國易占活斷諺解三卷	真勢	中洲
左氏捷覽一卷	高安	蘆屋	左國易活斷解一卷	真勢	中洲
左氏傳考	香川	南濱	左國易解三卷	土肥	鹿鳴
左氏傳考二卷	岡本	況齋	左國易說	新井	白蛾
左氏傳評釋	野村	藤陰	左國通義八卷	澁井	太室
左氏傳解	井部	健齋	左國雪冤二卷	三宅	橘園
左氏傳說	龜田	鵬齋	左國腴詞八卷（校）	赤松	滄洲
左氏傳撥亂五傳	中山	城山	左國傳註窺觀一卷	神林	復所
左氏傳講義	高木	松居			
左氏會箋三十卷（刊）	竹添	井井			
左氏語例一卷	岡本	況齋			

左國語解二卷	萩原	大麓	左傳考證二卷	恩田	蕙樓
左國標注	西島	城山	左傳考證三卷	山中	天水
左傳人名	中村	習齋	左傳兵車團一卷	湯淺	常山
左傳三事考一卷	井狩	雪溪	左傳刪正一卷	恩田	蕙樓
左傳凡例考	鈴木	石橋	左傳助字法三卷（刊）	皆川	淇園
左傳六卷	中井	履軒			
左傳引證	高橋	華陽	左傳序考一卷	林	鵝峯
左傳比事文矩十卷	岩下	探春	左傳折衷十卷	平賀	中南
			左傳折衷辨斷八卷	日尾	荊山
左傳比事徵三卷	土肥	鹿鳴	左傳杜注補五卷	久野	鳳洲
左傳比事蹄三卷	中井	竹山	左傳杜註正誤三卷	青山	拙齋
左傳世足解六卷	秦	滄浪			
左傳占例考一卷	片岡	如圭	左傳杜解紕繆三卷	大田	錦城
左傳古奇字音釋一卷（刊）	後藤	芝山	左傳杜解補正（校點）	吉田	訥所
左傳古義（未完）	荻生	徂徠	左傳杜解補彻一卷	舟生	釣濱
左傳正義校勘記補正一卷	海保	漁村	左傳杜解補葺五卷	吉田	篁墩
左傳白文七卷（校訂）	服部	南郭	左傳私說一卷	中井	碩果
左傳名物考六卷	茅原	虛齋	左傳系譜	中村	習齋
左傳字句便蒙一卷	奧田	尚齋	左傳制義三卷	茅原	虛齋
			左傳周觀六卷	秦	滄浪
左傳年表十卷	原田	紫陽	左傳始末統類十二冊	奧田	尚齋
左傳考七卷	戶崎	淡園			
左傳考三卷（刊）	宇野	明霞	左傳拔錄一卷	鍋島	直興

左傳附註十卷（校）	奧村	茶山	左傳補考三卷	大田	錦城
左傳珍說四卷	荒井	鳴門	左傳補注六卷	細合	斗南
左傳國字解	江帾	木鷄	左傳補證四卷	海保	漁村
左傳捷覽	奧田	尚齋	左傳解	湯淺	常山
左傳掇一卷	山鹿	素行	左傳解一卷（刊）	瀨谷	桐齋
左傳探賾八卷	古賀	侗菴			
左傳略說六卷	關	松窗	左傳解閉	萩原	樂亭
左傳異名考一卷	井上	蘭臺	左傳對問二條一冊	平元	謹齋
左傳章句文字五卷（刊）	伊藤	鳳山	左傳摘解五卷	岡野	石城
左傳統	落合	雙石	左傳箋注	平賀	中南
左傳通	蒔田	鳳齋	左傳聞書九冊	中井	履軒
左傳通	澤田	鹿鳴	左傳蓄疑附事態十二卷	五井	蘭洲
左傳通覽十二卷	松井	蝸菴	左傳說一卷	山本	日下
左傳景譜一卷	田中	弄叟	左傳說五卷	齋藤	鑾江
左傳晣義三卷	野崎	藤橋	左傳駁語	大田	錦城
左傳發揮	三宅	橘園	左傳增注三十卷（刊）	冢田	大峯
左傳註解	豐島	洞齋	左傳徵義六卷	村瀨	栲亭
左傳鈔四冊	竹添	井井	左傳標例一卷	那波	魯堂
左傳集註	海保	漁村	左傳標識八卷	尾崎	梁甫
左傳集說辨義	內田	周齋	左傳諸注補考八卷	朝川	善菴
左傳彙箋	長	梅外	左傳諸說辯論	宮本	篁村
左傳會業二十二卷	西山	元文	左傳質考一卷	增島	蘭園
左傳筮說一卷	井上	金峩	左傳魯曆考一卷	宇野	東山

左傳獨說	市川	鶴鳴	春秋左氏傳校本三十卷（校刊）	秦	滄浪
左傳獨斷四卷	伊藤	蘭嵋	春秋左氏傳國字解三冊（刊）	加藤	正菴
左傳輯釋二十五卷（刊）	安井	息軒	春秋左氏傳筆記	松永	尺五
左傳辨惑一卷	馬淵	嵐山	春秋左氏傳集說	倉石	個窩
左傳辨誤考一卷	座光寺	南屏	春秋左氏傳集說	小島	省齋
左傳隨筆一卷	中島	東關	春秋左氏傳解	東條	一堂
左傳講述	渡邊	蒙菴	春秋左氏傳解六冊	末包	金陵
左傳講義三卷	龜井	南溟			
左傳講義五卷	赤澤	一堂	春秋左氏傳解圖案	末包	金陵
左傳雜記十二卷	佐藤	一齋	春秋左氏傳解圖說一冊	末包	金陵
左傳雜說九卷	古賀	侗菴			
左傳纂疏六十卷（刊）	宇野	東山	春秋左式傳標注三十卷	帆足	萬里
左傳釋例稿案六卷	奧田	尚齋	春秋左式傳標注補遺一卷	帆足	萬里
左傳釋例續貂四卷	奧田	尚齋	春秋左傳三十卷	那波	魯堂
左傳觿十卷（刊）	岡	龍洲	春秋左傳考一冊	大田	晴軒
			春秋左傳考一卷	岡野	石城
左傳纘考合解	立野	桂山	春秋左傳國次七卷（刊）	金澤	松下亭
左傳鑽考三十三卷（刊）	龜井	昭陽	春秋左傳說二卷	中島	東關
非非左	藤堂	東山	春秋左傳獨斷三卷	片山	兼山
春秋左氏通	松田	拙齋	春秋左傳屬事二十卷（校）	菊地	南陽
春秋左氏傳（校）	伊藤	東涯			
春秋左氏傳正解	本田	豁堂			

冢氏春秋左氏傳正文（刊）	冢田	大峯	穀梁注疏考三卷	岡本	況齋
傍譯春秋左氏傳三十卷（刊）	小畑	詩山	穀梁注疏考附錄一卷	岡本	況齋
增訂左傳評林三十卷（刊）	奥田	尚齋	穀梁傳補解	淺井	節軒
標註訓點春秋左氏傳	小田	穀山			

4 其他春秋相關

春秋胡氏傳私考八冊	林	鵝峯

屬辭蓮珠左傳年表合本一卷	中井	履軒
讀左日詠一卷	武井	用拙
讀左氏便覽二卷	石原	東隄
讀左金針二卷	津阪	東陽
讀左筆記十五卷（刊）	增島	蘭園
讀左傳一卷	廣瀨	淡窗
讀左傳合案六卷	田邊	石菴
讀左管見	藤堂	東山
讀左隨錄	鎌田	梁洲

春秋胡氏傳諺解	關	一樂
春秋胡氏傳辨疑二卷	伊藤	東涯
春秋胡傳集解三十卷（點）	松永	尺五
筆記春秋胡氏傳四卷（刊）	中村	惕齋
三傳就正錄六卷	中井	乾齋
春秋（左二、公、穀各一）質疑四卷	赤井	東海
春秋卜筮解一卷	芥川	丹丘

2 公羊傳

公羊傳考一卷	岡本	況齋
公羊傳考證一卷	海保	漁村
公羊傳補解	淺井	節軒

春秋三家異同	太宰	春臺
春秋三統曆譜一卷	諸葛	歸春
春秋三傳比考	南宮	大湫
春秋大義二冊	藤川	三溪
春秋大義二卷	陶山	鈍翁
春秋五論一卷（校）	鷹見	星皋

3 穀梁傳

春秋穀梁傳註疏箋一卷（刊）	鈴木	文臺

春秋內外傳八考一卷（一名左國八考）	朝川	善菴	春秋會盟摸索捷徑一卷	岡本	況齋
春秋孔志一卷	山本	北山	春秋經文匯纂六卷（刊）	蒔田	鳳齋
春秋史傳註卦證	高橋	華陽	春秋經傳要義二卷	宮本	篁村
春秋史傳辭例	高橋	華陽	春秋經傳通解二卷	伊藤	仁齋
春秋四傳抄略五卷（刊）	溝口	浩軒	春秋經傳集解省覽略義八卷	大菅	南坡
春秋四傳首書	松永	寸雲	春秋義註	津阪	東陽
春秋存疑八卷	米谷	金城	春秋綜義二十卷	中井	乾齋
春秋考	新井	白石	春秋說	古屋	愛日齋
春秋考	黑澤	四如	春秋說	山本	中齋
春秋折中十二卷（刊）	福井	敬齋	春秋說一冊	平元	謹齋
春秋私說	鷹見	星皋	春秋劈頭論說四卷	林	羅山
春秋知微	乾	長孝	春秋稽古（一名春秋集義）七十三卷	平賀	中南
春秋非左二卷（校點）	皆川	淇園			
春秋紀要	岡崎	盧門	春秋論一卷	米谷	金城
春秋時習十卷	渡邊	荒陽	春秋曆說一卷	太宰	春臺
春秋書例	高原	東郊	春秋獨斷三十卷	佐佐木	琴臺
春秋略詁一卷	馬淵	嵐山	春秋遼豕三卷（又名春秋臆斷）	賴	山陽
春秋備考十二卷	人見	懋齋			
春秋復古三卷	佐和	莘齋	春秋擬釋例	太宰	春臺
春秋詁十二卷	馬淵	嵐山	春秋獲麟論	隨朝	欽哉
春秋傳考索一卷	中井	蕉園	春秋講義七卷	藍澤	南城
春秋傳序	佐藤	直方			

春秋講錄	久保	侈堂	況齋讀書志論語 一卷	岡本	況齋
春秋釋例（校）	猪飼	敬所	菅氏本論語集解 考異	吉田	篁墩
春秋釋例圖一卷	久野	鳳洲	標註訓點論語翼 大成	小田	穀山
春秋讀法一卷 （刊）	山本	中齋	論語一得解四卷	猪飼	敬所
讀春秋一卷	服部	大方	論語一貫十卷 （刊）	松下	葵岡
讀春秋五卷	原	修齋	論語一貫十卷 （刊）（松下 葵岡編）	片山	兼山
麟經探纂	高橋	華陽			
			論語一貫章講義 一卷（刊）	猪飼	敬所

四書類

1 論語			論語一斑	桃	白鹿
九家論語說批評 二十卷	岡田	煌亭	論語二字解一卷	齋宮	靜齋
天文本論語校勘 記訓	滿生	大麓	論語人物證一卷 （刊）	高橋	華陽
天文版論語考一 卷（刊）	細川	十洲	論語八十一難一 卷（未完）	伊藤	鳳山
北山先生論語二 十卷	山本	北山	論語十冊	三宅	尚齋
古本論語集解考 二卷	曾我部	容所	論語三言解	廣瀨	淡窗
玉琴精舍論語說 二十卷	石合	江村	論語三家考三卷	井上	四明
百濟所獻論語考	島田	篁村	論語三家定說考 十卷	矢部	騰谷
和論語鈔略拔書 一卷	陶山	鈍翁	論語口義三卷	石作	駒石
明霞論語考三卷 （校）	天沼	恒菴	論語大永本集解 箚記四卷	市野	迷菴
			論語大疏二十卷	大田	錦城

論語大疏集成	加藤	圓齋	論語古傳	關屋	致鶴
論語大意一冊	藤田	丹岳	論語古傳十卷（刊）	小林	西岳
論語小解二十卷（上論）（刊）	熊澤	蕃山	論語古傳四冊（刊）	仁井田	南陽
論語小識	隨朝	若水	論語古義（校定）	中島	浮山
論語五家序考一卷	山本	南陽	論語古義十卷	伊藤	仁齋
論語仁考	香川	南濱	論語古義抄翼四卷（刊）	伊藤	東所
論語公註	安藤	適齋	論語古義解四卷	西山	元文
論語文法二卷	馬淵	嵐山	論語古義標註四卷	伊藤	東涯
論語文訣一卷	馬淵	嵐山	論語古說十卷（刊）	川田	喬遷
論語文訣照本一卷	渥美	類長	論語古斷十卷	河原	橘枝堂
論語方言俚講	井土	學圃	論語句解	若林	竹軒
論語方鳩錄	堀	左山	論語四卷（刊）	中井	履軒
論語古文考異十卷	佐野	山陰	論語正文二卷（刊）	太宰	春臺
論語古訓十卷（刊）	太宰	春臺	論語正文二卷（點）	片山	兼山
論語古訓外傳二十卷附錄一卷（刊）	太宰	春臺	論語正文唐音付二卷	石川	金谷
論語古訓外傳翼十卷	五味	釜川	論語正平本集解箚記十卷	市野	迷菴
論語古訓考六卷	市野	東谷	論語正就篇	堀	管岳
論語古訓國字解四十六卷	西山	元文	論語正義	山本	北山
論語古訓餘義（刊）	松村	九山	論語玉振錄二卷	谷	麋生

論語合考四卷（刊）	平賀	中南	論語抄二卷（刊）	山本	素堂
論語合讀	青木	雲岫	論語抄說二卷	司馬	遠湖
論語合讀	柿岡	林宗	論語抄錄十卷	原	修齋
論語同義傳	石川	大椿	論語折衷	岡田	南涯
論語名義考一卷	大田	錦城	論語折衷一卷	山縣	大華
論語字義一卷	東條	一堂	論語折衷六卷	堤	它山
論語朱氏新注正誤十卷	鈴木	龍洞	論語折衷四冊	山本	清溪
論語次序一卷	齋宮	靜齋	論語私考二十冊	櫻田	簡齋
論語江氏傳	永井	星渚	論語私考二卷	林	鵝峯
論語考	溝口	幽軒	論語私考五卷	山本	迂齋
論語考	近藤	正齋	論語私考五卷	山本	日下
論語考一卷	佐藤	直方	論語私言二卷	兒玉	南柯
論語考六卷（刊）	宇野	明霞	論語私定說四卷	藍澤	南城
論語考文二卷	永井	星渚	論語私記	若山	勿堂
論語考四冊	平元	謹齋	論語私記七卷	高橋	復齋
論語作者考一卷	大田	錦城	論語私說	平元	梅隣
論語助字法	土井	聱牙	論語私說	武田	立齋
論語序說考解二卷	林	鵝峯	論語私說三卷	萩原	樂亭
論語序說考證二卷	菅	得菴	論語私說六卷	藍澤	南城
			論語私錄四卷	三島	中洲
論語序說私考一卷（刊）	伊藤	鳳山	論語始末	金	岳陽
			論語定書	三宅	橘園
論語志疑折衷六卷	佐野	琴嶺	論語定說二卷	猪飼	敬所
			論語或問一卷	清水	春流

論語拔萃	三宅	橘園	論語時習錄十八冊	豐田	天功
論語松陽講義略譯十卷	兒玉	南柯	論語時習翼二十卷	渡邊	荒陽
論語注	藤井	松年	論語泰伯至德章講義一卷	梁田	蛻巖
論語注疏考一卷	岡本	況齋	論語訓十卷	片岡	如圭
論語注辨正二卷	田中	適所	論語訓約覽十卷（刊）	西岡	天津
論語知言十卷（刊）	東條	一堂	論語訓詁解二十卷	江馬	蘭齋
論語知新編一卷	富田	日岳	論語追正說十卷	中島	石浦
論語長箋	藤堂	東山	論語參解五卷（刊）	鈴木	離屋
論語便蒙抄二卷（刊）	和田	絅			
論語室二卷	川合	元	論語問	廣津	藍溪
論語段節一卷	渥美	類長	論語問目二卷	大地	東川
論語省解二卷	赤松	滄洲	論語問答二十卷	古賀	侗菴
論語約解四卷	大槻	磐溪	論語問答備考一卷	古賀	侗菴
論語約說一卷附仁說	高岡	養拙	論語啟發十一卷	細合	斗南
論語衍註二卷	中村	中倧	論語國字解十卷	小河	立所
論語訂金	手塚	玄通	論語國字解四十三卷	穗積	能改齋
論語訂誤一冊	黑田	梁洲	論語堹註八卷	安積	艮齋
論語述	長井	松堂	論語堂五卷	川合	元
論語音釋一卷	中村	中倧	論語從政	關屋	致鶴
論語師說四卷	奧村	茶山	論語率解五卷	佐和	莘齋
論語師說述義	南宮	大湫	論語略解	兒玉	南柯
論語時習十卷	渡邊	荒陽			

論語略解（刊）	重田	蘭溪	論語註	沖	薊齋
論語略說五卷	關	松窗	論語註	岡田	栗園
論語章旨	犬飼	松窗	論語註五卷（刊）	遲塚	速叟
論語章旨二卷	櫻田	虎門			
論語紳書	西島	蘭溪	論語註解	八木	中谷
論語統	落合	雙石	論語詁四卷（1778年刊）	滿生	大麓
論語貫約八卷	馬淵	嵐山	論語象義七卷（刊）	三野	象麓
論語通	井川	東海			
論語通	蒔田	鳳齋	論語跋鼇十卷	佐和	莘齋
論語通七冊	松田	拙齋	論語鄉黨啟蒙翼傳	中江	藤樹
論語通解	藤川	冬齋			
論語通解	伴	東山	論語鄉黨圖解一卷	宮田	五溪
論語通解十卷	海保	漁村	論語鉤纂	澤邊	北溟
論語博議十卷	原	狂齋	論語鈔一卷	陶山	鈍翁
論語朝聞道章講義一卷	合原	窗南	論語鈔校正一卷	中村	惕齋
論語湯雪解四卷	小畑	詩山	論語鈔註一卷	陶山	鈍翁
論語琢	香川	南濱	論語鈔說十卷	高瀨	學山
論語發矇標註四卷	太田代	東谷	論語鈔說十卷	井上	四明
			論語鈔說六卷	佐佐木	琴臺
論語發蘊二卷	山中	天水	論語鈔諺解一卷	陶山	鈍翁
論語筆記一卷	柴野	栗山	論語集正十卷	中島	石浦
論語筆記一卷	新井	白石	論語集注二卷（刊）	松崎	慊堂
論語筆記二卷	岩垣	龍溪			
論語筆記三卷	淺見	絅齋	論語集注刪存	海保	漁村
論語筆談一卷	豐島	豐洲	論語集注異說二十卷	龜田	鶯谷

論語集注辨誤四卷	小林	西岳	論語集說六卷（刊）	安井	息軒
論語集註辨正二卷（刊）	田中	履堂	論語集說提要二十卷	兒玉	南柯
論語集義十卷（刊）	久保	筑水	論語集說辨正抄	內田	周齋
論語集義五卷	平賀	中南	論語傳義	服部	大方
論語集解十卷（校）	伊藤	東涯	論語奧義五卷	馬淵	嵐山
論語集解考異十卷	吉田	篁墩	論語彙考	鈴木	潭洲
論語集解國字辨五卷（刊）	種野	友直	論語彙訓二十四卷	最上	鶯谷
論語集解國字辨五卷（刊）	千早	東山	論語彙註	富永	滄浪
論語集解筆記二十卷	猪飼	敬所	論語彙解十卷	新井	白蛾
論語集解新說四卷	田中	履堂	論語彙編五卷（刊）	藤澤	南岳
論語集解補義	竹內	東門	論語微言五卷	馬淵	嵐山
論語集解補證十卷	藍澤	南城	論語愚問抄一卷	室	鳩巢
論語集解標記十卷（刊）	岩垣	龍溪	論語愚得解二卷	津阪	東陽
論語集說	中	清泉	論語慎思二十卷	伊東	奚疑
論語集說	鈴木	松江	論語新旨二卷	葛西	因是
論語集說	小島	省齋	論語新疏三卷	河田	東岡
論語集說一卷	井上	金峨	論語新註四卷（刊）	豐島	豐洲
論語集說八卷	朝川	善菴	論語新註補抄二卷	豐島	豐洲
			論語會意一卷	豐島	豐洲
			論語會箋二十卷（刊）	竹添	井井
			論語概論	臼田	竹老

論語經綸二十卷（刊）	井田	澹泊	論語詳解十卷	伊藤	鳳山
論語群疑考十卷（刊）	冢田	大峯	論語箚記	奧宮	慥齋
			論語摘語一卷	林	羅山
論語義疏十卷（刊校）	根本	武夷	論語摘說	吉村	斐山
論語義疏勘合本十卷	根本	武夷	論語漢注考十卷	海保	漁村
			論語漢說發揮十卷	朝川	善菴
論語義註	津阪	東陽	論語端解一卷	齋宮	靜齋
論語補註二卷（刊）	山本	溪愚	論語箋注	原田	東岳
論語補解八卷（刊）	山本	樂所	論語箋註十卷	松本	愚山
			論語管見	片山	兼山
論語補解辨證十卷（刊）	志賀	節菴	論語管見（未完）	久保田	損窗
論語解	三宅	橘園	論語管見一卷（刊）	龜谷	省軒
論語解	東	恒軒			
論語解	並河	天民	論語管窺一卷	古賀	侗菴
論語解	末包	金陵	論語精義五卷	二山	時習堂
論語解	中江	藤樹	論語聞耳記	淺井	琳菴
論語解	堀江	惺齋	論語聞書	和田	廉
論語解（刊）	三野	藻海	論語聞書（一名論語筆記）九卷	大田	錦城
論語解一卷	齋宮	靜齋	論語聞書三冊	中井	履軒
論語解十卷（刊）	照井	一宅	論語語由二十卷（刊）	龜井	南溟
論語解四卷	林	羅山	論語語由述志二十卷（刊）	龜井	昭陽
論語解評二十卷	富田	育齋			
論語詮	龍	草廬			

論語語由補遺二卷（一名語由撮要）	龜井	南溟	論語徵考六卷	宇佐美	灊水
			論語徵批一卷（刊）	岡	龍洲
論語語策	友石	慈亭	論語徵便覽	中村	滄浪亭
論語說	種野	友直	論語徵約辨解一冊（刊）	中根	鳳河
論語說	櫻田	虎門			
論語說	宇井	默齋	論語徵旁通	田中	鳴門
論語說一卷	肥田野	竹塢	論語徵疏義十卷	菅沼	東郭
論語說三卷	池田	冠山	論語徵渙二卷（刊）	中根	鳳河
論語說五卷（刊）	古屋	愛日齋	論語徵渙拾遺一卷（刊）	中根	鳳河
論語說四卷	摩島	松南			
論語說四卷	太田代	東谷	論語徵評十卷（刊）	清田	儋叟
論語說約七十卷	石川	竹厓	論語徵集覽二十一卷（刊）	松平	黃龍
論語說約四卷	天沼	恒菴			
論語說稿六卷	吉田	篁墩	論語徵補二十卷	齋藤	芝山
論語說藪	入江	東阿	論語徵補二卷	熊阪	台州
論語實說五卷	雨森	牛南	論語徵補義五卷	岡野	石城
論語駁異一卷	海保	漁村	論語徵解	森	東郭
論語影響解二卷	伊良子	大洲	論語徵膏肓三卷	片山	兼山
論語徵十卷（刊）	荻生	徂徠	論語徵餘言及附錄三卷	戶崎	淡園
論語徵正文一卷（訓讀）	伊東	藍田	論語徵癈疾三卷（刊）	片山	兼山
論語徵考二十卷	萩野	鳩谷	論語撮解一卷（刊）	龜田	鵬齋
論語徵考二冊	宇都宮	遯菴			
論語徵考二卷	中山	城山	論語撮說二卷	東	澤瀉

論語標注十卷	帆足	萬里	論語講義	刈谷	無隱
論語編	清河	樂水	論語講義	坂井	虎山
論語論文十卷（刊）	有井	進齋	論語講義	佐善	雪溪
			論語講義	鈴木	養察
論語論評三卷	馬淵	嵐山	論語講義	稻葉	默齋
論語諸說	留守	希齋	論語講義	中村	習齋
論語餘訓四卷	富田	春郭	論語講義一冊	小出	侗齋
論語餘意一卷	舟生	釣濱	論語講義一冊（刊）	三島	中洲
論語衡	石山	瀛洲			
論語諺解三十一卷	林	鵝峯	論語講義一冊（刊）	根本	羽嶽
論語諺解五卷	和田	靜觀窩	論語講義一冊（刊）	細川	十洲
論語諺解國字辨五卷	宇野	東山	論語講義一卷（刊）	萩原	西疇
論語輯義十卷	市川	鶴鳴	論語講義二冊（殘缺本）	加賀美	櫻塢
論語辨一卷	座光寺	南屏			
論語辨書十卷（刊）	荻生	徂徠	論語講義十卷	西依	成齋
			論語講義十卷	小永井	小舟
論語辨義五卷	中井	乾齋	論語講義三冊（刊）	岡松	甕谷
論語雕題略（校）	猪飼	敬所			
			論語講義三卷	幸田	子善
論語總論二冊	藤田	丹岳	論語講義三卷	山井	清溪
論語聯牽一卷	馬淵	嵐山	論語講義六卷（刊）	田中	履堂
論語臆說十卷	渡邊	弘堂			
論語薈說	宮本	篁村	論語講義四卷（刊）	田中	適所
論語講筆二卷	菅	新菴			
論語講義	城	鞠洲			

論語講義要略五卷	海保	漁村	論語纂言三卷	大田	晴軒
論語講演集說	久保木	竹窗	論語纂註八卷（刊）	米良	東嶠
論語講說十卷	中島	石浦	論語纂釋諸說辨誤四卷	古賀	精里
論語講說備考四卷	飛田	春山	論語闡五卷	佐藤	東齋
論語講錄十卷	冢田	大峯	論語欄外書（校）	猪飼	敬所
論語講錄五卷	石川	竹厓	論語欄外書二卷（刊）	佐藤	一齋
論語鍼炳論及附錄十一卷	松崎	觀海	論語攟	豐島	豐洲
論語韓文公筆解考二卷	伊東	藍田	論語讀本二十卷	石合	江村
論語簡端錄	安積	艮齋	論語鑑二十卷	座光寺	南屏
論語闕	龍	草廬	論語觀意二冊	藤田	丹岳
論語雜說一冊	藤田	丹岳	論語讚則一卷	關屋	致鶴
論語繹解十卷（刊）	皆川	淇園	魯論段落一卷	齋宮	靜齋
論語繹解翼十卷（刊）	武井	子廉	魯論愚得解一卷	荻生	金谷
論語證四卷（刊）	高橋	華陽	魯論類語一卷	尾形	洞簫
論語證注十三卷	太田	熊山	辨論語古義	山內	退齋
論語證解	松浦	交翠軒	擊蒙論語註補	駒井	白水
論語難章講義四卷	櫻田	虎門	縮臨古本論語集解（校）	齋藤	拙堂
論語類義二卷	齋藤	芝山	讀論日札四卷	會澤	正志齋
論語類編心解時卷（刊）	谷	太湖	讀論私記	鎌田	梁洲
			讀論語	中西	鯉城
			讀論語一卷	廣瀨	淡窗
			讀論語十卷	諸葛	琴臺

讀論語集註五卷	堤　它山	孟子四說附論語說一卷	伊藤　蘭嵎
觀海樓論語記聞七卷	松崎　觀海	孟子正文一卷	馬淵　嵐山
		孟子正文七卷（點）	片山　兼山

2　孟子

古註孟子考二卷	戶崎　淡園	孟子正文唐音付二卷	石川　金谷
正續疑孟二卷（刊）	藤野　木槿	孟子字義一卷	東條　一堂
孟子七冊	三宅　尚齋	孟子年表一卷	海保　漁村
孟子七卷（刊）	中井　履軒	孟子年譜一卷	伊藤　鳳山
孟子七篇	土井　淡山	孟子考	蒲坂　青莊
孟子千二百條紫朱辨十五卷	橘　壽菴	孟子考	仁井田　南陽
孟子小解七卷	熊澤　蕃山	孟子考一卷	萩原　大麓
孟子小識	隨朝　若水	孟子考七卷	藍澤　南城
孟子井田辨二卷（刊）	毛利　貞齋	孟子考七卷	大田　錦城
孟子文法一卷	齋宮　靜齋	孟子考二卷	龜井　昭陽
孟子文階一卷（刊）	朝倉　荊山	孟子考二卷	鈴木　文臺
孟子古義七卷	伊藤　仁齋	孟子考三卷	大田　晴軒
孟子古義抄翼七卷（刊）	伊藤　東所	孟子考異外書逸語一卷	增島　蘭園
孟子古義國字解四十七卷	穗積　能改齋	孟子考證一卷（刊）	中村　蘭林
孟子古義標註一卷	伊藤　東涯	孟子刪	荻生　徂徠
孟子句解	若林　竹軒	孟子折衷五卷	岡田　南涯
		孟子私考一卷（未完）	伊藤　鳳山
		孟子私說	武田　立齋

孟子私說一冊	平元	梅隣	孟子國字解四卷	穗積	能改齋
孟子私說三卷	萩原	樂亭	孟子條辨二卷	宮田	五溪
孟子私錄一冊	豐島	洞齋	孟子章句考	渡邊	樵山
孟子私錄七卷	三島	中洲	孟子章指二卷（校）	佐野	山陰
孟子定本十四卷（刊）	安井	息軒	孟子章解	宮本	篁村
孟子拙講	加藤	櫻老	孟子莛撞二卷	伊藤	鹿里
孟子松陽講義略譯一卷	兒玉	南柯	孟子通	松田	拙齋
孟子知言七卷	東條	一堂	孟子通	蒔田	鳳齋
孟子故國章鄙語解一卷	伊東	奚疑	孟子晰義一卷	野崎	藤橋
孟子約許六卷	馬淵	嵐山	孟子湯雪解四卷	小畑	詩山
孟子約解三卷（刊）	大槻	磐溪	孟子發蒙三卷	平賀	中南
孟子要略一卷（編次）	山崎	闇齋	孟子筆記	岩垣	龍溪
孟子旁注一卷	朝川	善菴	孟子評點七卷	賴	山陽
孟子校草	荻生	金谷	孟子鈔一卷	陶山	鈍翁
孟子浩氣章私考一冊	櫻田	簡齋	孟子鈔校正一卷	中村	惕齋
孟子浩然之氣解一卷	熊澤	蕃山	孟子鈔說七卷	高瀨	學山
孟子浩然章講義	大橋	訥菴	孟子集注正誤一卷	岡井	赤城
孟子浩然章講義一卷	淺見	絅齋	孟子集義七卷	茅原	虛齋
孟子問答備考一卷	古賀	侗菴	孟子集說四卷	古賀	侗菴
			孟子補註二冊（刊）	山本	溪愚
			孟子補說十四卷	齋藤	拙堂
			孟子解	瀨谷	桐齋
			孟子解（刊）	冢田	謙堂

孟子解一卷（刊）	大田	錦城	孟子徵	原田	東岳
孟子解十四卷（刊）	岡	龍洲	孟子撮說二卷	東	澤瀉
孟子解義四卷	中島	東關	孟子標注七卷	帆足	萬里
孟子詳解	伊藤	鳳山	孟子論文七卷（刊）	竹添	井井
孟子箚記二卷	諸葛	歸春	孟子鄭注補證七卷	海保	漁村
孟子箚記並補遺三卷	岡本	況齋	孟子養氣知言解一卷	林	羅山
孟子摘解六卷	池守	秋水	孟子養氣章或問圖解一冊（刊）	山田	方谷
孟子盡心口義一卷	佐藤	直方	孟子養氣章講義	栗栖	天山
孟子精義二卷	中井	乾齋	孟子諺解三十三卷	林	鵞峯
孟子精蘊九卷	大田	錦城			
孟子聞書四冊	中井	履軒	孟子輯聞二十卷	海保	漁村
孟子說	照井	一宅	孟子辨正三卷（刊）	石井	磯岳
孟子說	種野	友直	孟子辨衷四卷	市川	鶴鳴
孟子說	太田代	東谷	孟子辨解三卷	中山	城山
孟子說	片山	兼山	孟子辨疑	關屋	致鶴
孟子說一卷	山本	日下	孟子選二卷	川合	元
孟子說三卷	松下	葵岡	孟子臆說七卷	渡邊	弘堂
孟子說鈴一卷	伊藤	鳳山	孟子講義	鈴木	養察
孟子說鈴二卷	大田	晴軒	孟子講義	土井	聱牙
孟子趙氏義二十卷	海保	漁村	孟子講義	三島	中洲
孟子趙註補證七卷	藍澤	南城	孟子講義	稻葉	默齋
			孟子講義	中村	習齋

孟子講義（刊）	三宅	誠齋	浩然章		佐藤	直方
孟子講義七卷	田中	履堂	荀子非孟辨一卷		座光寺	南屏
孟子講義十四卷	小野	鶴山	荀孟考八卷		永井	星渚
孟子講義六卷	岡	三慶	郝京山孟子解揭厲		山木	眉山
孟子斷二卷（刊）	冢田	大峯	崇孟一卷（刊）		藪	孤山
孟子贅	上柳	四明	崇孟新書		大槻	平泉
孟子礧諸	渡邊	荒陽	崇孟解一卷（刊）		中山	城山
孟子繹解十卷（刊）	皆川	淇園	尊孟後辨		中野	素堂
孟子證解	關	松窗	尊孟餘辨一卷		岡本	稚川
孟子識一卷（刊）	荻生	徂徠	補增蘇批孟子四冊（校疏）		藤澤	南岳
孟子識餘	戶崎	淡園	疑語孟字義		並河	天民
孟子纂釋附諸說辨誤四卷（村瀨誨輔共著）	石塚	確齋	盡心章筆記一卷		淺見	絅齋
			管仲孟子論一卷（刊）		松村	九山
孟子譯	井部	健齋	增注孟子外書四卷（刊）		荒井	鳴門
孟子欄外書二卷（刊）	佐藤	一齋	增補蘇批孟子三卷刊		井上	櫻塘
孟子蠡測一卷	桃	白鹿				
孟荀獨斷八卷	舟生	釣濱	辨正續疑孟二卷		股野	順軒
孟荀類考四卷	片山	兼山	辨孟子二卷		齋藤	芝山
孟翼一卷	古賀	侗菴	辨孟論		高橋	道齋
孟議六卷	岡本	稚川	講孟餘話（又名講孟箚記）		吉田	松陰
為增山侯講孟子	佐藤	直方				
冢注孟子	冢田	大峯	黜孟		佐和	莘齋
			讀孟十卷		橘	壽菴

讀孟子	市川	鶴鳴	大學句解	若林	竹軒
讀孟子一卷	廣瀨	淡窗	大學本義二卷	宮本	篁村
讀孟子二卷	龜井	昭陽	大學正文一卷	東	澤瀉
讀孟子二卷	赤松	滄洲	大學正心傳章句 私考	神林	復所
讀孟子四卷	渡邊	荒陽	大學正義一卷 （刊）	村田	庫山
讀孟子四卷	高岡	養拙			
讀孟小識三冊	西島	蘭溪	大學正義二卷	中井	乾齋
讀孟管窺一卷	大槻	磐溪	大學全蒙釋言一 卷	佐藤	直方
讀孟叢鈔十四卷 （刊）	西島	蘭溪	大學全蒙釋言序	佐藤	直方
			大學夷考並問答 附錄一卷（刊）	圓山	溟北
3 大學			大學式一卷 （刊）	犬塚	印南
大學一家言一卷 （刊）	佐藤	一齋	大學朱子序圖說	中江	藤樹
大學三鋼領口義 一卷	三宅	尚齋	大學考	中江	藤樹
大學小記	小島	省齋	大學考	南宮	大湫
大學小傳四卷	齋宮	靜齋	大學考	蒲坂	青莊
大學小解一卷 （刊）	熊澤	蕃山	大學考一卷	諸葛	琴臺
大學心印六卷	田結莊	千里	大學考一卷 （刊）	龜井	昭陽
大學心解四卷	田結莊	千里	大學考二卷	大田	錦城
大學方言俚講	井土	學圃	大學考草一卷	大田	錦城
大學古義一卷	片山	兼山	大學考證	星野	熊嶽
大學古義一卷 （刊）	井上	金峨	大學考證	高橋	華陽
大學古點	大江	玄圃	大學克明德講義 一卷	淺見	絅齋

大學序次考異一卷（刊）	砂川	由信	大學定說一卷	赤城	彩霞
大學序宗旨圖	中江	藤樹	大學定靜近道筆記一卷	淺見	絅齋
大學序說	中江	藤樹	大學或問（一名經濟辨）一卷（刊）	熊澤	蕃山
大學抄一卷	林	羅山			
大學改本集說	大田	晴軒	大學或問一卷	湯淺	常山
大學私考	藤澤	子山	大學或問私考一卷	林	鵝峯
大學私考	安東	省菴			
大學私考三冊	櫻田	簡齋	大學或問鈔一卷	陶山	鈍翁
大學私衡（一名大學辨疑）一卷（刊）	龜田	鵬齋	大學或問敬說講義	淺見	絅齋
			大學或問講義	稻葉	默齋
大學私錄一卷	三島	中洲	大學明德說一卷	淺見	絅齋
大學和語鈔四卷	小出	永安	大學明德說講義	稻葉	默齋
大學定本	南宮	大湫	大學明德講義	神林	復所
大學定本一卷	伊藤	鹿里	大學明德講義一卷	淺見	絅齋
大學定本一卷	伊藤	仁齋			
大學定本一卷	大田	錦城	大學物說一卷	淺見	絅齋
大學定本一卷	藤澤	東畡	大學物說講義	稻葉	默齋
大學定本必傳一卷	小林	西岳	大學知止節國字說一卷	櫻田	虎門
大學定本抄翼一卷（刊）	伊藤	東所	大學知言（一名大學標識）一卷（刊）	東條	一堂
大學定本釋義二卷（刊）	伊藤	東涯			
大學定本釋義國字解四卷	穗積	能改齋	大學非孔書辨一卷	伊藤	仁齋
			大學指趣解一卷	堀	友直
大學定書一卷	中井	竹山	大學是正一卷	伊藤	蘭嵎

大學皆自明說	佐藤 直方
大學紀聞略說二冊（刊）	加藤 章菴
大學衍義考證八卷	中村 蘭林
大學要旨一卷	林 羅山
大學要略抄一卷	林 羅山
大學要解一卷	戶崎 淡園
大學要解一卷（刊）	中島 石浦
大學述一卷（刊）	平 俞
大學述義一卷（刊）	神 晉齋
大學原文句讀一卷	矢部 騰谷
大學原本釋義一卷（刊）	朝川 善菴
大學原解（校）	猪飼 敬所
大學原解三卷（刊）	大田 錦城
大學家說一冊（刊）	藤澤 南岳
大學參解一卷（刊）	鈴木 離屋
大學問答四卷（刊）	古賀 侗菴
大學問譯文一卷	奧宮 慥齋
大學啟一卷（刊）	和田 絅

大學啟發六卷序例一卷（編次）	山崎 闇齋
大學啟蒙二卷	劉 琴溪
大學啟蒙斷片	中江 藤樹
大學國字解一卷（刊）	冢田 大峯
大學國字解二卷（刊）	伊藤 鹿里
大學國字解五卷	穗積 能改齋
大學授蒙資講五卷（刊）	松浦 交翠軒
大學略說一卷	安積 艮齋
大學略譯一卷	馬淵 嵐山
大學章句（上總姬島村鈴木氏所藏）	佐藤 直方
大學章句（播州姬路藩）	佐藤 直方
大學章句或問講義	山崎 闇齋
大學章句參辨三卷（刊）	增島 蘭園
大學章句集疏	中田 平山
大學章句新疏二卷（刊）	室 鳩巢
大學章句講本二卷（刊）	砂川 由信
大學章句講義	櫻木 闇齋
大學章句纂釋一卷（刊）	古賀 精里

大學章句觸類三卷	山崎	子列	大學解	瀨谷	桐齋
大學通疏附或問一卷	木山	楓溪	大學解	鈴木	大凡
			大學解一卷（刊）	荻生	徂徠
大學通義一卷	後藤	松軒	大學解二卷	猪飼	敬所
大學通解二卷	澀谷	松堂	大學解二卷	林	羅山
大學傍訓一卷（刊）	三國	幽眠	大學解約覽一卷（刊）	西岡	天津
大學就正一卷	正牆	適處			
大學提要一卷	佐藤	雲韶	大學解癈疾	片山	兼山
大學插解	片山	恒齋	大學誠意傳國字說二卷	櫻田	虎門
大學發揮摘注	蒔田	鳳齋	大學辟硰一卷	渡邊	荒陽
大學筆記	岡田	南涯	大學圖會一卷（刊）	服部	大方
大學註一冊（刊）	冢田	大峯	大學圖解一卷（刊）	伊藤	鹿里
大學證一卷	星野	熊嶽	大學摘說一卷（刊）	佐藤	一齋
大學集義二卷（刊）	矢部	騰谷			
大學集說	倉石	窩	大學精義一卷（刊）	市川	鶴鳴
大學傳九章說	佐藤	直方	大學綱目全圖	淺見	絅齋
大學傳五章講義	淺見	絅齋	大學綱目俗解	貝原	益軒
大學新大全	氏家	過擴堂	大學聞書一冊	中井	履軒
大學新註一卷	關谷	潛	大學蒙註	中江	藤樹
大學經文解一卷	江帾	木鷄	大學製文二卷	馬淵	嵐山
大學補闕略	佐藤	直方	大學說一卷	箕浦	靖山
大學解	照井	一宅	大學說一卷	八田	華陽
大學解	中江	藤樹	大學說一卷	太田代	東谷

大學說一卷（刊）	安井	息軒	大學辨二卷	山本	北山
大學說約	關屋	致鶴	大學辨錦一卷（刊）	葛西	因是
大學徵一卷	猪飼	敬所	大學辨斷一卷	山崎	子列
大學標注	元田	竹溪	大學臆一卷	芥川	丹丘
大學標注一卷	帆足	萬里	大學講義	鈴木	養察
大學篇提要一卷	谷	太湖	大學講義	櫻木	闇齋
大學諸注集覽四卷	鈴木	龍洞	大學講義	稻葉	默齋
大學諸說辨誤一卷（刊）	古賀	精里	大學講義	山崎	闇齋
大學質疑一卷	猪飼	敬所	大學講義	中村	習齋
大學鄭氏義四卷（刊）	海保	漁村	大學講義	渡邊	豫齋
大學養老解	服部	南郭	大學講義一冊（刊）	藤澤	南岳
大學養老編三卷（刊）	入江	南溟	大學講義一卷	東條	一堂
大學獨斷一卷	桃	白鹿	大學講義一卷	山井	清溪
大學獨斷正文一卷（刊）	桃	白鹿	大學講義一卷	加藤	櫻老
大學獨斷或問一卷	桃	白鹿	大學講義一卷	稻葉	迂齋
大學諺解一卷	林	鵝峯	大學講義一卷	江上	苓洲
大學諺解一卷（刊）	遲塚	速叟	大學講義一卷（刊）	堀江	惺齋
大學諺解六卷	小龜	勤齋	大學講義二卷	岡	三慶
大學輯錄	星野	熊嶽	大學講義二卷	井部	香山
大學辨一卷	澁谷	松堂	大學講義筆記二卷	佐藤	直方
			大學講說一卷	中島	石浦
			大學講議二卷	若林	強齋

大學叢說一卷	石井	繩齋	古文大學類語一卷	尾形	洞簫
大學斷疑	宮永	大倉	古本大學全解	中江	藤樹
大學雜解一卷	岡本	稚川	古本大學批點一卷	春日	潛菴
大學雜議一卷（刊）	中井	履軒	古本大學刮目七卷（刊）	大鹽	中齋
大學繹解一卷（刊）	皆川	淇園	古本大學和解二卷	留守	希齋
大學證一卷	高橋	華陽	古本大學旁注補一卷	大鹽	中齋
大學證註一卷	石井	繩齋	古本大學旁訓	中江	藤樹
大學纂述	奧村	止齋	古本大學旁釋補一卷（刊）	佐藤	一齋
大學闡一卷（刊）	菅沼	東郭	古本大學解詁一卷	宮田	五溪
大學欄外書一卷（刊）	佐藤	一齋	古本大學圖解（一名大學章圖）	瀧	無量
大學讀原本一卷（刊）	小南	栗齋	古本大學講義	宮內	鹿川
大學變通一卷	乾	長孝	古本大學講義	萩原	西疇
大學驗心錄一卷	堀	友直	古本大學講義一冊（刊）	山田	方谷
大學體驗說二卷	大塚	退野			
大學金鎞抄七卷	橫田	何求	古本大學講義二卷（刊）	三輪	執齋
女大學一卷	貝原	益軒	古本大學講義六卷	千葉	松堂
女大學寶箱文庫一卷（刊）	貝原	益軒			
北山先生大學說一卷	山本	北山	石經大學慎思一卷	伊東	奚疑
古文大學略解一卷（刊）	池田	草菴			

石經大學解一卷（刊）	井田	赤城	**4　中庸**		
石經大學諺解	內藤	閑齋	丁巳中庸輯略篇目一卷	稻葉	默齋
考訂大學一冊（刊）	山本	溪愚	三摧中庸微言三卷	馬淵	嵐山
批大學辨斷一卷（刊）	淺見	絅齋	中庸一卷（刊）	中井	履軒
改定大學章句一卷	海保	漁村	中庸一誠而已說一卷	淺見	絅齋
定本大學一卷	奧田	尚齋	中庸二十五章	佐藤	直方
非大學解一卷	久田	湖山	中庸二十五章筆記一卷	淺見	絅齋
校定大學一卷	石井	繩齋	中庸二十五章講意一卷	櫻田	虎門
逐鹿評（一名大學要略）二卷	藤原	惺窩	中庸十六章	佐藤	直方
筆記大學或問一卷	中村	惕齋	中庸三冊	三宅	尚齋
節錄大學首章十二句小解一卷（刊）	谷	太湖	中庸三章一卷	陶山	鈍翁
			中庸口義一卷	和田	儀丹
增註大學一卷（刊）	岡島	竹塢	中庸大成五卷	穗積	能改齋
辨大學非孔氏之遺書辨一卷（刊）	淺見	絅齋	中庸小考	雨森	精齋
			中庸小解二卷（刊）	熊澤	蕃山
辨大學非孔書辨講義一卷	淺見	絅齋	中庸天命章	佐藤	直方
舊本大學詳解一卷	伊藤	鳳山	中庸天樂樓定本一卷（刊）	中井	履軒
			中庸文脈一卷	山縣	大華
舊本大學贅議一卷（刊）	吉村	秋陽	中庸文訣一卷	馬淵	嵐山
			中庸古注	南宮	大湫
			中庸古義一卷	井上	金峨

書名	姓	名	書名	姓	名
中庸古義一卷	片山	兼山	中庸知言（一名中庸標識）一卷（刊）	東條	一堂
中庸句解	若林	竹軒			
中庸未發已發說一卷	淺見	絅齋	中庸衍註一卷	中村	中倧
			中庸要解一卷	戶崎	淡園
中庸未發已發體用筆記一卷	淺見	絅齋	中庸述一卷	平	俞
中庸本義二卷	宮本	篁村	中庸首章發蒙圖解一卷（刊）	尾藤	二洲
中庸本義二卷	中井	乾齋	中庸首章解一卷（刊）	五井	蘭洲
中庸正文一卷	東	澤瀉			
中庸正文一卷	馬淵	嵐山	中庸首章講義筆記二卷	鎌田	柳泓
中庸正解	岡本	韋菴	中庸原解（校）	猪飼	敬所
中庸合讀	柿岡	林宗	中庸原解六卷（刊）	大田	錦城
中庸考一卷	大田	晴軒			
中庸考一卷（刊）	龜井	昭陽	中庸書說	佐藤	直方
中庸考二卷	大田	錦城	中庸脈絡一卷	山崎	子列
中庸考草二卷	大田	錦城	中庸鬼神大意	佐藤	直方
中庸折中	小島	省齋	中庸問答六卷	古賀	侗菴
中庸私考五冊	櫻田	簡齋	中庸問答補遺一卷	古賀	侗菴
中庸私說	平元	梅隣			
中庸私錄一卷	三島	中洲	中庸國字解一卷（刊）	冢田	大峯
中庸和語鈔八卷（刊）	小出	永安	中庸國字解六卷	穗積	能改齋
中庸定本一卷	中井	竹山	中庸略解一卷	池田	草菴
中庸或問私考二卷	林	鵝峯	中庸略說一卷	安積	艮齋
中庸或問講義	稻葉	默齋	中庸章句參辨二卷（刊）	增島	蘭園

中庸章句新疏二卷（刊）	室	鳩巢		中庸會箋	竹添	井井
中庸章句新疏補成一卷	神林	復所		中庸解	照井	一宅
中庸章句纂釋二卷	古賀	精里		中庸解	三宅	橘園
中庸莛撞一卷（刊）	伊藤	鹿里		中庸解	中江	藤樹
中庸通	松田	拙齋		中庸解	瀨谷	桐齋
中庸提要一卷	佐藤	雲韶		中庸解	堀江	惺齋
中庸發揮一卷	伊藤	仁齋		中庸解	隨朝	若水
中庸發揮抄翼一卷（刊）	伊藤	東所		中庸解	中島	黃山
中庸發揮國字解二十四卷	穗積	能改齋		中庸解一冊	金子	鶴村
中庸發揮標釋二卷	伊藤	東涯		中庸解二卷（刊）	荻生	徂徠
中庸發蒙	葛井	文哉		中庸解三卷	林	羅山
中庸筆記	岡田	南涯		中庸解癈疾	片山	兼山
中庸註一冊	冢田	大峯		中庸詳解	伊藤	鳳山
中庸集義二卷	矢部	騰谷		中庸辟硌一卷	渡邊	荒陽
中庸集解	元田	竹溪		中庸管見一卷	松崎	觀瀾
中庸集解一卷（刊）	和田	絅		中庸管窺二卷	桃	白鹿
中庸集說	渡	東嵋		中庸管窺或問一卷	桃	白鹿
中庸意見	那波	木菴		中庸精義二卷（刊）	市川	鶴鳴
中庸慎思二卷	伊東	奚疑		中庸聞書一冊	中井	履軒
中庸新疏	荒井	鳴門		中庸說一卷	太田代	東谷
				中庸說一卷	淺見	絅齋
				中庸說一卷	佐藤	一齋

中庸說一卷（刊）	安井	息軒	中庸講義二卷（刊）	藤澤	南岳
中庸說二卷	大田	錦城	中庸講義十冊	淺井	貞菴
中庸說並集傳一卷	龜田	鵬齋	中庸講義五卷	千手	旭山
中庸標注一卷	帆足	萬里	中庸講義筆記二卷（刊）	鎌田	柳泓
中庸諸注集覽四卷	鈴木	龍洞	中庸講說追正錄一卷	中島	石浦
中庸諸說辨誤一卷	古賀	精里	中庸斷	池守	秋水
中庸鄭氏義八卷（刊）	海保	漁村	中庸斷疑	宮永	大倉
中庸諺解三卷	林	鵝峯	中庸繹解二卷（刊）	皆川	淇園
中庸輯略三卷	落合	東堤	中庸證一卷（刊）	高橋	華陽
中庸輯略講義	稻葉	默齋	中庸繼述	大田	晴軒
中庸輯略講義	中村	習齋	中庸纂說五卷	增島	蘭園
中庸辨一卷	山本	北山	中庸釋義一卷	會澤	正志齋
中庸辨義一卷	龜田	鵬齋	中庸闡一卷	佐藤	東齋
中庸辨錦一卷（刊）	葛西	因是	中庸闡一卷（刊）	菅沼	東郭
中庸臆一卷	芥川	丹丘	中庸欄外書三卷（刊）	佐藤	一齋
中庸講義	稻葉	默齋	中庸續解	中江	藤樹
中庸講義	佐藤	牧山	中庸讀本一冊（刊）	藤澤	南岳
中庸講義一冊	山田	方谷	北山先生中庸說二卷	山本	北山
中庸講義一卷	木山	楓溪			
中庸講義一卷	東條	一堂	考訂中庸一冊（刊）	山本	溪愚
中庸講義二卷	鈴木	養察			

非中庸解一卷	久田	湖山	論孟考文二卷（刊）	猪飼	敬所
乾注中庸一卷	乾	長孝	論孟別一冊	三宅	尚齋
寄三宅重固中庸說	佐藤	直方	論孟序說一卷	赤井	東海
增註中庸一卷	岡島	竹塢	論孟私說	鎌田	梁洲
讀中庸	中村	習齋	論孟約義	村田	庫山
			論孟衍旨二卷	尾藤	二洲

5 論孟

語孟子助字私考一卷	渡邊	荒陽	論孟衍旨六卷	安積	艮齋
語孟字義（刊）	猪飼	敬所	論孟要點三卷	海保	漁村
語孟字義二卷	伊藤	仁齋	論孟首章講義一卷（刊）	三宅	石菴
語孟字義標註二卷	伊藤	東涯	論孟異同編二卷	和氣	柳齋
語孟字義辨一卷（刊）	木山	楓溪	論孟傍註	宮下	尚絅
語孟字義辨三卷	山崎	子列	論孟提要一卷	佐藤	雲韶
語孟字義讜議一卷	東	澤瀉	論孟集註序說和語鈔三卷	小出	永安
語孟序說鈔四卷（刊）	熊谷	活水	論孟精義校正	山本	復齋
語孟述意五卷	篠崎	三島	論孟說統	八田	華陽
語孟經說	石王	塞軒	論孟說叢八卷	柳川	震澤
語孟疑問六卷	大高坂	芝山	論孟質義五卷	茅原	虛齋
論孟二大疑辨一卷	日尾	荊山	論孟獨見	小笠原	冠山
論孟外說十七卷	加古川	遜齋	論孟講習錄	樋口	義所
			論孟講義	中山	菁莪
			論孟講餘談十卷	田邊	石菴
			辨語孟字義	山內	退齋

讀論孟法附詩鋼領一卷	岡田	寒泉	學庸私衡二卷	原	狂齋
讀論孟注	落合	東堤	學庸私錄一冊	豐島	洞齋
			學庸注疏考正二卷	海保	漁村

6 學庸

			學庸衍旨	尾藤	二洲
徂徠先生學庸解證一卷	戶崎	淡園	學庸軌說二卷	川田	喬遷
鄭玄注學庸二卷（校）	岡田	阜谷	學庸率解二卷	佐和	莘齋
學庸一卷	中井	履軒	學庸章句窺觀二卷	神林	復所
學庸口義	石塚	確齋	學庸通	蒔田	鳳齋
學庸五管窺一卷	高岡	養拙	學庸傍註	宮下	尚絅
學庸古意證解三卷	松下	葵岡	學庸嵌注三卷	荒井	鳴門
學庸正名二卷	座光寺	南屏	學庸發蒙三卷	平賀	中南
學庸正義	山本	北山	學庸筆記	手塚	坦齋
學庸正義二卷	田中	履堂	學庸註疏	岡島	龍湖
學庸正解	江良	仲文	學庸註解	谷田部	漪齋
學庸旨考	南宮	大湫	學庸跋鼇五卷	佐和	莘齋
學庸考	山本	復齋	學庸鈔校正一卷	中村	惕齋
學庸考二卷	服部	大方	學庸集考四卷	大高坂	芝山
學庸考二卷	垣內	熊岳	學庸集義三卷	村瀨	栲亭
學庸考文二卷	永井	星渚	學庸彙考	鈴木	澶洲
學庸私記	高橋	復齋	學庸愚解	小笠原	冠山
學庸私記	若山	勿堂	學庸經傳考二卷	諸葛	琴臺
學庸私鈔	內海	雲石	學庸解	恒遠	醒窗
學庸私說二卷	萩原	樂亭	學庸解集覽三卷	松平	黃龍
			學庸解餘言一卷	戶崎	淡園

學庸解釋又註	城戶	月菴
學庸詳解	伴	東山
學庸鼠璞三卷	渡邊	荒陽
學庸精義三卷（刊）	久保	筑水
學庸說	種野	友直
學庸說統	八田	華陽
學庸德性說一卷	鈴木	貞齋
學庸論	清河	樂水
學庸質疑二卷	赤井	東海
學庸診解三卷	和田	靜觀窩
學庸纂注	野田	石陽
學庸纂釋（未完）	多湖	松江
學論一卷	小河	立所
讀學庸解二卷	龜井	昭陽

7　四書

女四書四卷（刊）	西坂	成菴
王武曹四書大全（點註）	吉村	秋陽
四書十四冊（刊）（校點）	山崎	闇齋
四書大全二十三卷（校訂）	鵜飼	石齋
四書小解	竹田	春菴

四書之序一卷（刊）	溪	百年
四書之部十卷（刊）	溪	百年
四書五經二十一卷（點）	中村	惕齋
四書五經筆記	近藤	棠軒
四書公語錄二卷（刊）	鎌田	柳泓
四書句讀大全二十卷（刊）	山鹿	素行
四書句讀或問十卷	山鹿	素行
四書札記二卷	松崎	慊堂
四書正文	赤城	彩霞
四書示蒙句解二十七卷（刊）	中村	惕齋
四書合一圖說	中江	藤樹
四書字引捷徑一卷	古屋	蜂城
四書字義摘要	中村	梅塢
四書存疑考異一卷（刊）	鵜飼	石齋
四書朱註四聲辨疑二十五卷	生駒	柳亭
四書朱註折義十卷	伊藤	鳳山
四書考	中江	藤樹
四書考	黑澤	四如

四書考證	星野	熊嶽	四書要解	平井	澹所
四書考證八卷	山中	天水	四書要語抄一卷	林	羅山
四書自解十卷	若林	嘉陵	四書要領	園田	一齋
四書刪正補	並河	誠所	四書唐音辨二卷	岡島	冠山
四書序考一卷（刊）	林	羅山	四書訓式定本	石井	擇所
四書折衷辨斷三十九卷	日尾	荊山	四書訓蒙輯疏二十九卷（刊）	安部井	帽山
四書私考十三卷	村田	箕山	四書參考	佐藤	周軒
四書私抄十卷	安東	侗菴	四書國字解	日根野	鏡水
四書事文實錄十四卷	松永	尺五	四書國字辨四十卷（刊）	宇野	東山
四書和鈔十二卷	愛甲	喜春	四書國讀	山本	復齋
四書和讀考二卷	高畠	慶成	四書淺說（校）	鵜飼	石齋
四書或問抄略三卷（編）	稻葉	默齋	四書淺釋五十三卷	猪飼	箕山
四書松陽講義五卷（校刊）	篠崎	小竹	四書略解十卷（刊）	重田	蘭溪
四書注考	東條	琴臺	四書略講主意	林	良齋
四書直解	秦	新村	四書章句集注考異十卷	莊田	恬逸
四書近小改點十卷	櫻田	簡齋	四書章句集註題疏	小林	寒翠
四書便講六卷	佐藤	直方	四書通解	佐藤	西山
四書便講序	佐藤	直方	四書通解十三卷（論語、大學、中庸）	中島	浮山
四書俚諺抄十卷（刊）	毛利	貞齋			
四書叙旨十六卷	齋藤	鑾江	四書通辨十九卷	伊藤	龍洲
四書度量考一卷	水野	陸沈			

四書插字句解十卷	荒井	鳴門	四書集註俚諺抄五十卷（刊）	毛利	貞齋
四書晰文三卷	村上	聽雨	四書集註標釋二十卷	伊藤	東涯
四書童子問一卷	人見	卜幽軒	四書集註翼（刊）	若槻	幾齋
四書筆記	千手	廉齋			
四書筆解	田邊	樂齋	四書集註講義四十一卷	大野	竹瑞
四書註	大塚	觀瀾			
四書註五冊	關	蕉川	四書集釋十卷	古賀	精里
四書鈔說十二卷（刊）	中村	惕齋	四書匯參十卷（校注）	西坂	成菴
四書集字吟一卷	大槻	磐溪	四書會要十卷	中井	乾齋
四書集注十卷（點）	林	羅山	四書解	三島	通庸
			四書解	小松	愚山
四書集注大全（校）	伊藤	東涯	四書解說	藤井	懶齋
四書集注講義四卷	赤澤	一堂	四書資講四卷	合原	窗南
四書集注鼇頭引用書目一卷	岡本	況齋	四書道德總圖二卷	安東	省菴
			四書箚記十卷	安部井	帽山
四書集註	齋藤	鳴湍	四書摘疏四十卷內大學三卷（刊）	櫻田	虎門
四書集註十九卷（點）	後藤	芝山			
四書集註十卷（點）	貝原	益軒	四書精意鈔說	蟹	養齋
四書集註序諺解四卷	和田	靜觀窩	四書蒙引略圖解一卷（刊）	大原	武清
			四書標注	西島	城山
四書集註抄三十八卷（刊）	林	羅山	四書標記十卷	猪飼	敬所
			四書標異十九卷	圓山	溟北

四書熟字辨一卷（刊）	鎌田	環齋	四書斷	中井	竹山
四書談四卷（刊）	小南	栗齋	四書證義	草野	石瀨
			四書辭例	高橋	華陽
四書擇言二十六卷	金子	霜山	四書纂要（大學、中庸部五卷刊）	金子	霜山
四書磨鏡錄	山村	勉齋	四書釋地（校）	猪飼	敬所
四書諺解（未完）	山鹿	素行	四書蠡海二卷	股野	順軒
四書辨蒙詳說五十二卷	梁田	毅齋	四書讀法正誤一卷	諸葛	歸春
四書辨論十二卷	中江	岷山	改點四書十卷（校）	田邊	晉齋
四書擬策問五卷	神林	復所	重訂四書存疑十五卷（點）	鵜飼	石齋
四書翼十卷	羽黑	養潛			
四書講義	山口	菅山	重編四書註者考一卷（刊）	江村	剛齋
四書講義	室	鳩巢	略四書分類一卷	喜多村	間雲
四書講義	林	鳳岡	通俗四書註者考一卷（刊）	那波	活所
四書講義	鶴岡	精齋			
四書講義	鈴木	養齋	登雲四書	菅	得菴
四書講義	一瀨	庄助	筆記四書集註	中村	惕齋
四書講義二冊（刊）	內藤	碧海	新增首書四書大全三十八卷（刊）	熊谷	荔齋
四書講義十冊	落合	東堤	綾瀨先生四書朱熹集註本寫著孟子二卷	龜田	鶯谷
四書講義四卷	梁田	蛻巖			
四書講證	箕浦	立齋			
四書講釋一卷	山崎	北峯	標注四書字類大全六冊（1884年刊）	谷	嚶齋
四書賸言六卷（校）	安原	方齋			

標註四書讀本八卷（刊）	大鄉	學橋
標註康熙欽定四書解義十五卷（刊）	大鄉	學橋
蠅頭四書	豐島	洞齋
讀四書法	中江	藤樹
讀書漫筆二卷（論語、中庸、大學、孟子）	岡本	況齋
鼇頭四書集註十卷	宇都宮	遯菴
觀文書堂四書講易六十卷	生駒	柳亭

孝經類

三子標釋增補孝經彙註三卷（刊）	大鹽	中齋
女孝經補註一卷	齋藤	鶴磯
今文孝經鄭氏解補證一卷（刊）	東條	一堂
元行冲孝經一卷（校）	佐野	山陰
元行冲孝經考一卷	曾我部	容所
孔傳孝經一卷（校）	赤松	滄洲
古文孝經一卷	澤田	東江

古文孝經孔安國傳校正音註一卷（刊）	太宰	春臺
古文孝經心解七卷	田結莊	千里
古文孝經古傳一卷	德力	龍潤
古文孝經外傳四卷	德力	龍潤
古文孝經正文一卷（刊）	太宰	春臺
古文孝經正本（校）	伏原	宣條
古文孝經考一卷	座光寺	南屏
古文孝經考異一卷（刊）	青山	雷巖
古文孝經考異二卷	朝川	善菴
古文孝經抄一卷	林	羅山
古文孝經私記（刊）	猪飼	敬所
古文孝經私記二卷（刊）	朝川	善菴
古文孝經附錄管見各一卷	片山	兼山
古文孝經指解補註	南宮	大湫
古文孝經參疏三卷（刊）	片山	兼山
古文孝經國字解一卷	宮瀨	龍門

古文孝經略解	細野	栗齋	孝經大義一卷（點）	貝原	益軒
古文孝經略解一卷	太宰	春臺	孝經大義和字抄三卷	橫田	何求
古文孝經略解二卷	渡井	夢南	孝經大義詳解二卷（刊）	宇都宮	遯菴
古文孝經發三卷	新井	白蛾	孝經大義詳解五卷（刊）	蘆川	桂洲
古文孝經註	矢島	伊濱	孝經小解一冊	三輪	執齋
古文孝經解詁一卷	宮田	五溪	孝經小解二卷（刊）	熊澤	蕃山
古文孝經箋註一卷	五味	釜川	孝經小識	隨朝	若水
古文孝經標注一卷（刊）	片山	兼山	孝經之部一卷	溪	百年
古文孝經諺解三卷	林	鵝峯	孝經五記	朝川	善菴
			孝經六書	朝川	善菴
古文孝經辨偽一卷	東條	一堂	孝經孔傳音註一卷（校）	朝川	善菴
古文孝經翼注一卷	宮田	五溪	孝經孔傳音註疏三卷	五味	釜川
古文孝經攝字注二卷（刊）	藤原	溫齋	孝經孔傳辨一冊	藤田	幽谷
玄宗御注孝經補義一卷（刊）	福井	敬齋	孝經孔傳辨偽一卷	東條	一堂
孝經一卷	小畑	詩山	孝經孔傳翼註	久保木	竹窗
孝經一卷（點）	林	羅山	孝經孔傳讀本一卷（刊）	伊藤	鳳山
孝經一得	中村	栗園	孝經引證一卷（校）	岡田	新川
孝經二卷	松下	烏石			
孝經大意一卷	伊東	奚疑	孝經刊誤一卷（刊）	山崎	闇齋

孝經刊誤集註一卷（刊）	氏家	閑存	孝經考一卷	諸葛	琴臺
孝經刊誤集解一卷（刊）	中村	惕齋	孝經考一卷	大田	晴軒
孝經刊誤講義	稻葉	默齋	孝經考一卷	龜井	昭陽
孝經古今文異同考一卷	最上	鶯谷	孝經考一卷	戶崎	淡園
孝經古今文異同考二卷	市野	東谷	孝經考二卷	藍澤	南城
孝經古今文異同考三卷	萩原	樂亭	孝經考文一卷	永井	星渚
孝經古今文疏證四卷	海保	漁村	孝經考合說	立野	桂山
孝經古點	大江	玄圃	孝經考定	樋口	義所
孝經句解	蟹	養齋	孝經告盟一家政談一卷（刊）	佐藤	延陵
孝經外傳	村瀨	櫟園	孝經改觀二卷	堤	它山
孝經外傳一卷（編次）	山崎	闇齋	孝經私解	石垣	柯山
孝經外傳或問四卷	熊澤	蕃山	孝經私說一卷	奧村	茶山
孝經正文唐音付二卷（刊）	石川	金谷	孝經見聞抄三卷	林	羅山
孝經正解	伴	東山	孝經兩造簡孚一卷（刊）	東條	一堂
孝經白天章三卷	最上	鶯谷	孝經和字訓一卷（刊）	冢田	大峯
孝經示蒙句解一卷	中村	惕齋	孝經宗旨引證（校）（1819年刊）	山崎	如山
孝經考	中江	藤樹	孝經定本一卷（刊）	朝川	善菴
孝經考	猪飼	敬所	孝經注疏考一卷	岡本	況齋
孝經考一卷	會澤	正志齋	孝經直註二卷	毛利	貞齋
			孝經直解一卷（刊）	松平	君山

孝經便蒙釋義二卷（刊）	竹田	春菴	孝經評略大全四卷	毛利	貞齋
孝經便蒙釋義附纂二卷（刊）	竹田	春菴	孝經鈔說二卷	井上	四明
孝經衍義十二卷	井上	四明	孝經集傳一卷（刊）	山本	樂所
孝經述	長井	松堂	孝經集傳一卷（刊）	新井	白蛾
孝經音訓正訛	香川	南濱	孝經集說一卷（刊）	井上	金峨
孝經真本一卷	吉田	篁墩	孝經集覽二卷（刊）	山本	北山
孝經參釋一卷（刊）	川崎	也魯齋	孝經傳三卷	齋宮	靜齋
孝經啟蒙初稿本	中江	藤樹	孝經彙註	富永	滄浪
孝經啟蒙定稿本	中江	藤樹	孝經慎思	伊東	奚疑
孝經國字解三卷	伊藤	鹿里	孝經新疏三卷	河田	東岡
孝經國字解三卷（刊）	松平	黃龍	孝經會通一卷（校）	朝川	善菴
孝經國字解六卷	穗積	能改齋	孝經會說一卷	高野	真齋
孝經淺釋	猪飼	箕山	孝經義一卷（刊）	金	岳陽
孝經疏證五卷（刊）	鈴木	順亭	孝經義註	津阪	東陽
孝經疏證考異一卷（刊）	鈴木	順亭	孝經解	三宅	橘園
孝經疏證解題二卷（刊）	鈴木	順亭	孝經解	三島	通庸
孝經通二卷（刊）	蒔田	鳳齋	孝經解	香川	南濱
孝經傍訓一卷（刊）	三國	幽眠	孝經解意補義一卷	佐藤	一齋
孝經發揮一卷（刊）	津阪	東陽	孝經詳註大全四卷	毛利	貞齋

孝經詳說三卷	大田	錦城	孝經講義一卷	赤澤	一堂
孝經辟硋一卷	渡邊	荒陽	孝經講義一卷（刊）	高垣	柿園
孝經頌	岡本	韋菴	孝經講釋聞書	中江	藤樹
孝經疑問	村瀨	櫟園	孝經贊義二卷	渡邊	荒陽
孝經箋註一卷	松本	愚山	孝經證五卷（刊）	高橋	華陽
孝經管解一卷	吉田	鷟湖			
孝經精義一卷	松下	葵岡	孝經證注二卷	朝川	善菴
孝經精義一卷	諸葛	歸春	孝經證解三卷	松浦	交翠軒
孝經說	梅津	白巖	孝經證話	高橋	華陽
孝經說一卷（刊）	古屋	愛日齋	孝經識一卷（刊）	荻生	徂徠
孝經增補首書三卷	毛利	貞齋	孝經纂註一卷（刊）	貝原	存齋
孝經賤ヶ技一卷（刊）	中村	忠亭	孝經纂釋一卷（刊）	土屋	鳳洲
孝經鄭注或問	村瀨	櫟園	孝經譯說二卷	馬淵	嵐山
孝經鄭注疏釋	加藤	圓齋	孝經釋義	飛田	逸民
孝經餘論一卷（刊）	豐島	豐洲	孝經闡旨一卷	細合	斗南
孝經獨見二卷	久保木	竹窗	孝經簀義三卷（刊）	中井	乾齋
孝經諺解	樋口	東里	孝經襯注	荒井	鳴門
孝經諺解三卷	林	鵝峯	足利本古文孝經直解一卷	山本	南陽
孝經翼	中村	栗園			
孝經講草鈔二卷	小出	永安	足利本劉炫孝經一卷（校刊）	山本	南陽
孝經講義	春日	白水			
孝經講義一冊（刊）	內藤	碧海	定本古文孝經一卷	渡邊	荒陽

			爾雅類		
訂正孝經孔氏傳二卷	朝川	善菴			
訂正孝經鄭氏注一卷	朝川	善菴	訂正爾雅十卷（校）	木村	巽齋
重刻孝經一卷	西	湖學	爾雅札記一卷	松崎	慊堂
冢氏孝經正文一卷	冢田	大峯	爾雅集釋三卷	諸葛	歸春
冢注孝經一卷	冢田	大峯	爾雅翼四卷	五井	蘭洲
校定孝經一卷（刊）	山本	北山	爾雅證	高橋	華陽
真本古文孝經孔傳一卷	吉田	篁墩	影宋本爾雅一冊（校刊）	松崎	慊堂
真本孝經孔傳一卷（校）	佐野	山陰	影宋本爾雅十卷（校）	木村	巽齋
乾注孝經	乾	長孝	群經總義類		
假名書孝經	中江	藤樹			
御註孝經古本考一卷（校）	佐野	山陰	一齋經說稿	村士	玉水
清人古文孔傳孝經序跋（校）	木村	巽齋	七經孟子考文三十三卷（刊）（根本武夷共著）	山井	崑崙
補訂鄭註孝經一卷	久保木	竹窗	七經孟子考文補遺三十二卷（刊）	荻生	北溪
標注今文孝經一卷	良野	華陰	七經逢原三十二卷	中井	履軒
鄭注孝經一卷	良野	華陰	七經箚記八卷（刊）	岡田	煌亭
鄭注孝經一卷（校）	岡田	新川	七經雕題五十六卷	中井	履軒

書名	姓	名	書名	姓	名
七經雕題略十九卷	中井	履軒	十三經注疏正誤考三十卷	陳	錢塘
九經（易、書、詩、春秋、三禮、孝經、論語）述百三十卷	赤松	太庾	十三經章句文字二十五卷	伊藤	鳳山
			十三經辨誤百二十卷	陳	錢塘
九經一斑一卷	松本	古堂	三經二義十二卷	細合	斗南
九經一斑第二編一卷	松本	古堂	三經小傳三卷（刊）	大田	晴軒
九經三復一卷	松本	古堂	三經義十一卷	永井	星渚
九經要語三卷	松本	古堂	三經纂言一卷	貝原	益軒
九經要語俗解五卷	松本	古堂	五經一得鈔說五卷	藍澤	南城
九經音釋	坂本	天山	五經一得解五卷	安東	仕學齋
九經補韻一卷（校）	川合	春川	五經十一卷（點）	貝原	益軒
九經解	皆川	梅翁	五經十一卷（點）	林	羅山
九經說園	脇田	琢所			
九經談（刊）	猪飼	敬所	五經大全（點）	林	羅山
九經談十卷（刊）	大田	錦城	五經文字（審定）	松崎	慊堂
九經輯異六卷	茅原	虛齋	五經文字疏證	小島	成齋
九經類聚	箕浦	立齋	五經字樣一冊（審定）	松崎	慊堂
九經類編	山口	菅山	五經志疑四十卷	齋藤	鑾江
十七史經說	海保	漁村			
十三經考勘記補遺	小澤	精菴	五經私考	松永	尺五

五經直解	秦	新村	五經說叢三十卷	中井	乾齋
五經要語抄一卷	林	羅山	五經磨鏡錄	山村	勉齋
五經音義補二十卷	高階	暘谷	五經擬策問五卷	神林	復所
五經音釋	種野	友直	五經纂注	野田	石陽
五經旁訓十四卷	清田	儋叟	五經讀法正誤六卷	諸葛	歸春
五經訓式定本	石井	擇所	六經大義附語孟睫十四卷	渡邊	荒陽
五經童子問	人見	卜幽軒	六經小言一卷	石川	金谷
五經筆解	田邊	樂齋	六經用字例	溪	百年
五經註	大塚	觀瀾	六經豹十二卷	佐和	莘齋
五經集注（校）	伊藤	東涯	六經略說一卷（刊）	太宰	春臺
五經集注首書六十七卷（刊）	松永	尺五	六經略談十卷	菅間	鷟南
			六經異同考	阿野	蒼崖
五經集註十一卷（點）	後藤	芝山	六經解義	香川	南濱
五經新注欄外書	田村	克成	六經諸子說	鈴木	離屋
五經解	小松	愚山	日本名家經史論存十五卷（刊）	關	湘雲
五經解閉二十卷	萩原	大麓	日本經學考	江村	北海
五經圖彙三卷（刊）	松本	愚山	四庫簡明目錄經部四卷（校）	鷹見	星皋
五經圖解十二卷	馬場	信武	四經（易三、書三、詩三、禮三）質疑十二卷	赤井	東海
五經對類二卷	安東	仕學齋			

白賁堂經說一卷（桑名前修遺書）	秋山	白賁堂	音註五經十一卷（校）	荒井	鳴門
石經十三經（審定）	松崎	慊堂	倭文經解五卷	中江	藤樹
			兼山經說一卷	片山	兼山
有明館經史說八冊	鷹見	星皐	峨山經說一卷	井上	峨山
改點五經十一卷（校）	田邊	晉齋	校正五經圖說	雲川	春菴
			校訂七經孟子考文補遺	木村	梅軒
足利五經版式二卷	近藤	正齋	浩齋經說一卷（刊）	河又	浩齋
足利學校七經孟子考二卷	狩谷	齋	秦漢以上經籍考一卷	櫻井	石門
芳所經說	淺岡	芳所	國字解古經	吉留	復軒
青溪經子說二卷	角田	青溪	傍訓五經正文十一卷	中島	浮山
南屏經義二卷	座光寺	南屏	欽定四經五十卷（校注）	西坂	成菴
南畡經說	小田	南畡	註經餘言	宮永	大倉
活版經籍考一卷	市野	迷菴	逸經二卷	茅原	虛齋
活版經籍考一卷	吉田	篁墩	逸經網羅二卷	古賀	侗菴
皇清經解一斑六卷（刊）	岡田	煌亭	經子史千絕一冊（刊）	高橋	白山
皇朝經籍通考六卷	東條	琴臺	經子史日抄二十二卷	大槻	磐溪
省齋經說	河鰭	省齋	經子史要覽二卷（刊）	三浦	竹溪
秋水經解	山本	秋水	經子史要覽二卷（刊）	荻生	徂徠
音訓五經十五卷	後藤	芝山	經子抄錄	高木	松居

經子諸考	芳賀	篁墩	經典題說一卷（刊）	林	羅山
經子獨得	片山	兼山	經典釋文盛事一卷	松澤	老泉
經子遺說一卷（一名泰山遺說、經子考證）（刊）	小川	泰山	經音通四卷	茅原	虛齋
經元搜義	高橋	華陽	經書字辨二卷（刊）	古市	南軒
經句說糾繆一卷	猪飼	敬所	經書考十卷	中村	黑水
經史一貫稿	古賀	侗菴	經書釋義	湯川	麑洞
經史子集解說叢（未完）	田中	大觀	經註	鷹羽	雲淙
經史成語解	鈴木	澶洲	經註隔義錄	高橋	華陽
經史考一卷（刊）	井口	蘭雪	經傳字訓一卷	田中	止邱
經史抄一卷	早野	橘隧	經傳要旨一卷	龜井	昭陽
經史要言一卷（刊）	土井	聱牙	經傳倒用字考三卷	安東	仕學齋
經史音義	香川	南濱	經傳晰名義一卷	山中	天水
經史博論四卷	伊藤	東涯	經傳集要一卷	貝原	益軒
經史摘語二卷（刊）	鈴木	澶洲	經傳愚得二卷	藍澤	南城
經史論苑一卷	伊藤	東涯	經傳獨斷	高成田	琴臺
經史質疑正續又續六卷	猪飼	敬所	經傳釋文序錄一卷（校）	曾我部	容所
經史雜考十卷	中村	中倧	經傳釋詞十卷（刊）（校）	東條	方菴
經名考一卷	山崎	闇齋	經義史論雜說	佐佐	泉翁
經典問答一卷	林	羅山	經義考引用書目一卷	岡本	況齋

經義折衷一卷（刊）	井上	金峩	經筵獻義一卷	岡井	蓮亭
經義折衷考一卷	井上	南臺	經語百條一卷（刊）	土井	聱牙
經義要國字解三卷	和田	廉	經語楓令一卷	安東	仕學齋
經義述聞同異考一卷	岡本	況齋	經語解	石井	祚景
經義書一卷	山本	北山	經語摘粹一卷	古賀	精里
經義撮說一卷（刊）	山本	北山	經說	新井	白石
經義撮說緒餘四卷	山本	北山	經說	中村	嘉田
經義勦說	久保木	竹窗	經說二卷	大槻	磐溪
經義疑問	冢田	謙堂	經說二卷	伊藤	東涯
經義緒言一卷（刊）	井上	金峩	經說十卷	山本	北山
經義緒言考一卷	井上	南臺	經說文論	菅野	彊齋
經義學卷（刊）	雨森	精齋	經說四卷	宮崎	筠圃
經義輯說	井上	四明	經說拾遺二卷（刊）	原田	東岳
經義隨載	桑原	北林	經說專門發蘊二卷	加藤	圓齋
經義叢說	林	述齋	經說採摭二十卷	大內	玉江
經義類聚二十卷	大田	晴軒	經說萬餘言（刊）	金子	霜山
經解	早崎	巖川	經說講義	伊藤	固菴
經筵進講義錄一卷（刊）	元田	東野	經說叢話十卷	伊藤	蘭嵎
			經緯玉露二卷	河野	界浦
			經學文章論一卷（刊）	小南	栗齋
			經學文衡三卷	伊藤	東涯

經學文衡補遺六卷	井口	蘭雪	經籍通志二十卷	東條	琴臺
經學字海便覽七卷（刊）	岡島	冠山	經籍答問二卷（刊）	松澤	老泉
經學字義古訓一卷（刊）	海保	漁村	經籍源流考三卷	海保	漁村
經學或問三卷	諸葛	琴臺	經籍談辯誤	宮本	篁村
經學要字箋三卷（刊）	穗積	能改齋	經籍雜考一卷	岡本	況齋
經學總要一軌圖	中村	習齋	漢儒傳經圖一卷	荻生	金谷
經翼群書別錄二卷	安東	省菴	漢儒經傳考一卷	荻生	金谷
經翼群書集錄二卷	安東	省菴	駁群經平議談一卷	根本	羽嶽
經翼群書餘錄二卷	安東	省菴	諸經傳說	中村	習齋
經翼群書續錄二卷	安東	省菴	諸經傳講義	宮澤	欽齋
			諸經管見十卷	菊地	高洲
經賸（論語部）十卷	黑田	金城	壁經解六卷	平賀	中南
經籍目錄八卷	岡本	況齋	壁經辨正十二卷	大田	錦城
經籍考一卷	岡本	況齋	學海堂經解目次一卷	岡本	況齋
經籍倭字考一卷	林	羅山	據史徵經	五弓	雪窗
			蕉雨堂經說	香川	南濱
經籍訪古志八卷補遺一卷（刊）	澁江	抽齋	辨九經談一卷	神林	復所
			應師眾經音義韻譜十卷	河野	界浦
經籍通考二卷	吉田	篁墩	謙齋經說	田中	謙齋

講經筆記	安見	晚山
蠅頭五經	豐島	洞齋
譯經圖記考異 一卷	岡本	況齋
續九經談一卷	松村	九山
讀經緒言	鈴木	松江
讀經談一卷 （刊）	松村	九山

索引一
作者姓名

一　依漢字筆劃順

一劃

一瀨　庄助　　85

二劃

二山　時習堂　　12
人見　卜幽軒　　4
人見　懋齋　　8
入江　東阿　　270
入江　南溟　　148
八木　中谷　　283
八田　華陽　　225

三劃

三宅　石菴　　16
三宅　尚齋　　106
三宅　誠齋　　15
三宅　鞏革齋　　5
三宅　橘園　　191
三島　中洲　　97
三島　通庸　　279
三浦　竹溪　　146
三浦　佛巖　　97
三國　幽眠　　78
三野　象麓　　171
三野　藻海　　157
三輪　執齋　　89
上柳　四明　　28
下田　芳澤　　225

下鄉　樂山　　155
久田　湖山　　258
久保　佟堂　　212
久保　筑水　　197
久保木　竹窗　　41
久保田　損窗　　77
久野　鳳洲　　148
千手　旭山　　122
千手　廉齋　　117
千早　東山　　280
千葉　松堂　　98
土井　淡山　　83
土井　聱牙　　211
土肥　鹿鳴　　251
土屋　鳳洲　　175
大內　玉江　　202
大田　晴軒　　246
大田　錦城　　244
大地　東川　　21
大江　玄圃　　184
大竹　麻谷　　158
大串　雪瀾　　9
大原　武清　　83
大高坂　芝山　　13
大野　竹瑞　　267
大菅　南坡　　137
大鄉　學橋　　72
大塚　退野　　20
大塚　觀瀾　　118

大槻　平泉　　53
大槻　磐溪　　209
大橋　白鶴　　172
大橋　訥菴　　63
大鹽　中齋　　90
小川　泰山　　219
小出　永安　　7
小出　侗齋　　106
小永井　小舟　　75
小田　南畡　　45
小田　穀山　　187
小谷　巢松　　141
小松　愚山　　280
小林　西岳　　153
小林　函山　　259
小林　寒翠　　208
小河　立所　　128
小南　栗齋　　273
小畑　詩山　　266
小倉　三省　　2
小倉　無邪　　258
小宮山　南梁　　213
小宮山　桂軒　　19
小島　成齋　　205
小島　省齋　　212
小笠原　冠山　　226
小野　鶴山　　108
小澤　精菴　　279
小龜　勤齋　　285

小篠　東海	177	
山口　剛齋	30	
山口　菅山	121	
山中　天水	220	
山井　崑崙	144	
山井　清溪	215	
山內　退齋	14	
山木　眉山	45	
山本　中齋	47	
山本　日下	111	
山本　北山	223	
山本　迂齋	124	
山本　青城	136	
山本　南陽	255	
山本　洞雲	83	
山本　秋水	34	
山本　素堂	242	
山本　清溪	192	
山本　復齋	104	
山本　溪愚	141	
山本　樂艾	253	
山本　樂所	140	
山田　方谷	94	
山村　勉齋	80	
山脇　道圓	126	
山崎　子列	18	
山崎　北峯	283	
山崎　如山	281	
山崎　淳夫	176	
山崎　闇齋	101	
山梨　稻川	168	

山鹿　素行	100
山縣　大華	64
川田　喬遷	275
川田　琴卿	90
川目　直	177
川合　元	275
川合　春川	193
川合　梅所	174
川崎　也魯齋	68

四劃

中　清泉	50
中山　城山	170
中山　菁莪	115
中井　竹山	32
中井　乾齋	248
中井　碩果	47
中井　履軒	190
中井　蕉園	31
中田　平山	75
中江　岷山	129
中江　藤樹	88
中西　鯉城	124
中村　中倧	201
中村　忠亭	29
中村　栗園	72
中村　惕齋	10
中村　梅塢	86
中村　習齋	113
中村　黑水	74
中村　滄浪亭	168

中村　嘉田	42
中村　蘭林	22
中島　石浦	85
中島　東關	228
中島　浮山	129
中島　黃山	274
中根　鳳河	158
中野　素堂	228
五弓　雪窗	74
五井　蘭洲	24
五味　釜川	146
井上　四明	37
井上　金峨	219
井上　南臺	222
井上　峨山	42
井上　蘆洲	127
井上　櫻塘	86
井上　蘭臺	218
井上　鶴洲	127
井口　蘭雪	133
井土　學圃	62
井川　東海	252
井田　赤城	253
井田　澹泊	234
井田　龜學	286
井狩　雪溪	249
井部　香山	56
井部　健齋	77
仁井田　南陽	140
元田　竹溪	71
元田　東野	77

內田	周齋	252	片岡	如圭	86	平岩	元珍	117
內海	雲石	273	犬塚	印南	35	平野	深淵	22
內藤	閑齋	89	犬飼	松窗	240	平賀	中南	155
內藤	碧海	214				平塚	春江	240
刈谷	無隱	82	**五劃**			末包	金陵	254
友石	慈亭	58	加古川	遜齋	138	本田	豁堂	80
天沼	恒菴	156	加倉井	砂山	232	正牆	適處	67
太田	子規	254	加賀美	櫻塢	111	永井	星渚	166
太田	熊山	243	加藤	九皋	262	玉乃	九華	54
太田代	東谷	241	加藤	正菴	267	生駒	柳亭	24
太宰	春臺	144	加藤	章菴	126	田中	大觀	179
戶崎	淡園	161	加藤	圓齋	217	田中	止邱	7
手塚	玄通	162	加藤	櫻老	73	田中	弄叟	263
手塚	坦齋	119	北條	蠖堂	256	田中	鳴門	28
日尾	荊山	234	古市	南軒	270	田中	履堂	195
日根野	鏡水	56	古屋	有齋	274	田中	適所	263
木山	楓溪	93	古屋	昔陽	187	田中	謙齋	217
木村	大讓	254	古屋	愛日齋	185	田村	克成	126
木村	梅軒	145	古屋	蜂城	121	田宮	橘菴	251
木村	巽齋	31	古賀	侗菴	51	田結莊	千里	97
木澤	天童	225	古賀	茶溪	73	田邊	石菴	203
毛利	貞齋	84	古賀	精里	37	田邊	晉齋	108
毛利	壼邱	154	司馬	遠湖	69	田邊	樂齋	118
氏家	閑存	76	市川	鶴鳴	157	白井	重行	163
氏家	過擴堂	5	市野	東谷	147	目目澤	鉅鹿	172
水谷	雄琴	286	市野	迷菴	286	矢島	伊濱	52
水足	博泉	144	平	俞	254	矢部	騰谷	287
水野	陸沈	278	平井	澹所	226	石山	瀛洲	264
片山	恒齋	52	平元	梅隣	131	石川	大椿	260
片山	兼山	181	平元	謹齋	236	石川	竹厓	199
片山	鳳翮	162	平住	專菴	267	石川	金谷	180

石川　鴻齋	242	
石井　祚景	239	
石井　擇所	48	
石井　磯岳	50	
石井　繩齋	229	
石王　塞軒	110	
石合　江村	67	
石作　駒石	184	
石河　明善	207	
石垣　柯山	241	
石原　東隄	268	
石原　桂園	268	
石塚　確齋	37	
立原　東里	192	
立野　桂山	174	

六劃

伊良子　大洲	139
伊東　奚疑	278
伊東　藍田	163
伊藤　仁齋	128
伊藤　兩村	60
伊藤　固菴	13
伊藤　宜堂	236
伊藤　東所	136
伊藤　東涯	130
伊藤　鹿里	244
伊藤　萬年	10
伊藤　鳳山	235
伊藤　龍洲	21
伊藤　蘭嵎	134

伊藤　蘭齋	25
伏原　宣條	183
合原　窗南	105
吉田　松陰	91
吉田　訥所	260
吉田　篁墩	222
吉田　鵞湖	275
吉村　秋陽	93
吉村　斐山	96
吉留　復軒	216
名倉　松窗	79
多湖　松江	25
宇井　默齋	110
宇佐美　灊水	151
宇都宮　遯菴	12
宇野　明霞	179
宇野　東山	164
守屋　心翁	23
安井　息軒	208
安見　晚山	17
安東　仕學齋	131
安東　侗菴	11
安東　省菴	9
安原　方齋	30
安部井　帽山	49
安積　艮齋	61
安積　希齋	270
安藤　適齋	172
寺本　直道	34
帆足　萬里	55
早崎　巖川	74

早野　橘隧	196
有井　進齋	76
江上　苓洲	167
江村　北海	27
江村　剛齋	4
江村　復所	18
江良　仲文	250
江馬　蘭齋	265
江嵩　木鷄	205
池田　冠山	43
池田　草菴	95
池守　秋水	230
竹內　東門	36
竹田　春菴	19
竹添　井井	216
米良　東嶠	66
米谷　金城	193
羽黑　養潛	102
臼田　竹老	142
舟生　釣濱	257
西　湖學	260
西山　元文	281
西坂　成菴	62
西依　成齋	112
西岡　天津	246
西島　城山	71
西島　柳谷	167
西島　蘭溪	55

七劃

伴　東山	139

佐久間　象山	92	村松　蘆溪	154	和田　綱	255
佐久間　熊水	165	村瀨　栲亭	191	和田　廉	164
佐佐　泉翁	238	村瀨　櫟園	158	和田　儀丹	107
佐佐木　琴臺	159	沖　薊齋	60	和田　靜觀窩	5
佐和　莘齋	139	良野　華陰	219	和氣　柳齋	232
佐野　山陰	191	角田　青溪	183	岡　三慶	87
佐野　琴嶺	61	谷　太湖	80	岡　澹齋	263
佐善　雪溪	218	谷　麋生	133	岡　龍洲	179
佐藤　一齋	58	谷　嚶齋	260	岡井　赤城	32
佐藤　立軒	212	谷口　藍田	241	岡井　蓮亭	40
佐藤　西山	207	谷川　龍山	118	岡本　況齋	209
佐藤　周軒	19	谷田部　漪齋	188	岡本　韋菴	80
佐藤　延陵	99	貝原　存齋	8	岡本　稚川	184
佐藤　東齋	256	貝原　益軒	13	岡田　阜谷	261
佐藤　牧山	76	赤井　東海	62	岡田　南涯	198
佐藤　直方	103	赤松　太庾	149	岡田　栗園	63
佐藤　雲韶	260	赤松　滄洲	186	岡田　寒泉	115
佐藤　敬菴	249	赤松　蘭室	185	岡田　新川	185
佐藤　麟趾	119	赤城　彩霞	273	岡田　煌亭	229
坂井　虎山	53	赤澤　一堂	253	岡松　甕谷	78
坂本　天山	160	足代　立溪	132	岡島　竹塢	84
尾形　洞簫	32	辛島　鹽井	45	岡島　冠山	15
尾崎　梁甫	87	那波　木菴	7	岡島　龍湖	188
尾藤　二洲	35	那波　活所	1	岡崎　槐陰	196
志賀　節菴	140	那波　魯堂	28	岡崎　盧門	182
杉山　正義	107			岡野　石城	169
杉山　竹外	69	**八劃**		岩下　探春	26
村上　聽雨	253	並木　栗水	82	岩垣　龍溪	189
村士　玉水	109	並河　天民	128	岩崎　守齋	104
村田　庫山	139	並河　誠所	130	岸　勝明	277
村田　箕山	121	兒玉　南柯	41	幸田　子善	122

昌谷　精溪	58	
服部　南郭	146	
服部　大方	265	
東　恒軒	195	
東　澤瀉	96	
東方　祖山	224	
東條　一堂	203	
東條　方菴	210	
東條　琴臺	247	
松下　見林	11	
松下　烏石	153	
松下　葵岡	192	
松井　蝸菴	276	
松井　羅洲	117	
松平　君山	182	
松平　黃龍	147	
松本　古堂	70	
松本　愚山	197	
松永　寸雲	6	
松永　尺五	3	
松田　拙齋	250	
松田　黃牛	173	
松村　九山	264	
松宮　觀山	250	
松浦　交翠軒	12	
松崎　慊堂	199	
松崎　觀海	150	
松崎　觀瀾	277	
松澤　老泉	285	
林　良齋	91	
林　蓀坡	45	

林　潛齋	116	
林　述齋	47	
林　鳳岡	17	
林　檉宇	50	
林　鵝峯	6	
林　羅山	2	
武井　子廉	255	
武井　用拙	85	
武田　立齋	137	
河又　浩齋	259	
河田　東岡	135	
河田　迪齋	60	
河原　橘枝堂	257	
河野　界浦	254	
河野　恕齋	181	
河野　鐵兜	235	
河鰭　省齋	75	
牧野　默菴	52	
股野　順軒	138	
肥田野　竹塢	239	
肥田野　築村	236	
芥川　丹丘	90	
芳川　波山	230	
芳賀　篁墩	274	
近藤　正齋	229	
近藤　西涯	32	
近藤　棠軒	40	
金　岳陽	224	
金子　霜山	122	
金子　鶴村	198	
金澤　松下亭	258	

長　梅外	238	
長久保　赤水	29	
長井　松堂	211	
阿野　蒼崖	39	
雨森　牛南	225	
雨森　精齋	73	
青山　拙齋	199	
青山　雷巖	215	
青木　雲岫	249	

九劃

南宮　大湫	180	
垣內　熊岳	131	
城　鞠洲	266	
城戶　月菴	159	
姥柳　有莘	154	
室　鳩巢	18	
後藤　松軒	14	
後藤　芝山	26	
恒遠　醒窗	234	
星野　熊嶽	257	
星野　鵜水	49	
春日　白水	98	
春日　潛菴	95	
柏木　如亭	38	
柳川　震澤	8	
柿岡　林宗	36	
泉　達齋	238	
津阪　東陽	193	
津輕　儼淵	40	
狩谷　棭齋	198	

皆川　梅翁	247	原田　紫陽	70	荒井　鳴門	55
皆川　淇園	187	宮下　尚絅	66	馬淵　嵐山	170
相馬　九方	174	宮內　鹿川	98	馬場　信武	285
砂川　由信	259	宮本　篁村	228	高木　松居	71
秋山　玉山	24	宮永　大倉	56	高安　蘆屋	258
秋山　白賁堂	123	宮田　五溪	272	高成田　琴臺	277
秋山　景山	171	宮崎　筠圃	133	高岡　養拙	251
若山　勿堂	65	宮澤　欽齋	113	高松　貝陵	286
若林　竹軒	81	宮瀨　龍門	149	高垣　柿園	279
若林　強齋	105	島田　篁村	247	高原　東郊	173
若林　嘉陵	245	座光寺　南屏	166	高畠　慶成	84
若槻　幾齋	40	恩田　蕙樓	190	高野　真齋	59
茅原　虛齋	265	柴野　栗山	33	高階　暘谷	149
重田　蘭溪	259	栗栖　天山	94	高橋　白山	214
重野　成齋	81	根本　羽嶽	215	高橋　復齋	44
重野　櫟軒	217	根本　武夷	148	高橋　華陽	226
飛田　春山	122	桃　白鹿	30	高橋　道齋	221
飛田　逸民	205	桃　西河	34	高瀨　學山	20
香川　南濱	155	桃　翠菴	67		

十劃

		桑原　北林	49	十一劃	
		海保　青陵	166		
倉石　僴窩	68	海保　漁村	245	乾　長孝	270
倉成　龍渚	137	留守　希齋	108	堀　友直	72
兼松　石居	69	真勢　中洲	116	堀　左山	171
冢田　大峯	197	神　晉齋	266	堀　南湖	21
冢田　謙堂	207	神林　復所	70	堀　管岳	172
原　狂齋	220	秦　新村	120	堀江　惺齋	49
原　松洲	278	秦　滄浪	196	梁田　蛻巖	22
原　花祭	25	脇田　琢所	58	梁田　毅齋	249
原　修齋	237	草加　驪川	135	梅津　白巖	271
原田　東岳	134	草野　石瀨	61	深澤　君山	282
				淺井　貞菴	194

淺井　琳菴	103	
淺井　節軒	63	
淺見　絅齋	102	
淺岡　芳所	85	
清水　江東	157	
清水　春流	84	
清田　儋叟	27	
清河　樂水	206	
細川　十洲	281	
細井　平洲	186	
細合　斗南	160	
細野　要齋	123	
細野　栗齋	125	
荻生　北溪	145	
荻生　徂徠	143	
荻生　金谷	151	
荻野　斃己齋	126	
莊田　恬逸	14	
野本　白巖	57	
野田　石陽	169	
野村　藤陰	79	
野崎　藤橋	227	
陳　錢塘	176	
陶山　鈍翁	17	
陸　九皋	280	
陸奧　福堂	213	

十二劃

喜多村　間雲	16	
堤　它山	245	
富永　滄浪	132	

富田　日岳	161	
富田　王屋	271	
富田　育齋	263	
富田　春郭	167	
曾我部　容所	182	
最上　鶯谷	287	
朝川　同齋	233	
朝川　善菴	231	
朝倉　荊山	264	
森　東郭	29	
森　蘭澤	152	
渡　東嵎	239	
渡井　夢南	213	
渡邊　弘堂	131	
渡邊　荒陽	282	
渡邊　蒙菴	150	
渡邊　樵山	207	
渡邊　豫齋	122	
渥美　類長	177	
湯川　覽洞	67	
湯淺　常山	153	
菅　牛鳴	177	
菅　得菴	1	
菅　新菴	257	
菅沼　東郭	147	
菅野　彊齋	41	
菅間　鷲南	256	
菊地　大瓠	65	
菊地　南陽	242	
菊地　高洲	162	
雲川　春菴	125	

黑田　金城	44	
黑田　梁洲	204	
黑澤　四如	232	
黑澤　節窩	20	
黑澤　雉岡	25	

十三劃

園山　酉山	38	
園田　一齋	54	
圓山　溟北	239	
奧田　三角	134	
奧田　尚齋	33	
奧村　止齋	283	
奧村　茶山	242	
奧宮　慥齋	95	
愛甲　喜春	9	
新井　白石	15	
新井　白蛾	111	
新井　篤光	115	
會澤　正志齋	206	
榊原　篁洲	218	
殿岡　北海	284	
溝口　幽軒	152	
溝口　浩軒	113	
溪　百年	42	
照井　一宅	211	
萩原　大麓	189	
萩原　西疇	214	
萩原　綠野	202	
萩原　樂亭	195	
萩野　鳩谷	165	

落合　東堤	120	
落合　雙石	65	
葛井　文哉	53	
葛西　因是	39	
遊佐　木齋	105	
鈴木　大凡	272	
鈴木　文臺	235	
鈴木　石橋	36	
鈴木　松江	262	
鈴木　貞齋	106	
鈴木　順亭	231	
鈴木　養察	110	
鈴木　養齋	119	
鈴木　澶洲	151	
鈴木　龍洞	255	
鈴木　離屋	282	

十四劃

滿生　大麓	176
熊谷　活水	2
熊谷　荔齋	8
熊阪　台州	160
熊澤　蕃山	88
福井　敬齋	114
福島　松江	150
種野　友直	210
箕浦　立齋	115
箕浦　靖山	159
綾部　道弘	262
蒔田　鳳齋	273
蒲坂　青莊	169

十五劃

劉　琴溪	168
增島　蘭園	46
廣津　藍溪	156
廣澤　文齋	243
廣瀬　淡窗	233
德力　龍澗	26
摩島　松南	46
樋口　東里	137
樋口　義所	138
澁井　太室	27
澁江　抽齋	204
澁江　松石	35
澁谷　松堂	221
稻葉　迂齋	107
稻葉　默齋	114
諸葛　歸春	272
諸葛　琴臺	271
猪飼　敬所	200
猪飼　箕山	210
駒井　白水	156

十六劃

橘　壽菴	176
橫田　何求	10
橫溝　藿里	44
賴　山陽	43
龍　草廬	183
龜井　南溟	164
龜井　昭陽	170

十七劃

龜田　綾瀬	232
龜田　鵬齋	227
龜田　鶯谷	237
龜谷　省軒	216
穗積　能改齋	132
篠崎　三島	34
篠崎　小竹	54
澤　熊山	202
澤田　東江	221
澤田　鹿鳴	109
澤邊　北溟	202
築田　元叔	127

十七劃

鍋島　直興	269
齋宮　靜齋	152
齋藤　拙堂	64
齋藤　芝山	163
齋藤　鳴湍	78
齋藤　鶴磯	252
齋藤　鑾江	51

十八劃

遲塚　速叟	275
豐田　天功	206
豐島　洞齋	125
豐島　豐洲	224
鵜飼　石齋	4

十九劃

蟹　養齋	109

關　一樂	16	
關　松窗	222	
關　湘雲	82	
關　蕉川	57	
關谷　潛	284	
關屋　致鶴	265	
關藤　藤陰	68	

二十劃

藍澤　南城	204
瀧　無量	256
瀨谷　桐齋	228

二十一劃

隨朝　若水	201
隨朝　欽哉	240
鎌田　柳泓	38
鎌田　梁洲	141
鎌田　環齋	39
藤川　三溪	175
藤川　冬齋	66
藤井　松年	81
藤井　懶齋	102
藤田　丹岳	48
藤田　幽谷	194
藤咲　僊潭	23
藤原　惺窩	1
藤原　溫齋	269
藤堂　東山	135
藤堂　渫齋	278
藤野　木槿	99

藤澤　子山	158
藤澤　東畡	173
藤澤　南岳	175
藪　孤山	30
櫻井　石門	201
櫻井　東亭	136
櫻木　闇齋	114
櫻田　虎門	120
櫻田　簡齋	123
鶴岡　精齋	124

二十二劃

蘆川　桂洲	267

二十三劃

巖村　南里	48
鷹羽　雲淙	64
鷹見　星皋	189

二 依日語發音順

あいこう-きしゅん 愛甲　喜春　　9
あいざわ-せいしさい
　　　　　　會澤　正志齋　206
あいざわ-なんじょう
　　　　　　藍澤　南城　204
あいはら-そうなん 合原　窗南　105
あおき-うんしゅう 青木　雲岫　249
あおやま-せっさい 青山　拙齋　199
あおやま-らいがん 青山　雷巖　215
あかい-とうかい　赤井　東海　62
あかぎ-さいか　　赤城　彩霞　273
あかざわ-いつどう 赤澤　一堂　253
あかまつ-そうしゅう
　　　　　　赤松　滄洲　186
あかまつ-たいゆ　赤松　太庾　149
あかまつ-らんしつ 赤松　蘭室　185
あきやま-ぎょくざん
　　　　　　秋山　玉山　24
あきやま-けいざん 秋山　景山　171
あきやま-はくひどう
　　　　　　秋山　白賁堂　123
あくたがわ-たんきゅう
　　　　　　芥川　丹丘　90
あさい-せっけん　淺井　節軒　63
あさい-ていあん　淺井　貞菴　194
あさい-りんあん　淺井　琳菴　103
あさおか-ほうしょ 淺岡　芳所　85
あさか-きさい　　安積　希齋　270
あさか-ごんさい　安積　艮齋　61

あさかわ-ぜんあん 朝川　善菴　231
あさかわ-どうさい 朝川　同齋　233
あさくら-けいざん 朝倉　荊山　264
あさみ-けいさい　淺見　絅齋　102
あしかわ-けいしゅう
　　　　　　蘆川　桂洲　267
あじろ-りっけい　足代　立溪　132
あつみ-るいちょう 渥美　類長　177
あの-そうがい　　阿野　蒼崖　39
あべい-ぼうざん　安部井　帽山　49
あまぬま-こうあん 天沼　恒菴　156
あめのもり-ぎゅうなん
　　　　　　雨森　牛南　225
あめのもり-せいさい
　　　　　　雨森　精齋　73
あやべ-みちひろ　綾部　道弘　262
あらい-あつみつ　新井　篤光　115
あらい-はくが　　新井　白蛾　111
あらい-はくせき　新井　白石　15
あらい-めいもん　荒井　鳴門　55
ありい-しんさい　有井　進齋　76
あんどう-しがくさい
　　　　　　安東　仕學齋　131
あんどう-せいあん 安東　省菴　9
あんどう-てきさい 安藤　適齋　172
あんどう-どうあん 安東　侗菴　11
いかい-きざん　　猪飼　箕山　210
いかい-けいしょ　猪飼　敬所　200
いかり-せっけい　井狩　雪溪　249

いかわ-とうかい　　井川　東海　252
いぐち-らんせつ　　井口　蘭雪　133
いけだ-かんざん　　池田　冠山　43
いけだ-そうあん　　池田　草菴　95
いけもり-しゅうすい
　　　　　　　　　　池守　秋水　230
いこま-りゅうてい　生駒　柳亭　24
いしあい-こうそん　石合　江村　67
いしい-きがく　　　石井　磯岳　50
いしいー-じょうさい　石井　繩齋　229
いしいー-たくしょ　　石井　擇所　48
いしいー-むらかげ　　石井　祚景　239
いしおう-そくけん　石王　塞軒　110
いしがき-かざん　　石垣　柯山　241
いしかわ-きんこく　石川　金谷　180
いしかわ-こうさい　石川　鴻齋　242
いしかわ-だいちん　石川　大椿　260
いしかわ-ちくがい　石川　竹厓　199
いしこ-めいぜん　　石河　明善　207
いしずくり-くせき　石作　駒石　184
いしづか-かくさい　石塚　確齋　37
いしはら-けいえん　石原　桂園　268
いしはら-とうてい　石原　東隄　268
いしやま-えいしゅう
　　　　　　　　　　石山　瀛洲　264
いずみ-たつさい　　　泉　達齋　238
いだ-きがく　　　　井田　龜學　286
いだ-せきじょう　　井田　赤城　253
いだ-たんぱく　　　井田　澹泊　234
いちかわ-かくめい　市川　鶴鳴　157
いちのせ-しょうすけ

　　　　　　　　　　一瀬　庄助　85
いちの-とうこく　　市野　東谷　147
いちの-めいあん　　市野　迷菴　286
いつきのみや-せいさい
　　　　　　　　　　齋宮　靜齋　152
いとう-ぎどう　　　伊藤　宜堂　236
いとう-けいぎ　　　伊東　奚疑　278
いとう-こあん　　　伊藤　固菴　13
いとう-じんさい　　伊藤　仁齋　128
いとう-とうがい　　伊藤　東涯　130
いとう-とうしょ　　伊藤　東所　136
いとう-ほうざん　　伊藤　鳳山　235
いとう-まんねん　　伊藤　萬年　10
いとう-らんぐう　　伊藤　蘭嵎　134
いとう-らんさい　　伊藤　蘭齋　25
いとう-らんでん　　伊東　藍田　163
いとう-りゅうしゅう
　　　　　　　　　　伊藤　龍洲　21
いとう-りょうそん　伊藤　兩村　60
いとう-ろくり　　　伊藤　鹿里　244
いど-がくほ　　　　井土　學圃　62
いなば-うさい　　　稻葉　迂齋　107
いなば-もくさい　　稻葉　默齋　114
いぬい-ながたか　　　乾　長孝　270
いぬかい-しょうそう
　　　　　　　　　　犬飼　松窗　240
いぬづか-いんなん　犬塚　印南　35
いのうえ-おうとう　井上　櫻塘　86
いのうえ-かくしゅう
　　　　　　　　　　井上　鶴洲　127
いのうえ-がざん　　井上　峨山　42

いのうえ-きんが　井上　金峨　219
いのうえ-しめい　井上　四明　37
いのうえ-なんだい　井上　南臺　222
いのうえ-らんだい　井上　蘭臺　218
いのうえ-ろしゅう　井上　蘆洲　127
いべ-けんさい　　井部　健齋　77
いべ-こうざん　　井部　香山　56
いらこ-たいしゅう
　　　　　　　　伊良子　大洲　139
いりえ-とうあ　　入江　東阿　270
いりえ-なんめい　入江　南溟　148
いわがき-りゅうけい
　　　　　　　　岩垣　龍溪　189
いわさき-しゅうさい
　　　　　　　　岩崎　守齋　104
いわした-たんしゅん
　　　　　　　　岩下　探春　26
いわむら-なんり　巖村　南里　48
うい-もくさい　　宇井　默齋　110
うかい-せきさい　鵜飼　石齋　4
うさみ-しんすい　宇佐美　濁水　151
うじえ-かかくどう
　　　　　　　　氏家　過擴堂　5
うじえ-かんそん　氏家　閑存　76
うすだ-ちくろう　臼田　竹老　142
うちだ-しゅうさい　內田　周齋　252
うつのみや-とんあん
　　　　　　　　宇都宮　遯菴　12
うつみ-うんせき　內海　雲石　273
うの-とうざん　　宇野　東山　164
うの-めいか　　　宇野　明霞　179

うばやなぎ-ゆうしん
　　　　　　　　姥柳　有莘　154
うめづ-はくがん　梅津　白巖　271
うわやなぎ-しめい　上柳　四明　28
えがみ-れいしゅう　江上　苓洲　167
えばた-もくけい　江幡　木鷄　205
えま-らんさい　　江馬　蘭齋　265
えむら-ごうさい　江村　剛齋　4
えむら-ふくしょ　江村　復所　18
えむら-ほっかい　江村　北海　27
えら-ちゅうぶん　江良　仲文　250
おおうち-ぎょくこう
　　　　　　　　大內　玉江　202
おおえ-げんぽ　　大江　玄圃　184
おおぐし-せつらん　大串　雪瀾　9
おおごう-がっきょう
　　　　　　　　大郷　學橋　72
おおしお-ちゅうさい
　　　　　　　　大鹽　中齋　90
おおすが-なんば　大菅　南坡　137
おおたかさか-しざん
　　　　　　　　大高坂　芝山　13
おおた-きんじょう　大田　錦城　244
おおたけ-まこく　大竹　麻谷　158
おおた-しき　　　太田　子規　254
おおたしろ-とうこく
　　　　　　　　太田代　東谷　241
おおた-せいけん　大田　晴軒　246
おおた-ゆうざん　太田　熊山　243
おおち-とうせん　大地　東川　21
おおつか-かんらん　大塚　觀瀾　118

おおつか-たいや	大塚	退野	20
おおつき-ばんけい	大槻	磐溪	209
おおつき-へいせん	大槻	平泉	53
おおの-ちくずい	大野	竹瑞	267
おおはし-とつあん	大橋	訥菴	63
おおはし-はっかく	大橋	白鶴	172
おおはら-ぶせい	大原	武清	83
おかい-せきじょう	岡井	赤城	32
おかい-れんてい	岡井	蓮亭	40
おかざき-かいいん	岡崎	槐陰	196
おかざき-ろもん	岡崎	廬門	182
おがさわら-かんざん			
	小笠原	冠山	226
おか-さんけい	岡	三慶	87
おかじま-かんざん	岡島	冠山	15
おかじま-ちくう	岡島	竹塢	84
おかじま-りゅうこ	岡島	龍湖	188
おかだ-かんせん	岡田	寒泉	115
おかだ-こうてい	岡田	煌亭	229
おかだ-しんせん	岡田	新川	185
おがた-どうしょう	尾形	洞簫	32
おかだ-なんがい	岡田	南涯	198
おかだ-ふこく	岡田	阜谷	261
おかだ-りつえん	岡田	栗園	63
おか-たんさい	岡	澹齋	263
おかの-せきじょう	岡野	石城	169
おかまつ-おうこく	岡松	甕谷	78
おかもと-いあん	岡本	韋菴	80
おかもと-きょうさい			
	岡本	況齋	209
おかもと-ちせん	岡本	稚川	184
おか-りゅうしゅう	岡	龍洲	179
おがわ-たいざん	小川	泰山	219
おがわ-りっしょ	小河	立所	128
おき-けいさい	沖	薊齋	60
おぎの-へいきさい			
	荻野	斃己齋	126
おぎゅう-きんこく	荻生	金谷	151
おぎゅう-そらい	荻生	徂徠	143
おぎゅう-ほっけい	荻生	北溪	145
おくだ-さんかく	奥田	三角	134
おくだ-しょうさい	奥田	尚齋	33
おくのみや-ぞうさい			
	奥宮	慥齋	95
おくむら-しさい	奥村	止齋	283
おくむら-ちゃざん	奥村	茶山	242
おぐら-さんせい	小倉	三省	2
おぐら-むじゃ	小倉	無邪	258
おざき-りょうほ	尾崎	梁甫	87
おざさ-とうかい	小篠	東海	177
おざわ-せいあん	小澤	精菴	279
おだ-こくざん	小田	穀山	187
おだ-なんがい	小田	南畡	45
おちあい-そうせき	落合	雙石	65
おちあい-とうてい	落合	東堤	120
おの-かくざん	小野	鶴山	108
おばた-しざん	小畑	詩山	266
おんだ-けいろう	恩田	蕙樓	190
かいばら-えきけん	貝原	益軒	13
かいばら-そんさい	貝原	存齋	8
かいぼ-ぎょそん	海保	漁村	245
かいほ-せいりょう	海保	青陵	166

かがみ-おうう　　加賀美　櫻塢　111
かがわ-なんぴん　香川　南濱　155
かきうち-ゆうがく　垣内　熊岳　131
かきおか-りんそう　柿岡　林宗　36
かくらい-さざん

　　　　　　　加倉井　砂山　232
かこがわ-そんさい

　　　　　　　加古川　遜齋　138
かさい-いんぜ　　葛西　因是　39
かしわぎ-じょてい　柏木　如亭　38
かすが-せんあん　春日　潛菴　95
かすが-はくすい　春日　白水　98
かたおか-じょけい　片岡　如圭　86
かたやま-けんざん　片山　兼山　181
かたやま-こうさい　片山　恒齋　52
かたやま-ほうへん　片山　鳳翩　162
かつらい-ぶんさい　葛井　文哉　53
かとう-えんさい　加藤　圓齋　217
かとう-おうろう　加藤　櫻老　73
かとう-きゅうこう　加藤　九皐　262
かとう-しょうあん　加藤　章菴　126
かとう-せいあん　加藤　正菴　267
かなざわ-しょうかてい

　　　　　　　金澤　松下亭　258
かに-ようさい　　蟹　養齋　109
かねこ-かくそん　金子　鶴村　198
かねこ-そうざん　金子　霜山　122
かねまつ-せききょ　兼松　石居　69
かまた-かんさい　鎌田　環齋　39
かまた-りゅうおう　鎌田　柳泓　38
かまた-りょうしゅう

鎌田　梁洲　141
かめい-しょうよう　龜井　昭陽　170
かめい-なんめい　龜井　南溟　164
かめだ-おうこく　龜田　鶯谷　237
かめたに-せいけん　龜谷　省軒　216
かめだ-ほうさい　龜田　鵬齋　227
かめだ-りょうらい　龜田　綾瀬　232
からしま-えんせい　辛島　鹽井　45
かりや-えきさい　狩谷　棭齋　198
かりや-むいん　　刈谷　無隱　82
かわい-げん　　　川合　元　275
かわい-しゅんせん　川合　春川　193
かわい-ばいしょ　川合　梅所　174
かわさき-やろさい

　　　　　　川崎　也魯齋　68
かわだ-きょうせん　川田　喬遷　275
かわだ-きんけい　川田　琴卿　90
かわだ-てきさい　河田　迪齋　60
かわだ-とうこう　河田　東岡　135
かわばた-しょうさい

　　　　　　河鰭　省齋　75
かわはら-きっしどう

　　　　　　河原　橘枝堂　257
かわまた-こうさい　河又　浩齋　259
かわめ-ただし　　川目　直　177
かん-しんあん　　菅　新菴　257
かん-とくあん　　菅　得菴　1
かんばやし-ふくしょ

　　　　　　神林　復所　70
きくち-こうしゅう　菊地　高洲　162
きくち-たいこ　　菊地　大瓠　65

きくち-なんよう	菊地	南陽	242
きざわ-てんどう	木澤	天童	225
きし-かつあき	岸	勝明	277
きたむら-かんうん			
	喜多村	間雲	16
きど-げつあん	城戶	月菴	159
きむら-そんさい	木村	巽齋	31
きむら-だいじょう	木村	大讓	254
きむら-ばいけん	木村	梅軒	145
きやま-ふうけい	木山	楓溪	93
きよかわ-らくすい	清河	樂水	206
くが-きゅうこう	陸	九臯	280
くさか-りせん	草加	驪川	135
くさの-せきらい	草野	石瀬	61
くの-ほうしゅう	久野	鳳洲	148
くぼき-ちくそう	久保木	竹窗	41
くぼ-しどう	久保	侈堂	212
くぼた-そんそう	久保田	損窗	77
くぼ-ちくすい	久保	筑水	197
くまがい-かっすい	熊谷	活水	2
くまがい-れいさい	熊谷	荔齋	8
くまさか-たいしゅう			
	熊阪	台州	160
くまざわ-ばんざん	熊澤	蕃山	88
くもかわ-しゅんあん			
	雲川	春菴	125
くらいし-どうか	倉石	個窗	68
くらなり-りょうしょ			
	倉成	龍渚	137
くるす-てんざん	栗栖	天山	94
くろさわ-しじょ	黑澤	四如	232
くろさわ-せっか	黑澤	節窩	20
くろさわ-ちこう	黑澤	雉岡	25
くろだ-きんじょう	黑田	金城	44
くろだ-りょうしゅう			
	黑田	梁洲	204
くわばら-ほくりん	桑原	北林	49
こいで-えいあん	小出	永安	7
こいで-とうさい	小出	侗齋	106
ごい-らんしゅう	五井	蘭洲	24
こうだ-しぜん	幸田	子善	112
こうの-かいほ	河野	界浦	254
こうの-じょさい	河野	恕齋	181
こうの-てっとう	河野	鐵兜	235
こが-さけい	古賀	茶溪	73
こが-せいり	古賀	精里	37
こが-どうあん	古賀	侗菴	51
こがめ-きんさい	小龜	勤齋	285
ごきゅう-せっそう	五弓	雪窗	74
こじま-しょうさい	小島	省齋	212
こじま-せいさい	小島	成齋	205
こたに-そうしょう	小谷	巢松	141
こだま-なんか	兒玉	南柯	41
ごとう-しざん	後藤	芝山	26
ごとう-しょうけん	後藤	松軒	14
こながい-しょうしゅう			
	小永井	小舟	75
こばやし-かんざん	小林	函山	259
こばやし-かんすい	小林	寒翠	208
こばやし-せいがく	小林	西岳	153
こまい-はくすい	駒井	白水	156
こまつ-ぐざん	小松	愚山	280

こみなみ-りっさい	小南	栗齋	273
ごみ-ふせん	五味	釜川	146
こみやま-けいけん			
	小宮山	桂軒	19
こみやま-なんりょう			
	小宮山	南梁	213
こめたに-きんじょう			
	米谷	金城	193
こん-がくよう	金	岳陽	224
こんどう-せいがい	近藤	西涯	32
こんどう-せいさい	近藤	正齋	229
こんどう-とうけん	近藤	棠軒	40
さいとう-かくき	齋藤	鶴磯	252
さいとう-しざん	齋藤	芝山	163
さいとう-せつどう	齋藤	拙堂	64
さいとう-めいたん	齋藤	鳴湍	78
さいとう-らんこう	齋藤	鑾江	51
さかい-こざん	坂井	虎山	53
さかきばら-こうしゅう			
	榊原	篁洲	218
さかもと-てんざん	坂本	天山	160
さかや-せいけい	昌谷	精溪	58
さくま-しょうざん			
	佐久間	象山	92
さくま-ゆうすい	佐久間	熊水	165
さくらい-せきもん	櫻井	石門	201
さくらい-とうてい	櫻井	東亭	136
さくらぎ-ぎんさい	櫻木	闇齋	114
さくらだ-かんさい	櫻田	簡齋	123
さくらだ-こもん	櫻田	虎門	120

ざこうじ-なんぺい			
	座光寺	南屛	166
ささき-きんだい	佐佐木	琴臺	159
ささ-せんおう	佐佐	泉翁	238
さぜん-せっけい	佐善	雪溪	218
さとう-いっさい	佐藤	一齋	58
さとう-うんしょう	佐藤	雲韶	260
さとう-えんりょう	佐藤	延陵	99
さとう-けいあん	佐藤	敬菴	249
さとう-しゅうけん	佐藤	周軒	19
さとう-せいざん	佐藤	西山	207
さとう-とうさい	佐藤	東齋	256
さとう-なおかた	佐藤	直方	103
さとう-ぼくざん	佐藤	牧山	76
さとう-りっけん	佐藤	立軒	212
さとう-りんし	佐藤	麟趾	119
さの-きんれい	佐野	琴嶺	61
さの-さんいん	佐野	山陰	191
さわ-しんさい	佐和	莘齋	139
さわだ-とうこう	澤田	東江	221
さわだ-ろくめい	澤田	鹿鳴	109
さわべ-ほくめい	澤邊	北溟	202
さわ-ゆうざん	澤	熊山	202
しが-せつあん	志賀	節菴	140
しげた-らんけい	重田	蘭溪	259
しげの-せいさい	重野	成齋	81
しげの-れきけん	重野	櫟軒	217
しのざき-さんとう	篠崎	三島	34
しのざき-しょうちく			
	篠崎	小竹	54
しば-えんこ	司馬	遠湖	69

しばの-りつざん	柴野	栗山	33
しぶい-たいしつ	澁井	太室	27
しぶえ-しょうせき	澁江	松石	35
しぶえ-ちゅうさい	澁江	抽齋	204
しぶや-しょうどう	澁谷	松堂	221
しまだ-こうそん	島田	篁村	247
しみず-こうとう	清水	江東	157
しみず-しゅんりゅう	清水	春流	84
しもさと-らくさん	下鄉	樂山	155
しもだ-ほうたく	下田	芳澤	225
しょうがき-てきしょ	正牆	適處	67
じょう-きくしゅう	城	鞠洲	266
しょうだ-てんいつ	莊田	恬逸	14
しらい-しげゆき	白井	重行	163
じん-しんさい	神	晉齋	266
ずいちょう-きんさい	隨朝	欽哉	240
ずいちょう-じゃくすい	隨朝	若水	201
すえかね-きんりょう	末包	金陵	254
すが-ぎゅうめい	菅	牛鳴	177
すがぬま-とうかく	菅沼	東郭	147
すがの-きょうさい	菅野	彊齋	41
すがま-しゅうなん	菅間	鷲南	256
すぎやま-ちくがい	杉山	竹外	69
すぎやま-まさよし	杉山	正義	107
すぐり-ぎょくすい	村士	玉水	109
すずき-じゅんてい	鈴木	順亭	231
すずき-しょうこう	鈴木	松江	262
すずき-せっきょう	鈴木	石橋	36
すずき-せんしゅう	鈴木	潭洲	151
すずき-たいぼん	鈴木	大凡	272
すずき-ていさい	鈴木	貞齋	106
すずき-ぶんだい	鈴木	文臺	235
すずき-ようさい	鈴木	養齋	119
すずき-ようさつ	鈴木	養察	110
すずき-りおく	鈴木	離屋	282
すずき-りゅうどう	鈴木	龍洞	255
すながわ-よしのぶ	砂川	由信	259
すやま-どんおう	陶山	鈍翁	17
せいた-たんそう	清田	儋叟	27
せき-いちらく	關	一樂	16
せき-しょううん	關	湘雲	82
せき-しょうせん	關	蕉川	57
せき-しょうそう	關	松窗	222
せきとう-とういん	關藤	藤陰	68
せきや-ちかく	關屋	致鶴	265
せきや-ひそむ	關谷	潛	284
せや-どうさい	瀨谷	桐齋	228
せんじゅ-きょくざん	千手	旭山	122
せんじゅ-れんさい	千手	廉齋	117
そうま-きゅうほう	相馬	九方	174
そがべ-ようしょ	曾我部	容所	182
そのだ-いっさい	園田	一齋	54
そのやま-ゆうざん	園山	酉山	38
たかおか-ようせつ	高岡	養拙	251
たかがき-しえん	高垣	柿園	279
たかぎ-しょうきょ	高木	松居	71

たかしな-ようこく	高階	暘谷	149
たかせ-がくざん	高瀬	學山	20
たかなりた-きんだい			
	高成田	琴臺	277
たかの-しんさい	高野	真齋	59
たかのは-うんそう	鷹羽	雲淙	64
たかはし-かよう	高橋	華陽	226
たかはし-どうさい	高橋	道齋	221
たかはし-はくざん	高橋	白山	214
たかはし-ふくさい	高橋	復齋	44
たかはた-けいせい	高畠	慶成	84
たかはら-とうこう	高原	東郊	173
たかまつ-ばいりょう			
	高松	貝陵	286
たかみ-せいこう	鷹見	星皐	189
たかやす-ろおく	高安	蘆屋	258
たき-むりょう	瀧	無量	256
たけい-しれん	武井	子廉	255
たけい-ようせつ	武井	用拙	85
たけぞえ-せいせい	竹添	井井	216
たけだ-しゅんあん	竹田	春菴	19
たけだ-りっさい	武田	立齋	137
たけのうち-とうもん			
	竹内	東門	36
たご-しょうこう	多湖	松江	25
だざい-しゅんだい	太宰	春臺	144
たちばな-じゅあん	橘	壽菴	176
たちはら-とうり	立原	東里	192
たての-けいざん	立野	桂山	174
たなか-けんさい	田中	謙齋	217
たなか-しきゅう	田中	止邱	7
たなか-たいかん	田中	大觀	179
たなか-てきしょ	田中	適所	263
たなか-めいもん	田中	鳴門	28
たなか-りどう	田中	履堂	195
たなか-ろうそう	田中	弄叟	263
たなべ-しんさい	田邊	晉齋	108
たなべ-せきあん	田邊	石菴	203
たなべ-らくさい	田邊	樂齋	118
たに-おうさい	谷	嚶齋	260
たにがわ-りゅうざん			
	谷川	龍山	118
たにぐち-らんでん	谷口	藍田	241
たに-たいこ	谷	太湖	80
たに-びざん	谷	麋生	133
たに-ひゃくねん	溪	百年	42
たねの-ともなお	種野	友直	210
たまの-きゅうか	玉乃	九華	54
たみや-きつあん	田宮	橘菴	251
たむら-こくせい	田村	克成	126
たゆいのしょう-ちさと			
	田結莊	千里	97
ちづか-そくそう	遲塚	速叟	275
ちば-しょうどう	千葉	松堂	98
ちはや-とうざん	千早	東山	280
ちはら-きょさい	茅原	虚齋	265
ちょう-ばいがい	長	梅外	238
ちん-せんとう	陳	錢塘	176
つかだ-けんどう	冢田	謙堂	207
つかだ-たいほう	冢田	大峯	197
つがる-げんえん	津輕	儼淵	40
つくだ-げんしゅく	築田	元叔	127

つさか-とうよう	津阪	東陽	193
つちや-ほうしゅう	土屋	鳳洲	175
つつみ-たさん	堤	它山	245
つねとお-せいそう	恒遠	醒窗	234
つのだ-せいけい	角田	青溪	183
つるおか-せいさい	鶴岡	精齋	124
てずか-げんつう	手塚	玄通	162
てずか-たんさい	手塚	坦齋	119
てらもと-なおみち	寺本	直道	34
てるい-いったく	照井	一宅	211
どい-ごうが	土井	聱牙	211
どい-たんざん	土井	淡山	83
とうじょう-いちどう			
	東條	一堂	203
とうじょう-きんだい			
	東條	琴臺	247
とうじょう-ほうあん			
	東條	方菴	210
とうどう-せっさい	藤堂	渫齋	278
とうどう-とうざん	藤堂	東山	135
とくりき-りゅうかん			
	德力	龍潤	26
とさき-たんえん	戶崎	淡園	161
としま-とうさい	豐島	洞齋	125
としま-ほうしゅう	豐島	豐洲	224
とだ-しゅんかく	富田	春郭	167
とのおか-ほっかい	殿岡	北海	284
とびた-いつみん	飛田	逸民	205
どひ-ろくめい	土肥	鹿鳴	251
とみだ-いくさい	富田	育齋	263
とみだ-おうおく	富田	王屋	271

とみた-にちがく	富田	日岳	161
とみなが-そうろう	富永	滄浪	132
ともいし-じてい	友石	慈亭	58
とよだ-てんこう	豐田	天功	206
とんだ-しゅんざん	飛田	春山	122
ないとう-かんさい	內藤	閑齋	89
ないとう-へきかい	內藤	碧海	214
なかい-けんさい	中井	乾齋	248
なかい-しょうえん	中井	蕉園	31
ながい-しょうどう	長井	松堂	211
ながい-せいしょ	永井	星渚	166
なかい-せきか	中井	碩果	47
なかい-ちくざん	中井	竹山	32
なかい-りけん	中井	履軒	190
なかえ-とうじゅ	中江	藤樹	88
なかえ-みんざん	中江	岷山	129
ながくぼ-せきすい			
	長久保	赤水	29
なかじま-こうざん	中島	黃山	274
なかじま-せきほ	中島	石浦	85
なかじま-とうかん	中島	東關	228
なかじま-ふざん	中島	浮山	129
なか-せいせん	中	清泉	50
なかだ-へいざん	中田	平山	75
なかにし-りじょう	中西	鯉城	124
なかね-ほうか	中根	鳳河	158
なかの-そどう	中野	素堂	228
なかむら-かでん	中村	嘉田	42
なかむら-こくすい	中村	黑水	74
なかむら-しゅうさい			
	中村	習齋	113

なかむら-そうろうてい
　　　　　　　　中村　　滄浪亭　168
なかむら-ちゅうそう
　　　　　　　　中村　　中倧　201
なかむら-ちゅうてい
　　　　　　　　中村　　忠亭　29
なかむら-てきさい　中村　惕齋　10
なかむら-ばいう　　中村　梅塢　86
なかむら-らんりん　中村　蘭林　22
なかむら-りつえん　中村　栗園　72
なかやま-じょうざん
　　　　　　　　中山　　城山　170
なかやま-せいが　　中山　菁莪　115
なぐら-しょうそう　名倉　松窗　79
なば-かっしょ　　　那波　活所　1
なば-もくあん　　　那波　木菴　7
なば-ろどう　　　　那波　魯堂　28
なべしま-なおおき　鍋島　直興　269
なみかわ-せいしょ　並河　誠所　130
なみかわ-てんみん　並河　天民　128
なみき-りっすい　　並木　栗水　82
なんぐう-たいしゅう
　　　　　　　　南宮　　大湫　180
にいだ-なんよう　　仁井田　南陽　140
にしおか-てんしん　西岡　天津　246
にし-こがく　　　　　西　湖學　260
にしざか-せいあん　西坂　成菴　62
にしじま-じょうざん
　　　　　　　　西島　　城山　71
にしじま-らんけい　西島　蘭溪　55

にしじま-りゅうこく
　　　　　　　　西島　　柳谷　167
にしやま-げんぶん　西山　元文　281
にしより-せいさい　西依　成齋　112
ねもと-うがく　　　根本　羽嶽　215
ねもと-ぶい　　　　根本　武夷　148
のざき-とうきょう　野崎　藤橋　227
のだ-せきよう　　　野田　石陽　169
のむら-とういん　　野村　藤陰　79
のもと-はくがん　　野本　白巖　57
はが-こうとん　　　芳賀　篁墩　274
はぎの-きゅうこく　萩野　鳩谷　165
はぎわら-せいちゅう
　　　　　　　　萩原　　西疇　214
はぎわら-だいろく　萩原　大麓　189
はぎわら-らくてい　萩原　樂亭　195
はぎわら-りょくや　萩原　綠野　202
はぐろ-ようせん　　羽黒　養潛　102
はた-しんそん　　　　秦　新村　120
はた-そうろう　　　　秦　滄浪　196
はった-かよう　　　八田　華陽　225
はっとり-たいほう　服部　大方　265
はっとり-なんかく　服部　南郭　146
ばば-のぶたけ　　　馬場　信武　285
はやさき-がんせん　早崎　巖川　74
はやし-がほう　　　　林　鵝峯　6
はやし-じゅっさい　　林　述齋　47
はやし-せんさい　　　林　潛齋　116
はやし-そんぱ　　　　林　蓀坡　45
はやし-ていう　　　　林　檉宇　50
はやし-ほうこう　　　林　鳳岡　17

はやし-らざん	林	羅山	2
はやし-りょうさい	林	良齋	91
はやの-きっすい	早野	橘隧	196
はら-かさい	原	花祭	25
はら-きょうさい	原	狂齋	220
はら-しゅうさい	原	修齋	237
はら-しょうしゅう	原	松洲	278
はらだ-しよう	原田	紫陽	70
はらだ-とうがく	原田	東岳	134
ばん-とうざん	伴	東山	139
ひお-けいざん	日尾	荊山	234
ひがしかた-そざん	東方	祖山	224
ひがし-こうけん	東	恒軒	195
ひがし-たくしゃ	東	澤瀉	96
ひぐち-ぎしょ	樋口	義所	138
ひぐち-とうり	樋口	東里	137
ひさしだ-こざん	久田	湖山	258
ひたの-ちくう	肥田野	竹塢	239
ひだの-ちくそん	肥田野	築村	236
びとう-じしゅう	尾藤	二洲	35
ひとみ-ぽうさい	人見	懋齋	8
ひとみ-ぽくゆうけん	人見	卜幽軒	4
ひねの-きょうすい	日根野	鏡水	56
ひらい-たんしょ	平井	澹所	226
ひらいわ-げんちん	平岩	元珍	117
ひらが-ちゅうなん	平賀	中南	155
ひらずみ-せんあん	平住	專菴	267
ひらつか-しゅんこう	平塚	春江	240
ひらの-しんえん	平野	深淵	22
ひらもと-きんさい	平元	謹齋	236
ひらもと-ばいりん	平元	梅隣	131
ひろさわ-ぶんさい	廣澤	文齋	243
ひろせ-たんそう	廣瀬	淡窗	233
ひろつ-らんけい	廣津	藍溪	156
ふかざわ-くんざん	深澤	君山	282
ふくい-けいさい	福井	敬齋	114
ふくしま-しょうこう	福島	松江	150
ふじい-しょうねん	藤井	松年	81
ふじい-らんさい	藤井	懶齋	102
ふじかわ-さんけい	藤川	三溪	175
ふじかわ-とうさい	藤川	冬齋	66
ふじさき-せんたん	藤咲	僊潭	23
ふじさわ-しざん	藤澤	子山	158
ふじさわ-とうがい	藤澤	東畡	173
ふじさわ-なんがく	藤澤	南岳	175
ふじた-たんがく	藤田	丹岳	48
ふじた-ゆうこく	藤田	幽谷	194
ふじの-もくきん	藤野	木槿	99
ふしはら-のぶえだ	伏原	宣條	183
ふじわら-おんさい	藤原	溫齋	269
ふじわら-せいか	藤原	惺窩	1
ふたやま-じしゅうどう	二山	時習堂	12
ふにゅう-ちょうひん	舟生	釣濱	257
ふるいち-なんけん	古市	南軒	270
ふるや-あいじつさい	古屋	愛日齋	185

ふるや-せきよう	古屋	昔陽	187
ふるや-ほうじょう	古屋	蜂城	121
ふるや-ゆうさい	古屋	有齋	274
へい-ゆ	平	兪	254
ほあし-ばんり	帆足	萬里	55
ほうじょう-かくどう			
	北條	蠖堂	256
ほさか-せいそう	蒲坂	青荘	169
ほしの-ていすい	星野	鵜水	49
ほしの-ゆうがく	星野	熊嶽	257
ほそあい-となん	細合	斗南	160
ほそい-へいしゅう	細井	平洲	186
ほそかわ-じっしゅう			
	細川	十洲	281
ほその-ようさい	細野	要齋	123
ほその-りっさい	細野	栗齋	125
ほづみ-のかいさい			
	穂積	能改齋	132
ほりえ-せいさい	堀江	惺齋	49
ほり-かんがく	堀	管岳	172
ほり-さざん	堀	左山	171
ほり-ともなお	堀	友直	72
ほり-なんこ	堀	南湖	21
ほんだ-かつどう	本田	豁堂	80
まきた-ほうさい	蒔田	鳳齋	273
まきの-もくあん	牧野	默菴	52
ましま-しょうなん	摩島	松南	46
ますじま-らんえん	増島	蘭園	46
ませ-ちゅうしゅう	真勢	中洲	116
またの-じゅんけん	股野	順軒	138
まつい-かあん	松井	蝸菴	276
まつい-らしゅう	松井	羅洲	117
まつうら-こうすいけん			
	松浦	交翠軒	12
まつざき-かんかい	松崎	觀海	150
まつざき-かんらん	松崎	觀瀾	277
まつざき-こうどう	松崎	慊堂	199
まつざわ-ろうせん	松澤	老泉	285
まつした-うせき	松下	烏石	153
まつした-きこう	松下	葵岡	192
まつした-けんりん	松下	見林	11
まつだいら-おうりゅう			
	松平	黃龍	147
まつだいら-くんざん			
	松平	君山	182
まつだ-こうぎゅう	松田	黃牛	173
まつだ-せっさい	松田	拙齋	250
まつなが-すんうん	松永	寸雲	6
まつなが-せきご	松永	尺五	3
まつみや-かんざん	松宮	觀山	250
まつむら-きゅうざん			
	松村	九山	264
まつもと-ぐざん	松本	愚山	197
まつもと-こどう	松本	古堂	70
まぶち-らんざん	馬淵	嵐山	170
まるやま-めいほく	圓山	溟北	239
みうら-ちくけい	三浦	竹溪	146
みうら-ぶつがん	三浦	佛巖	97
みくに-ゆうみん	三國	幽眠	78
みしま-ちゅうしゅう			
	三島	中洲	97
みしま-みちつね	三島	通庸	279

みずたり-はくせん	水足	博泉	144
みずのや-ゆうきん	水谷	雄琴	286
みずの-りくちん	水野	陸沈	278
みぞぐち-こうけん	溝口	浩軒	113
みぞぐち-ゆうけん	溝口	幽軒	152
みつお-たいろく	滿生	大麓	176
みながわ-きえん	皆川	淇園	187
みながわ-むねみ	皆川	梅翁	247
みのうら-せいざん	箕浦	靖山	159
みのうら-りっさい	箕浦	立齋	115
みの-しょうろく	三野	象麓	171
みの-そうかい	三野	藻海	157
みやうち-ろくせん	宮内	鹿川	98
みやけ-きつえん	三宅	橘園	191
みやけ-きょうかくさい			
	三宅	鞏革齋	5
みやけ-しょうさい	三宅	尚齋	106
みやけ-せいさい	三宅	誠齋	15
みやけ-せきあん	三宅	石菴	16
みやざき-いんぽ	宮崎	筠圃	133
みやざわ-きんさい	宮澤	欽齋	113
みやした-しょうけい			
	宮下	尚絅	66
みやせ-りゅうもん	宮瀬	龍門	149
みやた-ごけい	宮田	五溪	272
みやなが-だいそう	宮永	大倉	56
みやもと-こうそん	宮本	篁村	228
みわ-しっさい	三輪	執齋	89
むつ-ふくどう	陸奧	福堂	213
むらかみ-ちょうう	村上	聽雨	253
むらせ-こうてい	村瀬	栲亭	191
むらせ-れきえん	村瀬	櫟園	158
むらた-きざん	村田	箕山	121
むらた-こざん	村田	庫山	139
むらまつ-ろけい	村松	蘆溪	154
むろ-きゅうそう	室	鳩巢	18
めめざわ-きょろく			
	目目澤	鉅鹿	172
めら-とうきょう	米良	東嶠	66
もうり-こきゅう	毛利	壺邱	154
もうり-ていさい	毛利	貞齋	84
もがみ-おうこく	最上	鶯谷	287
もとだ-ちくけい	元田	竹溪	71
もとだ-とうや	元田	東野	77
もも-すいあん	桃	翠菴	67
もも-せいか	桃	西河	34
もも-はくろく	桃	白鹿	30
もり-とうかく	森	東郭	29
もりや-しんおう	守屋	心翁	23
もり-らんたく	森	蘭澤	152
もろくず-きしゅん	諸葛	歸春	272
もろくず-きんだい	諸葛	琴臺	271
やぎ-ちゅうこく	八木	中谷	283
やじま-いひん	矢島	伊濱	52
やすい-そっけん	安井	息軒	208
やすはら-ほうさい	安原	方齋	30
やすみ-ばんざん	安見	晩山	17
やたべ-いさい	谷田部	漪齋	188
やながわ-しんたく	柳川	震澤	8
やなだ-きさい	梁田	毅齋	249
やなだ-ぜいがん	梁田	蛻巖	22
やぶ-こざん	藪	孤山	30

やべ-とうこく　　　矢部　騰谷　287
やまが-そこう　　　山鹿　素行　100
やまがた-たいか　　山縣　大華　64
やまき-びざん　　　山木　眉山　45
やまぐち-かんざん　山口　菅山　121
やまぐち-ごうさい　山口　剛齋　30
やまざき-あんさい　山崎　闇齋　101
やまざき-じゅんぷ　山崎　淳夫　176
やまざき-じょざん　山崎　如山　281
やまざき-しれつ　　山崎　子列　18
やまざき-ほっぽう　山崎　北峯　283
やまだ-ほうこく　　山田　方谷　94
やまなか-てんすい　山中　天水　220
やまなし-とうせん　山梨　稲川　168
やまのい-こんろん　山井　崑崙　144
やまのい-せいけい　山井　清溪　215
やまのうち-たいさい

　　　　　　　　山内　退齋　14
やまむら-べんさい　山村　勉齋　80
やまもと-うさい　　山本　迂齋　124
やまもと-けいぐ　　山本　溪愚　141
やまもと-しゅうすい

　　　　　　　　山本　秋水　34
やまもと-せいけい　山本　清溪　192
やまもと-せいじょう

　　　　　　　　山本　青城　136
やまもと-そどう　　山本　素堂　242
やまもと-ちゅうさい

　　　　　　　　山本　中齋　47
やまもと-とううん　山本　洞雲　83
やまもと-なんよう　山本　南陽　255

やまもと-にっか　　山本　日下　111
やまもと-ふくさい　山本　復齋　104
やまもと-ほくざん　山本　北山　223
やまもと-らくがい　山本　樂艾　253
やまもと-らくしょ　山本　樂所　140
やまわき-どうえん　山脇　道圓　126
ゆあさ-じょうざん　湯淺　常山　153
ゆかわ-げいどう　　湯川　霓洞　67
ゆさ-ぼくさい　　　遊佐　木齋　105
よこた-かきゅう　　横田　何求　10
よこみぞ-かくり　　横溝　藿里　44
よしかわ-はざん　　芳川　波山　230
よしだ-がこ　　　　吉田　鵞湖　275
よしだ-こうとん　　吉田　篁墩　222
よしだ-しょういん　吉田　松陰　91
よしだ-とっしょ　　吉田　訥所　260
よしとめ-ふくけん　吉留　復軒　216
よしの-かいん　　　良野　華陰　219
よしむら-しゅうよう

　　　　　　　　吉村　秋陽　93
よしむら-ひざん　　吉村　斐山　96
らい-さんよう　　　頼　山陽　43
りゅう-きんけい　　劉　琴溪　168
りゅう-そうろ　　　龍　草廬　183
るす-きさい　　　　留守　希齋　108
わかつき-きさい　　若槻　幾齋　40
わかばやし-かりょう

　　　　　　　　若林　嘉陵　245
わかばやし-きょうさい

　　　　　　　　若林　強齋　105

わかばやし-ちくけん

　　　　　　　若林　　竹軒　　81

わかやま-ぶつどう　若山　　勿堂　　65

わきた-たくしょ　　脇田　　琢所　　58

わけ-りゅうさい　　和氣　　柳齋　　232

わだ-ぎたん　　　　和田　　儀丹　　107

わだ-けい　　　　　和田　　絅　　255

わだ-せいかんか　和田　　靜觀窩　　5

わたなべ-こうどう　渡邊　　弘堂　　131

わたなべ-こうよう　渡邊　　荒陽　　282

わたなべ-しょうざん

　　　　　　　渡邊　　樵山　　207

わたなべ-もうあん　渡邊　　蒙菴　　150

わたなべ-よさい　　渡邊　　豫齋　　122

わたらい-むなん　　渡井　　夢南　　213

わたり-とうぐう　　渡　　東嵎　　239

わだ-れん　　　　　和田　　廉　　164

三　依羅馬拼音順

ABEI-BÔZAN	安部井　帽山	49
AIHARA-SÔNAN	合原　窗南	105
AIKÔ-KISYUN	愛甲　喜春	9
AIZAWA-NANZYÔ	藍澤　南城	204
AIZAWA-SÊSISAI		
	會澤　正志齋	206
AKAGI-SAIKA	赤城　彩霞	273
AKAI-TÔKAI	赤井　東海	62
AKAMATU-RANSITU		
	赤松　蘭室	185
AKAMATU-SÔSYÛ	赤松　滄洲	186
AKAMATU-TAIYU	赤松　太庾	149
AKAZAWA-ITUDÔ	赤澤　一堂	253
AKIYAMA-GYOKUZAN		
	秋山　玉山	24
AKIYAMA-HAKUHIDÔ		
	秋山　白賁堂	123
AKIYAMA-KÊZAN	秋山　景山	171
AKUTAGAWA-TANKYÛ		
	芥川　丹丘	90
AMANUMA-KÔAN	天沼　恒菴	156
AMENOMORI-GYÛNAN		
	雨森　牛南	225
AMENOMORI-SÊSAI		
	雨森　精齋	73
ANDÔ-DÔAN	安東　侗菴	11
ANDÔ-SÊAN	安東　省菴	9
ANDÔ-SIGAKUSAI		
	安東　仕學齋	131

ANDÔ-TEKISAI	安藤　適齋	172
ANO-SÔGAI	阿野　蒼崖	39
AOKI-UNSYÛ	青木　雲岫	249
AOYAMA-RAIGAN	青山　雷巖	215
AOYAMA-SESSAI	青山　拙齋	199
ARAI-ATUMITU	新井　篤光	115
ARAI-HAKUGA	新井　白蛾	111
ARAI-HAKUSEKI	新井　白石	15
ARAI-MÊMON	荒井　鳴門	55
ARII-SINSAI	有井　進齋	76
ASAI-RINAN	淺井　琳菴	103
ASAI-SEKKEN	淺井　節軒	63
ASAI-TÊAN	淺井　貞菴	194
ASAKA-GONSAI	安積　艮齋	61
ASAKA-KISAI	安積　希齋	270
ASAKAWA-DÔSAI	朝川　同	233
ASAKAWA-ZENAN	朝川　善菴	231
ASAKURA-KÊZAN	朝倉　荊山	264
ASAMI-KÊSAI	淺見　絅齋	102
ASAOKA-HÔSYO	淺岡　芳所	85
ASIKAWA-KÊSYÛ	蘆川　桂洲	267
ATUMI-RUITYÔ	渥美　類長	177
AYABE-MITIHIRO	綾部　道弘	262
AZIRO-RIKKÊ	足代　立溪	132
BABA-NOBUTAKE	馬場　信武	285
BAN-TÔZAN	伴　東山	139
BITÔ-ZISYÛ	尾藤　二洲	35
DAZAI-SYUNDAI	太宰　春臺	144
DOHI-ROKUMÊ	土肥　鹿鳴	251

DOI-GÔGA	土井	聱牙	211
DOI-TANZAN	土井	淡山	83
EBATA-MOKUKÊ	江幡	木鷄	205
EGAMI-RÊSYÛ	江上	苓洲	167
EMA-RANSAI	江馬	蘭齋	265
EMURA-GÔSAI	江村	剛齋	4
EMURA-HOKKAI	江村	北海	27
EMURA-HUKUSYO	江村	復所	18
ERA-TYÛBUN	江良	仲文	250
GOI-RANSYÛ	五井	蘭洲	24
GOKYÛ-SESSÔ	五弓	雪窗	74
GOMI-HUSEN	五味	釜川	146
GOTÔ-SIZAN	後藤	芝山	26
GOTÔ-SYÔKEN	後藤	松軒	14
HAGA-KÔTON	芳賀	篁墩	274
HAGINO-KYÛKOKU			
	萩野	鳩谷	165
HAGIWARA-DAIROKU			
	萩原	大麓	189
HAGIWARA-RAKUTÊ			
	萩原	樂亭	195
HAGIWARA-RYOKUYA			
	萩原	綠野	202
HAGIWARA-SÊTYÛ			
	萩原	西疇	214
HAGURO-YÔSEN	羽黑	養潛	102
HARADA-SIYÔ	原田	紫陽	70
HARADA-TÔGAKU	原田	東岳	134
HARA-KASAI	原	花祭	25
HARA-KYÔSAI	原	狂齋	220
HARA-SYÔSYÛ	原	松洲	278

HARA-SYÛSAI	原	修齋	237
HATA-SINSON	秦	新村	120
HATA-SÔRÔ	秦	滄浪	196
HATTA-KAYÔ	八田	華陽	225
HATTORI-NANKAKU			
	服部	南郭	146
HATTORI-TAIHÔ	服部	大方	265
HAYANO-KISSUI	早野	橘隧	196
HAYASAKI-GANSEN			
	早崎	巖川	74
HAYASI-GAHÔ	林	鵝峯	6
HAYASI-HÔKÔ	林	鳳岡	17
HAYASI-RAZAN	林	羅山	2
HAYASI-RYÔSAI	林	良齋	91
HAYASI-SENSAI	林	潛齋	116
HAYASI-SONPA	林	蓀坡	45
HAYASI-TÊU	林	檉宇	50
HAYASI-ZYUSSAI	林	述齋	47
HÊ-YU		平	愈	254
HIDANO-TIKUSON			
	肥田野	築村	236
HIGASIKATA-SOZAN			
	東方	祖山	224
HIGASI-KÔKEN	東	恒軒	195
HIGASI-TAKUSYA	東	澤瀉	96
HIGUTI-GISYO	樋口	義所	138
HIGUTI-TÔRI	樋口	東里	137
HINENO-KYÔSUI	日根野	鏡水	56
HIO-KÊZAN	日尾	荆山	234
HIRAGA-TYÛNAN	平賀	中南	155
HIRAI-TANSYO	平井	澹所	226

HIRAIWA-GENTIN 平岩　元珍 117

HIRAMOTO-BAIRIN平元　梅隣 131

HIRAMOTO-KINSAI

　　　　　　　平元　謹齋 236

HIRANO-SINEN　平野　深淵 22

HIRATUKA-SYUNKÔ

　　　　　　　平塚　春江 240

HIRAZUMI-SENAN平住　專菴 267

HIROSAWA-BUNSAI

　　　　　　　廣澤　文齋 243

HIROSE-TANSÔ　廣瀬　淡窗 233

HIROTU-RANKÊ　廣津　藍渓 156

HISASIDA-KOZAN 久田　湖山 258

HITANO-TIKUU 肥田野　竹塢 239

HITOMI-BOKUYÛKEN

　　　　　　　人見　卜幽軒 4

HITOMI-BÔSAI　人見　懋齋 8

HOASI-BANRI　帆足　萬里 55

HONDA-KATUDÔ 本田　谿堂 80

HORIE-SÊSAI　堀江　惺齋 49

HORI-KANGAKU　堀　管岳 172

HORI-NANKO　堀　南湖 21

HORI-SAZAN　堀　左山 171

HORI-TOMONAO　堀　友直 72

HOSAKA-SÊSÔ　蒲坂　青荘 169

HOSINO-TÊSUI　星野　鵜水 49

HOSINO-YÛGAKU 星野　熊嶽 257

HOSOAI-TONAN　細合　斗南 160

HOSOI-HÊSYÛ　細井　平洲 186

HOSOKAWA-ZISSYÛ

　　　　　　　細川　十洲 281

HOSONO-RISSAI　細野　栗齋 125

HOSONO-YÔSAI　細野　要齋 123

HOZUMI-NOKAISAI

　　　　　　　穂積　能改齋 132

HÔZYÔ-KAKUDÔ 北條　蠖堂 256

HUKAZAWA-KUNZAN

　　　　　　　深澤　君山 282

HUKUI-KÊSAI　福井　敬齋 114

HUKUSIMA-SYÔKÔ

　　　　　　　福島　松江 150

HUNYÛ-TYÔHIN　舟生　釣濱 257

HURUITI-NANKEN古市　南軒 270

HURUYA-AIZITUSAI

　　　　　　　古屋　愛日齋 185

HURUYA-HÔZYÔ 古屋　蜂城 121

HURUYA-SEKIYÔ 古屋　昔陽 187

HURUYA-YÛSAI　古屋　有齋 274

HUSIHARA-NOBUEDA

　　　　　　　伏原　宣條 183

HUTAYAMA-ZISYÛDÔ

　　　　　　　二山　時習堂 12

HUZII-RANSAI　藤井　懶齋 102

HUZII-SYÔNEN　藤井　松年 81

HUZIKAWA-SANKÊ

　　　　　　　藤川　三溪 175

HUZIKAWA-TÔSAI藤川　冬齋 66

HUZINO-MOKUKIN

　　　　　　　藤野　木槿 99

HUZISAKI-SENTAN藤咲　僊潭 23

HUZISAWA-NANGAKU

　　　　　　　藤澤　南岳 175

HUZISAWA-SIZAN	藤澤	子山	158
HUZISAWA-TÔGAI	藤澤	東畡	173
HUZITA-TANGAKU	藤田	丹岳	48
HUZITA-YÛKOKU	藤田	幽谷	194
HUZIWARA-ONSAI	藤原	溫齋	269
HUZIWARA-SÊKA	藤原	惺窩	1
IBE-KENSAI	井部	健齋	77
IBE-KÔZAN	井部	香山	56
IDA-KIGAKU	井田	龜學	286
IDA-SEKIZYÔ	井田	赤城	253
IDA-TANPAKU	井田	澹泊	234
IDO-GAKUHO	井土	學圃	62
IGUTI-RANSETU	井口	蘭雪	133
IKAI-KÊSYO	猪飼	敬所	200
IKAI-KIZAN	猪飼	箕山	210
IKARI-SEKKÊ	井狩	雪溪	249
IKAWA-TÔKAI	井川	東海	252
IKEDA-KANZAN	池田	冠山	43
IKEDA-SÔAN	池田	草菴	95
IKEMORI-SYÛSUI	池守	秋水	230
IKOMA-RYÛTÊ	生駒	柳亭	24
INABA-MOKUSAI	稻葉	默齋	114
INABA-USAI	稻葉	迂齋	107
INOUE-GAZAN	井上	峨山	42
INOUE-KAKUSYÛ	井上	鶴洲	127
INOUE-KINGA	井上	金峨	219
INOUE-NANDAI	井上	南臺	222
INOUE-ÔTÔ	井上	櫻塘	86
INOUE-RANDAI	井上	蘭臺	218
INOUE-ROSYÛ	井上	蘆洲	127
INOUE-SIMÊ	井上	四明	37
INUI-NAGATAKA	乾	長孝	270
INUKAI-SYÔSÔ	犬飼	松窗	240
INUZUKA-INNAN	犬塚	印南	35
IRAKO-TAISYÛ	伊良子	大洲	139
IRIE-NANMÊ	入江	南溟	148
IRIE-TÔA	入江	東阿	270
ISIAI-KÔSON	石合	江村	67
ISIGAKI-KAZAN	石垣	柯山	241
ISIHARA-KÊEN	石原	桂園	268
ISIHARA-TÔTÊ	石原	東隄	268
ISII-KIGAKU	石井	磯岳	50
ISII-MURAKAGE	石井	祚景	239
ISII-TAKUSYO	石井	擇所	48
ISII-ZYÔSAI	石井	繩齋	229
ISIKAWA-DAITIN	石川	大椿	260
ISIKAWA-KINKOKU			
	石川	金谷	180
ISIKAWA-KÔSAI	石川	鴻齋	242
ISIKAWA-TIKUGAI	石川	竹厓	199
ISIKO-MÊZEN	石河	明善	207
ISIÔ-SOKUKEN	石王	塞軒	110
ISIYAMA-ÊSYÛ	石山	瀛洲	264
ISIZUKA-KAKUSAI	石塚	碻齋	37
ISIZUKURI-KUSEKI			
	石作	駒石	184
ITIKAWA-KAKUMÊ			
	市川	鶴鳴	157
ITINO-MÊAN	市野	迷菴	286
ITINOSE-SYÔSUKE			
	一瀨	庄助	85
ITINO-TÔKOKU	市野	東谷	147

ITÔ-GIDÔ	伊藤	宜堂	236
ITÔ-HÔZAN	伊藤	鳳山	235
ITÔ-KÊGI	伊東	奚疑	278
ITÔ-KOAN	伊藤	固菴	13
ITÔ-MANNEN	伊藤	萬年	10
ITÔ-RANDEN	伊東	藍田	163
ITÔ-RANGÛ	伊藤	蘭嵎	134
ITÔ-RANSAI	伊藤	蘭齋	25
ITÔ-ROKURI	伊藤	鹿里	244
ITÔ-RYÔSON	伊藤	兩村	60
ITÔ-RYÛSYÛ	伊藤	龍洲	21
ITÔ-TÔGAI	伊藤	東涯	130
ITÔ-TÔSYO	伊藤	東所	136
ITÔ-ZINSAI	伊藤	仁齋	128
ITUKINOMIYA-SÊSAI			
	齋宮	靜齋	152
IWAGAKI-RYÛKÊ	岩垣	龍溪	189
IWAMURA-NANRI	巖村	南里	48
IWASAKI-SYÛSAI	岩崎	守齋	104
IWASITA-TANSYUN			
	岩下	探春	26
IZUMI-TATUSAI	泉	達齋	238
KAGAMI-ÔU	加賀美	櫻塢	111
KAGAWA-NANPIN	香川	南濱	155
KAIBARA-EKIKEN	貝原	益軒	13
KAIBARA-SONSAI	貝原	存齋	8
KAIBO-GYOSON	海保	漁村	245
KAIHO-SÊRYÔ	海保	青陵	166
KAKIOKA-RINSÔ	柿岡	林宗	36
KAKIUTI-YÛGAKU			
	垣內	熊岳	131
KAKOGAWA-SONSAI			
	加古川	遜齋	138
KAKURAI-SAZAN			
	加倉井	砂山	232
KAMATA-KANSAI	鎌田	環齋	39
KAMATA-RYÔSYÛ	鎌田	梁洲	141
KAMATA-RYÛÔ	鎌田	柳泓	38
KAMEDA-HÔSAI	龜田	鵬齋	227
KAMEDA-ÔKOKU	龜田	鶯谷	237
KAMEDA-RYÔRAI	龜田	綾瀬	232
KAMEI-NANMÊ	龜井	南溟	164
KAMEI-SYÔYÔ	龜井	昭陽	170
KAMETANI-SÊKEN	龜谷	省軒	216
KANAZAWA-SYÔKATÊ			
	金澤	松下亭	258
KANBAYASI-HUKUSYO			
	神林	復所	70
KANEKO-KAKUSON			
	金子	鶴村	198
KANEKO-SÔZAN	金子	霜山	122
KANEMATU-SEKIKYO			
	兼松	石居	69
KANI-YÔSAI	蟹	養齋	109
KAN-SINAN	菅	新菴	257
KAN-TOKUAN	菅	得菴	1
KARASIMA-ENSÊ	辛島	鹽井	45
KARIYA-EKISAI	狩谷	棭齋	198
KARIYA-MUIN	刈谷	無隱	82
KASAI-INZE	葛西	因是	39
KASIWAGI-ZYOTÊ	柏木	如亭	38

KASUGA-HAKUSUI

春日　白水　98

KASUGA-SENAN　春日　潛菴　95

KATAOKA-ZYOKÊ 片岡　如圭　86

KATAYAMA-HÔHEN

片山　鳳翩　162

KATAYAMA-KENZAN

片山　兼山　181

KATAYAMA-KÔSAI 片山　恒齋　52

KATÔ-ENSAI　加藤　圓齋　217

KATÔ-KYÛKÔ　加藤　九臯　262

KATÔ-ÔRÔ　加藤　櫻老　73

KATÔ-SÊAN　加藤　正菴　267

KATÔ-SYÔAN　加藤　章菴　126

KATURAI-BUNSAI 葛井　文哉　53

KAWABATA-SYÔSAI

河鰭　省齋　75

KAWADA-KINKÊ　川田　琴卿　90

KAWADA-KYÔSEN 川田　喬遷　275

KAWADA-TEKISAI 河田　迪齋　60

KAWADA-TÔKÔ　河田　東岡　135

KAWAHARA-KISSIDÔ

河原　橘枝堂　257

KAWAI-BAISYO　川合　梅所　174

KAWAI-GEN　　川合　元　275

KAWAI-SYUNSEN 川合　春川　193

KAWAMATA-KÔSAI

河又　浩齋　259

KAWAME-TADASI　川目　直　177

KAWASAKI-YAROSAI

川崎　也魯齋　68

KIDO-GETUAN　城戶　月菴　159

KIKUTI-KÔSYÛ　菊地　高洲　162

KIKUTI-NANYÔ　菊地　南陽　242

KIKUTI-TAIKO　菊地　大瓠　65

KIMURA-BAIKEN 木村　梅軒　145

KIMURA-DAIZYÔ 木村　大讓　254

KIMURA-SONSAI 木村　巽齋　31

KISI-KATUAKI　岸　勝明　277

KITAMURA-KANUN

喜多村　間雲　16

KIYAMA-HÛKÊ　木山　楓溪　93

KIYOKAWA-RAKUSUI

清河　樂水　206

KIZAWA-TENDÔ　木澤　天童　225

KOBAYASI-KANSUI

小林　寒翠　208

KOBAYASI-KANZAN

小林　函山　259

KOBAYASI-SÊGAKU

小林　西岳　153

KODAMA-NANKA 兒玉　南柯　41

KÔDA-SIZEN　幸田　子善　112

KOGA-DÔAN　古賀　侗菴　51

KOGAME-KINSAI 小龜　勤齋　285

KOGA-SAKÊ　古賀　茶溪　73

KOGA-SÊRI　古賀　精里　37

KOIDE-ÊAN　小出　永安　7

KOIDE-TÔSAI　小出　侗齋　106

KOMAI-HAKUSUI 駒井　白水　156

KOMATU-GUZAN 小松　愚山　280

KOMETANI-KINZYO

米谷　　金城　193

KOMINAMI-RISSAI小南　栗齋　273

KOMIYAMA-KÊKEN

小宮山　桂軒　19

KOMIYAMA-NANRYÔ

小宮山　南梁　213

KONAGAI-SYÔSYÛ

小永井　小舟　75

KONDÔ-SÊGAI　近藤　西涯　32

KONDÔ-SÊSAI　近藤　正齋　229

KONDÔ-TÔKEN　近藤　棠軒　40

KON-GAKUYÔ　　金　岳陽　224

KÔNO-KAIHO　河野　界浦　254

KÔNO-TETTÔ　河野　鐵兜　235

KÔNO-ZYOSAI　河野　恕齋　181

KOTANI-SÔSYÔ　小谷　巣松　141

KOZIMA-SÊSAI　小島　成齋　205

KOZIMA-SYÔSAI　小島　省齋　212

KUBOKI-TIKUSÔ久保木　竹窗　41

KUBO-SIDÔ　　久保　侈堂　212

KUBOTA-SONSÔ久保田　損窗　77

KUBO-TIKUSUI　久保　筑水　197

KUGA-KYÛKÔ　　陸　九皐　280

KUMAGAI-KASSUI熊谷　活水　2

KUMAGAI-RÊSAI　熊谷　荔齋　8

KUMASAKA-TAISYÛ

熊阪　台州　160

KUMAZAWA-BANZAN

熊澤　蕃山　88

KUMOKAWA-SYUNAN

雲川　春菴　125

KUNO-HÔSYÛ　久野　鳳洲　148

KURAISI-DÔKA　倉石　侗窩　68

KURANARI-RYÔSYO

倉成　龍渚　137

KURODA-KINZYÔ 黑田　金城　44

KURODA-RYÔSYÛ黑田　梁洲　204

KUROSAWA-SEKKA

黑澤　節窩　20

KUROSAWA-SIZYO黑澤　四如　232

KUROSAWA-TIKÔ　黑澤　雉岡　25

KURUSU-TENZAN　栗栖　天山　94

KUSAKA-RISEN　草加　驪川　135

KUSANO-SEKIRAI 草野　石瀨　61

KUWABARA-HOKURIN

桑原　北林　49

MABUTI-RANZAN 馬淵　嵐山　170

MAKINO-MOKUAN牧野　默菴　52

MAKITA-HÔSAI　蒔田　鳳齋　273

MARUYAMA-MÊHOKU

圓山　溟北　239

MASE-TYÛSYÛ　真勢　中洲　116

MASIMA-SYÔNAN摩島　松南　46

MASUZIMA-RANEN

増島　蘭園　46

MATANO-ZYUNKEN

股野　順軒　138

MATUDAIRA-KUNZAN

松平　君山　182

MATUDAIRA-ÔRYÛ

松平　黃龍　147

MATUDA-KÔGYÛ 松田　黃牛　173

MATUDA-SESSAI 松田　拙齋　250

MATUI-KAAN 　　　松井　蝸菴　276

MATUI-RASYÛ 松井　羅洲　117

MATUMIYA-KANZAN

　　　　　　　　松宮　觀山　250

MATUMOTO-GUZAN

　　　　　　　　松本　愚山　197

MATUMOTO-KODÔ 松本　古堂　70

MATUMURA-KYÛZAN

　　　　　　　　松村　九山　264

MATUNAGA-SEKIGO

　　　　　　　　松永　尺五　3

MATUNAGA-SUNUN

　　　　　　　　松永　寸雲　6

MATUSITA-KENRIN

　　　　　　　　松下　見林　11

MATUSITA-KIKÔ 松下　葵岡　192

MATUSITA-USEKI 松下　烏石　153

MATUURA-KÔSUIKEN

　　　　　　松浦　交翠軒　12

MATUZAKI-KANKAI

　　　　　　　　松崎　觀海　150

MATUZAKI-KANRAN

　　　　　　　　松崎　觀瀾　277

MATUZAKI-KÔDÔ 松崎　慊堂　199

MATUZAWA-RÔSEN

　　　　　　　　松澤　老泉　285

MEMEZAWA-KYOROKU

　　　　　　　目目澤　鉅鹿　172

MERA-TÔKYÔ 　米良　東嶠　66

MIKUNI-YÛMIN 三國　幽眠　78

MINAGAWA-KIEN 皆川　淇園　187

MINAGAWA-MUNEMI

　　　　　　　　皆川　梅翁　247

MINO-SÔKAI 　　三野　藻海　157

MINO-SYÔROKU 三野　象麓　171

MINOURA-RISSAI 箕浦　立齋　115

MINOURA-SÊZAN 箕浦　靖山　159

MISIMA-MITITUNE 三島　通庸　279

MISIMA-TYÛSYÛ 三島　中洲　97

MITUO-TAIROKU 滿生　大麓　176

MIURA-BUTUGAN 三浦　佛巖　97

MIURA-TIKUKÊ 　三浦　竹溪　146

MIWA-SISSAI 　　三輪　執齋　89

MIYAKE-KITUEN 三宅　橘園　191

MIYAKE-KYÔKAKUSAI

　　　　　　　三宅　鞏革齋　5

MIYAKE-SEKIAN 三宅　石菴　16

MIYAKE-SÊSAI 　三宅　誠齋　15

MIYAKE-SYÔSAI 三宅　尚齋　106

MIYAMOTO-KÔSON

　　　　　　　　宮本　篁村　228

MIYANAGA-DAISÔ

　　　　　　　　宮永　大倉　56

MIYASE-RYÛMON 宮瀨　龍門　149

MIYASITA-SYÔKÊ 宮下　尚絅　66

MIYATA-GOKÊ 　宮田　五溪　272

MIYAUTI-ROKUSEN

　　　　　　　　宮內　鹿川　98

MIYAZAKI-INPO 宮崎　筠圃　133

MIYAZAWA-KINSAI

宮澤 欽齋 113

MIZOGUTI-KÔKEN溝口 浩軒 113

MIZOGUTI-YÛKEN溝口 幽軒 152

MIZUNO-RIKUTIN 水野 陸沈 278

MIZUNOYA-YÛKIN水谷 雄琴 286

MIZUTARI-HAKUSEN

水足 博泉 144

MOGAMI-ÔKOKU 最上 鶯谷 287

MOMO-HAKUROKU 桃 白鹿 30

MOMO-SÊKA 桃 西河 34

MOMO-SUIAN 桃 翠菴 67

MÔRI-KOKYÛ 毛利 壺邱 154

MORI-RANTAKU 森 蘭澤 152

MÔRI-TÊSAI 毛利 貞齋 84

MORI-TÔKAKU 森 東郭 29

MORIYA-SINÔ 守屋 心翁 23

MOROKUZU-KINDAI

諸葛 琴臺 271

MOROKUZU-KISYUN

諸葛 歸春 272

MOTODA-TIKUKÊ 元田 竹溪 71

MOTODA-TÔYA 元田 東野 77

MURAKAMI-TYÔU村上 聽雨 253

MURAMATU-ROKÊ村松 蘆溪 154

MURASE-KÔTÊ 村瀬 栲亭 191

MURASE-REKIEN 村瀬 櫟園 158

MURATA-KIZAN 村田 箕山 121

MURATA-KOZAN 村田 庫山 139

MURO-KYÛSÔ 室 鳩巢 18

MUTU-HUKUDÔ 陸奧 福堂 213

NABA-KASSYO 那波 活所 1

NABA-MOKUAN 那波 木菴 7

NABA-RODÔ 那波 魯堂 28

NABESIMA-NAOOKI

鍋島 直興 269

NAGAI-SÊSYO 永井 星渚 166

NAGAI-SYÔDÔ 長井 松堂 211

NAGAKUBO-SEKISUI

長久保 赤水 29

NAGURA-SYÔSÔ 名倉 松窗 79

NAITÔ-HEKIKAI 內藤 碧海 214

NAITÔ-KANSAI 內藤 閑齋 89

NAKADA-HÊZAN 中田 平山 75

NAKAE-MINZAN 中江 岷山 129

NAKAE-TÔZYU 中江 藤樹 88

NAKAI-KENSAI 中井 乾齋 248

NAKAI-RIKEN 中井 履軒 190

NAKAI-SEKIKA 中井 碩果 47

NAKAI-SYÔEN 中井 蕉園 31

NAKAI-TIKUZAN 中井 竹山 32

NAKAMURA-BAIU中村 梅塢 86

NAKAMURA-KADEN

中村 嘉田 42

NAKAMURA-KOKUSUI

中村 黑水 74

NAKAMURA-RANRIN

中村 蘭林 22

NAKAMURA-RITUEN

中村 栗園 72

NAKAMURA-SÔRÔTÊ

中村 滄浪亭 168

NAKAMURA-SYÛSAI

中村　習齋　113

NAKAMURA-TEKISAI

中村　惕齋　10

NAKAMURA-TYÛSÔ

中村　中倧　201

NAKAMURA-TYÛTÊ

中村　忠亭　29

NAKANE-HÔKA　　中根　鳳河　158

NAKANISI-RIZYÔ　中西　鯉城　124

NAKANO-SODÔ　　中野　素堂　228

NAKA-SÊSEN　　　　中　清泉　50

NAKAYAMA-SÊGA中山　菁莪　115

NAKAYAMA-ZYÔZAN

中山　城山　170

NAKAZIMA-HUZAN

中島　浮山　129

NAKAZIMA-KÔZAN

中島　黃山　274

NAKAZIMA-SEKIHO

中島　石浦　85

NAKAZIMA-TÔKAN

中島　東關　228

NAMIKAWA-SÊSYO

並河　誠所　130

NAMIKAWA-TENMIN

並河　天民　128

NAMIKI-RISSUI　　並木　栗水　82

NANGÛ-TAISYÛ　　南宮　大湫　180

NEMOTO-BUI　　　根本　武夷　148

NEMOTO-UGAKU　根本　羽嶽　215

NIIDA-NANYÔ　仁井田　南陽　140

NISI-KOGAKU　　　　西　湖學　260

NISIOKA-TENSIN　西岡　天津　246

NISIYAMA-GENBUN

西山　元文　281

NISIYORI-SÊSAI　西依　成齋　112

NISIZAKA-SÊAN　西坂　成菴　62

NISIZIMA-RANKÊ 西島　蘭溪　55

NISIZIMA-RYÛKOKU

西島　柳谷　167

NISIZIMA-ZYÔZAN

西島　城山　71

NODA-SEKIYÔ　　野田　石陽　169

NOMOTO-HAKUGAN

野本　白巖　57

NOMURA-TÔIN　　野村　藤陰　79

NOZAKI-TÔKYÔ　　野崎　藤橋　227

OBATA-SIZAN　　　小畑　詩山　266

ODA-KOKUZAN　　小田　穀山　187

ODA-NANGAI　　　小田　南畡　45

ÔE-GENPO　　　　大江　玄圃　184

OGASAWARA-KANZAN

小笠原　冠山　226

OGATA-DÔSYÔ　　尾形　洞簫　32

OGAWA-RISSYO　　小河　立所　128

OGAWA-TAIZAN　　小川　泰山　219

OGINO-HÊKISAI荻野　甓己齋　126

ÔGÔ-GAKKYÔ　　　大鄉　學橋　72

OGURA-MUZYA　　小倉　無邪　258

OGURA-SANSÊ　　小倉　三省　2

ÔGUSI-SETURAN　大串　雪瀾　9

OGYÛ-HOKKÊ	荻生	北溪	145
OGYÛ-KINKOKU	荻生	金谷	151
OGYÛ-SORAI	荻生	徂徠	143
ÔHARA-BUSÊ	大原	武清	83
ÔHASI-HAKKAKU	大橋	白鶴	172
ÔHASI-TOTUAN	大橋	訥菴	63
OKADA-HUKOKU	岡田	阜谷	261
OKADA-KANSEN	岡田	寒泉	115
OKADA-KÔTÊ	岡田	煌亭	229
OKADA-NANGAI	岡田	南涯	198
OKADA-RITUEN	岡田	栗園	63
OKADA-SINSEN	岡田	新川	185
OKAI-RENTÊ	岡井	蓮亭	40
OKAI-SEKIZYÔ	岡井	赤城	32
OKAMATU-ÔKOKU	岡松	甕谷	78
OKAMOTO-IAN	岡本	韋菴	80
OKAMOTO-KYÔSAI			
	岡本	況齋	209
OKAMOTO-TISEN	岡本	稚川	184
OKANO-SEKIZYÔ	岡野	石城	169
OKA-RYÛSYÛ	岡	龍洲	179
OKA-SANKÊ	岡	三慶	87
OKA-TANSAI	岡	澹齋	263
OKAZAKI-KAIIN	岡崎	槐陰	196
OKAZAKI-ROMON	岡崎	盧門	182
OKAZIMA-KANZAN			
	岡島	冠山	15
OKAZIMA-RYÛKO	岡島	龍湖	188
OKAZIMA-TIKUU	岡島	竹塢	84
OKI-KÊSAI	沖	薊齋	60
OKUDA-SANKAKU	奥田	三角	134
OKUDA-SYÔSAI	奥田	尚齋	33
OKUMURA-SISAI	奥村	止齋	283
OKUMURA-TYAZAN			
	奥村	茶山	242
OKUNOMIYA-ZÔSAI			
	奥宮	慥齋	95
ONDA-KÊRÔ	恩田	蕙樓	190
ONO-KAKUZAN	小野	鶴山	108
ÔNO-TIKUZUI	大野	竹瑞	267
ÔSIO-TYÛSAI	大鹽	中齋	90
ÔSUGA-NANBA	大菅	南坡	137
ÔTAKASAKA-SIZAN			
	大高坂	芝山	13
ÔTAKE-MAKOKU	大竹	麻谷	158
ÔTA-KINZYÔ	大田	錦城	244
ÔTA-SÊKEN	大田	晴軒	246
ÔTA-SIKI	太田	子規	254
ÔTASIRO-TÔKOKU			
	太田代	東谷	241
ÔTA-YÛZAN	太田	熊山	243
OTIAI-SÔSEKI	落合	雙石	65
OTIAI-TÔTÊ	落合	東堤	120
ÔTI-TÔSEN	大地	東川	21
ÔTUKA-KANRAN	大塚	觀瀾	118
ÔTUKA-TAIYA	大塚	退野	20
ÔTUKI-BANKÊ	大槻	磐溪	209
ÔTUKI-HÊSEN	大槻	平泉	53
ÔUTI-GYOKUKÔ	大内	玉江	202
OZAKI-RYÔHO	尾崎	梁甫	87
OZASA-TÔKAI	小篠	東海	177
OZAWA-SÊAN	小澤	精菴	279

RAI-SANYÔ	賴	山陽	43
RUSU-KISAI	留守	希齋	108
RYÛ-KINKÊ	劉	琴溪	168
RYÛ-SÔRO	龍	草廬	183
SAITÔ-KAKUKI	齋藤	鶴磯	252
SAITÔ-MÊTAN	齋藤	鳴湍	78
SAITÔ-RANKÔ	齋藤	蠻江	51
SAITÔ-SETUDÔ	齋藤	拙堂	64
SAITÔ-SIZAN	齋藤	芝山	163
SAKAI-KOZAN	坂井	虎山	53
SAKAKIBARA-KÔSYÛ			
	榊原	篁洲	218
SAKAMOTO-TENZAN			
	坂本	天山	160
SAKAYA-SÊKÊ	昌谷	精溪	58
SAKUMA-SYÔZAN			
	佐久間	象山	92
SAKUMA-YÛSUI	佐久間	熊水	165
SAKURADA-KANSAI			
	櫻田	簡齋	123
SAKURADA-KOMON			
	櫻田	虎門	120
SAKURAGI-GINSAI	櫻木	闇齋	114
SAKURAI-SEKIMON			
	櫻井	石門	201
SAKURAI-TÔTÊ	櫻井	東亭	136
SANO-KINRÊ	佐野	琴嶺	61
SANO-SANIN	佐野	山陰	191
SASAKI-KINDAI	佐佐木	琴臺	159
SASA-SENÔ	佐佐	泉翁	238
SATÔ-BOKUZAN	佐藤	牧山	76
SATÔ-ENRYÔ	佐藤	延陵	99
SATÔ-ISSAI	佐藤	一齋	58
SATÔ-KÊAN	佐藤	敬菴	249
SATÔ-NAOKATA	佐藤	直方	103
SATÔ-RIKKEN	佐藤	立軒	212
SATÔ-RINSI	佐藤	麟趾	119
SATÔ-SÊZAN	佐藤	西山	207
SATÔ-SYÛKEN	佐藤	周軒	19
SATÔ-TÔSAI	佐藤	東齋	256
SATÔ-UNSYÔ	佐藤	雲韶	260
SAWABE-HOKUMÊ	澤邊	北溟	202
SAWADA-ROKUMÊ	澤田	鹿鳴	109
SAWADA-TÔKÔ	澤田	東江	221
SAWA-SINSAI	佐和	莘齋	139
SAWA-YÛZAN	澤	熊山	202
SAZEN-SEKKÊ	佐善	雪溪	218
SEKI-ITIRAKU	關	一樂	16
SEKI-SYÔSEN	關	蕉川	57
SEKI-SYÔSÔ	關	松窗	222
SEKI-SYÔUN	關	湘雲	82
SEKITÔ-TÔIN	關藤	藤陰	68
SEKIYA-HISOMU	關谷	潛	284
SEKIYA-TIKAKU	關屋	致鶴	265
SENZYU-KYOKUZAN			
	千手	旭山	122
SENZYU-RENSAI	千手	廉齋	117
SÊTA-TANSÔ	清田	儋叟	27
SEYA-DÔSAI	瀨谷	桐齋	228
SIBA-ENKO	司馬	遠湖	69
SIBANO-RITUZAN	柴野	栗山	33
SIBUE-SYÔSEKI	澁江	松石	35

SIBUE-TYÛSAI	澁江	抽齋	204
SIBUI-TAISITU	澁井	太室	27
SIBUYA-SYÔDÔ	澁谷	松堂	221
SIGA-SETUAN	志賀	節菴	140
SIGENO-REKIKEN	重野	櫟軒	217
SIGENO-SÊSAI	重野	成齋	81
SIGETA-RANKÊ	重田	蘭溪	259
SIMADA-KÔSON	島田	篁村	247
SIMIZU-KÔTÔ	清水	江東	157
SIMIZU-SYUNRYÛ	清水	春流	84
SIMODA-HÔTAKU	下田	芳澤	225
SIMOSATO-RAKUSAN			
	下郷	樂山	155
SINOZAKI-SANTÔ	篠崎	三島	34
SINOZAKI-SYÔTIKU			
	篠崎	小竹	54
SIRAI-SIGEYUKI	白井	重行	163
SOGABE-YÔSYO	曽我部	容所	182
SONODA-ISSAI	園田	一齋	54
SONOYAMA-YÛZAN			
	園山	酉山	38
SOUMA-KYÛHÔ	相馬	九方	174
SUEKANE-KINRYÔ			
	末包	金陵	254
SUGA-GYÛMÊ	菅	牛鳴	177
SUGAMA-SYÛNAN			
	菅間	鷲南	256
SUGANO-KYÔSAI	菅野	彊齋	41
SUGANUMA-TÔKAKU			
	菅沼	東郭	147
SUGIYAMA-MASAYOSI			
	杉山	正義	107
SUGIYAMA-TIKUGAI			
	杉山	竹外	69
SUGURI-GYOKUSUI			
	村士	玉水	109
SUNAGAWA-YOSINOBU			
	砂川	由信	259
SUYAMA-DONÔ	陶山	鈍翁	17
SUZUKI-BUNDAI	鈴木	文臺	235
SUZUKI-RIOKU	鈴木	離屋	282
SUZUKI-RYÛDÔ	鈴木	龍洞	255
SUZUKI-SEKKYÔ	鈴木	石橋	36
SUZUKI-SENSYÛ	鈴木	澶洲	151
SUZUKI-SYÔKÔ	鈴木	松江	262
SUZUKI-TAIBON	鈴木	大凡	272
SUZUKI-TÊSAI	鈴木	貞齋	106
SUZUKI-YÔSAI	鈴木	養齋	119
SUZUKI-YÔSATU	鈴木	養察	110
SUZUKI-ZYUNTÊ	鈴木	順亭	231
SYÔDA-TENITU	莊田	恬逸	14
SYÔGAKI-TEKISYO			
	正牆	適處	67
TAGO-SYÔKÔ	多湖	松江	25
TAKAGAKI-SIEN	高垣	柿園	279
TAKAGI-SYÔKYO	高木	松居	71
TAKAHARA-TÔKÔ	高原	東郊	173
TAKAHASI-DÔSAI	高橋	道齋	221
TAKAHASI-HAKUZAN			
	高橋	白山	214

TAKAHASI-HUKUSAI

　　　　　　高橋　　復齋　　44

TAKAHASI-KAYÔ 高橋　華陽　226

TAKAHATA-KÊSÊ 高畠　慶成　84

TAKAMATU-BAIRYÔ

　　　　　　高松　　貝陵　286

TAKAMI-SÊKÔ　鷹見　星皐　189

TAKANARITA-KINDAI

　　　　　　高成田　琴臺　277

TAKANOHA-UNSÔ 鷹羽　雲淙　64

TAKANO-SINSAI 高野　真齋　59

TAKAOKA-YÔSETU

　　　　　　高岡　　養拙　251

TAKASE-GAKUZAN

　　　　　　高瀨　　學山　20

TAKASINA-YÔKOKU

　　　　　　高階　　暘谷　149

TAKAYASU-ROOKU

　　　　　　高安　　蘆屋　258

TAKEDA-RISSAI　武田　立齋　137

TAKEDA-SYUNAN 竹田　春菴　19

TAKENOUTI-TÔMON

　　　　　　竹內　　東門　36

TAKEI-SIREN　　武井　子廉　255

TAKEI-YÔSETU　武井　用拙　85

TAKEZOE-SÊSÊ　竹添　井井　216

TAKI-MURYÔ　　瀧　　無量　256

TAMANO-KYÛKA 玉乃　九華　54

TAMIYA-KITUAN 田宮　橘菴　251

TAMURA-KOKUSÊ 田村　克成　126

TANABE-RAKUSAI 田邊　樂齋　118

TANABE-SEKIAN　田邊　石菴　203

TANABE-SINSAI　田邊　晉齋　108

TANAKA-KENSAI　田中　謙齋　217

TANAKA-MÊMON　田中　鳴門　28

TANAKA-RIDÔ　　田中　履堂　195

TANAKA-RÔSÔ　　田中　弄叟　263

TANAKA-SIKYÛ　田中　止邱　7

TANAKA-TAIKAN　田中　大觀　179

TANAKA-TEKISYO 田中　適所　263

TANENO-TOMONAO

　　　　　　種野　　友直　210

TANI-BIZAN　　　谷　　糜生　133

TANIGAWA-RYÛZAN

　　　　　　谷川　　龍山　118

TANIGUTI-RANDEN

　　　　　　谷口　　藍田　241

TANI-HYAKUNEN　溪　　百年　42

TANI-ÔSAI　　　　谷　　嚶齋　260

TANI-TAIKO　　　谷　　太湖　80

TATENO-KÊZAN　立野　桂山　174

TATIBANA-ZYUAN 橘　　壽菴　176

TATIHARA-TÔRI　立原　東里　192

TAYUINOSYÔ-TISATO

　　　　　　田結莊　千里　97

TERAMOTO-NAOMITI

　　　　　　寺本　　直道　34

TERUI-ITTAKU　照井　一宅　211

TEZUKA-GENTÛ　手塚　玄通　162

TEZUKA-TANSAI　手塚　坦齋　119

TIBA-SYÔDÔ　　千葉　松堂　98

TIHARA-KYOSAI　茅原　虛齋　265

TIHAYA-TÔZAN	千早	東山	280
TIN-SENTÔ	陳	錢塘	176
TIZUKA-SOKUSÔ	遲塚	速叟	275
TOBITA-ITUMIN	飛田	逸民	205
TODA-SYUNKAKU	富田	春郭	167
TÔDÔ-SESSAI	藤堂	渫齋	278
TÔDÔ-TÔZAN	藤堂	東山	135
TOKURIKI-RYÛKAN			
	德力	龍潤	26
TOMIDA-IKUSAI	富田	育齋	263
TOMIDA-ÔOKU	富田	王屋	271
TOMINAGA-SÔRÔ	富永	滄浪	132
TOMITA-NITIGAKU	富田	日岳	161
TOMOISI-ZITÊ	友石	慈亭	58
TONDA-SYUNZAN	飛田	春山	122
TONOOKA-HOKKAI			
	殿岡	北海	284
TOSAKI-TANEN	戶崎	淡園	161
TOSIMA-HÔSYÛ	豐島	豐洲	224
TOSIMA-TÔSAI	豐島	洞齋	125
TOYODA-TENKÔ	豐田	天功	206
TÔZYÔ-HÔAN	東條	方菴	210
TÔZYÔ-ITIDÔ	東條	一堂	203
TÔZYÔ-KINDAI	東條	琴臺	247
TUGARU-GENEN	津輕	儼淵	40
TUKADA-KENDÔ	冢田	謙堂	207
TUKADA-TAIHÔ	冢田	大峯	197
TUKUDA-GENSYUKU			
	築田	元叔	127
TUNETOO-SÊSÔ	恒遠	醒窗	234
TUNODA-SÊKÊ	角田	青溪	183
TURUOKA-SÊSAI	鶴岡	精齋	124
TUSAKA-TÔYÔ	津阪	東陽	193
TUTIYA-HÔSYÛ	土屋	鳳洲	175
TUTUMI-TASAN	堤	它山	245
TYÔ-BAIGAI	長	梅外	238
UBAYANAGI-YÛSIN			
	姥柳	有莘	154
UI-MOKUSAI	宇井	默齋	110
UKAI-SEKISAI	鵜飼	石齋	4
UMEZU-HAKUGAN			
	梅津	白巖	271
UNO-MÊKA	宇野	明霞	179
UNO-TÔZAN	宇野	東山	164
USAMI-SINSUI	宇佐美	灊水	151
USUDA-TIKURÔ	臼田	竹老	142
UTIDA-SYÛSAI	內田	周齋	252
UTUMI-UNSEKI	內海	雲石	273
UTUNOMIYA-TONAN			
	宇都宮	遯菴	12
UWAYANAGI-SIMÊ	上柳	四明	28
UZIE-KAKAKUDÔ			
	氏家	過擴堂	5
UZIE-KANSON	氏家	閑存	76
WADA-GITAN	和田	儀丹	107
WADA-KÊ	和田	絅	255
WADA-REN	和田	廉	164
WADA-SÊKANKA			
	和田	靜觀窩	5
WAKABAYASI-KARYÔ			
	若林	嘉陵	245

WAKABAYASI-KYÔSAI

　　　　若林　強齋　105

WAKABAYASI-TIKUKEN

　　　　若林　竹軒　81

WAKATUKI-KISAI 若槻　幾齋　40

WAKAYAMA-BUTUDÔ

　　　　若山　勿堂　65

WAKE-RYÛSAI　　和氣　柳齋　232

WAKITA-TAKUSYO

　　　　脇田　琢所　58

WATANABE-KÔDÔ渡邊　弘堂　131

WATANABE-KÔYÔ渡邊　荒陽　282

WATANABE-MÔAN渡邊　蒙菴　150

WATANABE-SYÔZAN

　　　　渡邊　樵山　207

WATANABE-YOSAI渡邊　豫齋　122

WATARAI-MUNAN渡井　夢南　213

WATARI-TÔGÛ　　渡　東崍　239

YABE-TÔKOKU　　矢部　騰谷　287

YABU-KOZAN　　藪　孤山　30

YAGI-TYÛKOKU　八木　中谷　283

YAMADA-HÔKOKU

　　　　山田　方谷　94

YAMAGA-SOKÔ　山鹿　素行　100

YAMAGATA-TAIKA山縣　大華　64

YAMAGUTI-GÔSAI山口　剛齋　30

YAMAGUTI-KANZAN

　　　　山口　菅山　121

YAMAKI-BIZAN　山木　眉山　45

YAMAMOTO-HOKUZAN

　　　　山本　北山　223

YAMAMOTO-HUKUSAI

　　　　山本　復齋　104

YAMAMOTO-KÊGU山本　溪愚　141

YAMAMOTO-NANYÔ

　　　　山本　南陽　255

YAMAMOTO-NIKKA

　　　　山本　日下　111

YAMAMOTO-RAKUGAI

　　　　山本　樂艾　253

YAMAMOTO-RAKUSYO

　　　　山本　樂所　140

YAMAMOTO-SÊKÊ山本　清溪　192

YAMAMOTO-SÊZYÔ

　　　　山本　青城　136

YAMAMOTO-SODÔ山本　素堂　242

YAMAMOTO-SYÛSUI

　　　　山本　秋水　34

YAMAMOTO-TÔUN

　　　　山本　洞雲　83

YAMAMOTO-TYÛSAI

　　　　山本　中齋　47

YAMAMOTO-USAI山本　迂齋　124

YAMAMURA-BENSAI

　　　　山村　勉齋　80

YAMANAKA-TENSUI

　　　　山中　天水　220

YAMANASI-TÔSEN山梨　稻川　168

YAMANOI-KONRON

　　　　山井　崑崙　144

YAMANOI-SÊKÊ　山井　清溪　215

YAMANOUTI-TAISAI

　　　　　　　　　山內　　退齋　　14

YAMAWAKI-DÔEN 山脇　道圓　126

YAMAZAKI-ANSAI 山崎　闇齋　101

YAMAZAKI-HOPPÔ

　　　　　　　　　山崎　　北峯　283

YAMAZAKI-SIRETU

　　　　　　　　　山崎　　子列　　18

YAMAZAKI-ZYOZAN

　　　　　　　　　山崎　　如山　281

YAMAZAKI-ZYUNPU

　　　　　　　　　山崎　　淳夫　176

YANADA-KISAI　梁田　毅齋　249

YANADA-ZÊGAN　梁田　蛻巖　　22

YANAGAWA-SINTAKU

　　　　　　　　　柳川　　震澤　　8

YASUHARA-HÔSAI 安原　方齋　30

YASUI-SOKKEN　安井　息軒　208

YASUMI-BANZAN 安見　晩山　17

YATABE-ISAI　谷田部　潄齋　188

YAZIMA-IHIN　矢島　伊濱　52

YOKOMIZO-KAKURI

　　　　　　　　　横溝　　藋里　44

YOKOTA-KAKYÛ　横田　何求　10

YOSIDA-GAKO　吉田　鷔湖　275

YOSIDA-KÔTON　吉田　篁墩　222

YOSIDA-SYÔIN　吉田　松陰　91

YOSIDA-TOSSYO 吉田　訥所　260

YOSIKAWA-HAZAN

　　　　　　　　　芳川　　波山　230

YOSIMURA-HIZAN 吉村　斐山　96

YOSIMURA-SYÛYÔ

　　　　　　　　　吉村　　秋陽　93

YOSINO-KAIN　良野　華陰　219

YOSITOME-HUKUKEN

　　　　　　　　　吉留　　復軒　216

YUASA-ZYÔZAN　湯淺　常山　153

YUKAWA-GÊDÔ　湯川　羃洞　67

YUSA-BOKUSAI　遊佐　木齋　105

ZAKÔZI-NANPÊ 座光寺　南屏　166

ZIN-SINSAI　　　神　　晉齋　266

ZUITYÔ-KINSAI　隨朝　欽哉　240

ZUITYÔ-ZYAKUSUI

　　　　　　　　　隨朝　　若水　201

ZYÔ-KIKUSYÛ　　城　　鞠洲　266

四　名字稱號筆劃順

一劃

一	赤澤	一堂	253
一之助	中村	嘉田	42
一六郎	堀	南湖	21
一太郎	櫻井	石門	201
一太郎	樋口	義所	138
一正	藤田	幽谷	194
一宅	照井	一宅	211
一孚	菊地	大瓠	65
一甫	下田	芳澤	225
一角	田中	止邱	7
一枝	伊東	奚疑	278
一枝菴	萩原	綠野	202
一郎	相馬	九方	174
一卿	井上	櫻塘	86
一峯	大高坂	芝山	13
一翁	永井	星渚	166
一堂	赤澤	一堂	253
一堂	東條	一堂	203
一得	細野	栗齋	125
一清	駒井	白水	156
一貫	中江	岷山	129
一樂翁	關	一樂	16
一靜	千手	廉齋	117
一齋	園田	一齋	54
一齋	佐藤	一齋	58
一齋	村士	玉水	109
一齋	松下	葵岡	192

二劃

七太夫	堀	南湖	21
七左衛門	中村	惕齋	10
七郎	中井	碩果	47
七郎	松井	羅洲	117
七香齋主人	藤澤	南岳	175
七藏	劉	琴溪	168
九九山人	藤澤	南岳	175
九二八	遅塚	速叟	275
九山	松村	九山	264
九方	相馬	九方	174
九成	並木	栗水	82
九峯	高橋	道齋	221
九鬼隆都	藤原	溫齋	269
九皐	加藤	九皐	262
九皐	陸	九皐	280
九華	玉乃	九華	54
九葆	圓山	溟北	239
九疑山人	河原	橘枝堂	257
了介	熊澤	蕃山	88
了菴	熊谷	荔齋	8
二十一回猛士	吉田	松陰	91
二洲	尾藤	二洲	35
八丈屋與市	高橋	華陽	226
八之助	河田	迪齋	60
八太郎	千手	廉齋	117
八右衛門	根本	武夷	148
八助	河田	東岡	135

八郎	清河	樂水	206
八郎	小永井	小舟	75
八郎右衛門	細合	斗南	160
八雲外史	松本	古堂	70
八輔	岡本	稚川	184
八藏	香川	南濱	155
十二郎	古屋	昔陽	187
十三郎	寺本	直道	34
十大夫	若林	嘉陵	245
十五郎	稻葉	迂齋	107
十右衛門	平岩	元珍	117
十右衛門	河田	東岡	135
十左衛門	稻葉	迂齋	107
十兵衛	德力	龍潤	26
十助	小篠	東海	177
十洲	細川	十洲	281
十郎	江良	仲文	250
十郎	山村	勉齋	80
卜友	人見	卜幽軒	4
卜玄	平元	梅隣	131
卜幽軒	人見	卜幽軒	4
又一	殿岡	北海	284
又三郎	稻葉	默齋	114
又三郎	林	羅山	2
又太郎	三宅	橘園	191
又次郎	岡田	寒泉	115
又清助	岡田	寒泉	115

三劃

丈右衛門	河田	東岡	135
三	小倉	無邪	258
三十六峯外史	賴	山陽	43
三介	木山	楓溪	93
三友	秋山	白賁堂	123
三友	横田	何求	10
三太郎	早野	橘隧	196
三右衛門	市野	迷菴	286
三右衛門	市野	東谷	147
三右衛門	宮瀨	龍門	149
三右衛門	狩谷	棭齋	198
三左衛門	元田	東野	77
三左衛門	小龜	勤齋	285
三平	圓山	溟北	239
三平	宇野	明霞	179
三吾	安原	方齋	30
三角	奧田	三角	134
三近	宇都宮	遯菴	12
三近子	宇都宮	遯菴	12
三省	小倉	三省	2
三郎	富田	育齋	263
三郎	兼松	石居	69
三郎	林	檉宇	50
三郎	澤	熊山	202
三郎	刈谷	無隱	82
三郎右衛門	猪飼	敬所	200
三郎左衛門	佐藤	直方	103
三郎助	田邊	樂齋	118
三島	篠崎	三島	34
三徑	山本	洞雲	83
三益	武田	立齋	137
三就	松田	黃牛	173
三溪	藤川	三溪	175

三慶	岡	三慶	87	士元	柿岡	林宗	36
三霞	木村	大讓	254	士友	武田	立齋	137
三藏	小倉	無邪	258	士友	佐藤	敬菴	249
三藏	下田	芳澤	225	士反	中井	碩果	47
三藏	龜田	綾瀨	232	士光	赤城	彩霞	273
三藏	座光寺	南屏	166	士亨	奧田	三角	134
上代野人	平塚	春江	240	士亨	伊藤	萬年	10
下田翁	下田	芳澤	225	士伸	北條	蠖堂	256
久中	林	良齋	91	士尚	石川	竹厓	199
久太郎	賴	山陽	43	士岳	原	花祭	25
久文	武田	立齋	137	士亮	平賀	中南	155
久文	五弓	雪窗	74	士信	早崎	巖川	74
久成	大塚	退野	20	士俞	大地	東川	21
久作	山內	退齋	14	士厚	藪	孤山	30
久作	山崎	北峯	283	士修	朝川	同齋	233
久兵衛	貝原	益軒	13	士屑	松澤	老泉	285
久宣	山中	天水	220	士恭	土井	聱牙	211
久卿	山崎	北峯	283	士朗	肥田野	築村	236
久德	遲塚	速叟	275	士栗	小南	栗齋	273
也魯齋	林	鵝峯	6	士堅	石塚	確齋	37
也魯齋	川崎	也魯齋	68	士常	宮崎	筠圃	133
千之	櫻木	闇齋	114	士晦	山脇	道圓	126
千介	鈴木	大凡	272	士章	野村	藤陰	79
千年	黑田	金城	44	士巽	赤井	東海	62
千里	木村	巽齋	31	士傳	人見	懋齋	8
千里	岡	龍洲	179	士勤	安東	仕學齋	131
千里	田結莊	千里	97	士幹	石作	駒石	184
千歲	平塚	春江	240	士幹	藤川	冬齋	66
千藏	菊地	南陽	242	士廉	吉田	鷟湖	275
土岐中書	村瀨	栲亭	191	士新	宇野	明霞	179
士久	中島	石浦	85	士道	陶山	鈍翁	17

士達		溪	百年	42	大明	中村	中倧	201
士鉉	宮本	篁村		228	大星	佐久間	象山	92
士鉉		秦	滄浪	196	大洲	伊良子	大洲	139
士實	留守	希齋		108	大倉	宮永	大倉	56
士髦	岡田	南涯		198	大卿	日根野	鏡水	56
士廣	大槻	磐溪		209	大峯	冢田	大峯	197
士德	重野	成齋		81	大益居士	細合	斗南	160
士德	中村	嘉田		42	大淵	木澤	天童	225
士德	氏家	閑存		76	大淵	富田	日岳	161
士潛	田中	謙齋		217	大瓠	菊地	大瓠	65
士憲	五弓	雪窗		74	大章	加賀美	櫻塢	111
士操	肥田野	竹塢		239	大湫	南宮	大湫	180
士龍	松本	古堂		70	大華	山縣	大華	64
士濟	土井	淡山		83	大隅	氏家	過擴堂	5
士讓	佐藤	西山		207	大隅守	藤原	溫齋	269
夕顏巷		林	羅山	2	大雅	岩下	探春	26
大乙	石川	金谷		180	大椿	石川	大椿	260
大二郎	八田	華陽		225	大業	赤松	蘭室	185
大三郎	伊藤	鳳山		235	大猷	巖村	南里	48
大凡	鈴木	大凡		272	大道	和氣	柳齋	232
大六		溪	百年	42	大道	佐藤	一齋	58
大方	服部	大方		265	大寧	荻生	金谷	151
大年		森	東郭	29	大魁	杉山	竹外	69
大次郎	吉田	松陰		91	大鳳	富田	日岳	161
大作	近藤	棠軒		40	大學	三國	幽眠	78
大助	伊藤	鹿里		244	大學頭	松平	黃龍	147
大壯	田中	履堂		195	大遺齋	三宅	鞏革齋	5
大阪屋嘉右衛門	清水	江東		157	大禮	齋宮	靜齋	152
大初	中島	黃山		274	大簡	菅沼	東郭	147
大初	岡田	栗園		63	大藏		桃	翠菴	67
大明	谷口	藍田		241	大藏		桃	白鹿	30

大藏	田中	履堂	195	子成	西依	成齋	112
大麓	滿生	大麓	176	子成	中島	石浦	85
大麓	萩原	大麓	189	子成	伊東	奚疑	278
大體	殿岡	北海	284	子成	賴	山陽	43
大讓	木村	大讓	254	子羽	秋山	玉山	24
大觀	田中	大觀	179	子行	菅沼	東郭	147
女護島	高橋	華陽	226	子行	大內	玉江	202
子人	市川	鶴鳴	157	子行	河田	東岡	135
子久	橫溝	藿里	44	子行	阿野	蒼崖	39
子山	藤澤	子山	158	子行	菅野	彊齋	41
子中	元田	東野	77	子伸	北條	蠖堂	256
子之吉	鈴木	松江	262	子壯	津輕	儼淵	40
子允	鷹見	星皐	189	子材	高木	松居	71
子允	松崎	觀瀾	277	子來	中井	乾齋	248
子匹	金澤	松下亭	258	子典	伊良子	大洲	139
子文	姥柳	有莘	154	子叔	井上	蘭臺	218
子文	山本	中齋	47	子周	石原	東隄	268
子文	佐久間	熊水	165	子和	山本	秋水	34
子文	小田	穀山	187	子和	林	鵝峯	6
子文	木山	楓溪	93	子坤	目目澤	鉅鹿	172
子方	澁江	松石	35	子定	藤田	幽谷	194
子世	青山	拙齋	199	子定	蟹	養齋	109
子平	大串	雪瀾	9	子明	戶崎	淡園	161
子永	村松	蘆溪	154	子明	龍	草廬	183
子玉	長久保	赤水	29	子明	東條	方菴	210
子交	秋山	景山	171	子明	佐久間	象山	92
子光	圓山	溟北	239	子明	田中	鳴門	28
子共	栗栖	天山	94	子牧	安東	省菴	9
子列	山崎	子列	18	子直	鵜飼	石齋	4
子存	井上	南臺	222	子直	山本	青城	136
子成	宇野	東山	164	子虎	米谷	金城	193

子亮	澁谷	松堂	221	子彬	三浦	竹溪	146
子信	林	羅山	2	子晦	中村	蘭林	22
子則	志賀	節菴	140	子深	桃	白鹿	30
子威	中村	滄浪亭	168	子淵	宮內	鹿川	98
子彥	熊阪	台州	160	子猛	松平	黃龍	147
子彥	奧村	茶山	242	子祥	五井	蘭洲	24
子泉	駒井	白水	156	子祥	谷	麋生	133
子省	龜谷	省軒	216	子章	澁井	太室	27
子迪	宇佐美	灊水	151	子統	猪飼	箕山	210
子郁	田邊	晉齋	108	子規	太田	子規	254
子重	平岩	元珍	117	子傑	原	修齋	237
子卿	豐島	豐洲	224	子善	貝原	存齋	8
子員	最上	鶯谷	287	子善	幸田	子善	112
子哲	石井	擇所	48	子善	隨朝	欽哉	240
子恕	千早	東山	280	子喜	高原	東郊	173
子恭	皆川	梅翁	247	子喜	淺岡	芳所	85
子耕	石井	繩齋	229	子惠	櫻田	簡齋	123
子起	大鹽	中齋	90	子發	早野	橘隧	196
子高	高木	松居	71	子發	清水	江東	157
子高	細野	要齋	123	子絢	中山	菁莪	115
子健	飛田	逸民	205	子虛	飛田	逸民	205
子啟	高橋	道齋	221	子雄	西島	柳谷	167
子基	廣瀨	淡窗	233	子雲	宮田	五溪	272
子堅	石塚	確齋	37	子順	佐野	琴嶺	61
子寅	若槻	幾齋	40	子順	田邊	樂齋	118
子崇	伊藤	龍洲	21	子順	瀨谷	桐齋	228
子常	宮崎	筠圃	133	子傳	人見	懋齋	8
子常	星野	熊嶽	257	子園	入江	南溟	148
子庾	米良	東嶠	66	子圓	佐藤	麟趾	119
子強	古市	南軒	270	子幹	石作	駒石	184
子強	岡田	寒泉	115	子幹	福島	松江	150

子廉		武井	子廉	255	子毅	摩島	松南	46
子慎		澤	熊山	202	子潤	重野	櫟軒	217
子敬		竹田	春菴	19	子範	草野	石瀨	61
子敬		藍澤	南城	204	子緝	倉石	僩窩	68
子敬		山鹿	素行	100	子諒	種野	友直	210
子敬		池田	草菴	95	子遷	服部	南郭	146
子業		近藤	西涯	32	子曄	市野	東谷	147
子源		富永	滄浪	132	子樸	藤堂	東山	135
子煥		鈴木	澶洲	151	子澹	木澤	天童	225
子節		小島	成齋	205	子燕	三宅 鞏革齋		5
子義		園山	酉山	38	子璠	岡井	蓮亭	40
子誠	和田	靜觀窩		5	子興	中野	素堂	228
子誠		貝原	益軒	13	子蕩	大竹	麻谷	158
子載		落合	雙石	65	子衞	岡崎	槐陰	196
子道		奧宮	慥齋	95	子靜	德力	龍潤	26
子達		鈴木	龍洞	255	子默	松崎	觀海	150
子達		恒遠	醒窗	234	子龍	河野	恕齋	181
子徹		手塚	玄通	162	子龍	松平	君山	182
子福		松下	葵岡	192	子龍	井部	健齋	77
子臧		中村	栗園	72	子龍	根本	羽嶽	215
子臧		東條	琴臺	247	子龍	原田	紫陽	70
子齊		天沼	恒菴	156	子績	櫻井	東亭	136
子儉		大塚	觀瀾	118	子繩		川目 直	177
子寬		高橋	復齋	44	子繩	三國	幽眠	78
子德		菅	得菴	1	子繩	大槻	平泉	53
子德		石井	磯岳	50	子贄	岡田	阜谷	261
子德		伊藤	鳳山	235	子贊	春日	潛菴	95
子德		齋藤	鳴淵	78	子瀾	村瀨	櫟園	158
子慶		中井	竹山	32	子鶴	井部	香山	56
子毅		東條	一堂	203	子儼	昌谷	精溪	58
子毅		鈴木	文臺	235	寸菴	伊藤	固菴	13

寸雲子	松永	寸雲	6
小一郎	宇井	默齋	110
小七郎	堀	友直	72
小五郎	三浦	竹溪	146
小太郎	榊原	篁洲	218
小太郎	玉乃	九華	54
小太郎	瀨谷	桐齋	228
小太郎	古賀	侗菴	51
小右衛門	服部	南郭	146
小右衛門	藤咲	僊潭	23
小竹	篠崎	小竹	54
小舟	小永井	小舟	75
小作	照井	一宅	211
小助	佐野	琴嶺	61
小助	馬淵	嵐山	170
小助	平元	梅隣	131
小角	西	湖學	260
小車	福井	敬齋	114
小泉漁夫	朝川	同齋	233
小翁	秦	滄浪	196
小醉翁	山本	秋水	34
山陰	佐野	山陰	191
山陽	賴	山陽	43
才右衛門	梁田	蛻巖	22
才次郎	松本	愚山	197
才佐	大田	錦城	244
才佐	脇田	琢所	58
才藏	伊藤	蘭嵎	134
才藏	松崎	觀海	150
才藏	辛島	鹽井	45

四劃

不如及齋	伊藤	宜堂	236
不如無齋	山梨	稻川	168
不存	清水	春流	84
不老不死老人	黑田	金城	44
不見	小出	永安	7
不知老齋	加倉井	砂山	232
不知菴	太田代	東谷	241
不惑道人	小島	成齋	205
中二郎	春日	白水	98
中村他三郎	陸	九皐	280
中谷	八木	中谷	283
中林	八木	中谷	283
中南	平賀	中南	155
中城	西島	城山	71
中洲	田邊	樂齋	118
中洲	真勢	中洲	116
中洲	三島	中洲	97
中秋	谷口	藍田	241
中倧	中村	中倧	201
中卿	岡田	寒泉	115
中書	中村	中倧	201
中書	津輕	儼淵	40
中齋	山本	中齋	47
中齋	大鹽	中齋	90
丹丘	芥川	丹丘	90
丹左衛門	大塚	退野	20
丹岳	藤田	丹岳	48
丹治	三宅	尚齋	106
丹後	奧村	止齋	283

之休	齋藤	鶴磯	252	五鼎	朝川	善菴	231
之助	本田	豁堂	80	井井居士	竹添	井井	216
之紀	中根	鳳河	158	仁	清水	春流	84
之浩	大竹	麻谷	158	仁里	佐佐木	琴臺	159
之國	松井	蝸菴	276	仁卿	岡田	寒泉	115
之望	渡邊	荒陽	282	仁齋	伊藤	仁齋	128
之祥	湯淺	常山	153	介之丞	安積	希齋	270
之善	高畠	慶成	84	介石	谷口	藍田	241
之欽	中村	惕齋	10	介菴	中井	蕉園	31
之道	林	鵝峯	6	允	堀江	惺齋	49
之熙	村瀨	栲亭	191	允	城	鞠洲	266
之裵	石川	竹厓	199	允文	長	梅外	238
予何人	名倉	松窗	79	允孚	田中	適所	263
五	原	花祭	25	允明	戶崎	淡園	161
五一	小島	成齋	205	元	川合	元	275
五一居士	並河	誠所	130	元	西山	元文	281
五一郎	並河	誠所	130	元	細川	十洲	281
五太夫	原	花祭	25	元文	西山	元文	281
五右衛門	齋宮	靜齋	152	元方	佐野	琴嶺	61
五平次	黑田	梁洲	204	元民	黑田	梁洲	204
五兵衛	小田	穀山	187	元吉	最上	鶯谷	287
五郎	齋藤	鑾江	51	元成	那波	木菴	7
五郎	昌谷	精溪	58	元叔	梁田	蛻巖	22
五郎太夫	戶崎	淡園	161	元叔	築田	元叔	127
五郎左衛門	佐藤	直方	103	元定	立野	桂山	174
五郎左衛門	石塚	確齋	37	元昌	江良	仲文	250
五郎吉	秋山	白賁堂	123	元亮	龍	草廬	183
五郎治	秋山	白賁堂	123	元度	友石	慈亭	58
五鹿洞	佐和	莘齋	139	元恒	中村	中倧	201
五華山人	井部	香山	56	元珍	平岩	元珍	117
五溪	宮田	五溪	272	元茂	蔣田	鳳齋	273

元貞	大田	錦城	244	元簡	安東	侗菴	11
元恭	佐善	雪溪	218	元繼	奧田	尚齋	33
元恭	江馬	蘭齋	265	元齡	西島	蘭溪	55
元起	中村	黑水	74	內記	小出	永安	7
元高	劉	琴溪	168	內膳	生駒	柳亭	24
元基	伊藤	龍洲	21	內藏	岡野	石城	169
元基	相馬	九方	174	內藏太	岡野	石城	169
元密	三野	象麓	171	公文	石山	瀛洲	264
元盛	內田	周齋	252	公正	近藤	棠軒	40
元祥	菅間	鷟南	256	公正	澁江	松石	35
元章	佐野	山陰	191	公甫	堤	它山	245
元備	海保	漁村	245	公固	脇田	琢所	58
元善	大串	雪瀾	9	公美	龍	草廬	183
元喬	服部	南郭	146	公飛	原	修齋	237
元琰	清田	儋叟	27	公晦	芳川	波山	230
元發	藤澤	東畡	173	公盛	近藤	棠軒	40
元隆	近藤	棠軒	40	公通	上柳	四明	28
元溫	葛井	文哉	53	公款	古屋	昔陽	187
元聖	姥柳	有莘	154	公逹	加藤	正菴	267
元裕	松本	古堂	70	公逸	原	狂齋	220
元道	安見	晚山	17	公幹	大田	錦城	244
元達	岡	澹齋	263	公廉	荒井	鳴門	55
元禎	湯淺	常山	153	公愷	堤	它山	245
元端	貝原	存齋	8	公瑛	樋口	東里	137
元輔	榊原	篁洲	218	公董	高橋	復齋	44
元韶	岡野	石城	169	公實	坂井	虎山	53
元鳳	岡	澹齋	263	公寬	萩原	西疇	214
元鳳	龜井	昭陽	170	公磊	石河	明善	207
元寬	曾我部	容所	182	公賢	城戶	月菴	159
元興	三宅	橘園	191	公餗	古屋	愛日齋	185
元禮	山本	樂所	140	公熙	角田	青溪	183

公錦	毛利	壺邱	154
公翼	岡	澹齋	263
公簡	山本	中齋	47
公寵	萩原	綠野	202
六之丞	近藤	西涯	32
六左衛門	內藤	閑齋	89
六鄉史氏	吉村	秋陽	93
六漢老人	狩谷	棭齋	198
勿堂	若山	勿堂	65
勿齋	新井	白石	15
升平	新井	篤光	115
升卿	城	鞠洲	266
升寂	臼田	竹老	142
友之助	桃	白鹿	30
友右	江村	剛齋	4
友吉	小島	省齋	212
友作	藤川	冬齋	66
友直	堀	友直	72
友直	種野	友直	210
友信	留守	希齋	108
友軒	人見	卜幽軒	4
友節	渡邊	蒙菴	150
反求	早野	橘隧	196
反堂	早野	橘隧	196
天山	坂本	天山	160
天山	栗栖	天山	94
天山遯者	龜井	昭陽	170
天水	山中	天水	220
天功	豐田	天功	206
天民	並河	天民	128
天年	長井	松堂	211

天津	西岡	天津	246
天桂	山本	素堂	242
天祐	金	岳陽	224
天童	木澤	天童	225
天愚老人	萩野	鳩谷	165
天遊館	伊東	藍田	163
天臺	石川	大椿	260
天錫	西坂	成菴	62
天爵堂	新井	白石	15
天禧	山本	北山	223
天瀑	林	述齋	47
太一	樋口	義所	138
太一郎	赤澤	一堂	253
太一郎	大塚	觀瀾	118
太乙	赤澤	一堂	253
太乙真人	細合	斗南	160
太中	安見	晚山	17
太仲	岡	龍洲	179
太仲	山本	南陽	255
太室	澁井	太室	27
太郎右衛門	久保木	竹窗	41
太郎左衛門	松平	君山	182
太郎兵衛	赤松	蘭室	185
太庚	赤松	太庚	149
太湖	谷	太湖	80
太輔	伊東	奚疑	278
孔平	萩野	鳩谷	165
孔恭	木村	巽齋	31
孔張堂	菅間	鷲南	256
孔雀樓主人	清田	儋叟	27
孔凱	松村	九山	264

少進	佐野	山陰	191	文治	澤田	東江	221
尺五	松永	尺五	3	文哉	葛井	文哉	53
屯	東方	祖山	224	文炳	井口	蘭雪	133
幻憲	松本	愚山	197	文剛	星野	鵜水	49
心卿	龜田	鵬齋	227	文卿	猪飼	敬所	200
心翁	守屋	心翁	23	文衷	石井	擇所	48
心耕子	鵜飼	石齋	4	文祥	山縣	大華	64
心畫齋	小島	成齋	205	文華	萩原	樂亭	195
手麿	陸奧	福堂	213	文敬	中田	平山	75
文二郎	林	潛齋	116	文會	竹內	東門	36
文三郎	山鹿	素行	100	文瑟	田中	大觀	179
文之	石合	江村	67	文臺	鈴木	文臺	235
文之助	桃	翠菴	67	文鳳陳人	多湖	松江	25
文內	廣澤	文齋	243	文儀	友石	慈亭	58
文六	落合	東堤	120	文蔚	村松	蘆溪	154
文六郎	菊地	大瓠	65	文蔚	中	清泉	50
文右衛門	鶴岡	精齋	124	文龍	澤田	東江	221
文右衛門	中山	菁莪	115	文徽	垣內	熊岳	131
文左衛門	龜田	鵬齋	227	文翼	宮瀨	龍門	149
文左衛門	東條	琴臺	247	文翼	山本	日下	111
文平	安見	晚山	17	文齋	廣澤	文齋	243
文平	井上	金峨	219	文藏	石合	江村	67
文平	清田	儋叟	27	文藏	箕浦	靖山	159
文平	岡本	韋菴	80	文藏	東條	一堂	203
文成	松田	黃牛	173	文藏	東條	方菴	210
文成	古屋	有齋	274	文藏	皆川	淇園	187
文次郎	澤田	東江	221	文藏	澤田	東江	221
文作	古屋	有齋	274	文關	小野	鶴山	108
文兵衛	關藤	藤陰	68	斗南	細合	斗南	160
文助	茅原	虛齋	265	方	那波	活所	1
文甫	武井	用拙	85	方	水足	博泉	144

方正	鵜飼	石齋	4
方谷	山田	方谷	94
方明	細合	斗南	160
方菴	東條	方菴	210
方齋	太田	熊山	243
方齋	安原	方齋	30
日下	山本	日下	111
日岳	富田	日岳	161
日研山樵	三宅	鞏革齋	5
日原小源太	手塚	坦齋	119
月菴主人	城戶	月菴	159
月窟	龜井	昭陽	170
月潭	平元	梅隣	131
木王	龜田	綾瀨	232
木瓜翁	赤松	太庚	149
木倉	松崎	慊堂	199
木菴	那波	木菴	7
木槿	藤野	木槿	99
木齋	遊佐	木齋	105
木鷄	江帾	木鷄	205
止邱	田中	止邱	7
止齋	奧村	止齋	283
氏右衛門	守屋	心翁	23
氏春	藤野	木槿	99
水月道人	東	澤瀉	96
牙卿	雨森	牛南	225
牛南	雨森	牛南	225
牛鳴	菅	牛鳴	177
王屋	富田	王屋	271
王道	內藤	碧海	214

五劃

世元	佐佐木	琴臺	159
世文	長	梅外	238
世文	桃	翠菴	67
世明	桃	西河	34
世亮	箕浦	靖山	159
世教	齋藤	鑾江	51
世尊	溪	百年	42
世肅	木村	巽齋	31
世逸	藤田	丹岳	48
世鈞	後藤	芝山	26
世璠	片山	兼山	181
世謙	赤城	彩霞	273
世馨	細井	平洲	186
主水	龜井	南溟	164
主稅	鷹羽	雲淙	64
主稅	井上	蘆洲	127
主殿	井上	鶴洲	127
主鈴	松宮	觀山	250
主鈴	宮下	尚絅	66
主膳	那波	魯堂	28
主膳	中	清泉	50
仕學齋	安東	仕學齋	131
仗平	川合	春川	193
仙之右衛門	細野	要齋	123
仙太郎	岡田	新川	185
仙坡	中井	蕉園	31
仙樓	奧田	尚齋	33
仙藏	山本	日下	111
以貫	穗積	能改齋	132

以貫	內藤	閑齋	89		半鱗	鷹羽	雲淙	64
以道	手塚	坦齋	119		卯之助	山本	素堂	242
充	岡本	稚川	184		古谷	井土	學圃	62
充實	富田	王屋	271		古易館	新井	白蛾	111
冬扇子	大塚	觀瀾	118		古堂	松本	古堂	70
冬嶺館	佐藤	敬菴	249		古愚	牧野	默菴	52
冬齋	藤川	冬齋	66		古愚軒	柴野	栗山	33
出雲	藤堂	東山	135		古學道人	小南	栗齋	273
出雲守	溝口	浩軒	113		只七	伴	東山	139
加介	中村	滄浪亭	168		可大	平井	澹所	226
北山	山本	北山	223		可菴	松井	蝸菴	276
北肉山人	藤原	惺窩	1		台州	熊阪	台州	160
北林	桑原	北林	49		右仲	黑澤	雉岡	25
北峯	山崎	北峯	283		右源次	箕浦	立齋	115
北海	殿岡	北海	284		右衛門	高瀨	學山	20
北海	江村	北海	27		四如	黑澤	四如	232
北湖	桃	翠菴	67		四狂	藤井	松年	81
北溟	澤邊	北溟	202		四明	上柳	四明	28
北溪	荻生	北溪	145		四明狂客	井上	四明	37
半七	山縣	大華	64		四郎	杉山	竹外	69
半太夫	川田	琴卿	90		四郎右衛門	矢島	伊濱	52
半仙子	中村	栗園	72		四郎兵衛	鈴木	石橋	36
半右衛門	高野	真齋	59		四郎兵衛	小島	省齋	212
半左衛門	太田	子規	254		四維山長	林	羅山	2
半助	中島	石浦	85		外記	鎌田	梁洲	141
半村	黑澤	四如	232		它山	堤	它山	245
半城	山村	勉齋	80		左山	堀	左山	171
半時菴	高安	蘆屋	258		左司馬	松宮	觀山	250
半儒半佛通人	宮永	大倉	56		左市郎	井土	學圃	62
半齋	細合	斗南	160		左平治	羽黑	養潛	102
半藏	荒井	鳴門	55		左仲	富永	滄浪	132

左仲	谷	蘪生	133	平洲	細井	平洲	186
左吉	松崎	觀瀾	277	平馬	入江	東阿	270
左金吾	小谷	巢松	141	平菴	柳川	震澤	8
左門	內海	雲石	273	平藏	村田	箕山	121
左門稱	並木	栗水	82	平藏	小野	鶴山	108
左衛門	人見	懋齋	8	弘	東條	一堂	203
市之進	安東	省菴	9	弘	鈴木	文臺	235
市五郎	會澤	正志齋	206	弘	土屋	鳳洲	175
市郎右衛門	鷹見	星皋	189	弘	赤松	太庚	149
平八	中江	岷山	129	弘言	日根野	鏡水	56
平八	那波	活所	1	弘享	日根野	鏡水	56
平八郎	大鹽	中齋	90	弘恒	廣津	藍溪	156
平十郎	喜多村	間雲	16	弘堂	渡邊	弘堂	131
平山	中田	平山	75	弘道	足代	立溪	132
平之充	淺井	貞菴	194	弘毅	小松	愚山	280
平之丞	角田	青溪	183	弘毅	雲川	春菴	125
平之進	水足	博泉	144	弘篤	宇井	默齋	110
平五郎	大串	雪瀾	9	必大	田中	適所	263
平太	岡崎	盧門	182	必香	田結莊	千里	97
平太夫	三浦	竹溪	146	必簡	齋宮	靜齋	152
平右衛門	木村	大讓	254	旦三郎	中村	滄浪亭	168
平左衛門	澁井	太室	27	本次郎	小宮山	桂軒	19
平左衛門	角田	青溪	183	本教教舍	龜田	鶯谷	237
平左衛門	愛甲	喜春	9	正	草野	石瀨	61
平次	大槻	磐溪	209	正	平元	謹齋	236
平次郎	栗栖	天山	94	正己	早野	橘隧	196
平助	良野	華陰	219	正之進	安東	侗菴	11
平助	片岡	如圭	86	正介	水谷	雄琴	286
平助	柳川	震澤	8	正方	藤咲	僊潭	23
平甫	片岡	如圭	86	正由	奧宮	慥齋	95
平泉	大槻	平泉	53	正立	蘆川	桂洲	267

正名	三宅	石菴	16	正謙	齋藤	拙堂	64
正臣	山本	清溪	192	正齋	近藤	正齋	229
正佐	中島	浮山	129	正藏	堀	南湖	21
正志齋	會澤	正志齋	206	民之輔	伊藤	兩村	60
正固	西依	成齋	112	民太郎	湯川	龗洞	67
正忠	千早	東山	280	民治	大槻	平泉	53
正忠	岡崎	槐陰	196	民卿	伊藤	兩村	60
正明	清河	樂水	206	民興	水野	陸沈	278
正直	內藤	碧海	214	永	北條	蠖堂	256
正信	稻葉	默齋	114	永	並河	誠所	130
正封	淺井	貞菴	194	永二郎	北條	蠖堂	256
正柳	蘆川	桂洲	267	永二郎	關	松窗	222
正風	渡邊	樵山	207	永日	柏木	如亭	38
正修	堀	南湖	21	永世	小倉	無邪	258
正卿	高橋	華陽	226	永世	澤田	鹿鳴	109
正卿	三浦	佛巖	97	永安	小出	永安	7
正純	東	澤瀉	96	永孚	元田	東野	77
正軒	關	一樂	16	永孚	津輕	儼淵	40
正尊	中村	忠亭	29	永甫	朝川	同齋	233
正為	重田	蘭溪	259	永菴	小出	永安	7
正菴	加藤	正菴	267	永菴	熊谷	活水	2
正順	大橋	訥菴	63	玄同	菅	得菴	1
正敬	大內	玉江	202	玄定	茅原	虛齋	265
正義	杉山	正義	107	玄室	多湖	松江	25
正義	稻葉	迂齋	107	玄度	山梨	稻川	168
正誠	中田	平山	75	玄圃	大江	玄圃	184
正路	園山	酉山	38	玄恭	重田	蘭溪	259
正韶	並木	栗水	82	玄格	大野	竹瑞	267
正誼	山本	秋水	34	玄泰	重田	蘭溪	259
正興	中野	素堂	228	玄珠	長久保	赤水	29
正懋	山口	剛齋	30	玄珠	鎌田	柳泓	38

玄通	手塚	玄通	162	田功	堀	管岳	172
玄菴	菅沼	東郭	147	由己亭	豐島	豐洲	224
玄輔	榊原	篁洲	218	由的	宇都宮	遯菴	12
玄德	愛甲	喜春	9	由信	砂川	由信	259
玄蕃	足代	立溪	132	由貞	伊藤	萬年	10
玄蕃	朝倉	荊山	264	由道	城	鞫洲	266
玄簡	廣瀬	淡窗	233	由賢	東方	祖山	224
玄覽	荻生	北溪	145	由藏	田宮	橘菴	251
玄鶴	黑田	金城	44	申士	龜田	鷟谷	237
玉山	秋山	玉山	24	白山	高橋	白山	214
玉水	村士	玉水	109	白山	恩田	蕙樓	190
玉成	岡島	冠山	15	白水	駒井	白水	156
玉江	大內	玉江	202	白水	春日	白水	98
玉江	溝口	幽軒	152	白水	佐佐	泉翁	238
玉函	木村	梅軒	145	白石	新井	白石	15
玉卿	兒玉	南柯	41	白圭	松崎	觀瀾	277
玉島	澤田	東江	221	白沙	東	澤瀉	96
玉振	金	岳陽	224	白岩樵夫	野本	白巖	57
玉衡	草加	驪川	135	白洲	岡	澹齋	263
玉藻	岡本	稚川	184	白美	野本	白巖	57
玉藻亭	溪	百年	42	白虹齋	最上	鷟谷	287
甘吉	若林	竹軒	81	白袤	春日	白水	98
甘谷	岡田	新川	185	白崖	中村	嘉田	42
甘亭	兼松	石居	69	白鹿	桃	白鹿	30
甘棠軒	近藤	棠軒	40	白賁堂	秋山	白賁堂	123
生白堂	菅	得菴	1	白賁園	人見	卜幽軒	4
生卿	陳	錢塘	176	白雲山人	細合	斗南	160
用中	柳川	震澤	8	白雲居士	田中	止邱	7
用拙	武井	用拙	85	白雲館	熊阪	台州	160
用韜	林	檉宇	50	白蛾	新井	白蛾	111
田山人	澤田	鹿鳴	109	白駒	岡	龍洲	179

白蟻	小林	函山	259
白鶴	大橋	白鶴	172
白巖	梅津	白巖	271
白巖	野本	白巖	57
石舟	鈴木	文臺	235
石居	兼松	石居	69
石門	櫻井	石門	201
石城	岡野	石城	169
石桂堂	萩原	綠野	202
石浦	中島	石浦	85
石菴	三宅	石菴	16
石菴	田邊	石菴	203
石陽	野田	石陽	169
石窩	中井	碩果	47
石橋	鈴木	石橋	36
石齋	鵜飼	石齋	4
石瀨	草野	石瀨	61
立元	井上	金峨	219
立所	小河	立所	128
立卿	加倉井	砂山	232
立庭	小出	永安	7
立軒	佐藤	立軒	212
立淑	千手	旭山	122
立設	熊谷	活水	2
立閑	熊谷	荔齋	8
立溪	足代	立溪	132
立誠	伊藤	固菴	13
立齋	武田	立齋	137
立齋	箕浦	立齋	115

六劃

交翠軒	松浦	交翠軒	12
亦愚居士	村上	聽雨	253
仲	小笠原	冠山	226
仲二郎	中村	惕齋	10
仲文	江良	仲文	250
仲文	櫻田	虎門	120
仲平	安井	息軒	208
仲本	井上	四明	37
仲任	恩田	蕙樓	190
仲安	石河	明善	207
仲行	足代	立溪	132
仲林	林	鵝峯	6
仲虎	井口	蘭雪	133
仲亮	大橋	白鶴	172
仲宣	田宮	橘菴	251
仲豹	金子	鶴村	198
仲淵	春日	白水	98
仲弼	平元	梅隣	131
仲壽	三野	藻海	157
仲養	內藤	碧海	214
仲導	伊藤	蘭齋	25
仲默	久保木	竹窗	41
仲龍	平野	深淵	22
仲龍	井上	四明	37
仲襄	春日	潛菴	95
仲顯	尾形	洞簫	32
仲觀	馬淵	嵐山	170
伊三郎	荻生	金谷	151
伊大夫	高畠	慶成	84

伊助	穗積	能改齋	132	吉次	金子	鶴村	198
伊蒿子	藤井	懶齋	102	吉明	鈴木	澶洲	151
伊濱	矢島	伊濱	52	同同齋	手塚	玄通	162
休	金澤	松下亭	258	同齋	朝川	同齋	233
休文	葛西	因是	39	同關子	中井	竹山	32
休卿	菅間	鷟南	256	向陽軒	林	鵝峯	6
休卿	萩原	大麓	189	回道	貝原	存齋	8
先之	名倉	松窗	79	因是道人	葛西	因是	39
光彥	市野	迷菴	286	在中	新井	白石	15
光致	石井	磯岳	50	圭	小田	南畡	45
光章	加賀美	櫻塢	111	多一郎	赤澤	一堂	253
光華	土井	淡山	83	多文	樋口	義所	138
光業	市野	東谷	147	多門	秋山	景山	171
光寬	藤堂	渫齋	278	多門	市川	鶴鳴	157
光鴻	竹添	井井	216	多門	冢田	大峯	197
全三	脇田	琢所	58	多門	日尾	荊山	234
全都	照井	一宅	211	好古	仁井田	南陽	140
全善	澀江	抽齋	204	好古軒	鈴木	龍洞	255
全菴	江村	剛齋	4	好生	遊佐	木齋	105
匡	市川	鶴鳴	157	好問	萩原	西疇	214
匡敕	田邊	樂齋	118	好問堂	山崎	北峯	283
印南	犬塚	印南	35	好禮	富田	春郭	167
吉二郎	片岡	如圭	86	如山	山崎	如山	281
吉人	久保	侈堂	212	如川	古賀	茶溪	73
吉之進	石井	磯岳	50	如圭	江村	復所	18
吉太郎	伊良子	大洲	139	如圭	片岡	如圭	86
吉右衛門	木村	巽齋	31	如來山人	細井	平洲	186
吉右衛門	野田	石陽	169	如亭	柏木	如亭	38
吉右衛門	原田	東岳	134	如是	佐佐	泉翁	238
吉右衛門	岩下	探春	26	如砥	西島	城山	71
吉伊	東	恒軒	195	存	陶山	鈍翁	17

存齋	貝原	存齋	8	安齋	岡島	竹塢	84
宅昌	三宅	鞏革齋	5	安繹	重野	成齋	81
宇八郎	齋藤	鶴磯	252	庄助	一瀨	庄助	85
宇內	澁江	松石	35	庄助	水谷	雄琴	286
宇右衛門	熊阪	台州	160	式部	曾我部	容所	182
宇左衛門	黑澤	四如	232	式部	津輕	儼淵	40
宇平治	金	岳陽	224	式部	岡田	寒泉	115
守中	後藤	芝山	26	成之	宇野	東山	164
守之	那波	木菴	7	成之	松浦	交翠軒	12
守正	安東	省菴	9	成言	兼松	石居	69
守直	安東	侗菴	11	成知	佐藤	麟趾	119
守約	安東	省菴	9	成章	小河	立所	128
守重	近藤	正齋	229	成章	關藤	藤陰	68
守經	安東	仕學齋	131	成章	滿生	大麓	176
守道	和田	儀丹	107	成菴	西坂	成菴	62
守彝	園田	一齋	54	成廉	石垣	柯山	241
守默	司馬	遠湖	69	成楊	松澤	老泉	285
守齋	岩崎	守齋	104	成裕	玉乃	九華	54
安	會澤	正志齋	206	成實	羽黑	養潛	102
安三郎	豐島	洞齋	125	成器	片山	恒齋	52
安五郎	山田	方谷	94	成憲	倉石	僩窩	68
安方	水足	博泉	144	成蹊	桃	翠菴	67
安正	淺見	絅齋	102	成齋	重野	成齋	81
安吉	會澤	正志齋	206	成齋	西依	成齋	112
安次郎	猪飼	敬所	200	成齋	小島	成齋	205
安兵衛	石王	塞軒	110	旭山	千手	旭山	122
安明	竹內	東門	36	旭齋	田邊	石菴	203
安治郎	猪飼	敬所	200	曳尾堂	熊阪	台州	160
安重	宮澤	欽齋	113	有恪	土井	聱牙	211
安道	篠崎	三島	34	有美	天沼	恒菴	156
安實	富田	育齋	263	有修	廣津	藍溪	156

有常	宮下	尚絅	66	竹老	臼田	竹老	142
有終	齋藤	拙堂	64	竹厓	石川	竹厓	199
有莘	姥柳	有莘	154	竹門	吉田	篁墩	222
有斐	金子	鶴村	198	竹風	後藤	芝山	26
有斐齋	皆川	淇園	187	竹軒	若林	竹軒	81
有鄰	加藤	櫻老	73	竹堤隱逸	山本	北山	223
有齋	古屋	有齋	274	竹窗	久保木	竹窗	41
次右衛門	山本	樂艾	253	竹園	山本	迂齋	124
次郎	米谷	金城	193	竹塢	岡島	竹塢	84
次郎八	熊澤	蕃山	88	竹塢	肥田野	竹塢	239
次郎八	下鄉	樂山	155	竹溪	三浦	竹溪	146
次郎又衛門	小宮山	桂軒	19	竹溪	元田	竹溪	71
次郎太夫	諸葛	歸春	272	竹瑞	大野	竹瑞	267
次郎太夫	諸葛	琴臺	271	竹墩	人見	懋齋	8
次郎左衛門	藤田	幽谷	194	竹牖	林	鵝峯	6
次郎左衛門	遊佐	木齋	105	竹醉	春日	白水	98
次郎兵衞	岡崎	槐陰	196	竹隱	龍	草廬	183
汝玉	室	鳩巢	18	竹廬	樋口	東里	137
江村	石合	江村	67	缶卿	菊地	大瓠	65
江東	清水	江東	157	羽嶽	根本	羽嶽	215
江南	箕浦	立齋	115	老吾軒	佐藤	一齋	58
百一翁	目目澤	鉅鹿	172	老迂齋	山本	青城	136
百千堂	關屋	致鶴	265	老雨	雨森	精齋	73
百川	桃	白鹿	30	老泉	松澤	老泉	285
百川學海	下鄉	樂山	155	老圃堂	那波	木菴	7
百太郎	坂井	虎山	53	老鄉	海保	漁村	245
百平	元田	竹溪	71	老餐生	久野	鳳洲	148
百年	溪	百年	42	老鶯	雨森	精齋	73
百鍊	谷	太湖	80	考亭	豐島	豐洲	224
竹山	中井	竹山	32	考槃翁	井上	金峨	219
竹外	杉山	竹外	69	考槃窩	大塚	觀瀾	118

自明軒	林	良齋	91	伯友	神	晉齋	266
自牧	山本	迂齋	124	伯民	會澤	正志齋	206
自直	狩谷	棭齋	198	伯成	金子	霜山	122
自焀	小澤	精菴	279	伯耳	富田	王屋	271
至剛	岡本	稚川	184	伯耳	五味	釜川	146
至德	鈴木	石橋	36	伯孝	藤川	三溪	175
艮軒	諸葛	歸春	272	伯邦	市野	迷菴	286
艮齋	安積	艮齋	61	伯和	岡井	赤城	32
行	龜谷	省軒	216	伯修	菊地	南陽	242
行三	和氣	柳齋	232	伯修	根本	武夷	148
行方	蒲坂	青莊	169	伯倫	元田	竹溪	71
行甫	大地	東川	21	伯恭	皆川	淇園	187
行義	鈴木	龍洞	255	伯時	立原	東里	192
行簡	小畑	詩山	266	伯耆	伊藤	宜堂	236
行藏	龜谷	省軒	216	伯耕	良野	華陰	219
行藏	和氣	柳齋	232	伯惠	佐和	莘齋	139
行藏	村士	玉水	109	伯華	江上	苓洲	167
衣笠山人	福井	敬齋	114	伯陽	仁井田	南陽	140
西山	佐藤	西山	207	伯慎	三野	象麓	171
西月	山口	剛齋	30	伯敬	川合	梅所	174
西村	富田	育齋	263	伯敬	加藤	櫻老	73
西岳	小林	西岳	153	伯經	村田	箕山	121
西河	桃	西河	34	伯達	小河	立所	128
西峯散人	松下	見林	11	伯圖	富田	日岳	161
西軒	加倉井	砂山	232	伯壽	坂本	天山	160
西崎	帆足	萬里	55	伯綱	中根	鳳河	158
西涯	近藤	西涯	32	伯輔	神林	復所	70
西疇	萩原	西疇	214	伯履	山木	眉山	45
				伯德	伴	東山	139
七劃				伯毅	土屋	鳳洲	175
伯大	劉	琴溪	168	伯毅	中井	蕉園	31

伯潛	河野	恕齋	181	助太郎	摩島	松南	46
伯養	二山	時習堂	12	助右衛門	熊澤	蕃山	88
伯彝	辛島	鹽井	45	君山	松平	君山	182
伯龜	小宮山	南梁	213	君山	小永井	小舟	75
伯繼	熊澤	蕃山	88	君山	深澤	君山	282
伯蘭	櫻井	石門	201	君平	桃	翠菴	67
伯鷹	中山	城山	170	君玉	龍	草廬	183
似月堂	米谷	金城	193	君成	藤澤	南岳	175
似雲亭	內田	周齋	252	君孚	東	恒軒	195
佐太郎	山鹿	素行	100	君孝	澤田	鹿鳴	109
佐左衛門	蟹	養齋	109	君岳	松下	烏石	153
佐仲	泉	達齋	238	君明	太田	熊山	243
佐治	堀	左山	171	君明	高成田	琴臺	277
佐哲	小林	西岳	153	君秉	園田	一齋	54
何求	橫田	何求	10	君秉	高階	暘谷	149
佛塢	石井	繩齋	229	君長	關	松窗	222
佛樹齋	龜田	綾瀨	232	君則	森	蘭澤	152
佛巖	三浦	佛巖	97	君則	鈴木	順亭	231
作次郎	沖	薊齋	60	君盈	岡松	甕谷	78
克	小倉	三省	2	君美	新井	白石	15
克	關	蕉川	57	君美	谷田部	漪齋	188
克成	田村	克成	126	君風	湯川	麑洞	67
克明	高橋	道齋	221	君修	松崎	觀海	150
兵太郎	仁井田	南陽	140	君倫	池田	冠山	43
兵助	佐藤	麟趾	119	君卿	末包	金陵	254
兵部	村田	庫山	139	君恕	梅津	白巖	271
兵衛	石垣	柯山	241	君恭	雨森	精齋	73
利貞	高橋	白山	214	君栗	下鄉	樂山	155
助三郎	菊地	高洲	162	君烈	生駒	柳亭	24
助大夫	竹田	春菴	19	君章	井上	峨山	42
助之進	安東	仕學齋	131	君測	諸葛	琴臺	271

君華	石川	鴻齋	242	孝思	志賀	節菴	140
君量	原	修齋	237	孝卿	那波	魯堂	28
君敬	中島	黃山	274	孝經樓主人	山本	北山	223
君敬	平井	澹所	226	孝綽	津阪	東陽	193
君節	久保	筑水	197	孝肇	尾藤	二洲	35
君義	桃	西河	34	孝德	澁井	太室	27
君義	入江	東阿	270	孝彝	野田	石陽	169
君裕	津阪	東陽	193	孝衡	川合	春川	193
君達	關藤	藤陰	68	尾田玄古	馬場	信武	285
君毅	宮下	尚絅	66	厄園	恩田	蕙樓	190
君潤	川田	琴卿	90	希文	田邊	晉齋	108
君潤	河原	橘枝堂	257	希文	猪飼	敬所	200
君彝	片山	恒齋	52	希南	江村	復所	18
君彝	山井	崑崙	144	希孫	松崎	慊堂	199
君錦	清田	儋叟	27	希真	古屋	蜂城	121
君錫	江村	北海	27	希翊	榊原	篁洲	218
君龍	水谷	雄琴	286	希賢	留守	希齋	108
君績	村瀨	栲亭	191	希賢	三輪	執齋	89
君韜	諸葛	歸春	272	希樸	高瀨	學山	20
吞海子	皆川	淇園	187	希齋	留守	希齋	108
吞海翁	東條	琴臺	247	希齋	安積	希齋	270
含章堂	谷川	龍山	118	希顏	內藤	閑齋	89
吳竹翁	龍	草廬	183	廷錫	小田	南畡	45
困齋	手塚	坦齋	119	弄叟	田中	弄叟	263
均	井田	澹泊	234	忍亭	小宮山	桂軒	19
壯吉	若山	勿堂	65	志尹	尾藤	二洲	35
壯潮	鷹羽	雲淙	64	志季	奧田	尚齋	33
孚尹	林	蓀坡	45	快安	中江	岷山	129
孚齋	大塚	退野	20	戒得居士	岡本	況齋	209
孜孜齋	西島	蘭溪	55	扶善	黑田	梁洲	204
孝成	河田	東岡	135	扶搖子	毛利	壺邱	154

把茅亭	人見	卜幽軒	4	良行	山村	勉齋	80
抑樓	中井	碩果	47	良佐	尾藤	二洲	35
杉齋	岡田	新川	185	良佐	西島	蘭溪	55
求之	萩野	鳩谷	165	良佐	櫻田	簡齋	123
求古樓	狩谷	棭齋	198	良助	村瀨	櫟園	158
求馬	林	良齋	91	良卓	小畑	詩山	266
求馬	藤川	三溪	175	良能	三浦	竹溪	146
求馬	廣瀨	淡窗	233	良猷	松村	九山	264
求馬	溝口	幽軒	152	良資	莊田	恬逸	14
沙蟲	古賀	茶溪	73	良熙	川田	喬遷	275
狂念居士	龜井	南溟	164	良輔	佐佐木	琴臺	159
狂菴	山木	眉山	45	良齋	林	良齋	91
狂齋	原	狂齋	220	見	井部	健齋	77
甫作	藤澤	東畡	173	見山	安積	艮齋	61
甫助	櫻田	簡齋	123	見林	松下	見林	11
甫良	山本	樂艾	253	谷神	長井	松堂	211
秀三	岡田	煌亭	229	貝陵	高松	貝陵	286
秀之助	赤井	東海	62	赤水	長久保	赤水	29
秀太郎	土肥	鹿鳴	251	赤城	岡井	赤城	32
秀成	高岡	養拙	251	赤城	井田	赤城	253
秀明	松下	見林	11	赤城翁	荻生	徂徠	143
秀直	林	潛齋	116	赤草	赤松	太庚	149
秀祐	河又	浩齋	259	身之	堀	南湖	21
秀野	河野	鐵兜	235	車圍	藤野	木槿	99
秀雲	松平	君山	182	辛夷塢	林	鵝峯	6
秀順	金	岳陽	224	辰	松下	烏石	153
秀實	金	岳陽	224	辰	岡松	甕谷	78
育齋	富田	育齋	263	辰右衛門	皆川	梅翁	247
良	木村	大讓	254	辰吾	岡松	甕谷	78
良平	石井	擇所	48	迂叔	箕浦	立齋	115
良平	赤松	滄洲	186	迂恠子	東	澤瀉	96

迂齋	稲葉	迂齋	107	叔友	野田	石陽	169
迂齋	山本	迂齋	124	叔先	秋山	白賁堂	123
邦	熊阪	台州	160	叔同	茅原	虛齋	265
邦	三宅	橘園	191	叔明	平賀	中南	155
邦光	田結莊	千里	97	叔飛	園山	酉山	38
邦典	堀	左山	171	叔紘	林	述齋	47
邦彥	松井	蝸菴	276	叔豹	村松	蘆溪	154
邦彥	岡田	南涯	198	叔清	鈴木	離屋	282
邦彥	柴野	栗山	33	叔通	藤咲	僊潭	23
邦美	梁田	蛻巖	22	叔復	大田	晴軒	246
酉山	園山	酉山	38	叔華	小龜	勤齋	285
里吉	帆足	萬里	55	叔瑟	片山	兼山	181
				叔道	川崎	也魯齋	68
八劃				叔達	荻生	北溪	145
享	石原	桂園	268	叔儀	岡野	石城	169
佩弦園	井上	四明	37	叔貌	冢田	大峯	197
佩菊堂主人	伏原	宣條	183	周	藤澤	子山	158
來禽堂	澤田	東江	221	周之	加古川	遜齋	138
侈堂	久保	侈堂	212	周夫	菊地	高洲	162
侗菴	安東	侗菴	11	周次郎	奧宮	慥齋	95
侗菴	古賀	侗菴	51	周行	西依	成齋	112
侗齋	小出	侗齋	106	周助	根本	羽嶽	215
兔毛	伴	東山	139	周軒	佐藤	周軒	19
兩村	伊藤	兩村	60	周雪	服部	南郭	146
其居曰積翠樓	南宮	大湫	180	周道	大橋	訥菴	63
典太	倉石	個窩	68	周道	西島	城山	71
典膳	久田	湖山	258	周道	平住	專菴	267
冽菴	五井	蘭洲	24	周輔	林	蓀坡	45
函山	小林	函山	259	周輔	櫻田	虎門	120
卷藏	大鄉	學橋	72	周磐	井土	學圃	62
叔子	山梨	稻川	168	周齋	內田	周齋	252

周藏	加古川	遜齋	138
和	石原	東隄	268
和	恒遠	醒窗	234
和	中村	栗園	72
和	藤井	松年	81
和七郎	東條	一堂	203
和七郎	藤井	松年	81
和介	關藤	藤陰	68
和同	小林	函山	259
和甫	服部	大方	265
和泉屋庄次郎	松澤	老泉	285
和卿	井上	鶴洲	127
和槌	葛井	文哉	53
和藏	中村	栗園	72
固	秋山	白賁堂	123
固	增島	蘭園	46
固菴	伊藤	固菴	13
坤齋	西島	蘭溪	55
坦	佐藤	一齋	58
坦	吉田	篁墩	222
坦齋	手塚	坦齋	119
坦藏	吉田	篁墩	222
坪井屋太吉	木村	巽齋	31
奇	宮崎	筠圃	133
孟光	井上	蘆洲	127
孟厚	岩垣	龍溪	189
孟津	桃	西河	34
孟紘	澤邊	北溟	202
孟荀	菅	新菴	257
孟鞏	增島	蘭園	46
季明	大高坂	芝山	13
季剛	落合	東堤	120
季廉	藤井	懶齋	102
季群	井狩	雪溪	249
季德	田邊	石菴	203
季碻	關	湘雲	82
季曄	古賀	侗菴	51
孤山	中島	浮山	129
孤山	藪	孤山	30
孤琴獨調齋	宮內	鹿川	98
孤雲	平野	深淵	22
宗之助	大橋	白鶴	172
宗允	和田	靜觀窩	5
宗右衛門	日尾	荊山	234
宗四郎	奧田	三角	134
宗左衛門	友石	慈亭	58
宗永	並河	誠所	130
宗仲	川田	喬遷	275
宗光	陸奧	福堂	213
宗助	岩崎	守齋	104
宗吾	兒玉	南柯	41
宗叔	加藤	圓齋	217
宗直	鶴岡	精齋	124
宗珉	江村	剛齋	4
宗海	皆川	梅翁	247
宗真	雨森	牛南	225
宗章	村士	玉水	109
宗博	加藤	九皋	262
宗焞	矢島	伊濱	52
宗養	松田	拙齋	250
官藏	谷田部	漪齋	188
定	茅原	虛齋	265

定七郎	井田	赤城	253	延年	青山	雷巖	215
定之丞	梅津	白巖	271	延陵	佐藤	延陵	99
定允	鷹見	星皐	189	延雪	加藤	章菴	126
定右衛門	小田	穀山	187	徂徠	荻生	徂徠	143
定直	竹田	春菴	19	忠	高木	松居	71
定政	秋山	玉山	24	忠	林	羅山	2
定常	池田	冠山	43	忠	梁田	毅齋	249
宛在水中央漁者	圓山	溟北	239	忠介	岡崎	槐陰	196
宜	多湖	松江	25	忠太	小島	省齋	212
宜生	岡田	新川	185	忠夫	香川	南濱	155
宜客	園田	一齋	54	忠右衛門	河野	恕齋	181
宜堂	伊藤	宜堂	236	忠市郎	小野	鶴山	108
宜愛	鈴木	松江	262	忠次郎	奧宮	慥齋	95
宜齋	伊藤	龍洲	21	忠次郎	高木	松居	71
尚	中島	石浦	85	忠兵衛	高瀨	學山	20
尚古道人	和氣	柳齋	232	忠兵衛	三宅 鞏革齋		5
尚永	並河	誠所	130	忠助	中村	忠亭	29
尚綱	宮下	尚綱	66	忠甫	岡島	竹塢	84
尚達	岡	澹齋	263	忠岱	伊藤	鹿里	244
尚齋	奧田	尚齋	33	忠亭	中村	忠亭	29
尚齋	三宅	尚齋	106	忠圉	入江	南溟	148
居敬	小畑	詩山	266	忠貞	蒔田	鳳齋	273
岳	小永井	小舟	75	忠常	梅津	白巖	271
岳	南宮	大湫	180	忠陳	細野	要齋	123
岳陽樓	金	岳陽	224	忠敦	高瀨	學山	20
岷山	中江	岷山	129	忠獻	藤川	三溪	175
幸八	入江	南溟	148	忠德	桃	西河	34
幸次郎	中山	菁莪	115	忠濟	谷田部	漪齋	188
幸輔	關	一樂	16	忠藏	駒井	白水	156
庚金	大野	竹瑞	267	忠藏	川合	元	275
延于	青山	拙齋	199	忠藏	伊藤	東所	136

忠藏	伊良子	大洲	139	明卿	岡	三慶	87
忠藏	高階	暘谷	149	明敏	岡島	冠山	15
房父	平賀	中南	155	明善	石河	明善	207
承	萩原	綠野	202	明復	松崎	慊堂	199
承天	大橋	訥菴	63	明復	松崎	慊堂	199
承弼	篠崎	小竹	54	明經典閣	清水	江東	157
抱甕	肥田野	竹塢	239	明誠	石王	塞軒	110
抽齋	澀江	抽齋	204	明遠	中村	蘭林	22
抽顚	皆川	梅翁	247	明霞	宇野	明霞	179
拙古	奧田	尚齋	33	明觀	富田	育齋	263
拙拙翁	林	鳳岡	17	易張	中村	梅塢	86
拙翁	齋藤	拙堂	64	易蘇堂	高松	貝陵	286
拙堂	齋藤	拙堂	64	昔陽	古屋	昔陽	187
拙誠堂	岡本	況齋	209	東山	千早	東山	280
拙齋	青山	拙齋	199	東山	宇野	東山	164
拙齋	松田	拙齋	250	東山	佐藤	延陵	99
拙齋	大塚	觀瀾	118	東山	藤堂	東山	135
拙藏	武井	用拙	85	東山	伴	東山	139
於陵子	山梨	稻川	168	東川	大地	東川	21
昆陽山人	山梨	稻川	168	東之進	古市	南軒	270
昇天真人	近藤	正齋	229	東平	山梨	稻川	168
昌三	松永	尺五	3	東吉	小松	愚山	280
昌三郎	松永	尺五	3	東江	澤田	東江	221
昌玄	小宮山	南梁	213	東谷	市野	東谷	147
昌言	大地	東川	21	東谷	太田代	東谷	241
昌易	松永	寸雲	6	東里	曾我部	容所	182
昌嶠	小宮山	桂軒	19	東里	樋口	東里	137
昌藏	多湖	松江	25	東里	佐久間	熊水	165
昌藏	藤澤	東畡	173	東里	立原	東里	192
明	角田	青溪	183	東岡	河田	東岡	135
明明窗	龍	草廬	183	東岳	原田	東岳	134

東所	伊藤	東所	136	松江	鈴木	松江	262
東門	竹內	東門	36	松江	福島	松江	150
東阿	入江	東阿	270	松居	高木	松居	71
東亭	櫻井	東亭	136	松岡	豐田	天功	206
東郊	高原	東郊	173	松南	摩島	松南	46
東海	井川	東海	252	松洲	原	松洲	278
東海	小篠	東海	177	松徑	土井	聲牙	211
東海	赤井	東海	62	松軒	後藤	松軒	14
東海陳人	松下	烏石	153	松堂	澀谷	松堂	221
東海紫府道人	座光寺	南屏	166	松堂	長井	松堂	211
東涯	伊藤	東涯	130	松堂	千葉	松堂	98
東畡	藤澤	東畡	173	松陰	吉田	松陰	91
東皐	元田	東野	77	松雪洞	玉乃	九華	54
東造	片山	兼山	181	松窗	名倉	松窗	79
東郭	菅沼	東郭	147	松窗	關	松窗	222
東郭	森	東郭	29	松窗	犬飼	松窗	240
東野	元田	東野	77	松菊	龍	草廬	183
東堤	落合	東堤	120	松菴	高瀨	學山	20
東嵎	渡	東嵎	239	松溪	鈴木	順亭	231
東陽	津阪	東陽	193	松蔭	雨森	牛南	225
東隄	石原	東隄	268	松澤金三郎	蒲坂	青莊	169
東溟	蟹	養齋	109	松隱	仁井田	南陽	140
東嶠	米良	東嶠	66	林之助	八木	中谷	283
東牖子	田宮	橘菴	251	林宗	柿岡	林宗	36
東齋	佐藤	東齋	256	林菴	吉田	篁墩	222
東關	中島	東關	228	林塘菴	人見	卜幽軒	4
松下亭	金澤	松下亭	258	欣賞齋	會澤	正志齋	206
松右衛門	永井	星渚	166	武一郎	千早	東山	280
松石	澀江	松石	35	武三	野本	白巖	57
松年	藤井	松年	81	武夷	根本	武夷	148
松江	多湖	松江	25	武明	飛田	逸民	205

武卿	下田	芳澤	225	直彝	箕浦	立齋	115
武矩	菊地	高洲	162	直興	鍋島	直興	269
武清	大原	武清	83	直藏	平井	澹所	226
武慎	菊地	南陽	242	知白	飛田	春山	122
治平	雲川	春菴	125	知言	安原	方齋	30
治平	小出	侗齋	106	知足	小島	成齋	205
治憲	山梨	稻川	168	知絃	澤邊	北溟	202
況齋	岡本	況齋	209	知雄	辛島	鹽井	45
泊園	藤澤	東畡	173	空水	鈴木	養齋	119
波山	芳川	波山	230	空石	龜井	昭陽	170
爬脊子	林	鵝峯	6	肩蘇	堀江	惺齋	49
牧山	佐藤	牧山	76	臥虎	坂井	虎山	53
牧野老人	羽黑	養潛	102	臥遊樓	坂本	天山	160
的	宇都宮	遯菴	12	舍人	馬淵	嵐山	170
直	川目	直	177	芙蓉	城戶	月菴	159
直	原田	東岳	134	芙蕖館	服部	南郭	146
直二	鈴木	養齋	119	芝山	後藤	芝山	26
直方	佐藤	直方	103	芝山	大高坂	芝山	13
直右衛門	牧野	默菴	52	芝山	齋藤	芝山	163
直右衛門	石川	大椿	260	芝山外史	石川	鴻齋	242
直右衛門	青木	雲岫	249	芝場菴	石原	桂園	268
直民	林	鳳岡	17	芝蒲	安部井	帽山	49
直至	赤井	東海	62	花之屋	龜谷	省軒	216
直武	生駒	柳亭	24	花祭	原	花祭	25
直卿	牧野	默菴	52	芳所	淺岡	芳所	85
直清	室	鳩巢	18	芳林園	古市	南軒	270
直準	三國	幽眠	78	芳孫	高松	貝陵	286
直道	寺本	直道	34	芳澤	下田	芳澤	225
直範	溝口	浩軒	113	芸之	良野	華陰	219
直養	落合	東堤	120	虎	冢田	大峯	197
直養	溝口	浩軒	113	虎	淺岡	芳所	208

虎三郎	淺岡	芳所	208	長堅	伊藤	蘭嵎	134
虎山	坂井	虎山	53	長崎屋新兵衛	山崎	北峯	283
虎之助	山本	迂齋	124	長興	龜田	鵬齋	227
虎門	櫻田	虎門	120	長孺	箕浦	靖山	159
近齋	山口	菅山	121	長藏	中島	黃山	274
金七	鈴木	貞齋	106	門太夫	早崎	巖川	74
金之丞	增島	蘭園	46	門彌	柏木	如亭	38
金兵衛	八木	中谷	283	門藏	中島	東關	228
金谷	石川	金谷	180	阜谷	岡田	阜谷	261
金谷	荻生	金谷	151	雨隱	雨森	精齋	73
金城	黑田	金城	44	青城	山本	青城	136
金城	米谷	金城	193	青柯	秋山	玉山	24
金峨	井上	金峨	219	青莊	蒲坂	青莊	169
金栗	松下	烏石	153	青陵	海保	青陵	166
金陵	末包	金陵	254	青溪	角田	青溪	183
金藏	伊東	藍田	163	青溪	廣瀨	淡窗	233
長左衛門	篠崎	小竹	54	青蘿館	澤田	東江	221
長弘	摩島	松南	46				
長吉	山崎	闇齋	101	**九劃**			
長兵衛	篠崎	三島	34	亮	豐田	天功	206
長孝	乾	長孝	270	亮	並河	天民	128
長秀	井田	龜學	286	亮	澁谷	松堂	221
長命	喜多村	間雲	16	亮卿	岩垣	龍溪	189
長門介	岩垣	龍溪	189	俊仍	松宮	觀山	250
長保	龜田	鶯谷	237	俊助	石井	繩齋	229
長南	茅原	虛齋	265	俊明	久野	鳳洲	148
長胤	伊藤	東涯	130	俊卿	樋口	東里	137
長卿	佐佐木	琴臺	159	俊卿	市野	迷菴	286
長孫	西島	蘭溪	55	俊卿	鈴木	大凡	272
長恭	松田	拙齋	250	俊益	橫田	何求	10
長恭	井川	東海	252	俊豈	坂本	天山	160

俊逸	芳川	波山	230	俞		平　俞	254
俊輔	橫溝	藿里	44	冠山	池田	冠山	43
俊藏	伊藤	宜堂	236	冠山	岡島	冠山	15
俊藏	櫻井	東亭	136	冠山	小笠原	冠山	226
保	長井	松堂	211	則	片山	鳳翎	162
保	太田	熊山	243	前里	岡田	寒泉	115
保次郎	龜田	鶯谷	237	勃窣散人	榊原	篁洲	218
保孝	岡本	況齋	209	勇	小松	愚山	280
保叔	入江	東阿	270	勇	青山	雷巖	215
保惠	矢部	騰谷	287	勇三郎	園山	酉山	38
保精菴	大野	竹瑞	267	勇之助	青山	雷巖	215
信	阿野	蒼崖	39	勉齋	山村	勉齋	80
信之	鵜飼	石齋	4	勉廬	金子	霜山	122
信天翁	龜井	南溟	164	南山	奧田	三角	134
信夫	岡島	竹塢	84	南山	荒井	鳴門	55
信吉	那波	活所	1	南公	深澤	君山	282
信好	岡崎	廬門	182	南丘	富田	育齋	263
信成	小川	泰山	219	南史	原	松洲	278
信有	山本	北山	223	南吳子	中井	蕉園	31
信行	佐藤	一齋	58	南里	巖村	南里	48
信孝	山本	素堂	242	南坡	大菅	南坡	137
信武	馬場	信武	285	南岡	志賀	節菴	140
信卿	宇井	默齋	110	南岳	藤澤	南岳	175
信耕	東條	琴臺	247	南城	藍澤	南城	204
信敏	萩野	鳩谷	165	南屏	座光寺	南屏	166
信勝	林	羅山	2	南柯	兒玉	南柯	41
信敦	名倉	松窗	79	南軒	古市	南軒	270
信義	山本	復齋	104	南梁	小宮山	南梁	213
信輔	梁田	毅齋	249	南涯	岡田	南涯	198
信篤	林	鳳岡	17	南涯	早崎	巖川	74
信藏	田中	適所	263	南畡	小田	南畡	45

南郭	服部	南郭	146	幽軒	溝口	幽軒	152
南湖	堀	南湖	21	度	秦	新村	120
南陽	仁井田	南陽	140	建	廣瀨	淡窗	233
南陽	菊地	南陽	242	彥七	佐藤	直方	103
南陽	山本	南陽	255	彥二郎	龍	草廬	183
南濱	宮澤	欽齋	113	彥八郎	久野	鳳洲	148
南濱	入江	南濱	148	彥三郎	井狩	雪溪	249
南濱	龜井	南濱	164	彥右衛門	真勢	中洲	116
南臺	井上	南臺	222	彥右衛門	森	東郭	29
南墩	林	鵝峯	6	彥左衛門	富田	春郭	167
南樑	長	梅外	238	彥左衛門	岡田	新川	185
南摠	林	鵝峯	6	彥左衛門	尾形	洞簫	32
南嶺	岡田	煌亭	229	彥次郎	豐田	天功	206
南嶽	岡田	煌亭	229	彥助	岡田	煌亭	229
南濱	河野	恕齋	181	彥明	岩垣	龍溪	189
南濱	香川	南濱	155	彥章	芥川	丹丘	90
南豐	篠崎	小竹	54	彥博	猪飼	敬所	200
南豐	毛利	壺邱	154	彥輔	柴野	栗山	33
厚	陳	錢塘	176	彥輔	岡田	煌亭	229
厚之丞	重野	成齋	81	彥遠	久野	鳳洲	148
咸一	中村	嘉田	42	彥纘	猪飼	箕山	210
垂加	山崎	闇齋	101	後素	大鹽	中齋	90
垤藏	小林	函山	259	思之	小島	省齋	212
城山	西島	城山	71	思堂	井川	東海	252
城山	中山	城山	170	思順	安積	艮齋	61
威如齋	三宅	橘園	191	思誠	渡邊	豫齋	122
宣卿	山中	天水	220	恆	藤澤	南岳	175
宣條	伏原	宣條	183	恒	橫溝	藿里	44
屏淑	河田	迪齋	60	恒久	中島	石浦	85
幽谷	藤田	幽谷	194	恒夫	村上	聽雨	253
幽眠	三國	幽眠	78	恒吉	仁井田	南陽	140

恒宇	林	鵝峯	6	春菴	竹田	春菴	19
恒卿	平元	謹齋	236	春鄉	杉山	竹外	69
恒軒	東	恒軒	195	春農	海保	漁村	245
恒菴	天沼	恒菴	156	春臺	太宰	春臺	144
恒德	太田代	東谷	241	春龍	莊田	恬逸	14
恒齋	片山	恒齋	52	春齋	林	鵝峯	6
恒藏	會澤	正志齋	206	春齡	江馬	蘭齋	265
恬逸	莊田	恬逸	14	昭陽	龜井	昭陽	170
括囊	留守	希齋	108	昱	龜井	昭陽	170
拯	若山	勿堂	65	昱太郎	龜井	昭陽	170
政八郎	中村	滄浪亭	168	昶	柏木	如亭	38
政之助	渡邊	荒陽	282	昶	高安	蘆屋	258
政方	喜多村	間雲	16	柏山人	柏木	如亭	38
政義	小倉	三省	2	柔齋	貝原	益軒	13
政舉	鎌田	梁洲	141	柯山	石垣	柯山	241
斫山樵人	三宅	鞏革齋	5	柳谷	西島	柳谷	167
星皐	鷹見	星皐	189	柳泓	鎌田	柳泓	38
春三	千手	旭山	122	柳亭	生駒	柳亭	24
春山	飛田	春山	122	柳塘閑人	井上	金峨	219
春川	川合	春川	193	柳樊	松井	蝸菴	276
春民	高安	蘆屋	258	柳齋	和氣	柳齋	232
春光	古市	南軒	270	柿園	高垣	柿園	279
春江	平塚	春江	240	毖齋	大地	東川	21
春流	清水	春流	84	泉	山崎	子列	18
春秋館	松永	尺五	3	泉	佐佐	泉翁	238
春風洞	加藤	九皐	262	泉右衛門	佐佐	泉翁	238
春常	林	鳳岡	17	泉石	三宅	石菴	16
春郭	富田	春郭	167	泉翁	佐佐	泉翁	238
春勝	林	鵝峯	6	洞雲	山本	洞雲	83
春琢	江馬	蘭齋	265	洞齋	豐島	洞齋	125
春菴	雲川	春菴	125	洞簫	尾形	洞簫	32

活水	熊谷	活水	2	秋水	池守	秋水	230
活所	那波	活所	1	秋陽	吉村	秋陽	93
活潑童子	黑澤	節窩	20	紀之	海保	漁村	245
流水	早野	橘隧	196	約山	尾藤	二洲	35
炳文	淺岡	芳所	208	美也吉	皆川	梅翁	247
為八	矢部	騰谷	287	美成	山崎	北峯	283
為八郎	矢部	騰谷	287	美卿	溝口	幽軒	152
為之助	中村	栗園	63	美啟	上柳	四明	28
為太郎	藤川	冬齋	66	美穗	八木	中谷	283
為耕	東條	琴臺	247	胡蝶洞	林	羅山	2
為祥	座光寺	南屏	166	胤國	石塚	確齋	37
為藏	細野	要齋	123	致鶴	關屋	致鶴	265
玻璃藏	殿岡	北海	284	苓洲	江上	苓洲	167
甚十郎	高成田	琴臺	277	苓陽	廣瀨	淡窗	233
甚三郎	細井	平洲	186	苗賓	松井	羅洲	117
甚之助	石垣	柯山	241	苞	山崎	如山	281
甚五左衛門	山鹿	素行	100	苞卿	曾我部	容所	182
甚五郎	松井	羅洲	117	苞樓	龜井	南溟	164
甚五郎	立原	東里	192	苟美	富田	春郭	167
界浦	河野	界浦	254	若水	隨朝	若水	201
畏堂	篠崎	小竹	54	英	石川	鴻齋	242
盈進齋	中村	蘭林	22	英二	佐久間	熊水	165
省	廣津	藍溪	156	英助	萩原	樂亭	195
省治	堀	友直	72	英助	萩原	大麓	189
省軒	龜谷	省軒	216	英助	萩原	西疇	214
省菴	安東	省菴	9	苗	櫻井	石門	201
省齋	小島	省齋	212	茂七郎	小河	立所	128
省齋	河鰭	省齋	75	茂二郎	藪	孤山	30
眉山	山木	眉山	45	茂功	桃	白鹿	30
砂山	加倉井	砂山	232	茂左衛門	福島	松江	150
秋水	山本	秋水	34	茂平	阿野	蒼崖	39

茂平		菅	牛鳴	177	貞藏		五味	釜川	146
茂武		宮下	尚絅	66	軌景		溝口	幽軒	152
茂卿		荻生	徂徠	143	迪		櫻田	簡齋	123
茂弼		德力	龍潤	26	迪齋		河田	迪齋	60
茂實		小河	立所	128	述齋		赤松	太庚	149
茅窗		茅原	虛齋	265	述齋		林	述齋	47
要助		藍澤	南城	204	郁洲		篠崎	三島	34
要齋		細野	要齋	123	重介		吉村	秋陽	93
計		戶崎	淡園	161	重充		鈴木	貞齋	106
貞		石川	金谷	180	重次郎		淺見	絅齋	102
貞		石作	駒石	184	重次郎		名倉	松窗	79
貞		蒋田	鳳齋	273	重行		白井	重行	163
貞一郎		石川	竹厓	199	重固		三宅	尚齋	106
貞一郎		石作	駒石	184	重明		高垣	柿園	279
貞一郎		山口	菅山	121	重明		山口	菅山	121
貞一郎		三島	中洲	97	重信		安積	艮齋	61
貞八		秦	新村	120	重宣		鈴木	大凡	272
貞之進		三野	藻海	157	重昭		山口	菅山	121
貞介		菅間	鷲南	256	重章		山井	清溪	215
貞正		津輕	儼淵	40	重勝		中村	滄浪亭	168
貞吉		猪飼	箕山	210	重巽		黑澤	四如	232
貞吉		村松	蘆溪	154	重節		鎌田	梁洲	141
貞吉		安積	希齋	270	重裕		荻野	斃己齋	126
貞吉		佐藤	延陵	99	重遠		淺井	琳菴	103
貞治		平元	謹齋	236	重德		平元	謹齋	236
貞卿		木村	大讓	254	重德		小林	西岳	153
貞基		脇田	琢所	58	重彝		內海	雲石	273
貞菴		淺井	貞菴	194	重禮		島田	篁村	247
貞幹		尾崎	梁甫	87	重藏		近藤	正齋	229
貞齋		鈴木	貞齋	106	重顯		山脇	道圓	126
貞齋		毛利	貞齋	84	韋菴		岡本	韋菴	80

風卿	黑澤	四如	232	剛齋	江村	剛齋	4
風翁	小島	成齋	205	剛齋	佐藤	直方	103
風詠亭	鈴木	大凡	272	剛齋	山口	剛齋	30
飛卿	原	狂齋	220	卿雲	狩谷	棭齋	198
香	臼田	竹老	142	原	江上	苓洲	167
香山	山本	復齋	104	原	中江	藤樹	88
香山	井部	香山	56	原卿	內海	雲石	273
香之進	毛利	貞齋	84	原藏	伊藤	東涯	130
香卿	平塚	春江	240	原藏	山本	復齋	104
香翁	藤澤	南岳	175	哲	東條	方菴	210
香雪	片山	恒齋	52	哲夫	戶崎	淡園	161
				唐棣園	馬淵	嵐山	170
十劃				奚疑	大地	東川	21
修	川合	梅所	174	奚疑	伊東	奚疑	278
修	入江	東阿	270	孫八	坂本	天山	160
修之	古屋	蜂城	121	孫三郎	清水	春流	84
修夫	奧村	茶山	242	孫太郎	室	鳩巢	18
修文齋	蒲坂	青莊	169	家胤	泉	達齋	238
修平	日根野	鏡水	56	家寬	泉	達齋	238
修真道人	原	狂齋	220	容所	曾我部	容所	182
修理	佐久間	象山	92	峨山	井上	峨山	42
修敬	入江	東阿	270	師古	岡崎	廬門	182
修敬	岩崎	守齋	104	師曾	那波	魯堂	28
修齋	原	修齋	237	師禮	室	鳩巢	18
修齡	關	松窗	222	庫山	村田	庫山	139
倉	米良	東嶠	66	徐干子	林	鳳岡	17
兼山	片山	兼山	181	恕	岡田	寒泉	115
剛	古市	南軒	270	恕	林	鵝峯	6
剛三郎	山口	剛齋	30	恕之	山中	天水	220
剛中	櫻木	闇齋	114	恕公	千早	東山	280
剛翁	山口	剛齋	30	恕齋	河野	恕齋	181

恥軒	貝原	益軒	13	栖雲	松村	九山	264
恥齋	安東	省菴	9	栗	高橋	復齋	44
恭	井川	東海	252	栗山	柴野	栗山	33
恭平	齋藤	鳴滄	78	栗水	並木	栗水	82
息軒	安井	息軒	208	栗園	中村	栗園	72
息遊軒	熊澤	蕃山	88	栗園	中村	栗園	63
悔堂	奧宮	慥齋	95	栗齋	細野	栗齋	125
扇之助	飛田	春山	122	栗齋	小南	栗齋	273
挺之	岡田	新川	185	校尉	喜多村	間雲	16
效	森	蘭澤	152	栲亭	村瀬	栲亭	191
旁花隨柳堂	林	鵝峯	6	格物菴	林	鵝峯	6
時成	平野	深淵	22	桂山	立野	桂山	174
時亮	末包	金陵	254	桂洲	蘆川	桂洲	267
時習堂	渡邊	荒陽	282	桂軒	小宮山	桂軒	19
時習堂	二山	時習堂	12	桂園	石原	桂園	268
時續	柿岡	林宗	36	桃邱	米谷	金城	193
晃	諸葛	歸春	272	桐南	三島	中洲	97
晉	吉村	秋陽	93	桐齋	瀨谷	桐齋	228
晉	瀨谷	桐齋	228	泰一郎	三浦	佛巖	97
晉	氏家	閑存	76	泰山	小川	泰山	219
晉四郎	朝川	同齋	233	泰順	山本	洞雲	83
晉民	平賀	中南	155	泰齋	岡田	寒泉	115
晉用	佐藤	牧山	76	泰藏	太田	熊山	243
晉次郎	田邊	石菴	203	浩軒	溝口	浩軒	113
晉明	橘	壽菴	176	浩翔	黑田	金城	44
晉明	佐藤	牧山	76	浩齋	河又	浩齋	259
晉卿	吉留	復軒	216	浮山	林	羅山	2
晉齋	田邊	晉齋	108	浮山	中島	浮山	129
晉齋	神	晉齋	266	浴	湯川	覽洞	67
晟	木村	梅軒	145	海樓	大塚	觀瀾	118
柴立子	藤原	惺窩	1	烏石	松下	烏石	153

烟波釣叟	南宮	大湫	180	神洲		村瀨	栲亭	191
狷介	刈谷	無隱	82	神通		殿岡	北海	284
珠顆園	桃	翠菴	67	秩		巖村	南里	48
班藏	荒井	鳴門	55	純		太宰	春臺	144
病翁	淺岡	芳所	208	純		田宮	橘菴	251
益太郎	淺井	節軒	63	純一菴		溝口	幽軒	152
益城	松崎	慊堂	199	純卿		海保	漁村	245
益英	小龜	勤齋	285	純卿		井上	金峨	219
益卿	小笠原	冠山	226	純實		山口	剛齋	30
益軒	貝原	益軒	13	純禎		五井	蘭洲	24
眕齋	永井	星渚	166	紙屋半三郎		加藤	章菴	126
真	藤川	冬齋	66	素平		關	蕉川	57
真末	狩谷	棭齋	198	素行	氏家	過擴堂		5
真名部忠菴	藤井	懶齋	102	素行		山鹿	素行	100
真秀	狩谷	棭齋	198	素堂		中野	素堂	228
真城山人	野本	白巖	57	素堂		山本	素堂	242
真卿	恒遠	醒窗	234	耕		石井	繩齋	229
真菴	關	一樂	16	耕夫		井田	澹泊	234
真隱	小畑	詩山	266	耕甫		久田	湖山	258
真齋	高野	真齋	59	耕道		喜多村	間雲	16
眠雲山房	朝川	同齋	233	耕齋		宇野	東山	164
矩方	吉田	松陰	91	耻叟		內藤	碧海	214
矩直	加藤	圓齋	217	耻齋		村田	箕山	121
祐助	安積	艮齋	61	能改齋	穗積	能改齋		132
祐信	谷川	龍山	118	能登		藤川	三溪	175
祐登	新井	白蛾	111	茶山		奧村	茶山	242
祐義	伊藤	鹿里	244	茶陽		元田	東野	77
祐道	伊東	奚疑	278	茶溪		古賀	茶溪	73
祖山	東方	祖山	224	茹堂		伊東	奚疑	278
祇	藍澤	南城	204	荃齋		井部	香山	56
祚景	石井	祚景	239	草菴		池田	草菴	95

草鞋大王	萩野	鳩谷	165
草廬	龍	草廬	183
荊山	日尾	荊山	234
荊山	朝倉	荊山	264
荒陽	渡邊	荒陽	282
荔墩	熊谷	荔齋	8
荔齋	熊谷	荔齋	8
衷	西坂	成菴	62
豹	荒井	鳴門	55
豹	中	清泉	50
豹菴	荒井	鳴門	55
豹藏	原	狂齋	220
豹藏	川合	梅所	174
起雲	水谷	雄琴	286
躬耕廬	三輪	執齋	89
軏	福井	敬齋	114
迷菴	市野	迷菴	286
退翁	犬塚	印南	35
退耕處士	井田	赤城	253
退軒	大橋	白鶴	172
退野	大塚	退野	20
退隱	堀	左山	171
退齋	山內	退齋	14
退藏	留守	希齋	108
退藏	太田	熊山	243
退藏	松崎	慊堂	199
退藏	河鰭	省齋	75
釜川	五味	釜川	146
高文	藤堂	東山	135
高洲	菊地	高洲	162
高祐	山鹿	素行	100
高壽	齋藤	芝山	163
高興	山鹿	素行	100
髙	古屋	昔陽	187
鬼石子	座光寺	南屛	166

十一劃

乾齋	中井	乾齋	248
偉長	小宮山	桂軒	19
健齋	井部	健齋	77
健齋	津輕	儼淵	40
健齋	根本	羽嶽	215
健藏	葛西	因是	39
晃	滿生	大麓	176
勘五郎	黑澤	四如	232
勘右衛門	岡本	況齋	209
勘右衛門	山本	青城	136
勘平	佐藤	周軒	19
勘解由	新井	白石	15
參平	渥美	類長	177
唯助	牧野	默菴	52
唯助	犬塚	印南	35
啟	佐久間	象山	92
啟	上柳	四明	28
啟之助	佐久間	象山	92
啟齋	伊藤	蘭嵎	134
國香園	山本	迂齋	124
國鼎	五味	釜川	146
國鸞	赤松	滄洲	186
執中	久保田	損窗	77
執齋	三輪	執齋	89
培齋	林	檉宇	50

基成	片岡	如圭	86	彩瀾	佐佐木	琴臺	159
堅恕	三宅	誠齋	15	彪	武井	用拙	85
寄寄園主人	昌谷	精溪	58	得一	細野	栗齋	125
寅	米谷	金城	193	得臣	木村	梅軒	145
寅之助	廣瀨	淡窗	233	得得山人	片山	恒齋	52
寅次郎	吉田	松陰	91	得眾	安原	方齋	30
寅亮	藤堂	渫齋	278	得菴	菅	得菴	1
密	松崎	慊堂	199	得菴	片山	恒齋	52
專安	平住	專菴	267	徒義	伴	東山	139
專菴	平住	專菴	267	從	殿岡	北海	284
專藏	古屋	蜂城	121	悉疑翁	山本	北山	223
崇一	東	澤瀉	96	悠	田宮	橘菴	251
崇一郎	東	澤瀉	96	惇成	玉乃	九華	54
崏峽	山崎	如山	281	惕惕子	榊原	篁洲	218
崑崙	山井	崑崙	144	惕齋	中村	惕齋	10
崔高	石塚	確齋	37	惜陰書屋	龜谷	省軒	216
巢松	小谷	巢松	141	惟孝	佐藤	敬菴	249
帶刀	佐佐木	琴臺	159	惟孝	山本	樂所	140
常人	西坂	成菴	62	惟孝	神	晉齋	266
常八郎	小南	栗齋	273	惟命	中江	藤樹	88
常山	湯淺	常山	153	惟春	佐藤	東齋	256
常之進	津阪	東陽	193	惟貞	秦	新村	120
常之進	宮崎	筠圃	133	惟時	松崎	觀海	150
常介	鈴木	離屋	282	惟藩	高木	松居	71
常武	村田	箕山	121	捨藏	佐藤	一齋	58
常矩	最上	鶯谷	287	探春	岩下	探春	26
常梓	龜田	綾瀨	232	敏	古屋	有齋	274
常道	村田	庫山	139	敏	小篠	東海	177
康介	石王	塞軒	110	敏慎	高橋	華陽	226
強齋	若林	強齋	105	教	佐藤	西山	207
彩霞	赤城	彩霞	273	教親	井上	鶴洲	127

晚山	安見	晚山	17	淡路	加倉井	砂山	232
晚晴社	柏木	如亭	38	深淵	平野	深淵	22
晚翠	豐田	天功	206	深藏	中村	蘭林	22
晞顏齋	林	鵝峯	6	淳	宮崎	筠圃	133
脤	鈴木	離屋	282	淳	中島	黃山	274
望	東方	祖山	224	淳之	中村	栗園	63
望之	狩谷	棭齋	198	淳夫	山崎	淳夫	176
望月亭	溝口	幽軒	152	淳風	古賀	精里	37
梁甫	尾崎	梁甫	87	淵	佐和	莘齋	139
梁洲	鎌田	梁洲	141	淵	西岡	天津	246
梁洲	黑田	梁洲	204	淵卿	犬飼	松窗	240
梅外	長	梅外	238	淵藏	關藤	藤陰	68
梅村	林	羅山	2	淵藏	中井	蕉園	31
梅所	川合	梅所	174	混混翁	德力	龍潤	26
梅亭	村松	蘆溪	154	清	吉田	鷲湖	275
梅翁	皆川	梅翁	247	清	瀧	無量	256
梅軒	木村	梅軒	145	清二郎	宮澤	欽齋	113
梅菴	山崎	闇齋	101	清十郎	櫻木	闇齋	114
梅塢	中村	梅塢	86	清介	神林	復所	70
梅塢	五井	蘭洲	24	清介	原	松洲	278
梅隣	平元	梅隣	131	清太郎	松下	葵岡	192
梓山	石原	桂園	268	清太郎	宮內	鹿川	98
毬川姓源氏	高垣	柿園	279	清四郎	橫田	何求	10
淇園	皆川	淇園	187	清左衛門	遊佐	木齋	105
淑明	大橋	白鶴	172	清兵衛	山崎	闇齋	101
淡山	土井	淡山	83	清助	大高坂	芝山	13
淡右衛門	澤邊	北溟	202	清甫	大高坂	芝山	13
淡洲	井上	峨山	42	清泉	中	清泉	50
淡圃	原	修齋	237	清風	秋山	白賁堂	123
淡窗	廣瀨	淡窗	233	清風	高原	東郊	173
淡園	戶崎	淡園	161	清記	武井	用拙	85

清崇	大槻	磐溪	209	網	和田	網	255
清淵	久保木	竹窗	41	網齋	淺見	絅齋	102
清通	河野	界浦	254	習	細川	十洲	281
清準	大槻	平泉	53	習齋	堀	南湖	21
清溪	山本	清溪	192	習齋	中村	習齋	113
清溪	山井	清溪	215	莊二郎	高安	蘆屋	258
清齋	湯川	麑洞	67	莊內	鈴木	養齋	119
清藏	宮田	五溪	272	莊內	鈴木	養察	110
渚星	永井	星渚	166	莊右衛門	陶山	鈍翁	17
犁	久田	湖山	258	莊右衛門	荻野	斃己齋	126
斑美	小澤	精菴	279	莊司	伊藤	龍洲	21
球	山田	方谷	94	莊左衛門	加藤	圓齋	217
理	野本	白巖	57	莊左衛門	久保	筑水	197
理一	原	修齋	237	莊次郎	高安	蘆屋	258
理助	片山	恒齋	52	莊治郎	高安	蘆屋	258
理助	田中	止邱	7	莊廬	渡邊	樵山	207
皐鶴	海保	青陵	166	莓苔園	下鄉	樂山	155
皐鶴	藤川	冬齋	66	莖	倉成	龍渚	137
盛	桃	白鹿	30	莘齋	佐和	莘齋	139
盛貞	皆川	梅翁	247	莫知其齋	昌谷	精溪	58
盛歆	平塚	春江	240	處平	西島	柳谷	167
盛履	中山	菁莪	115	處叔	中井	履軒	190
章	田中	鳴門	28	訥所	中島	浮山	129
章之助	海保	漁村	245	訥所	吉田	訥所	260
章夫	山本	溪愚	141	訥菴	大橋	訥菴	63
章卿	石山	瀛洲	264	訥菴	陶山	鈍翁	17
章卿	安部井	帽山	49	訥齋	水野	陸沈	278
章菴	加藤	章菴	126	貫雅	土肥	鹿鳴	251
第八郎	高垣	柿園	279	赧然居士	櫻田	簡齋	123
笇齋	皆川	淇園	187	通明	根本	羽嶽	215
終吉	豐島	豐洲	224	通亮	岩下	探春	26

通經	稻葉	迂齋	107	勝	飛田	逸民	205
通熙	井上	蘭臺	218	勝之	關	蕉川	57
通德	田中	謙齋	217	勝太郎	飛田	逸民	205
速叟	遲塚	速叟	275	勝任	早崎	巖川	74
連（漣）窩	河野	界浦	254	勝安	芳賀	篁墩	274
釣盧子	清水	春流	84	勝明	岸	勝明	277
釣濱	舟生	釣濱	257	勝明	瀨谷	桐齋	228
陳	隨朝	若水	201	勝信	梁田	毅齋	249
陳樓主人	東	澤瀉	96	勝信	築田	元叔	127
陳藏	鈴木	文臺	235	勝鳴	秋山	白賁堂	123
陸介	澤邊	北溟	202	勝德	梁田	毅齋	249
陸沈	水野	陸沈	278	勝藏	山崎	子列	18
雪泥	石川	鴻齋	242	勝藏	小野	鶴山	108
雪翁	中井	竹山	32	勝藏	藤井	懶齋	102
雪堂	石塚	確齋	37	博	犬飼	松窗	240
雪窗	五弓	雪窗	74	博	加藤	九皋	262
雪溪	佐善	雪溪	218	博泉	水足	博泉	144
雪溪處士	井狩	雪溪	249	博洽	太田	熊山	243
雪齋	佐藤	牧山	76	善	黑田	梁洲	204
雪瀾	大串	雪瀾	9	善九郎	菊地	大瓠	65
魚目道人	藤堂	東山	135	善六	山井	崑崙	144
鳥羽金次郎	鈴木	貞齋	106	善太	中井	竹山	32
鹿川	宮內	鹿川	98	善太	山木	眉山	45
鹿里	伊藤	鹿里	244	善太郎	幸田	子善	112
鹿鳴	澤田	鹿鳴	109	善右衛門	伊東	藍田	163
鹿鳴	土肥	鹿鳴	251	善司	倉成	龍渚	137
麥	松澤	老泉	285	善正	田中	弄叟	263
麻谷	大竹	麻谷	158	善次	高橋	復齋	44
				善助	西岡	天津	246
十二劃				善甫	山井	清溪	215
備成	舟生	釣濱	257	善身堂	龜田	鵬齋	227

善治	芳川	波山	230	巽齋	木村	巽齋	31
善卿	倉成	龍渚	137	帽山	安部井	帽山	49
善祐	中野	素堂	228	幾久藏	佐藤	一齋	58
善菴	朝川	善菴	231	幾之助	土井	聱牙	211
善韶	萩原	樂亭	195	幾齋	若槻	幾齋	40
善韶	伊藤	東所	136	弼	大橋	白鶴	172
善藏	三輪	執齋	89	弼	神林	復所	70
喜三郎	野村	藤陰	79	弼	篠崎	小竹	54
喜內	萩野	鳩谷	165	彭齋	岡崎	廬門	182
喜六	山本	北山	223	復	殿岡	北海	284
喜太郎	井口	蘭雪	133	復	松崎	慊堂	199
喜左衛門	田邊	晉齋	108	復一	殿岡	北海	284
喜春	愛甲	喜春	9	復古堂	真勢	中洲	116
喜樸	高瀨	學山	20	復所	江村	復所	18
喜藏	淺岡	芳所	85	復所	神林	復所	70
喬	谷	嚶齋	260	復原	古賀	精里	37
喬卿	南宮	大湫	180	復軒	吉留	復軒	216
喬遷	川田	喬遷	275	復齋	山本	復齋	104
堯臣	松崎	觀瀾	277	復齋	高橋	復齋	44
堯甫	淺井	貞菴	194	惠	宇佐美	灊水	151
壹	人見	卜幽軒	4	惠右衛門	日根野	鏡水	56
壺邱	毛利	壺邱	154	惠吉	安積	希齋	270
孱守	小澤	精菴	279	惠助	宇佐美	灊水	151
富之丞	河鰭	省齋	75	惣七郎	荻生	北溪	145
富五郎	岡井	蓮亭	40	惣右衛門	平賀	中南	155
寒泉	岡田	寒泉	115	惣右衛門	荻生	金谷	151
寒翠	淺岡	芳所	208	惺叔	入江	東阿	270
尊經堂	林	羅山	2	惺窩	藤原	惺窩	1
就馬	內藤	閑齋	89	惺齋	堀江	惺齋	49
嵐山	馬淵	嵐山	170	揆	井上	櫻塘	86
巽旬	菅	新菴	257	揆一	隨朝	欽哉	240

援之	岡島	冠山	15	欽若	隨朝	若水	201
敦	高瀨	學山	20	欽齋	宮澤	欽齋	113
敦	大田	晴軒	246	欽齋	櫻田	虎門	120
敦定	高畠	慶成	84	欽藏	樋口	東里	137
斐山	吉村	斐山	96	殖	原田	東岳	134
斯文	安東	仕學齋	131	渫翁	中井	竹山	32
斯立	水足	博泉	144	渫菴	土井	聱牙	211
景山	秋山	景山	171	渫齋	藤堂	渫齋	278
景文	井上	峨山	42	湖山	久田	湖山	258
景名	河鰭	省齋	75	湖學	西	湖學	260
景知	菅野	彊齋	41	湘雲	關	湘雲	82
景崧	吉村	斐山	96	湛	井上	南臺	222
景得	山口	剛齋	30	焞辰	矢島	伊濱	52
景濟	溝口	幽軒	152	無二三道人	昌谷	精溪	58
景鸞	梁田	蛻巖	22	無二園	梅津	白巖	271
晴行	柿岡	林宗	36	無邪	小倉	無邪	258
晴軒	大田	晴軒	246	無咎	永井	星渚	166
晴暉樓	大竹	麻谷	158	無所為	秋山	白賁堂	123
曾太之丞	山本	迂齋	124	無逸	三野	藻海	157
曾弘	中井	蕉園	31	無量	瀧	無量	256
曾縮	中井	碩果	47	無鄰	小倉	無邪	258
朝華	正牆	適處	67	無隱	刈谷	無隱	82
朝陽	岡田	新川	185	犀	田中	止邱	7
朝陽山人	藪	孤山	30	猪與八郎	中村	習齋	113
棠軒	近藤	棠軒	40	猶平	山中	天水	220
棠隱	伊藤	仁齋	128	猶興	河田	迪齋	60
棭齋	狩谷	棭齋	198	琢所	脇田	琢所	58
欽	佐久間	熊水	165	琢卿	朝倉	荊山	264
欽	岡田	煌亭	229	琮	兒玉	南柯	41
欽哉	隨朝	欽哉	240	琳卿	山田	方谷	94
欽若	山本	清溪	192	琳菴	淺井	琳菴	103

琴卿	川田	琴卿	90	虛白	毛利	貞齋	84
琴溪	劉	琴溪	168	虛齋	茅原	虛齋	265
琴臺	佐佐木	琴臺	159	觚	那波	活所	1
琴臺	東條	琴臺	247	詠歸堂主人	星野	鵜水	49
琴臺	高成田	琴臺	277	象	齋藤	蠻江	51
琴臺	諸葛	琴臺	271	象山	佐久間	象山	92
琴嶺	佐野	琴嶺	61	象麓	三野	象麓	171
發賣	真勢	中洲	116	賁	星野	鵜水	49
硯次郎	桃	白鹿	30	超花亭	狩谷	棭齋	198
程野	瀨谷	桐齋	228	進	高野	真齋	59
窗南	合原	窗南	105	進	後藤	松軒	14
筑水	久保	筑水	197	進一郎	竹添	井井	216
紫芝園	太宰	春臺	144	進居	若林	強齋	105
紫陽	新井	白石	15	進治	恩田	蕙樓	190
紫陽	古屋	昔陽	187	進齋	箕浦	立齋	115
紫陽	原田	紫陽	70	進齋	有井	進齋	76
絢	清田	儋叟	27	逸	藤田	丹岳	48
絢夫	河野	鐵兜	235	逸民	飛田	逸民	205
翔之	大菅	南坡	137	逸彥	伊藤	兩村	60
翔甫	鎌田	梁洲	141	鄉太郎	伊藤	鳳山	235
菁莪	中山	菁莪	115	酣叟	富田	育齋	263
菅山	山口	菅山	121	量介	青山	拙齋	199
菊三郎	星野	鵜水	49	量藏	渡井	夢南	213
菊松麿	林	羅山	2	鈍翁	陶山	鈍翁	17
菔園	德力	龍潤	26	閑八	高岡	養拙	251
華	坂井	虎山	53	閑存	氏家	閑存	76
華谷	佐和	莘齋	139	閑翁	鈴木	石橋	36
華陰	良野	華陰	219	閑齋	內藤	閑齋	89
華陽	高橋	華陽	226	間雲堂	喜多村	間雲	16
華陽	八田	華陽	225	閔慎	高橋	華陽	226
華龍	宮田	五溪	272	陽之助	陸奧	福堂	213

隆中	溝口	幽軒	152		順良	淺見	絅齋	102
隆益	中井	乾齋	248		順明	橘	壽菴	176
隆藏	吉村	斐山	96		順亭	鈴木	順亭	231
雁門	蒔田	鳳齋	273		順剛	柳川	震澤	8
雁門	蒔田	鳳齋	273		順軒	股野	順軒	138
雄	園山	酉山	38		順祥	室	鳩巢	18
雄	原	修齋	237		順藏	大橋	訥菴	63
雄右衛門	田村	克成	126		順藏	小田	南畡	45
雄風	冢田	大峯	197		順藏	片山	鳳翮	162
雄琴	水谷	雄琴	286		黃山	中島	黃山	274
雄琴	川田	琴卿	90		黃牛	松田	黃牛	173
雅吉	中西	鯉城	124		黃洲	新井	白蛾	111
雅言	伊藤	宜堂	236		黃軒	大高坂	芝山	13
集	大菅	南坡	137		黃裳	石王	塞軒	110
雲八郎	三宅	尚齋	106		黃裳閣	大高坂	芝山	13
雲母溪	林	羅山	2		黃龍	松平	黃龍	147
雲石	內海	雲石	273		黑水	中村	黑水	74
雲岫	青木	雲岫	249					
雲卿	井田	赤城	253		**十三劃**			
雲起	山本	南陽	255					
雲淙	鷹羽	雲淙	64		肅	藤原	惺窩	1
雲韶	佐藤	雲韶	260		傳	人見	懋齋	8
雲龍	青山	拙齋	199		傳右衛門	中山	菁莪	115
雲齋	藤澤	子山	158		傳左衛門	江村	北海	27
靭負	大江	玄圃	184		傳次	氏家	過擴堂	5
順	岡島	竹塢	84		傳經廬	海保	漁村	245
順	谷川	龍山	118		傳齋	田中	止邱	7
順	黑澤	節窩	20		傳藏	山本	秋水	34
順助	砂川	由信	259		偃菴	田中	弄叟	263
順助	谷川	龍山	118		偃潭	藤咲	偃潭	23
順甫	片山	鳳翮	162		勤齋	小龜	勤齋	285
					圓	蒲坂	青莊	169

圓齋	加藤	圓齋	217	慎齋	池田	冠山	43
塞軒	石王	塞軒	110	損疾	永井	星渚	166
嵩岳	萩原	樂亭	195	損窗	久保田	損窗	77
幹	豐島	豐洲	224	搜奇窟	龜谷	省軒	216
幹二郎	石河	明善	207	敬	若槻	幾齋	40
幹六	山井	清溪	215	敬十郎	高橋	白山	214
幹事	藤咲	僊潭	23	敬太郎	原田	紫陽	70
幹修	石河	明善	207	敬夫	齋藤	鶴磯	252
廉	和田	廉	164	敬助	落合	雙石	65
廉平	荒井	鳴門	55	敬甫	中村	惕齋	10
廉齋	千手	廉齋	117	敬甫	島田	篁村	247
瞉堂	野村	藤陰	79	敬所	猪飼	敬所	200
彙撰	湯川	麑洞	67	敬迓	小出	侗齋	106
愚山	小松	愚山	280	敬善	入江	東阿	270
愚山	松本	愚山	197	敬菴	佐藤	敬菴	249
愚直翁	井田	赤城	253	敬業館主人	城戶	月菴	159
愚亭	帆足	萬里	55	敬義	山崎	闇齋	101
愚益	平元	梅隣	131	敬齋	近藤	棠軒	40
愚溪	山本	溪愚	141	敬齋	萩原	綠野	202
愛	久保	筑水	197	敬齋	津輕	儼淵	40
愛之助	江帾	木鷄	205	敬齋	福井	敬齋	114
愛日園	田中	鳴門	28	敬藏	關谷	潛	284
愛日樓	佐藤	一齋	58	新	湯川	麑洞	67
愛日齋	古屋	愛日齋	185	新七	若林	強齋	105
慈亭	友石	慈亭	58	新九郎	佐善	雪溪	218
慈菴	岡	澹齋	263	新九郎	佐藤	立軒	212
慊堂	松崎	慊堂	199	新八郎	大地	東川	21
慎	松本	愚山	197	新川	岡田	新川	185
慎	小島	省齋	212	新之助	吉田	訥所	260
慎	朝川	同齋	233	新介	佐藤	敬菴	249
慎猷	奧村	茶山	242	新六	梁田	蛻巖	22

新右衛門	目目澤	鉅鹿	172	源吉	富田	王屋	271
新四郎	久保木	竹窗	41	源吉	伊藤	仁齋	128
新民	山內	退齋	14	源佐	伊藤	仁齋	128
新次郎	三宅	石菴	16	源吾	山本	樂所	140
新兵衛	湯淺	常山	153	源藏	江上	苓洲	167
新兵衛	小澤	精菴	279	源藏	桃	白鹿	30
新助	室	鳩巢	18	源藏	野崎	藤橋	277
新村	秦	新村	120	準	西島	柳谷	167
新甫	小倉	無邪	258	準之助	中井	乾齋	248
新卿	黑澤	雉岡	25	準平	關	蕉川	57
新菴	菅	新菴	257	準造	西島	柳谷	167
新蕉軒	熊谷	荔齋	8	溟北	圓山	溟北	239
新藏	井上	南臺	222	溫	葛井	文哉	53
暉星	松井	羅洲	117	溫夫	原田	東岳	134
暉晨	松井	羅洲	117	溫故知新齋	林	鵝峯	6
晹谷	高階	晹谷	149	溫卿	廣澤	文齋	243
會通	馬淵	嵐山	170	溫齋	藤原	溫齋	269
椿臺老人	西坂	成菴	62	滄洲	赤松	滄洲	186
楓窗	樋口	義所	138	滄浪	入江	南溟	148
楓溪	木山	楓溪	93	滄浪	室	鳩巢	18
楚材	佐藤	牧山	76	滄浪	佐久間	象山	92
槇	內田	周齋	252	滄浪	秦	滄浪	196
業	平井	澹所	226	滄浪	富永	滄浪	132
業元	水足	博泉	144	滄浪亭	中村	滄浪亭	168
源一郎	木澤	天童	225	煌亭	岡田	煌亭	229
源七	伊藤	仁齋	128	煙霞都尉	山梨	稻川	168
源三郎	佐佐木	琴臺	159	煜	古賀	侗菴	51
源三郎	犬飼	松窗	240	煥	野村	藤陰	79
源五兵衛	長久保	赤水	29	煥	芥川	丹丘	90
源五郎	山本	樂所	140	煥卿	鈴木	澶洲	151
源太夫	松井	蝸菴	276	煥章	小田	穀山	187

猿岳樵翁	元田 東野	77	
瑚珀	毛利 貞齋	84	
瑜	林 蓀坡	45	
瑜	日尾 荊山	234	
碌山人	三國 幽眠	78	
稚川	岡本 稚川	184	
稚松亭	堤 它山	245	
筠亭	林 檉宇	50	
筠圃	宮崎 筠圃	133	
筠齋	皆川 淇園	187	
筱舍	小篠 東海	177	
節	肥田野 竹塢	239	
節	若林 竹軒	81	
節軒	淺井 節軒	63	
節菴	志賀 節菴	140	
節窩	黑澤 節窩	20	
綏介	小宮山 南梁	213	
經卿	佐藤 敬菴	249	
絅	加藤 章菴	126	
置國	吉留 復軒	216	
義三	早野 橘隧	196	
義三郎	桃 西河	34	
義方	中島 浮山	129	
義方	山本 青城	136	
義仲	田村 克成	126	
義臣	關 湘雲	82	
義所	樋口 義所	138	
義長	二山 時習堂	12	
義門	守屋 心翁	23	
義卿	吉田 松陰	91	
義猶	陸 九皋	280	

義端	三浦 佛巖	97	
義質	三浦 竹溪	146	
義藏	早野 橘隧	196	
義藏	東條 琴臺	247	
聖雨齋	瀨谷 桐齋	228	
萬	赤澤 一堂	253	
萬	立原 東里	192	
萬三郎	中村 栗園	63	
萬三郎	井部 香山	56	
萬夫	渡邊 荒陽	282	
萬世	萩原 大麓	189	
萬右衛門	淺井 琳菴	103	
萬平	渡邊 豫齋	122	
萬年	三宅 石菴	16	
萬年	伊藤 萬年	10	
萬助	芳川 波山	230	
萬里	帆足 萬里	55	
萬和	海保 青陵	166	
萬新	黑澤 雉岡	25	
萱舍	澤田 東江	221	
葆	圓山 溟北	239	
葆光	重野 櫟軒	217	
葉山	臼田 竹老	142	
董喜	大野 竹瑞	267	
葵岡	松下 葵岡	192	
葵軒	林 鵝峯	6	
虞臣	宮永 大倉	56	
蜕	梁田 蛻巖	22	
蜂城	古屋 蜂城	121	
裕	萩原 西疇	214	
裕甫	玉乃 九華	54	

詩山	小畑	詩山	266	道熙	小野	鶴山	108
誠	兼松	石居	69	道濟	荻生	金谷	151
誠之	幸田	子善	112	道濟	龜井	南溟	164
誠之允	中田	平山	75	道齋	高橋	道齋	221
誠甫	小川	泰山	219	達	隨朝	欽哉	240
誠所	並河	誠所	130	達富	真勢	中洲	116
誠齋	三宅	誠齋	15	達齋	泉	達齋	238
資原	股野	順軒	138	鈴山	山中	天水	220
資庸	鎌田	環齋	39	鉅鹿	目目澤	鉅鹿	172
資深	川田	琴卿	90	鉉	宮本	篁村	228
資衡	大江	玄圃	184	鋤次	若林	竹軒	81
載甫	關	一樂	16	隔九所	岡	滄齋	263
載陽	高安	蘆屋	258	雉岡	黑澤	雉岡	25
農	朝川	同齋	233	雍	加倉井	砂山	232
農八郎	吉田	鷟湖	275	雍	淺井	節軒	63
遊龍園	若林	嘉陵	245	雷巖	青山	雷巖	215
運治	齋藤	鳴湍	78	靖	栗栖	天山	94
過擴堂	氏家	過擴堂	5	靖山	箕浦	靖山	159
遐年	松永	尺五	3	靖民	八田	華陽	225
道	岡	三慶	87	頑拙	宇都宮	遯菴	12
道乙	三宅	鞏革齋	5	鳩谷	萩野	鳩谷	165
道弘	綾部	道弘	262	鳩巢	室	鳩巢	18
道生	人見	卜幽軒	4	鼎	宇野	明霞	179
道安	蘆川	桂洲	267	鼎	秦	滄浪	196
道春	林	羅山	2	鼎	朝川	善菴	231
道純	澀江	抽齋	204	鼎	古屋	愛日齋	185
道基	伊藤	龍洲	21	鼎	岡井	赤城	32
道設	人見	懋齋	8	鼎	山井	崑崙	144
道圓	那波	活所	1	鼎吉	宮本	篁村	228
道圓	山脇	道圓	126	鼎住	古屋	愛日齋	185
道載	龜井	南溟	164	鼎輔	垣內	熊岳	131

鼓缶子	櫻田	虎門	120
睡菴	西島	城山	71

十四劃

倜窩	倉石	倜窩	68
嘉	鈴木	順亭	231
嘉	山崎	闇齋	101
嘉方	太田	子規	254
嘉右衛門	村瀨	栲亭	191
嘉右衛門	山崎	闇齋	101
嘉平次	肥田野	竹塢	239
嘉田	中村	嘉田	42
嘉甫	奥田	三角	134
嘉奈衛	秦	滄浪	196
嘉春	中島	東關	228
嘉英	清水	江東	157
嘉陵	若林	嘉陵	245
嘉琴	小龜	勤齋	285
嘉遯	朝川	同齋	233
嘉膳	井上	蘭臺	218
嘉藏	鈴木	澶洲	151
嘉藏	桑原	北林	49
圖南	龜田	鵬齋	227
圖南	井上	蘭臺	218
圖南	鎌田	柳泓	38
圖書	毛利	壺邱	154
團助	草野	石瀨	61
塵也	佐藤	周軒	19
壽	松下	葵岡	192
壽菴	橘	壽菴	176
夢吉	河野	鐵兜	235

夢南	渡井	夢南	213
夢菴	立野	桂山	174
實父	三宅	石菴	16
實甫	高岡	養拙	251
實操	三宅	尚齋	106
寧泉	入江	東阿	270
寧清	大槻	磐溪	209
愿	皆川	淇園	187
愷愷齋	伊藤	東涯	130
愷齋	奥宮	愷齋	95
慵慵子	和田	靜觀窩	5
暢園	岡田	新川	185
榥	佐藤	立軒	212
榮	關屋	致鶴	265
榮卿	舟生	釣濱	257
榮實	奥村	止齋	283
榮藏	大竹	麻谷	158
槐陰	岡崎	槐陰	196
滿生	舟生	釣濱	257
滿成	舟生	釣濱	257
滿架	小林	西岳	153
滿卿	東方	祖山	224
漁村	海保	漁村	245
漢宦	吉田	篁墩	222
漪齋	谷田部	漪齋	188
漸卿	竹添	井井	216
熊山	太田	熊山	243
熊山	澤	熊山	202
熊太郎	細川	十洲	281
熊水	佐久間	熊水	165
熊岳	垣內	熊岳	131

熊嶽	星野	熊嶽	257	精義	山本	青城	136
熊藏	林	述齋	47	精齋	鶴岡	精齋	124
熙	高原	東郊	173	精齋	雨森	精齋	73
熙	加藤	櫻老	73	綠野	萩原	綠野	202
熙	佐藤	西山	207	綠蘿洞	龍	草廬	183
爾公	香川	南濱	155	綏	江村	北海	27
瑤谷閒人	東條	一堂	203	維民	尾形	洞簫	32
甃	松井	蝸菴	276	維安	蟹	養齋	109
監物	喜多村	間雲	16	維周	恩田	蕙樓	190
監輔	岡本	韋菴	80	維直	廣澤	文齋	243
碧海	內藤	碧海	214	維英	西島	柳谷	167
碩	昌谷	精溪	58	維貞	伊藤	仁齋	128
碩果	林	鵝峯	6	維專	山本	樂艾	253
碩果	中井	碩果	47	維新菴	菅野	彊齋	41
禎	山縣	大華	64	維楨	伊藤	仁齋	128
禎	鎌田	環齋	39	維翰	宮瀨	龍門	149
禎藏	鎌田	環齋	39	綾瀨	龜田	綾瀨	232
禎藏	池田	草菴	95	翠竹園	鷹見	星皐	189
福堂	陸奧	福堂	213	翠軒	立原	東里	192
福菴	平元	梅隣	131	翠菴	桃	翠菴	67
種興	原田	紫陽	70	翠溪	田邊	晉齋	108
箕山	片山	恒齋	52	聞伯	山村	勉齋	80
箕山	猪飼	箕山	210	肇	相馬	九方	174
箕山	村田	箕山	121	臧	藤井	懶齋	102
管岳	堀	管岳	172	與一郎	大內	玉江	202
精一	久保田	損窗	77	與八	草加	驪川	135
精里	古賀	精里	37	與三郎	田中	大觀	179
精翁	雨森	精齋	73	與右衛門	村松	蘆溪	154
精菴	小澤	精菴	279	與右衛門	中江	藤樹	88
精溪	昌谷	精溪	58	與吉郎	三國	幽眠	78
精義	幸田	子善	112	與次右衛門	新井	白石	15

與厚	加藤	九皐	262
與與軒	草加	驪川	135
與藏	矢部	騰谷	287
蒙菴	渡邊	蒙菴	150
蒹葭堂	木村	巽齋	31
蒼崖	阿野	蒼崖	39
蓀坡	林	蓀坡	45
蓂之	淺岡	芳所	85
蓋臣	香川	南濱	155
誨人	矢部	騰谷	287
誨輔	田邊	石菴	203
輔	藤澤	東畡	173
祕	田結莊	千里	97
魁	杉山	竹外	69
魁朔	富田	育齋	263
鳳二郎	萩原	綠野	202
鳳山	伊藤	鳳山	235
鳳岡	林	鳳岡	17
鳳河	中根	鳳河	158
鳳洲	土屋	鳳洲	175
鳳洲	久野	鳳洲	148
鳳卿	小林	西岳	153
鳳卿	田宮	橘菴	251
鳳棲園	諸葛	琴臺	271
鳳鳴	龍	草廬	183
鳳�翩	片山	鳳翩	162
鳳齋	蒔田	鳳齋	273
鳴	井部	香山	56
鳴門	荒井	鳴門	55
鳴門	田中	鳴門	28
鳴湍	齋藤	鳴湍	78

十五劃

徹	肥田野	築村	236
徹太郎	肥田野	築村	236
徹助	井田	澹泊	234
穀山	小田	穀山	187
儀	秋山	玉山	24
儀丹	和田	儀丹	107
儀右衛門	秋山	玉山	24
儀右衛門	池守	秋水	230
儀左衛門	三宅	尚齋	106
儀平	西依	成齋	112
儀平	海保	青陵	166
儀平二	三宅	尚齋	106
儀兵衛	西依	成齋	112
儋叟	清田	儋叟	27
增	古賀	茶溪	73
寬	小南	栗齋	273
寬	下鄉	樂山	155
寬	安原	方齋	30
寬兵衛	西山	元文	281
寬齋	金	岳陽	224
寬齋	若林	強齋	105
履	川崎	也魯齋	68
履吉	座光寺	南屏	166
履軒	木村	大讓	254
履軒	中井	履軒	190
履堂	田中	履堂	195
廣右衛門	佐藤	西山	207
廣生	目目澤	鉅鹿	172
廣亮	石川	大椿	260

廣胖窩	藤原	惺窩	1	樂軒	佐佐	泉翁	238
廣隆	愛甲	喜春	9	樂善	天沼	恒菴	156
廣義	佐藤	周軒	19	樂菴	佐佐	泉翁	238
德九郎	種野	友直	210	樂齋	田邊	樂齋	118
德二	中井	履軒	190	樗	谷田部	漪齋	188
德之助	種野	友直	210	樗	岡島	龍湖	188
德之助	金子	霜山	122	樟山	木澤	天童	225
德內	最上	鶯谷	287	模一郎	仁井田	南陽	140
德夫	太宰	春臺	144	毅	龜田	鶯谷	237
德民	細井	平洲	186	毅	豐島	洞齋	125
德光	日尾	荊山	234	毅	三島	中洲	97
德倫	若林	嘉陵	245	毅	渡邊	弘堂	131
德卿	高野	真齋	59	毅甫	赤松	太庚	149
德詮	林	述齋	47	毅齋	梁田	毅齋	249
德儒	小谷	巢松	141	滕	司馬	遠湖	69
德藏	齋藤	拙堂	64	滕鷹	中山	城山	170
慤	藪	孤山	30	潛	澀谷	松堂	221
慤四郎	冢田	謙堂	207	潛	井上	四明	37
慧日山人	岡島	竹塢	84	潛	關谷	潛	284
慶成	高畠	慶成	84	潛夫	池守	秋水	230
慶壽	富田	育齋	263	潛菴	春日	潛菴	95
慶攝	松下	見林	11	潛龍堂	井田	龜學	286
數馬	藤堂	渫齋	278	潛齋	林	潛齋	116
樂山	下鄉	樂山	155	潛藏	井部	健齋	77
樂山人	內藤	閑齋	89	潛藏	澀谷	松堂	221
樂山樓	井上	峨山	42	潛藏	田中	謙齋	217
樂水	清河	樂水	206	潤次郎	細川	十洲	281
樂艾	山本	樂艾	253	潭明	西依	成齋	112
樂所	山本	樂所	140	瘦竹	柏木	如亭	38
樂易道人	小笠原	冠山	226	瘦松園	黑田	金城	44
樂亭	萩原	樂亭	195	皅	林	檉宇	50

鼽藏	林	檉宇	50	質	櫻田	虎門	120
碻齋	石塚	碻齋	37	適所	田中	適所	263
碻廬	石王	塞軒	110	適處	正牆	適處	67
磊磊山人	宮內	鹿川	98	適齋	安藤	適齋	172
磐翁	大槻	磐溪	209	遯菴	宇都宮	遯菴	12
磐溪	大槻	磐溪	209	醉月老人	高岡	養拙	251
稻川	山梨	稻川	168	醉翁	秋山	景山	171
稽古堂	龜田	鶯谷	237	醉堂	市野	迷菴	286
窰三子	梁田	蛻巖	22	醉墨主人	井狩	雪溪	249
篁村	島田	篁村	247	震孟	菅	新菴	257
篁村	宮本	篁村	228	震溪釣叟	柳川	震澤	8
篁洲	榊原	篁洲	218	震澤	柳川	震澤	8
篁墩	芳賀	篁墩	274	鞏革齋	三宅	鞏革齋	5
篁墩	吉田	篁墩	222	養伯	箕浦	靖山	159
範平	有井	進齋	76	養拙	高岡	養拙	251
緝	池田	草菴	95	養軒	芥川	丹丘	90
緝熙	津輕	儼淵	40	養順	遊佐	木齋	105
蓮亭	岡井	蓮亭	40	養察	鈴木	養察	110
蓼注	桑原	北林	49	養潛	羽黑	養潛	102
蝸菴	松井	蝸菴	276	養齋	鈴木	養齋	119
蝸菴	秋山	白賁堂	123	養齋	蟹	養齋	109
衛門	龍	草廬	183	餘所之助	西坂	成菴	62
誼	服部	大方	265	餘修	合原	窗南	105
闇齋	櫻木	闇齋	114	餘韵	青木	雲岫	249
諸生	松下	見林	11	駒太郎	萩原	樂亭	195
諸兵衛	愛甲	喜春	9	駒石	石作	駒石	184
賚黃	松井	羅洲	117	魯	渡邊	樵山	207
贋	落合	雙石	65	魯	龜井	南溟	164
賢	城戶	月菴	159	魯三郎	大田	晴軒	246
賣文翁	清水	春流	84	魯堂	那波	魯堂	28
質	葛西	因是	39	魯菴	岡	澹齋	263

魯輔	川崎	也魯齋	68	澤	河原	橘枝堂	257
魯輔	渡邊	樵山	207	澤民	鈴木	石橋	36
魯默	安東	省菴	9	澤瀉	東	澤瀉	96
黎民	野崎	藤橋	227	潭洲	鈴木	潭洲	151

十六劃

				澹兮	木澤	天童	225
				澹所	平井	澹所	226
勳	赤松	蘭室	185	澹泊	井田	澹泊	234
學山	高瀨	學山	20	澹齋	岡	澹齋	263
學孔堂	龜田	鶯谷	237	獨有	手塚	玄通	162
學半堂逸士	山本	北山	223	璞	星野	熊嶽	257
學半齋	細合	斗南	160	璞	岡島	冠山	15
學生	吉田	篁墩	222	璞	朝倉	荊山	264
學圃	井土	學圃	62	瓢巷	林	羅山	2
學孫	渥美	類長	177	穆	大鄉	學橋	72
學儒	吉田	篁墩	222	穆卿	淺井	節軒	63
學橋	大鄉	學橋	72	穆卿	大鄉	學橋	72
彊齋	菅野	彊齋	41	積善	中井	竹山	32
憩齋	會澤	正志齋	206	積善	山木	眉山	45
憲	辛島	鹽井	45	積德	中井	履軒	190
憲	伊良子	大洲	139	築村	肥田野	築村	236
憲	佐野	山陰	191	篔窗	市野	迷菴	286
擇所	石井	擇所	48	篤	近藤	西涯	32
操	渡邊	蒙菴	150	篤光	新井	篤光	115
整宇	林	鳳岡	17	篤忠	櫻井	東亭	136
樵山	渡邊	樵山	207	篤信	貝原	益軒	13
樸	古賀	精里	37	興	河田	迪齋	60
橘枝堂	河原	橘枝堂	257	興古為徒齋	圓山	溟北	239
橘菴	田宮	橘菴	251	興正	福島	松江	150
橘園	三宅	橘園	191	興成	千手	旭山	122
橘舍	平住	專菴	267	興欽	千手	廉齋	117
橘隧	早野	橘隧	196	蕃山	熊澤	蕃山	88

蕉川		關	蕉川	57	靜學齋	滿生	大麓	176
蕉雨		內田	周齋	252	靜齋	齋宮	靜齋	152
蕉雨堂		香川	南濱	155	靜齋	平住	專菴	267
蕉軒		林	述齋	47	靜齋	小島	成齋	205
蕉陰		林	述齋	47	靜觀窩	和田	靜觀窩	5
蕉園		中井	蕉園	31	頤	田中	履堂	195
蕙樓		恩田	蕙樓	190	頤軒	中江	藤樹	88
衡		林	述齋	47	頭雪眼月菴	林	鵝峯	6
衡		安井	息軒	208	鷗夷子	原田	紫陽	70
褧		木山	楓溪	93	默	松浦	交翠軒	12
褧		毛利	壺邱	154	默	河鰭	省齋	75
褧		安部井	帽山	49	默子	加藤	章菴	126
親賢		草加	驪川	135	默軒	中江	藤樹	88
豫章		渡邊	豫齋	122	默菴	牧野	默菴	52
豫齋		渡邊	豫齋	122	默齋	宇井	默齋	110
賴母		恒遠	醒窗	234	默齋	稻葉	默齋	114
賴母		石川	金谷	180	默藏	宮內	鹿川	98
賴亮		高成田	琴臺	277	龍	井田	赤城	253
賴寬		松平	黃龍	147	龍	山本	南陽	255
辨之助		安部井	帽山	49	龍	池守	秋水	230
醒狂		藤澤	南岳	175	龍山	新井	白蛾	111
醒窗		恒遠	醒窗	234	龍山	谷川	龍山	118
錢塘		陳	錢塘	176	龍之助	野村	藤陰	79
錦城		大田	錦城	244	龍之進	佐藤	延陵	99
錦屏山人		新井	白石	15	龍仲	松下	烏石	153
錫		西坂	成菴	62	龍年	鷹羽	雲淙	64
靜也		泉	達齋	238	龍吟子	松平	君山	182
靜氏		大塚	觀瀾	118	龍門	宮瀨	龍門	149
靜思翁		赤松	滄洲	186	龍洞	鈴木	龍洞	255
靜修		豐島	洞齋	125	龍洲	岡	龍洲	179
靜軒		萩原	綠野	202	龍洲	伊藤	龍洲	21

龍卿	石原	桂園	268
龍渚	入江	東阿	270
龍渚	倉成	龍渚	137
龍湖	谷田部	漪齋	188
龍湖	岡島	龍湖	188
龍園	座光寺	南屛	166
龍溪	岩垣	龍溪	189
龍潤	德力	龍潤	26
龜毛	梁田	蛻巖	22
龜年	伊東	藍田	163
龜次郎	吉留	復軒	216
龜學	井田	龜學	286
優所	原	松洲	278
甌山	最上	鶯谷	287

十七劃

遜	元田	東野	77
遜	犬塚	印南	35
遜志	根本	武夷	148
遜軒	大地	東川	21
遜齋	加古川	遜齋	138
遠帆樓	恒遠	醒窗	234
遠叔	三島	中洲	97
遠思樓主人	廣瀨	淡窗	233
遠湖	司馬	遠湖	69
優遊館	宇佐美	灊水	151
彌三郎	市野	迷菴	286
彌三郎	二山	時習堂	12
彌五郎	三島	通庸	279
彌六	堀	管岳	172
彌六郎	南宮	大湫	180
彌六郎	黑澤	節窩	20
彌太夫	內藤	碧海	214
彌太夫	岡島	冠山	15
彌右衛門	小倉	三省	2
彌左衛門	太宰	春臺	144
彌左衛門	伊良子	大洲	139
彌吉	龜田	鵬齋	227
彌兵衛	三野	象麓	171
彌兵衛	後藤	芝山	26
彌兵衛	三島	通庸	279
彌助	古賀	精里	37
徽	澤	熊山	202
徽淳	山崎	淳夫	176
應元	金	岳陽	224
應道	篠崎	三島	34
應鑣	伊藤	蘭嵎	134
戀	若林	嘉陵	245
戀齋	人見	戀齋	8
斂夫	藤原	惺窩	1
斃己齋	荻野	斃己齋	126
檉宇	林	檉宇	50
檞園	淺井	貞菴	194
濟民	金子	霜山	122
濟美	新井	白石	15
濟美	櫻田	簡齋	123
爵	天沼	恒菴	156
牆東菴	石山	瀛洲	264
環夫	伊藤	蘭齋	25
環齋	鎌田	環齋	39
磯岳	石井	磯岳	50
檉圭	大江	玄圃	184

檉龍	龜田	鵬齋	227	避塵齋	田中	止邱	7
縫殿	井上	蘭臺	218	鍋助	井上	蘭臺	218
縫殿助	岡本	況齋	209	闇齋	山崎	闇齋	101
縫殿頭	池田	冠山	43	隱山	山鹿	素行	100
總	井狩	雪溪	249	霜山	金子	霜山	122
總太郎	赤城	彩霞	273	霞沼	加賀美	櫻塢	111
總右衛門	荻生	徂徠	143	鞠洲	城	鞠洲	266
繁伯	千葉	松堂	98	駿	吉村	斐山	96
繇	八田	華陽	225	駿臺	室	鳩巢	18
聲牙	土井	聲牙	211	鴻	赤松	滄洲	186
蕗原翁	中村	中倧	201	鴻之佐	堤	它山	245
薊齋	沖	薊齋	60	鴻卿	井土	學圃	62
薔薇館	芥川	丹丘	90	鴻齋	石川	鴻齋	242
螳螂齋	照井	一宅	211	龞山	谷	龞生	133
襄	賴	山陽	43	齋治	田結莊	千里	97
襄平	川合	春川	193	齋宮	河野	界浦	254
謙	山本	迂齋	124	瀛西	堀	友直	72
謙	雨森	精齋	73	璵	新井	白石	15
謙	小笠原	冠山	226	璵	岡井	蓮亭	40
謙三郎	雨森	精齋	73	甕谷	岡松	甕谷	78
謙山	西坂	成菴	62				
謙吉	新井	白蛾	111	**十八劃**			
謙治	千手	旭山	122	彝	元田	竹溪	71
謙堂	冢田	謙堂	207	彝	高階	暘谷	149
謙齋	羽黑	養潛	102	檻泉	鈴木	大凡	272
謙齋	田中	謙齋	217	歸春	諸葛	歸春	272
謙齋	千手	旭山	122	瞻齋	箕浦	立齋	115
謙藏	野崎	藤橋	227	禮藏	佐佐	泉翁	238
講習堂	松永	尺五	3	簡	廣瀬	淡窗	233
豁堂	本田	豁堂	80	簡	武井	子廉	255
興龍	小篠	東海	177	簡	原	松洲	278

簡亮	並河	天民	128	鵠	木村	巽齋	31
簡齋	櫻田	簡齋	123				
織部	新井	白蛾	111	**十九劃**			
舊貫	松宮	觀山	250	廬門	岡崎	廬門	182
薰	深澤	君山	282	廬橘菴	田宮	橘菴	251
薰	正牆	適處	67	懶夫	宮澤	欽齋	113
薰	小谷	巢松	141	懶菴	加倉井	砂山	232
藍田	谷口	藍田	241	懶齋	藤井	懶齋	102
藍田	伊東	藍田	163	櫟川	恒遠	醒窗	234
藍溪	廣津	藍溪	156	櫟夫	谷田部	漪齋	188
藏人	石井	祚景	239	櫟夫	岡島	龍湖	188
蟠龍	久保木	竹窗	41	櫟岡	村瀨	櫟園	158
蟬翁	狩谷	棭齋	198	櫟軒	重野	櫟軒	217
謹一郎	古賀	茶溪	73	櫟園	村瀨	櫟園	158
謹堂	古賀	茶溪	73	瀛洲	石山	瀛洲	264
謹齋	平元	謹齋	236	瓊華堂	殿岡	北海	284
豐	樋口	義所	138	繩	赤井	東海	62
豐太郎	五弓	雪窗	74	繩翁	大槻	平泉	53
豐民	中井	乾齋	248	繩齋	石井	繩齋	229
豐洲	豐島	豐洲	224	繪莊	三島	中洲	97
雙石	落合	雙石	65	羅山	林	羅山	2
雙松	淺岡	芳所	208	羅洞	林	羅山	2
雙松	荻生	徂徠	143	羅洲	松井	羅洲	117
雞肋山人	菅野	彊齋	41	羅浮	林	羅山	2
離	細合	斗南	160	羆	河野	鐵兜	235
離屋	鈴木	離屋	282	藤九郎	五井	蘭洲	24
題藏	桃	翠菴	67	藤五郎	松浦 交翠軒		12
鯉城	中西	鯉城	124	藤太郎	武田	立齋	137
鵜水	星野	鵜水	49	藤吉郎	小川	泰山	219
鷲峯	林	鵝峯	6	藤陰	關藤	藤陰	68
鷲湖	吉田	鷲湖	275	藤陰	野村	藤陰	79

藤樹	中江	藤樹	88
藤橋	野崎	藤橋	227
藤橘	野崎	藤橋	227
藩政	中村	習齋	113
贇	岡田	阜谷	261
贇卿	莊田	恬逸	14
鏡水	日根野	鏡水	56
關助	河田	東岡	135
類長	渥美	類長	177
鵬	鎌田	柳泓	38
鵬卿	帆足	萬里	55
鵬齋	龜田	鵬齋	227
麑川	加古川	遜齋	138
麑洞	湯川	麑洞	67
麗水	桑原	北林	49
麗玉	細合	斗南	160
麗明	吉村	秋陽	93
麗澤之舍	鈴木	石橋	36
嚴助	福井	敬齋	114

二十劃

嚶彥	龜田	鶯谷	237
嚶齋	谷	嚶齋	260
瀾	富永	滄浪	132
藻海	三野	藻海	157
藻海	河田	迪齋	60
藿里	橫溝	藿里	44
蘆屋	高安	蘆屋	258
蘆洲	井上	蘆洲	127
蘆溪	村松	蘆溪	154
護園	荻生	徂徠	143

蠖屈	古賀	侗菴	51
馨	伊藤	鳳山	235
騰谷	矢部	騰谷	287
鬢髮山人	諸葛	琴臺	271
鰐尾	桃	西河	34
顧堂	平元	謹齋	236

二十一劃

櫻老	加藤	櫻老	73
櫻峯	林	鵝峯	6
櫻塘	井上	櫻塘	86
櫻塢	加賀美	櫻塢	111
灃水	宇佐美	灃水	151
蘭汀	奧田	三角	134
蘭林	中村	蘭林	22
蘭林	高橋	復齋	44
蘭室	赤松	蘭室	185
蘭洲	五井	蘭洲	24
蘭雪	井口	蘭雪	133
蘭嵎	伊藤	蘭嵎	134
蘭園	增島	蘭園	46
蘭溪	重田	蘭溪	259
蘭溪	西島	蘭溪	55
蘭臺	井上	蘭臺	218
蘭澤	森	蘭澤	152
蘭澤	大菅	南坡	137
蘭齋	伊藤	蘭齋	25
蘭齋	江馬	蘭齋	265
蠢	諸葛	琴臺	271
護堂	北條	蠖堂	256
轟谷	恒遠	醒窗	234

鐵	森	東郭	29
鐵心	谷	太湖	80
鐵研道人	齋藤	拙堂	64
鐵兜	河野	鐵兜	235
鐵硯道人	那波	魯堂	28
鐵彌	桃	西河	34
鐵藏	井上	峨山	42
鶯山	雨森	精齋	73
鶯谷	龜田	鶯谷	237
鶯谷	最上	鶯谷	287
鶯谷	雨森	精齋	73
鶯里	雨森	精齋	73
鶯雨	雨森	精齋	73
鶴山	小野	鶴山	108
鶴村	金子	鶴村	198
鶴城	齋藤	鶴磯	252
鶴洲	井上	鶴洲	127
鶴皋	河野	恕齋	181
鶴鳴	市川	鶴鳴	157
鶴磯	齋藤	鶴磯	252
羇眠	林	羅山	2
儼淵	津輕	儼淵	40
權九郎	平野	深淵	22
權八	合原	窗南	105
權之丞	大菅	南坡	137
權次郎	西坂	成菴	62
權佐	齋藤	芝山	163
權兵衛	岡田	阜谷	261

二十二劃

灑	桑原	北林	49

聽雨	村上	聽雨	253
襲吉	永井	星渚	166
讀耕園	松井	羅洲	117
龔	中島	黃山	274
巖	松本	古堂	70
巖山	赤井	東海	62
巖川	早崎	巖川	74
巖真	小出	侗齋	106

二十三劃

瓚	田中	大觀	179
蘿厓	橘	壽菴	176
顯	氏家	閑存	76
體信	青木	雲岫	249
鱗	澤田	東江	221
鷺南	菅間	鷺南	256
麟	田中	止邱	7
麟卿	立野	桂山	174
麟趾	佐藤	麟趾	119

二十四劃

讓助	神	晉齋	266
靈星閣	野田	石陽	169
靈鳳	吉田	鷺湖	275
鷹巢	三國	幽眠	78
鹽井	辛島	鹽井	45
觀	荻生	北溪	145
觀	村瀨	櫟園	158
觀山	松宮	觀山	250
觀海	松崎	觀海	150
觀翁	服部	南郭	146

觀耕亭　　　　　小林　西岳　153
觀國　　　　　　井上　蘆洲　127
觀梅道人　　　　松宮　觀山　250
觀瀾　　　　　　松崎　觀瀾　277
觀瀾　　　　　　大塚　觀瀾　118
鼈邱主人　　　　　東　澤瀉　　96

二十六劃

蠼窟軒　　　　　荒井　鳴門　　55
驥　　　　　　　齋藤　鳴湍　　78

二十七劃

鑾江　　　　　　齋藤　鑾江　　51

二十八劃

戀　　　　　　　　林　鳳岡　　17

二十九劃

驪川　　　　　　草加　驪川　135

三十劃

鸞　　　　　　　　谷　糵生　133
鸞　　　　　　　山本　日下　111

索引二
經籍名
（依漢字筆劃順）

一劃

一齋經說稿　　　　村士　玉水　109

二劃

丁巳中庸輯略篇目一卷
　　　　　　　　稻葉　默齋　114
七經孟子考文三十三卷（刊）
（根本武夷共著）　山井　崑崙　144
七經孟子考文補遺三十二卷（刊）
　　　　　　　　荻生　北溪　145
七經逢原三十二卷　中井　履軒　190
七經箚記八卷（刊）
　　　　　　　　岡田　煌亭　229
七經雕題五十六卷　中井　履軒　190
七經雕題略十九卷　中井　履軒　190
九卦廣義一卷　　　佐藤　一齋　59
九家論語說批評二十卷
　　　　　　　　岡田　煌亭　229
九經（易、書、詩、春秋、三
禮、孝經、論語）述百三十卷、
　　　　　　　　赤松　太庾　149
九經一斑一卷　　　松本　古堂　70
九經一斑第二編一卷
　　　　　　　　松本　古堂　70
九經三復一卷　　　松本　古堂　70
九經要語三卷　　　松本　古堂　70
九經要語俗解五卷　松本　古堂　70
九經音釋　　　　　坂本　天山　161
九經補韻一卷（校）
　　　　　　　　川合　春川　193

九經解　　　　　　皆川　梅翁　247
九經說園　　　　　脇田　琢所　58
九經談（刊）　　　猪飼　敬所　201
九經談十卷（刊）　大田　錦城　244
九經輯異六卷　　　茅原　虛齋　265
九經類聚　　　　　箕浦　立齋　115
九經類編　　　　　山口　菅山　121
二南正名二卷　　　座光寺　南屏　166
二南訓闈二卷（刊）
　　　　　　　　皆川　淇園　188
二禮儀略四卷（刊）
　　　　　　　　村士　玉水　109
二禮童覽二卷（刊）
　　　　　　　　藤井　懶齋　102
二禮儀略四卷（校）
　　　　　　　　岡田　寒泉　116
二禮諺解二卷　　　林　羅山　3
入易門庭一卷　　　荻生　金谷　151
八卦八色辨要圖　　高橋　華陽　227
八卦通象一卷　　　神林　復所　71
八卦掌中指南四卷　馬場　信武　285
十七史經說　　　　海保　漁村　246
十三經考勘記補遺　小澤　精菴　279
十三經注疏正誤考三十卷
　　　　　　　　陳　錢塘　176
十三經章句文字二十五卷
　　　　　　　　伊藤　鳳山　236
十三經辨誤百二十卷　陳　錢塘　176
十六卦考　　　　　神林　復所　71
卜筮私考　　　　　平住　專菴　267
卜筮卦爻問答三卷　松宮　觀山　250

卜筮盲筇秘傳集二卷

　　　　　　松宮　觀山　250

卜筮指南大全八卷　古市　南軒　270

卜筮貨殖考一卷　　井上　鶴洲　127

卜筮晴雨考一卷　　井上　鶴洲　127

卜筮筆記並出處論　佐藤　直方　104

卜筮極秘傳八卷　　松宮　觀山　250

卜筮經驗十六卷　　松宮　觀山　250

卜筮論一卷　　　　鈴木　龍洞　255

卜筮擲丸要訣　　　平住　專菴　267

三劃

三子標釋增補孝經彙註三卷（刊）

　　　　　　大鹽　中齋　91

三百篇原意十八卷　藍澤　南城　204

三易考　　　　　　神林　復所　71

三易通考四卷　　　佐藤　麟趾　119

三傳就正錄六卷　　中井　乾齋　248

三經二義十二卷　　細合　斗南　160

三經小傳三卷（刊）

　　　　　　大田　晴軒　247

三經義十一卷　　　永井　星渚　167

三經纂言一卷　　　貝原　益軒　14

三摧中庸微言三卷　馬淵　嵐山　170

三禮一家言　　　　八田　華陽　225

三禮口訣五卷　　　貝原　益軒　14

三禮古制考七卷　　宮田　五溪　272

三禮古器考三卷　　山本　北山　223

三禮旁注十卷　　　小篠　東海　177

三禮問答六卷　　　中井　乾齋　248

三禮圖　　　　　　大橋　白鶴　173

三禮圖二十卷（校）

　　　　　　菊地　南陽　242

三禮圖考一卷　　　岡田　寒泉　116

三禮說統　　　　　川合　春川　193

三禮標記　　　　　小谷　巢松　141

三禮諸說辯論　　　宮本　篁村　229

三禮獨斷二十六卷

　　　　　　佐佐木　琴臺　159

三禮斷一卷　　　　井上　金峩　219

三禮雛象解一卷　　宮田　五溪　272

士庶喪祭考　　　　蟹　養齋　109

大周易象數圖經要領一卷（刊）

　　　　　　小林　函山　259

大易十翼微臭七卷　伊東　奚疑　279

大禹謨辨一卷　　　伊藤　東涯　130

大衍略說說卦八卦巨象考

　　　　　　神林　復所　71

大象解一卷　　　　伊藤　仁齋　128

大學一家言一卷（刊）

　　　　　　佐藤　一齋　59

大學三鋼領口義一卷

　　　　　　三宅　尚齋　107

大學小記　　　　　小島　省齋　212

大學小傳四卷　　　齋宮　靜齋　153

大學小解一卷（刊）

　　　　　　熊澤　蕃山　89

大學心印六卷　　　田結莊　千里　97

大學心解四卷　　　田結莊　千里　97

大學方言俚講　　　井土　學圃　62

大學古義一卷　　　片山　兼山　181

大學古義一卷（刊）

　　　　　　　　井上　　金峨　219

大學古點　　　　大江　　玄圃　184

大學句解　　　　若林　　竹軒　81

大學本義二卷　　宮本　　篁村　229

大學正文一卷　　　東　　澤瀉　96

大學正心傳章句私考

　　　　　　　　神林　　復所　71

大學正義一卷（刊）

　　　　　　　　村田　　庫山　140

大學正義二卷　　中井　　乾齋　248

大學全蒙釋言一卷　佐藤　直方　104

大學全蒙釋言序　　佐藤　直方　104

大學夷考並問答附錄一卷（刊）

　　　　　　　　圓山　　溟北　240

大學式一卷（刊）　犬塚　印南　35

大學朱子序圖說　　中江　藤樹　88

大學考　　　　　　中江　藤樹　88

大學考　　　　　　南宮　大湫　180

大學考　　　　　　蒲坂　青莊　169

大學考一卷　　　　諸葛　琴臺　271

大學考一卷（刊）　龜井　昭陽　170

大學考二卷　　　　大田　錦城　244

大學考草一卷　　　大田　錦城　244

大學考證　　　　　星野　熊嶽　257

大學考證　　　　　高橋　華陽　227

大學克明德講義一卷

　　　　　　　　淺見　　絅齋　103

大學序次考異一卷（刊）

　　　　　　　　砂川　　由信　259

大學序宗旨圖　　　中江　藤樹　88

大學序說　　　　　中江　藤樹　88

大學抄一卷　　　　林　　羅山　3

大學改本集說　　　大田　晴軒　247

大學私考　　　　　藤澤　子山　158

大學私考　　　　　安東　省菴　10

大學私考三冊　　　櫻田　簡齋　123

大學私衡（一名大學辨疑）一卷
（刊）　　　　　龜田　鵬齋　227

大學私錄一卷　　　三島　中洲　97

大學和語鈔四卷　　小出　永安　7

大學定本　　　　　南宮　大湫　180

大學定本一卷　　　伊藤　鹿里　245

大學定本一卷　　　伊藤　仁齋　128

大學定本一卷　　　大田　錦城　244

大學定本一卷　　　藤澤　東畡　174

大學定本必傳一卷　小林　西岳　153

大學定本抄翼一卷（刊）

　　　　　　　　伊藤　　東所　136

大學定本釋義二卷（刊）

　　　　　　　　伊藤　　東涯　130

大學定本釋義國字解四卷

　　　　　　　穗積　能改齋　132

大學定書一卷　　　中井　竹山　32

大學定說一卷　　　赤城　彩霞　273

大學定靜近道筆記一卷

　　　　　　　　淺見　　絅齋　103

大學或問（一名經濟辨）一卷（刊）

　　　　　　　　熊澤　　蕃山　89

大學或問一卷　　　湯淺　常山　154

大學或問私考一卷　林　　鵝峯　6

大學或問鈔一卷　　陶山　鈍翁　18

大學或問敬說講義　淺見　絅齋　103

大學或問講義　　　稻葉　默齋　114

大學明德說一卷　　淺見　絅齋　103

大學明德說講義　　稻葉　默齋　114

大學明德講義　　　神林　復所　71

大學明德講義一卷　淺見　絅齋　103

大學物說一卷　　　淺見　絅齋　103

大學物說講義　　　稻葉　默齋　114

大學知止節國字說一卷

　　　　　　　　　櫻田　虎門　120

大學知言（一名大學標識）一

卷（刊）　　　　　東條　一堂　204

大學金籯抄七卷　　橫田　何求　10

大學非孔書辨一卷　伊藤　仁齋　128

大學指趣解一卷　　堀　　友直　72

大學是正一卷　　　伊藤　蘭嵎　134

大學皆自明說　　　佐藤　直方　104

大學紀聞略說二冊（刊）

　　　　　　　　　加藤　章菴　126

大學衍義考證八卷　中村　蘭林　23

大學要旨一卷　　　林　　羅山　3

大學要略抄一卷　　林　　羅山　3

大學要解一卷　　　戶崎　淡園　162

大學要解一卷（刊）

　　　　　　　　　中島　石浦　85

大學述一卷（刊）　平　　俞　254

大學述義一卷（刊）　神　晉齋　266

大學原文句讀一卷　矢部　騰谷　287

大學原本釋義一卷（刊）

　　　　　　　　　朝川　善菴　231

大學原解（校）　　猪飼　敬所　200

大學原解三卷（刊）

　　　　　　　　　大田　錦城　244

大學家說一冊（刊）

　　　　　　　　　藤澤　南岳　175

大學參解一卷（刊）

　　　　　　　　　鈴木　離屋　282

大學問答四卷（刊）

　　　　　　　　　古賀　侗菴　51

大學問譯文一卷　　奧宮　慥齋　95

大學國字解一卷（刊）

　　　　　　　　　冢田　大峯　197

大學國字解二卷（刊）

　　　　　　　　　伊藤　鹿里　245

大學國字解五卷　穗積　能改齋　133

大學授蒙資講五卷（刊）

　　　　　　　　　松浦　交翠軒　12

大學啟一卷（刊）　和田　綱　256

大學啟發六卷序例一卷（編次）

　　　　　　　　　山崎　闇齋　101

大學啟蒙二卷　　　劉　　琴溪　168

大學啟蒙斷片　　　中江　藤樹　88

大學略說一卷　　　安積　艮齋　61

大學略譯一卷　　　馬淵　嵐山　170

大學通疏附或問一卷木山　楓溪　93

大學通義一卷　　　後藤　松軒　14

大學通解二卷　　　澁谷　松堂　222

大學章句（上總姬島村鈴木氏所藏）

　　　　　　　　　佐藤　直方　104

大學章句（播州姬路藩）

　　　　　　　　　佐藤　直方　104

大學章句或問講義　山崎　闇齋　101

大學章句參辨三卷（刊）

　　　　　　　增島　蘭園　46

大學章句集疏　　　中田　平山　75

大學章句新疏二卷（刊）

　　　　　　　室　鳩巢　18

大學章句講本二卷（刊）

　　　　　　　砂川　由信　259

大學章句講義　　　櫻木　闇齋　114

大學章句纂釋一卷（刊）

　　　　　　　古賀　精里　37

大學章句觸類三卷　山崎　子列　19

大學傍訓一卷（刊）

　　　　　　　三國　幽眠　79

大學就正一卷　　　正牆　適處　68

大學插解　　　　　片山　恒齋　52

大學提要一卷　　　佐藤　雲韶　260

大學發揮摘注　　　蒔田　鳳齋　273

大學筆記　　　　　岡田　南涯　198

大學註一冊（刊）　冢田　大峯　197

大學集義二卷（刊）

　　　　　　　矢部　騰谷　287

大學集說　　　　　倉石　個窩　69

大學傳九章說　　　佐藤　直方　104

大學傳五章講義　　淺見　絅齋　103

大學新大全　　　氏家　過擴堂　5

大學新註一卷　　　關谷　潛　284

大學經文解一卷　　江帾　木鷄　205

大學補闕略　　　　佐藤　直方　104

大學解　　　　　　照井　一宅　211

大學解　　　　　　中江　藤樹　88

大學解　　　　　　瀨谷　桐齋　228

大學解　　　　　　鈴木　大凡　272

大學解一卷（刊）　荻生　徂徠　143

大學解二卷　　　　猪飼　敬所　200

大學解二卷　　　　林　羅山　3

大學解約覽一卷（刊）

　　　　　　　西岡　天津　246

大學解癈疾　　　　片山　兼山　181

大學誠意傳國字說二卷

　　　　　　　櫻田　虎門　120

大學辟硈一卷　　　渡邊　荒陽　283

大學圖會一卷（刊）

　　　　　　　服部　大方　266

大學圖解一卷（刊）

　　　　　　　伊藤　鹿里　245

大學摘說一卷（刊）

　　　　　　　佐藤　一齋　59

大學精義一卷（刊）

　　　　　　　市川　鶴鳴　157

大學綱目全圖　　　淺見　絅齋　103

大學綱目俗解　　　貝原　益軒　14

大學聞書一冊　　　中井　履軒　190

大學蒙註　　　　　中江　藤樹　88

大學製文二卷　　　馬淵　嵐山　170

大學說一卷　　　　箕浦　靖山　160

大學說一卷　　　　八田　華陽　225

大學說一卷　　　　太田代　東谷　241

大學說一卷（刊）　安井　息軒　208

大學說約　　　　　關屋　致鶴　265

大學徵一卷　　　　猪飼　敬所　200

大學標注　　　　　元田　竹溪　71

大學標注一卷　　　帆足　萬里　56

大學篇提要一卷	谷	太湖	80
大學諸注集覽四卷	鈴木	龍洞	255
大學諸說辨誤一卷（刊）			
	古賀	精里	37
大學質疑一卷	猪飼	敬所	200
大學鄭氏義四卷（刊）			
	海保	漁村	246
大學養老解	服部	南郭	147
大學養老編三卷（刊）			
	入江	南溟	148
大學獨斷一卷	桃	白鹿	30
大學獨斷正文一卷（刊）			
	桃	白鹿	30
大學獨斷或問一卷	桃	白鹿	30
大學諺解一卷	林	鵝峯	6
大學諺解一卷（刊）			
	遲塚	速叟	275
大學諺解六卷	小龜	勤齋	285
大學輯錄	星野	熊嶽	257
大學辨一卷	澀谷	松堂	222
大學辨二卷	山本	北山	223
大學辨錦一卷（刊）			
	葛西	因是	40
大學辨斷一卷	山崎	子列	19
大學臆一卷	芥川	丹丘	90
大學講義	鈴木	養察	110
大學講義	櫻木	闇齋	114
大學講義	稻葉	默齋	114
大學講義	山崎	闇齋	101
大學講義	中村	習齋	113
大學講義	渡邊	豫齋	122
大學講義一卷	東條	一堂	204
大學講義一卷	山井	清溪	215
大學講義一卷	加藤	櫻老	73
大學講義一卷	稻葉	迂齋	107
大學講義一卷	江上	苓洲	167
大學講義一卷（刊）			
	堀江	惺齋	49
大學講義一冊（刊）			
	藤澤	南岳	175
大學講義二卷	岡	三慶	87
大學講義二卷	井部	香山	56
大學講義筆記二卷	佐藤	直方	104
大學講說一卷	中島	石浦	85
大學講議二卷	若林	強齋	105
大學叢說一卷	石井	繩齋	229
大學斷疑	宮永	大倉	57
大學雜解一卷	岡本	稚川	184
大學雜議一卷（刊）			
	中井	履軒	190
大學繹解一卷（刊）			
	皆川	淇園	188
大學證一卷	星野	熊嶽	257
大學證一卷	高橋	華陽	227
大學證註一卷	石井	繩齋	229
大學纂述	奧村	止齋	283
大學闈一卷（刊）	菅沼	東郭	147
大學欄外書一卷（刊）			
	佐藤	一齋	59
大學讀原本一卷（刊）			
	小南	栗齋	274
大學變通一卷	乾	長孝	270

大學驗心錄一卷	堀　友直	72
大學體驗說二卷	大塚　退野	21
大戴禮別錄二卷	齋藤　芝山	163
大戴禮記補注十卷	伊東　藍田	163
大戴禮備考	園山　酉山	38
大戴禮補注	田邊　樂齋	118
大戴禮說	古屋　愛日齋	185
女大學一卷	貝原　益軒	14
女大學寶箱文庫一卷（刊）		
	貝原　益軒	14
女四書四卷（刊）	西坂　成菴	63
女孝經補註一卷	齋藤　鶴磯	252
小易卦象義	皆川　梅翁	247
小畜象卦對象辨	宮永　大倉	57
小雅旻解一卷	齋宮　靜齋	153
小戴禮別錄六卷	齋藤　芝山	163

四劃

中洲易叢八卷	真勢　中洲	116
中庸一卷（刊）	中井　履軒	190
中庸一誠而已說一卷		
	淺見　絅齋	103
中庸二十五章	佐藤　直方	104
中庸二十五章筆記一卷		
	淺見　絅齋	103
中庸二十五章講意一卷		
	櫻田　虎門	120
中庸十六章	佐藤　直方	104
中庸三冊	三宅　尚齋	107
中庸三章一卷	陶山　鈍翁	18
中庸口義一卷	和田　儀丹	107

中庸大成五卷	穗積　能改齋	133
中庸小考	雨森　精齋	73
中庸小解二卷（刊）		
	熊澤　蕃山	89
中庸天命章	佐藤　直方	104
中庸天樂樓定本一卷（刊）		
	中井　履軒	190
中庸文脈一卷	山縣　大華	64
中庸文訣一卷	馬淵　嵐山	170
中庸古注	南宮　大湫	180
中庸古義一卷	井上　金峨	219
中庸古義一卷	片山　兼山	181
中庸句解	若林　竹軒	81
中庸本義二卷	宮本　篁村	229
中庸本義二卷	中井　乾齋	248
中庸未發已發說一卷		
	淺見　絅齋	103
中庸未發已發體用筆記一卷		
	淺見　絅齋	103
中庸正文一卷	東　澤瀉	96
中庸正文一卷	馬淵　嵐山	170
中庸正解	岡本　韋菴	80
中庸合讀	柿岡　林宗	36
中庸考一卷	大田　晴軒	247
中庸考一卷（刊）	龜井　昭陽	170
中庸考二卷	大田　錦城	244
中庸考草二卷	大田　錦城	244
中庸折中	小島　省齋	212
中庸私考五冊	櫻田　簡齋	123
中庸私說	平元　梅隣	131
中庸私錄一卷	三島　中洲	97

中庸和語鈔八卷（刊）
　　　　　　　小出　永安　7
中庸定本一卷　　　中井　竹山　32
中庸或問私考二卷　林　鵝峯　6
中庸或問講義　　　稻葉　默齋　114
中庸知言（一名中庸標識）一卷
（刊）　　　　　東條　一堂　204
中庸衍註一卷　　　中村　中倧　201
中庸要解一卷　　　戶崎　淡園　162
中庸述一卷　　　　　平　俞　254
中庸首章發蒙圖解一卷（刊）
　　　　　　　尾藤　二洲　35
中庸首章解一卷（刊）
　　　　　　　五井　蘭洲　24
中庸首章講義筆記二卷
　　　　　　　鎌田　柳泓　39
中庸原解（校）　猪飼　敬所　200
中庸原解六卷（刊）
　　　　　　　大田　錦城　244
中庸書說　　　　　佐藤　直方　104
中庸脈絡一卷　　　山崎　子列　19
中庸鬼神大意　　　佐藤　直方　104
中庸問答六卷　　　古賀　侗菴　51
中庸問答補遺一卷　古賀　侗菴　51
中庸國字解一卷（刊）
　　　　　　　冢田　大峯　197
中庸國字解六卷　穗積　能改齋　133
中庸略解一卷　　　池田　草菴　96
中庸略說一卷　　　安積　艮齋　61
中庸通　　　　　　松田　拙齋　251

中庸章句參辨二卷（刊）
　　　　　　　增島　蘭園　46
中庸章句新疏二卷（刊）
　　　　　　　室　鳩巢　18
中庸章句新疏補成一卷
　　　　　　　神林　復所　71
中庸章句纂釋二卷　古賀　精里　37
中庸莛撞一卷（刊）
　　　　　　　伊藤　鹿里　245
中庸提要一卷　　　佐藤　雲韶　260
中庸發揮一卷　　　伊藤　仁齋　128
中庸發揮抄翼一卷（刊）
　　　　　　　伊藤　東所　136
中庸發揮國字解二十四卷
　　　　　　　穗積　能改齋　133
中庸發揮標釋二卷　伊藤　東涯　130
中庸發蒙　　　　　葛井　文哉　53
中庸筆記　　　　　岡田　南涯　198
中庸註一冊　　　　冢田　大峯　197
中庸集義二卷　　　矢部　騰谷　287
中庸集解　　　　　元田　竹溪　71
中庸集解一卷（刊）　和田　絅　256
中庸集說　　　　　渡　東嵋　239
中庸意見　　　　　那波　木菴　7
中庸慎思二卷　　　伊東　奚疑　279
中庸新疏　　　　　荒井　鳴門　55
中庸會箋　　　　　竹添　井井　217
中庸解　　　　　　照井　一宅　211
中庸解　　　　　　三宅　橘園　192
中庸解　　　　　　中江　藤樹　88
中庸解　　　　　　瀨谷　桐齋　228

中庸解	堀江	惺齋	49
中庸解	隨朝	若水	201
中庸解	中島	黃山	274
中庸解一冊	金子	鶴村	199
中庸解二卷（刊）	荻生	徂徠	143
中庸解三卷	林	羅山	3
中庸解癈疾	片山	兼山	181
中庸詳解	伊藤	鳳山	236
中庸辟硋一卷	渡邊	荒陽	283
中庸管見一卷	松崎	觀瀾	277
中庸管窺二卷	桃	白鹿	30
中庸管窺或問一卷	桃	白鹿	30
中庸精義二卷（刊）			
	市川	鶴鳴	157
中庸聞書一冊	中井	履軒	190
中庸說一卷	太田代	東谷	241
中庸說一卷	淺見	絅齋	103
中庸說一卷	佐藤	一齋	59
中庸說一卷（刊）	安井	息軒	208
中庸說二卷	大田	錦城	244
中庸說並集傳一卷	龜田	鵬齋	227
中庸標注一卷	帆足	萬里	56
中庸諸注集覽四卷	鈴木	龍洞	255
中庸諸說辨誤一卷	古賀	精里	37
中庸鄭氏義八卷（刊）			
	海保	漁村	246
中庸諺解三卷	林	鵝峯	6
中庸輯略三卷	落合	東堤	120
中庸輯略講義	稻葉	默齋	114
中庸輯略講義	中村	習齋	113
中庸辨一卷	山本	北山	223
中庸辨義一卷	龜田	鵬齋	227
中庸辨錦一卷（刊）			
	葛西	因是	40
中庸臆一卷	芥川	丹丘	90
中庸講義	稻葉	默齋	114
中庸講義	佐藤	牧山	76
中庸講義一冊	山田	方谷	95
中庸講義一卷	木山	楓溪	93
中庸講義一卷	東條	一堂	204
中庸講義二卷	鈴木	養察	110
中庸講義二卷（刊）			
	藤澤	南岳	175
中庸講義十冊	淺井	貞菴	195
中庸講義五卷	千手	旭山	122
中庸講義筆記二卷（刊）			
	鎌田	柳泓	39
中庸講說追正錄一卷			
	中島	石浦	85
中庸斷	池守	秋水	230
中庸斷疑	宮永	大倉	57
中庸繹解二卷（刊）			
	皆川	淇園	188
中庸證一卷（刊）	高橋	華陽	227
中庸繼述	大田	晴軒	247
中庸纂說五卷	增島	蘭園	46
中庸釋義一卷	會澤	正志齋	206
中庸闡一卷	佐藤	東齋	256
中庸闡一卷（刊）	菅沼	東郭	147
中庸欄外書三卷（刊）			
	佐藤	一齋	59
中庸續解	中江	藤樹	88

中庸讀本一冊（刊）

　　　　　　藤澤　南岳　175

中華龜卜考一卷（刊）

　　　　　　水谷　雄琴　286

五行易指南十卷（刊）

　　　　　　櫻田　虎門　120

五象小言　　小笠原　冠山　226

五經一得鈔說五卷　藍澤　南城　205

五經一得解五卷　安東　仕學齋　131

五經十一卷（點）　貝原　益軒　14

五經十一卷（點）　林　羅山　3

五經大全（點）　林　羅山　3

五經文字（審定）　松崎　慊堂　200

五經文字疏證　小島　成齋　205

五經字樣一冊（審定）

　　　　　　松崎　慊堂　200

五經志疑四十卷　齋藤　鑾江　51

五經私考　　松永　尺五　4

五經直解　　秦　新村　121

五經要語抄一卷　林　羅山　3

五經音義補二十卷　高階　暘谷　149

五經音釋　　種野　友直　210

五經旁訓十四卷　清田　儋叟　27

五經訓式定本　石井　擇所　48

五經童子問　人見　卜幽軒　4

五經筆解　　田邊　樂齋　118

五經註　　大塚　觀瀾　118

五經集注（校）　伊藤　東涯　130

五經集注首書六十七卷（刊）

　　　　　　松永　尺五　4

五經集註十一卷（點）

　　　　　　後藤　芝山　26

五經新注欄外書　田村　克成　126

五經解　　小松　愚山　280

五經解閉二十卷　萩原　大麓　189

五經圖彙三卷（刊）

　　　　　　松本　愚山　197

五經圖解十二卷　馬場　信武　285

五經對類二卷　安東　仕學齋　131

五經說叢三十卷　中井　乾齋　248

五經磨鏡錄　山村　勉齋　81

五經擬策問五卷　神林　復所　71

五經纂注　　野田　石陽　169

五經讀法正誤六卷　諸葛　歸春　272

五禮輯監四十八卷　佐和　莘齋　139

五禮類纂二十二卷　川合　春川　193

五隣通卦活法傳一卷

　　　　　　新井　白蛾　111

今文孝經鄭氏解補證一卷（刊）

　　　　　　東條　一堂　204

今文尚書說稿三卷

　　　　　　佐佐木　琴臺　159

元行冲孝經一卷（校）

　　　　　　佐野　山陰　191

元行冲孝經考一卷

　　　　　　曾我部　容所　182

六十四卦活法一蒙　真勢　中洲　116

六十四卦斷例一卷　真勢　中洲　116

六經大義附語孟睫十四卷

　　　　　　渡邊　荒陽　283

六經小言一卷　石川　金谷　180

六經用字例	溪	百年	42
六經豹十二卷	佐和	莘齋	139
六經略說一卷（刊）			
	太宰	春臺	145
六經略談十卷	菅間	鷟南	256
六經異同考	阿野	蒼崖	39
六經解義	香川	南濱	155
六經諸子說	鈴木	離屋	282
六義詳說一卷	神林	復所	71
六禮私議一卷	立原	東里	192
六禮略說一卷	立原	東里	192
公羊傳考一卷	岡本	況齋	209
公羊傳考證一卷	海保	漁村	246
公羊傳補解	淺井	節軒	63
反卦互體圖說一卷	中村	惕齋	11
反易辨二卷	佐佐木	琴臺	159
天文本論語校勘記訓			
	滿生	大麓	176
天文成象一卷	鈴木	大凡	272
天文成象圖	森	蘭澤	152
天文版論語考一卷（刊）			
	細川	十洲	281
孔傳孝經一卷（校）			
	赤松	滄洲	186
心易真訣一卷	真勢	中洲	117
文公家禮考（校）	猪飼	敬所	200
文公家禮通考一卷刊	室	鳩巢	18
日本名家經史論存十五卷（刊）			
	關	湘雲	83
日本經學考	江村	北海	27
日本龜卜考一卷	水谷	雄琴	286
日東周易蘇十三卷（刊）			
	高松	貝陵	286
日東周易蘇卦爻象系譜（弘化			
四年自序）	高松	貝陵	286
月令廣義一卷	中村	惕齋	11
木瓜考一卷	新井	白石	15
毛詩十考	香川	南濱	155
毛詩大序十繆一卷	大田	錦城	244
毛詩六義	江良	仲文	250
毛詩六義考續考二卷			
	大田	錦城	244
毛詩正文三卷（點）			
	片山	兼山	181
毛詩名物圖四卷	北條	蠖堂	256
毛詩合解二卷	櫻井	東亭	136
毛詩字詁	田中	鳴門	28
毛詩存疑六卷	永井	星渚	167
毛詩考二十五卷（刊）			
	龜井	昭陽	170
毛詩考二卷	中山	城山	171
毛詩私說四冊	平元	謹齋	237
毛詩周南召南解	隨朝	若水	201
毛詩或問一卷	古賀	侗菴	51
毛詩知原二卷	山中	天水	221
毛詩品物考	古屋	愛日齋	185
毛詩品物圖考七卷（刊）			
	岡	澹齋	263
毛詩品物圖考雕題一卷			
	中井	履軒	190
毛詩述義十四卷	村瀨	栲亭	191
毛詩國字解二十卷	齋藤	芝山	163

毛詩國字解十卷（刊）

　　　　　　　宇野　東山　164

毛詩國字辨十卷（刊）

　　　　　　　千早　東山　280

毛詩通　　　　蔣田　鳳齋　273

毛詩通義　　　　森　蘭澤　152

毛詩通義四卷　中村　中倧　201

毛詩集疏十三卷　目目澤　鉅鹿　172

毛詩微旨十六卷　平賀　中南　155

毛詩微言八卷　大田　錦城　244

毛詩微管　　　大田　錦城　244

毛詩會箋二十卷（刊）

　　　　　　　竹添　井井　217

毛詩補註　　　寺本　直道　34

毛詩補傳三十一卷（刊）

　　　　　　　仁井田　南陽　141

毛詩解　　　　奧田　三角　134

毛詩解頤一卷　佐藤　敬菴　249

毛詩詳說三卷　大田　錦城　244

毛詩鉤沈十五卷　宮田　五溪　272

毛詩管窺一卷　恩田　蕙樓　190

毛詩說　　　古屋　愛日齋　185

毛詩劉傳稿一卷　古賀　侗菴　51

毛詩徵一卷　　龍　草廬　184

毛詩鄭箋正本五卷（校）

　　　　　　　伏原　宣條　183

毛詩鄭箋同異考四卷

　　　　　　　角田　青溪　183

毛詩鄭箋標注二十一卷

　　　　　　　宇野　東山　164

毛詩鄭箋標註九卷（刊）

　　　　　　　千早　東山　280

毛詩學斷三卷　櫻井　石門　201

毛詩輯疏十二卷（刊）

　　　　　　　安井　息軒　208

毛詩輯聞二十卷　海保　漁村　246

毛詩辨解十六卷　市川　鶴鳴　157

毛詩辨衡十卷　渡邊　荒陽　282

毛詩選說四卷　井上　金峨　219

毛詩翼六卷　　松平　君山　182

毛詩證　　　　　龍　草廬　184

毛詩類考八卷　片山　兼山　181

毛詩纂註　　　鎌田　梁洲　141

毛詩覽　　　　田中　鳴門　28

王制分封田畝考一卷

　　　　　　　福島　松江　150

王制圖考　　　　桃　西河　34

王武曹四書大全（點註）

　　　　　　　吉村　秋陽　94

王注周易注箋解十一卷

　　　　　　　石原　桂園　268

王注周易國字解三卷

　　　　　　　若林　嘉陵　245

五劃

北山先生大學說一卷

　　　　　　　山本　北山　223

北山先生中庸說二卷

　　　　　　　山本　北山　223

北山先生論語二十卷

　　　　　　　山本　北山　223

占卜俚諺鈔九卷	馬場	信武	285		片山	兼山	181
占考談	海保	青陵	166	古文孝經指解補註	南宮	大湫	180
占法極秘口訣一卷	新井	白蛾	111	古文孝經參疏三卷（刊）			
占法儀要儀	守屋	心翁	23		片山	兼山	181
占筮活潑潑一卷	松井	羅洲	118	古文孝經國字解一卷			
占筮問答	中村	習齋	113		宮瀨	龍門	149
叶韻辨疑一卷	渡邊	蒙菴	150	古文孝經略解	細野	栗齋	125
古文大學略解一卷（刊）				古文孝經略解一卷	太宰	春臺	145
	池田	草菴	96	古文孝經略解二卷	渡井	夢南	213
古文大學類語一卷	尾形	洞簫	32	古文孝經發三卷	新井	白蛾	112
古文孝經一卷	澤田	東江	221	古文孝經註	矢島	伊濱	52
古文孝經孔安國傳校正音註一卷				古文孝經解詁一卷	宮田	五溪	272
（刊）	太宰	春臺	145	古文孝經箋註一卷	五味	釜川	146
古文孝經心解七卷				古文孝經標注一卷（刊）			
	田結莊	千里	97		片山	兼山	181
古文孝經古傳一卷	德力	龍潤	26	古文孝經諺解三卷	林	鵝峯	6
古文孝經外傳四卷	德力	龍潤	26	古文孝經辨偽一卷	東條	一堂	204
古文孝經正文一卷（刊）				古文孝經翼注一卷	宮田	五溪	272
	太宰	春臺	144	古文孝經攝字注二卷（刊）			
古文孝經正本（校					藤原	溫齋	269
	伏原	宣條	183	古文尚書二卷（點）			
古文孝經考一卷	座光寺	南屏	166		片山	兼山	181
古文孝經考異一卷（刊）				古文尚書孔傳指要五卷			
	青山	雷巖	215		吉田	篁墩	222
古文孝經考異二卷	朝川	善菴	231	古文尚書孔傳標注十三卷			
古文孝經抄一卷	林	羅山	3		宇野	東山	164
古文孝經私記（刊）				古文尚書正讀二卷（刊）			
	猪飼	敬所	200		蒋田	鳳齋	273
古文孝經私記二卷（刊）				古文尚書存疑	片山	兼山	181
	朝川	善菴	231	古文尚書直解	熊阪	台州	160
古文孝經附錄管見各一卷							

古文尚書紀年解四卷
　　　　　　　　齋藤　芝山　163
古文尚書國字解十五卷
　　　　　　　　齋藤　芝山　163
古文尚書略解二十八卷
　　　　　　　　藍澤　南城　204
古文尚書勤王帥（校）
　　　　　　　　猪飼　敬所　200
古文尚書勤王帥三卷（刊）
　　　　　　　　山本　北山　223
古文尚書增注十卷　齋藤　芝山　163
古文尚書增註別錄七卷
　　　　　　　　齋藤　芝山　163
古文尚書辨偽　皆川　淇園　188
古文尚書總辨一卷（刊）
　　　　　　　　宮田　五溪　272
古本大學全解　中江　藤樹　88
古本大學批點一卷　春日　潛菴　95
古本大學刮目七卷（刊）
　　　　　　　　大鹽　中齋　91
古本大學和解二卷　留守　希齋　108
古本大學旁注補一卷
　　　　　　　　大鹽　中齋　91
古本大學旁訓　中江　藤樹　88
古本大學旁釋補一卷（刊）
　　　　　　　　佐藤　一齋　59
古本大學解詁一卷　宮田　五溪　272
古本大學圖解（一名大學章圖）
　　　　　　　　瀧　無量　257
古本大學講義　宮內　鹿川　98
古本大學講義　萩原　西疇　214

古本大學講義一冊（刊）
　　　　　　　　山田　方谷　95
古本大學講義二卷（刊）
　　　　　　　　三輪　執齋　90
古本大學講義六卷　千葉　松堂　98
古本論語集解考二卷
　　　　　　　　曾我部　容所　182
古周易經斷外篇共十卷（刊）
　　　　　　　　新井　白蛾　111
古易一家言補共二卷（刊）
　　　　　　　　新井　白蛾　111
古易又玄解五卷　井上　鶴洲　127
古易大數一卷（刊）
　　　　　　　　小南　栗齋　274
古易天眼方位傳二卷
　　　　　　　　新井　白蛾　111
古易占病軌範二卷（刊）
　　　　　　　　井上　鶴洲　127
古易占病軌範後編二卷（刊）
　　　　　　　　井上　鶴洲　127
古易病斷二卷（刊）
　　　　　　　　新井　白蛾　111
古易通　新井　白蛾　111
古易察病傳一卷（刊）
　　　　　　　　新井　白蛾　111
古易對問一卷（刊）
　　　　　　　　新井　白蛾　111
古易精義一卷（刊）
　　　　　　　　新井　白蛾　112
古易精義指南二卷（刊）
　　　　　　　　新井　篤光　115

古易縮極傳一卷	新井　白蛾	112
古易鍵	芥川　丹丘	90
古易斷時言四卷（刊）同外篇		
	新井　白蛾	112
古易鑑五卷	芥川　丹丘	90
古註孟子考二卷	戶崎　淡園	162
古註尚書考五卷	戶崎　淡園	161
古詩七卷	中井　履軒	190
古詩古色一卷	中井　履軒	190
古詩得所編一卷	中井　履軒	190
四子左氏傳講義錄	萩原　西疇	214
四始考證	高橋　華陽	227
四庫簡明目錄經部四卷（校）		
	鷹見　星皋	189
四書十四冊（刊）（校點）		
	山崎　闇齋	101
四書大全二十三卷（校訂）		
	鵜飼　石齋	4
四書小解	竹田　春菴	20
四書之序一卷（刊）	溪　百年	42
四書之部十卷（刊）	溪　百年	42
四書五經二十一卷（點）		
	中村　惕齋	11
四書五經筆記	近藤　棠軒	40
四書公語錄二卷（刊）		
	鎌田　柳泓	39
四書句讀大全二十卷（刊）		
	山鹿　素行	100
四書句讀或問十卷	山鹿　素行	100
四書札記二卷	松崎　慊堂	200
四書正文	赤城　彩霞	273

四書示蒙句解二十七卷（刊）		
	中村　惕齋	11
四書合一圖說	中江　藤樹	88
四書字引捷徑一卷	古屋　蜂城	121
四書字義摘要	中村　梅塢	86
四書存疑考異一卷（刊）		
	鵜飼　石齋	4
四書朱註四聲辨疑二十五卷		
	生駒　柳亭	24
四書朱註折義十卷	伊藤　鳳山	236
四書考	中江　藤樹	88
四書考	黑澤　四如	232
四書考證	星野　熊嶽	257
四書考證八卷	山中　天水	221
四書自解十卷	若林　嘉陵	245
四書刪正補	並河　誠所	130
四書序考一卷（刊）	林　羅山	3
四書折衷辨斷三十九卷		
	日尾　荊山	234
四書私考十三卷	村田　箕山	121
四書私抄十卷	安東　侗菴	11
四書事文實錄十四卷		
	松永　尺五	3
四書和鈔十二卷	愛甲　喜春	9
四書和讀考二卷	高畠　慶成	84
四書或問抄略三卷（編）		
	稻葉　默齋	114
四書松陽講義五卷（校刊）		
	篠崎　小竹	54
四書注考	東條　琴臺	247
四書直解	秦　新村	121

四書近小改點十卷　櫻田　簡齋　123
四書便講六卷　　　佐藤　直方　104
四書便講序　　　　佐藤　直方　104
四書俚諺抄十卷（刊）

　　　　　　　　　毛利　貞齋　85
四書度量考一卷　　水野　陸沈　278
四書要解　　　　　平井　澹所　226
四書要語抄一卷　　林　　羅山　3
四書要領　　　　　園田　一齋　54
四書唐音辨二卷　　岡島　冠山　15
四書訓式定本　　　石井　擇所　48
四書訓蒙輯疏二十九卷（刊）

　　　　　　　　安部井　帽山　49
四書參考　　　　　佐藤　周軒　19
四書國字解　　　日根野　鏡水　56
四書國字辨四十卷（刊）

　　　　　　　　　宇野　東山　164
四書國讀　　　　　山本　復齋　104
四書淺說（校）　　鵜飼　石齋　4
四書淺釋五十三卷　猪飼　箕山　210
四書略解十卷（刊）

　　　　　　　　　重田　蘭溪　259
四書略講主意　　　林　良齋　91
四書通解　　　　　佐藤　西山　207
四書通解十三卷（論語、大學、
中庸）　　　　　　中島　浮山　129
四書通辨十九卷　　伊藤　龍洲　22
四書章句集注考異十卷

　　　　　　　　　莊田　恬逸　15
四書章句集註題疏　小林　寒翠　208
四書插字句解十卷　荒井　鳴門　55

四書晰文三卷　　　村上　聽雨　253
四書童子問一卷　　人見　卜幽軒　4
四書筆記　　　　　千手　廉齋　117
四書筆解　　　　　田邊　樂齋　118
四書註　　　　　　大塚　觀瀾　118
四書註五冊　　　　關　　蕉川　57
四書鈔說十二卷（刊）

　　　　　　　　　中村　愓齋　11
四書集字吟一卷　　大槻　磐溪　209
四書集注十卷（點）林　羅山　3
四書集注大全（校）

　　　　　　　　　伊藤　東涯　130
四書集注講義四卷　赤澤　一堂　253
四書集注鼇頭引用書目一卷

　　　　　　　　　岡本　況齋　209
四書集註　　　　　齋藤　鳴湍　78
四書集註十九卷（點）

　　　　　　　　　後藤　芝山　26
四書集註十卷（點）

　　　　　　　　　貝原　益軒　14
四書集註序諺解四卷

　　　　　　　　　和田　靜觀窩　5
四書集註抄三十八卷（刊）

　　　　　　　　　林　　羅山　3
四書集註俚諺抄五十卷（刊）

　　　　　　　　　毛利　貞齋　85
四書集註標釋二十卷

　　　　　　　　　伊藤　東涯　130
四書集註翼（刊）　若槻　幾齋　40
四書集註講義四十一卷

　　　　　　　　　大野　竹瑞　267

四書集釋十卷	古賀	精里	37
四書匯參十卷（校注）			
	西坂	成菴	62
四書會要十卷	中井	乾齋	248
四書解	三島	通庸	279
四書解	小松	愚山	280
四書解說	藤井	懶齋	102
四書資講四卷	合原	窗南	105
四書道德總圖二卷	安東	省菴	10
四書摘疏四十卷內大學三卷（刊）			
	櫻田	虎門	120
四書精意鈔說	蟹	養齋	109
四書蒙引略圖解一卷（刊）			
	大原	武清	83
四書箚記十卷	安部井	帽山	49
四書標注	西島	城山	71
四書標記十卷	猪飼	敬所	200
四書標異十九卷	圓山	溟北	240
四書熟字辨一卷（刊）			
	鎌田	環齋	39
四書談四卷（刊）	小南	栗齋	274
四書擇言二十六卷	金子	霜山	122
四書磨鏡錄	山村	勉齋	81
四書諺解（未完）	山鹿	素行	100
四書辨蒙詳說五十二卷			
	梁田	毅齋	249
四書辨論十二卷	中江	岷山	129
四書擬策問五卷	神林	復所	71
四書翼十卷	羽黑	養潛	102
四書講義	山口	菅山	121
四書講義	室	鳩巢	18
四書講義	林	鳳岡	17
四書講義	鶴岡	精齋	124
四書講義	鈴木	養齋	119
四書講義	一瀨	庄助	85
四書講義二冊（刊）			
	內藤	碧海	214
四書講義十冊	落合	東堤	120
四書講義四卷	梁田	蛻巖	22
四書講證	箕浦	立齋	115
四書講釋一卷	山崎	北峯	284
四書贅言六卷（校）			
	安原	方齋	30
四書斷	中井	竹山	32
四書證義	草野	石瀨	62
四書辭例	高橋	華陽	227
四書纂要（大學、中庸部五卷刊）			
	金子	霜山	122
四書釋地（校）	猪飼	敬所	200
四書蠡海二卷	股野	順軒	138
四書讀法正誤一卷	諸葛	歸春	272
四書叙旨十六卷	齋藤	鑾江	51
四象陰陽異同辨	神林	復所	71
四經（易三、書三、詩三、禮			
三）質疑十二卷	赤井	東海	62
四禮通考四卷	山崎	北峯	284
左氏人名記略一冊			
	加賀美	櫻塢	111
左氏十五卷	中井	履軒	190
左氏比玉二卷	中井	乾齋	248
左氏注疏考三卷	岡本	況齋	209
左氏糾繆	大田	錦城	244

左氏春秋考徵三十卷			
	川合	梅所	174
左氏春秋解	相馬	九方	174
左氏捷覽一卷	高安	蘆屋	258
左氏傳考	香川	南濱	155
左氏傳考二卷	岡本	况齋	209
左氏傳評釋	野村	藤陰	79
左氏傳解	井部	健齋	78
左氏傳說	龜田	鵬齋	227
左氏傳撥亂五傳	中山	城山	171
左氏傳講義	高木	松居	72
左氏會箋三十卷（刊）			
	竹添	井井	217
左氏語例一卷	岡本	况齋	209
左氏熟語一卷	伊藤	東涯	130
左氏獨得	片山	兼山	181
左氏辭令一斑一卷（刊）			
	陸奧	福堂	213
左占指象	大田	錦城	244
左占指象一卷	奧田	尚齋	33
左易便覽一卷	土肥	鹿鳴	251
左國一家言三卷	井上	蘆洲	127
左國古義俚解二卷	廣澤	文齋	243
左國考	伊藤	兩村	60
左國考五卷	永井	星渚	167
左國易一家言三卷（刊）			
	谷川	龍山	119
左國易八考一卷（刊）			
	新井	白蛾	112
左國易占活斷諺解三卷			
	真勢	中洲	116
左國易活斷解一卷	真勢	中洲	116
左國易解三卷	土肥	鹿鳴	251
左國易說	新井	白蛾	112
左國通義八卷	澀井	太室	28
左國雪冤二卷	三宅	橘園	192
左國腴詞八卷（校）			
	赤松	滄洲	186
左國傳註窺觀一卷	神林	復所	71
左國語解二卷	萩原	大麓	189
左國標注	西島	城山	71
左傳人名	中村	習齋	113
左傳三事考一卷	井狩	雪溪	249
左傳凡例考	鈴木	石橋	37
左傳六卷	中井	履軒	190
左傳引證	高橋	華陽	227
左傳比事文矩十卷	岩下	探春	27
左傳比事徵三卷	土肥	鹿鳴	251
左傳比事蹄三卷	中井	竹山	32
左傳世足解六卷	秦	滄浪	196
左傳占例考一卷	片岡	如圭	87
左傳古奇字音釋一卷（刊）			
	後藤	芝山	26
左傳古義（未完）	荻生	徂徠	143
左傳正義校勘記補正一卷			
	海保	漁村	246
左傳白文七卷（校訂）			
	服部	南郭	147
左傳名物考六卷	茅原	虛齋	265
左傳字句便蒙一卷	奧田	尚齋	33
左傳年表十卷	原田	紫陽	70
左傳考七卷	戶崎	淡園	161

左傳考三卷（刊）　宇野　明霞　179

左傳考證二卷　　　恩田　蕙樓　190

左傳考證三卷　　　山中　天水　221

左傳兵車團一卷　　湯淺　常山　154

左傳刪正一卷　　　恩田　蕙樓　190

左傳助字法三卷（刊）

　　　　　　　　　皆川　淇園　188

左傳序考一卷　　　林　　鵝峯　　6

左傳折衷十卷　　　平賀　中南　156

左傳折衷辨斷八卷　日尾　荊山　234

左傳杜注補五卷　　久野　鳳洲　148

左傳杜註正誤三卷　青山　拙齋　199

左傳杜解紕繆三卷　大田　錦城　244

左傳杜解補正（校點）

　　　　　　　　　吉田　訥所　260

左傳杜解補衱一卷　舟生　釣濱　257

左傳杜解補葺五卷　吉田　篁墩　222

左傳私說一卷　　　中井　碩果　　47

左傳系譜　　　　　中村　習齋　113

左傳制義三卷　　　茅原　虛齋　265

左傳周觀六卷　　　秦　　滄浪　196

左傳始末統類十二冊

　　　　　　　　　奧田　尚齋　　33

左傳拔錄一卷　　　鍋島　直興　269

左傳附註十卷（校）

　　　　　　　　　奧村　茶山　242

左傳珍說四卷　　　荒井　鳴門　　55

左傳國字解　　　　江帾　木鷄　205

左傳探賾八卷　　　古賀　侗菴　　51

左傳捷覽　　　　　奧田　尚齋　　33

左傳略說六卷　　　關　　松窗　223

左傳異名考一卷　　井上　蘭臺　218

左傳統　　　　　　落合　雙石　　65

左傳通　　　　　　蒔田　鳳齋　273

左傳通　　　　　　澤田　鹿鳴　109

左傳通覽十二卷　　松井　蝸菴　276

左傳章句文字五卷（刊）

　　　　　　　　　伊藤　鳳山　235

左傳掇一卷　　　　山鹿　素行　100

左傳晰義三卷　　　野崎　藤橋　228

左傳景譜一卷　　　田中　弄叟　263

左傳發揮　　　　　三宅　橘園　192

左傳註解　　　　　豐島　洞齋　125

左傳鈔四冊　　　　竹添　井井　217

左傳集註　　　　　海保　漁村　246

左傳集說辨義　　　內田　周齋　252

左傳彙箋　　　　　長　　梅外　238

左傳會業二十二卷　西山　元文　281

左傳筮說一卷　　　井上　金峨　219

左傳補考三卷　　　大田　錦城　244

左傳補注六卷　　　細合　斗南　160

左傳補證四卷　　　海保　漁村　246

左傳解　　　　　　湯淺　常山　154

左傳解一卷（刊）　瀨谷　桐齋　228

左傳解閉　　　　　萩原　樂亭　195

左傳對問二條一冊　平元　謹齋　237

左傳摘解五卷　　　岡野　石城　169

左傳箋注　　　　　平賀　中南　156

左傳聞書九冊　　　中井　履軒　190

左傳蓄疑附事態十二卷

　　　　　　　　　五井　蘭洲　　24

左傳說一卷　　　　山本　日下　111

左傳說五卷　　　　　齋藤　鑾江　51
左傳駁語　　　　　　大田　錦城　244
左傳增注三十卷（刊）
　　　　　　　　　　冢田　大峯　197
左傳徵義六卷　　　　村瀨　栲亭　191
左傳標例一卷　　　　那波　魯堂　28
左傳標識八卷　　　　尾崎　梁甫　87
左傳諸注補考八卷　　朝川　善菴　231
左傳諸說辯論　　　　宮本　篁村　229
左傳質考一卷　　　　增島　蘭園　46
左傳魯曆考一卷　　　宇野　東山　164
左傳獨說　　　　　　市川　鶴鳴　157
左傳獨斷四卷　　　　伊藤　蘭嵎　134
左傳輯釋二十五卷（刊）
　　　　　　　　　　安井　息軒　208
左傳辨惑一卷　　　　馬淵　嵐山　170
左傳辨誤考一卷　座光寺　南屏　166
左傳隨筆一卷　　　　中島　東關　228
左傳講述　　　　　　渡邊　蒙菴　150
左傳講義三卷　　　　龜井　南溟　165
左傳講義五卷　　　　赤澤　一堂　253
左傳雜記十二卷　　　佐藤　一齋　59
左傳雜說九卷　　　　古賀　侗菴　51
左傳纂疏六十卷（刊）
　　　　　　　　　　宇野　東山　164
左傳釋例稿案六卷　　奧田　尚齋　33
左傳釋例續貂四卷　　奧田　尚齋　33
左傳纘考合解　　　　立野　桂山　174
左傳纘考三十三卷（刊）
　　　　　　　　　　龜井　昭陽　170
左傳觿十卷（刊）　　岡　　龍洲　180

本卦要儀　　　　　　守屋　心翁　23
正易推術一卷　　　　赤井　東海　62
正續疑孟二卷（刊）
　　　　　　　　　　藤野　木槿　99
玄宗御注孝經補義一卷（刊）
　　　　　　　　　　福井　敬齋　114
玉琴精舍論語說二十卷
　　　　　　　　　　石合　江村　67
白賁堂經說一卷（桑名前修遺書）
　　　　　　　　秋山　白賁堂　123
石經十三經（審定）
　　　　　　　　　　松崎　慊堂　200
石經大學慎思一卷　伊東　奚疑　279
石經大學解一卷（刊）
　　　　　　　　　　井田　赤城　253
石經大學謏解　　　　內藤　閑齋　89
立象盡意三卷　　　　松井　羅洲　118
立禮教纂　　　　　　川合　春川　193

六劃

伊川易傳序　　　　　佐藤　直方　104
伐柯篇二卷　　　　　小河　立所　128
伐柯錄二卷　　　　　青山　拙齋　199
伏羲八卦圖講義一卷
　　　　　　　　　　淺見　絅齋　103
列象一義　　　　　　神林　復所　71
名象略辨　　　　　　宮永　大倉　57
地水卦象發蘊　　　　神林　復所　71
多識編五卷（刊）　　林　　羅山　3
有明館經史說八　　　鷹見　星皋　189

朱氏詩傳膏肓二卷（刊）

　　　　　　太宰　春臺　145

朱易衍義三卷（編次）

　　　　　　山崎　闇齋　101

朱易衍義筆記一卷　三宅　尚齋　106

朱易衍義講義一卷　淺見　絅齋　103

朱易衍義講義二卷　稻葉　迂齋　107

朱易衍義講義三冊　宇井　默齋　110

朱注詩經標解六卷　宇野　東山　164

百濟所獻論語考　島田　篁村　248

考工記國字解二卷　井口　蘭雪　133

考工記圖考　　桃　西河　34

考工記管籥及附續三卷

　　　　　　井口　蘭雪　133

考訂大學一冊（刊）

　　　　　　山本　溪愚　142

考訂中庸一冊（刊）

　　　　　　山本　溪愚　142

考訂詩經一冊（刊）

　　　　　　山本　溪愚　141

艮止說一卷（刊）　陶山　鈍翁　17

艮卦象辭直解一卷　陶山　鈍翁　17

七劃

作易象圖一卷（刊）

　　　　　　高橋　華陽　227

作易解　　木澤　天童　225

刪定周易講義八卷（刊）

　　　　　　真勢　中洲　116

刪詩義一卷　會澤　正志齋　206

孝經一卷　　小畑　詩山　267

孝經一卷（點）　　林　羅山　3

孝經一得　　中村　栗園　72

孝經二卷　　松下　烏石　153

孝經大意一卷　伊東　奚疑　279

孝經大義一卷（點）

　　　　　　貝原　益軒　14

孝經大義和字抄三卷

　　　　　　橫田　何求　10

孝經大義詳解二卷（刊）

　　　　　　宇都宮　遯菴　12

孝經大義詳解五卷（刊）

　　　　　　蘆川　桂洲　267

孝經小解一冊　三輪　執齋　90

孝經小解二卷（刊）

　　　　　　熊澤　蕃山　89

孝經小識　　隨朝　若水　201

孝經之部一卷　　溪　百年　42

孝經五記　　朝川　善菴　231

孝經六書　　朝川　善菴　231

孝經孔傳音註一卷（校）

　　　　　　朝川　善菴　231

孝經孔傳音註疏三卷

　　　　　　五味　釜川　146

孝經孔傳辨一冊　藤田　幽谷　194

孝經孔傳辨偽一卷　東條　一堂　204

孝經孔傳翼註　久保木　竹窗　41

孝經孔傳讀本一卷（刊）

　　　　　　伊藤　鳳山　236

孝經引證一卷（校）岡田　新川　185

孝經刊誤一卷（刊）山崎　闇齋　101

孝經刊誤集註一卷（刊）

　　　　　　　氏家　閑存　76

孝經刊誤集解一卷（刊）

　　　　　　　中村　惕齋　11

孝經刊誤講義　稻葉　默齋　114

孝經古今文異同考一卷

　　　　　　　最上　鶯谷　287

孝經古今文異同考二卷

　　　　　　　市野　東谷　147

孝經古今文異同考三卷

　　　　　　　萩原　樂亭　195

孝經古今文疏證四卷

　　　　　　　海保　漁村　246

孝經古點　　大江　玄圃　184

孝經句解　　蟹　養齋　109

孝經外傳　　村瀨　櫟園　158

孝經外傳一卷（編次）

　　　　　　　山崎　闇齋　101

孝經外傳或問四卷　熊澤　蕃山　89

孝經正文唐音付二卷（刊）

　　　　　　　石川　金谷　180

孝經正解　　伴　東山　139

孝經白天章三卷　最上　鶯谷　287

孝經示蒙句解一卷　中村　惕齋　11

孝經考　　　中江　藤樹　88

孝經考　　　猪飼　敬所　200

孝經考一卷　會澤　正志齋　206

孝經考一卷　諸葛　琴臺　271

孝經考一卷　大田　晴軒　247

孝經考一卷　龜井　昭陽　170

孝經考一卷　戶崎　淡園　162

孝經考二卷　　藍澤　南城　205

孝經考文一卷　永井　星渚　167

孝經考合說　　立野　桂山　174

孝經考定　　　樋口　義所　138

孝經告盟一家政談一卷（刊）

　　　　　　　佐藤　延陵　99

孝經改觀二卷　堤　它山　245

孝經私解　　　石垣　柯山　241

孝經私說一卷　奧村　茶山　242

孝經見聞抄三卷　林　羅山　3

孝經兩造簡孚一卷（刊）

　　　　　　　東條　一堂　204

孝經和字訓一卷（刊）

　　　　　　　冢田　大峯　197

孝經宗旨引證（校）（1819年刊）

　　　　　　　山崎　如山　281

孝經定本一卷（刊）

　　　　　　　朝川　善菴　231

孝經注疏考一卷　岡本　況齋　209

孝經直註二卷　毛利　貞齋　84

孝經直解一卷（刊）

　　　　　　　松平　君山　182

孝經便蒙釋義二卷（刊）

　　　　　　　竹田　春菴　20

孝經便蒙釋義附纂二卷（刊）

　　　　　　　竹田　春菴　20

孝經衍義十二卷　井上　四明　38

孝經述　　　　長井　松堂　211

孝經音訓正訛　香川　南濱　155

孝經真本一卷　吉田　篁墩　222

孝經參釋一卷（刊）

　　　　　　川崎　也魯齋　68

孝經國字解三卷　伊藤　鹿里　245

孝經國字解三卷（刊）

　　　　　　松平　黃龍　147

孝經國字解六卷　穗積　能改齋　133

孝經啟蒙定稿本　中江　藤樹　88

孝經啟蒙初稿本　中江　藤樹　88

孝經淺釋　猪飼　箕山　210

孝經疏證五卷（刊）

　　　　　　鈴木　順亭　231

孝經疏證考異一卷（刊）

　　　　　　鈴木　順亭　231

孝經疏證解題二卷（刊）

　　　　　　鈴木　順亭　231

孝經通二卷（刊）　蒔田　鳳齋　273

孝經旁訓一卷（刊）

　　　　　　三國　幽眠　79

孝經發揮一卷（刊）

　　　　　　津阪　東陽　194

孝經評略大全四卷　毛利　貞齋　85

孝經鈔說二卷　井上　四明　38

孝經集傳一卷（刊）

　　　　　　山本　樂所　140

孝經集傳一卷（刊）

　　　　　　新井　白蛾　112

孝經集說一卷（刊）

　　　　　　井上　金峨　219

孝經集覽二卷（刊）

　　　　　　山本　北山　223

孝經傳三卷　齋宮　靜齋　153

孝經彙註　富永　滄浪　132

孝經慎思　伊東　奚疑　279

孝經新疏三卷　河田　東岡　135

孝經會通一卷（校）

　　　　　　朝川　善菴　231

孝經會說一卷　高野　真齋　59

孝經義一卷（刊）　金　岳陽　224

孝經義註　津阪　東陽　194

孝經解　三宅　橘園　192

孝經解　三島　通庸　279

孝經解　香川　南濱　155

孝經解意補義一卷　佐藤　一齋　59

孝經詳註大全四卷　毛利　貞齋　85

孝經詳說三卷　大田　錦城　244

孝經辟硋一卷　渡邊　荒陽　283

孝經頌　岡本　韋菴　80

孝經疑問　村瀨　櫟園　158

孝經管解一卷　吉田　鷥湖　275

孝經箋註一卷　松本　愚山　197

孝經精義一卷　松下　葵岡　192

孝經精義一卷　諸葛　歸春　272

孝經說　梅津　白巖　272

孝經說一卷（刊）

　　　　　　古屋　愛日齋　185

孝經增補首書三卷　毛利　貞齋　85

孝經賤ヶ技一卷（刊）

　　　　　　中村　忠亭　29

孝經鄭注或問　村瀨　櫟園　158

孝經鄭注疏釋　加藤　圓齋　217

孝經餘論一卷（刊）

　　　　　　豐島　豐洲　224

孝經獨見二卷　　久保木　竹窗　41
孝經諺解　　　　樋口　東里　137
孝經諺解三卷　　　林　鵝峯　6
孝經翼　　　　　中村　栗園　72
孝經講草鈔二卷　小出　永安　7
孝經講義　　　　春日　白水　98
孝經講義一冊（刊）
　　　　　　　　內藤　碧海　214
孝經講義一卷　　赤澤　一堂　253
孝經講義一卷（刊）
　　　　　　　　高垣　柿園　280
孝經講釋聞書　　中江　藤樹　88
孝經贅義二卷　　渡邊　荒陽　283
孝經識一卷（刊）荻生　徂徠　143
孝經證五卷（刊）高橋　華陽　227
孝經證注二卷　　朝川　善菴　231
孝經證解三卷　　松浦　交翠軒　12
孝經證話　　　　高橋　華陽　227
孝經纂註一卷（刊）
　　　　　　　　貝原　存齋　8
孝經纂釋一卷（刊）
　　　　　　　　土屋　鳳洲　175
孝經譯說二卷　　馬淵　嵐山　170
孝經釋義　　　　飛田　逸民　205
孝經闡旨一卷　　細合　斗南　160
孝經襯注　　　　荒井　鳴門　55
孝經纘義三卷（刊）
　　　　　　　　中井　乾齋　248
批大學辨斷一卷（刊）
　　　　　　　　淺見　絅齋　103

改正詩經集註十五卷
　　　　　　　　松下　見林　12
改定大學章句一卷　海保　漁村　246
改點五經十一卷（校）
　　　　　　　　田邊　晉齋　108
改點四書十卷（校）
　　　　　　　　田邊　晉齋　108
李氏易解補十七卷
　　　　　　　　小笠原　冠山　226
李鼎祚易解義疏十八卷
　　　　　　　　山本　北山　223
足利五經版式二卷　近藤　正齋　230
足利本古文孝經直解一卷
　　　　　　　　山本　南陽　255
足利本劉炫孝經一卷（校刊）
　　　　　　　　山本　南陽　255
足利學校七經孟子考二卷
　　　　　　　　狩谷　棭齋　198

八劃

京氏易傳增註　　熊阪　台州　160
典謨述義及附錄五卷
　　　　　　　　會澤　正志齋　206
卦爻增減之圖　　高橋　華陽　227
卦綜考　　　　　足代　立溪　132
卦變一例　　　　神林　復所　71
卦變集說一卷　　淺見　絅齋　103
卦變諸說一卷　　淺見　絅齋　103
和論語鈔略拔書一卷
　　　　　　　　陶山　鈍翁　18
周月令證　　　　高橋　華陽　227

周官三物考	神林	復所	71
周官名物鈔二卷	平賀	中南	155
周官考二冊	平元	謹齋	237
周官音類聚一卷	細野	要齋	124
周官備考九卷	山縣	大華	64
周官集成十八卷	平賀	中南	155
周官義疏刪四卷	平賀	中南	155
周官解箋六卷	加藤	圓齋	217
周官圖考二十四卷	倉成	龍渚	137
周官圖說一卷	岡井	蓮亭	40
周官聯事圖一卷	山梨	稻川	169
周官講義	內藤	碧海	214
周易一生記五卷（刊）			
	馬場	信武	285
周易八卦藏本鈔一卷（刊）			
	馬場	信武	285
周易八象槩	高橋	華陽	227
周易十撰釋例一卷	皆川	淇園	188
周易三卷并附卷	中井	履軒	190
周易口義	佐藤	麟趾	119
周易大象義	宮永	大倉	57
周易大傳研幾八冊	小倉	三省	2
周易小識	隨朝	若水	201
周易六十四卦名開物一卷			
	皆川	淇園	188
周易反正十二卷	太宰	春臺	145
周易手記六卷	林	羅山	3
周易日用掌中指南（一名本卦指南）			
五卷	馬場	信武	285
周易比例考六卷	大田	錦城	244
周易比例考補二卷	中井	乾齋	248

周易王注補正三卷	河野	恕齋	181
周易包蒙五十卷（刊）			
	伊藤	宜堂	236
周易占法儀	守屋	心翁	23
周易古占法四卷（刊）			
	海保	漁村	246
周易古注十卷（校）			
	井上	蘭臺	218
周易古斷	戶崎	淡園	161
周易句解十卷（校）			
	小出	永安	7
周易外傳定象篇一卷（刊）			
	殿岡	北海	284
周易本旨十六卷	伊藤	蘭嵎	134
周易本筮指南二卷	谷川	龍山	119
周易本義七卷（點）	林	羅山	3
周易本義十二卷序例一卷（刊）			
	山崎	闇齋	101
周易本義口訣	守屋	心翁	23
周易本義旨註鈔	守屋	心翁	23
周易本義旨註鈔文言傳			
	守屋	心翁	23
周易本義旨註鈔序卦傳			
	守屋	心翁	23
周易本義旨註鈔彖傳			
	守屋	心翁	23
周易本義旨註鈔象傳			
	守屋	心翁	23
周易本義旨註鈔說卦傳			
	守屋	心翁	23

周易本義旨註鈔雜卦傳			
	守屋	心翁	23
周易本義旨註鈔繫辭傳			
	守屋	心翁	23
周易本義考	新井	白蛾	112
周易本義私考十三卷	林	鵝峯	6
周易本義拙解十二卷			
	平住	專菴	267
周易本義首書七卷	林	鵝峯	6
周易本義國字解五卷			
	江村	復所	18
周易本義疏	蟹	養齋	109
周易本義疏鈔	巖村	南里	48
周易本義筆記二冊	宇井	默齋	110
周易本義質疑	巖村	南里	48
周易本義窺觀一冊	神林	復所	71
周易正文一卷	真勢	中洲	116
周易正文二卷（點）			
	片山	兼山	181
周易正字考一卷	水谷	雄琴	286
周易正象	宮本	篁村	229
周易正義校勘記補正一卷			
	海保	漁村	246
周易玉契二卷（刊）			
	松田	黃牛	173
周易生音	宮永	大倉	57
周易安俟錄	山本	青城	136
周易考二卷	中山	城山	171
周易考十二卷	龜井	昭陽	170
周易考三冊	平元	謹齋	237
周易考證十二卷	山中	天水	221
周易序卦傳一卷	松井	羅洲	118
周易折衷削要二十四卷			
	水谷	雄琴	286
周易私考翼七卷	林	鵝峯	6
周易私講	奧宮	慥齋	95
周易私斷六卷（刊）			
	大橋	訥菴	63
周易卦主論一卷	土肥	鹿鳴	251
周易卦象解三卷	鈴木	文臺	235
周易卦象闡一卷	土肥	鹿鳴	251
周易卦圖一冊	平元	謹齋	237
周易卦變談一卷	土肥	鹿鳴	251
周易取象徵五卷	水谷	雄琴	286
周易定論	安藤	適齋	172
周易官占考	高成田	琴臺	277
周易或問二卷	清水	春流	84
周易注	菊地	大瓠	66
周易注疏考三卷	岡本	況齋	209
周易注疏考附錄一卷			
	岡本	況齋	209
周易河圖洛書解	宮永	大倉	57
周易玩辭二卷	馬淵	嵐山	170
周易便覽一卷	土肥	鹿鳴	251
周易便覽十卷	赤松	滄洲	186
周易南坡疏抄十八卷			
	大菅	南坡	138
周易指掌大成	馬場	信武	285
周易拾象稿十卷	村瀬	栲亭	191
周易洗心解十二卷	平賀	中南	155
周易珍說六卷	荒井	鳴門	55
周易研幾十二卷	小倉	無邪	258

周易約解六卷　　　　高岡　養拙　251
周易約說　　　　　　豐島　豐洲　224
周易約說　　　　　　戶崎　淡園　161
周易衍註八卷　　　　中村　中倧　201
周易要略三卷　　　　東　澤瀉　96
周易述參訂二卷　　　重野　成齋　82
周易述義八卷（校）

　　　　　　　　　　大橋　訥菴　63
周易重言考二卷　　　大田　錦城　244
周易音訓二卷（刊）

　　　　　　　　　　昌谷　精溪　58
周易音義一卷（校）　關　松窗　223
周易家人升二卦卦變說

　　　　　　　　　　川田　琴卿　90
周易時中解　　　　　森　東郭　29
周易特解十二卷　　　坂本　天山　161
周易秘傳書十二冊　　齋藤　芝山　163
周易秘傳鈔　　　　　守屋　心翁　23
周易秘解　　　　　　真勢　中洲　116
周易秘箋一卷　　　　松永　寸雲　6
周易索隱十一卷　　　藍澤　南城　204
周易訓點異同一卷（刊）

　　　　　　　　　　林　鵝峯　6
周易乾坤古義一卷　　伊藤　仁齋　128
周易乾坤註釋一卷

　　　　　　　　　　太田代　東谷　241
周易乾坤象解　　　　宮永　大倉　57
周易乾坤義理解　　　宮永　大倉　57
周易動植象考十二卷

　　　　　　　　　　江村　復所　18
周易參考十二卷　　　大田　錦城　244

周易國字解二十八卷

　　　　　　　　　　西山　元文　281
周易啟蒙考　　　　　新井　白蛾　112
周易啟蒙國字解十卷

　　　　　　　　　　穗積　能改齋　132
周易啟蒙圖說一卷　　原　狂齋　220
周易啟蒙翼傳一卷　　中村　惕齋　11
周易啟蒙欄外書一卷

　　　　　　　　　　佐藤　一齋　59
周易略五卷　　　　　村田　箕山　121
周易略說二卷　　　　津輕　儼淵　41
周易統　　　　　　　落合　雙石　65
周易通　　　　　　　蒔田　鳳齋　273
周易復古筮法一卷　　根本　羽嶽　215
周易晰義十卷　　　　中井　乾齋　248
周易晰義四卷　　　　諸葛　歸春　272
周易發蘊三卷　　　　山中　天水　221
周易程傳私考十八冊　林　鵝峯　6
周易程傳私考補十卷　林　鳳岡　17
周易程傳備考二卷　　松井　蝸菴　276
周易程傳鈔說四卷　　中村　惕齋　11
周易童子問附或問一卷（校）

　　　　　　　　　　石井　磯岳　50
周易筆記二卷　　　　原　松洲　278
周易註二卷　　　　　伊藤　東涯　130
周易註疏　　　　　　岡島　龍湖　188
周易註解　　　　　　谷田部　漪齋　189
周易詁十二卷　　　　馬淵　嵐山　170
周易象原八卷　　　　中井　乾齋　248
周易象義　　　　　　杉山　竹外　69
周易象義二十卷　　　鈴木　石橋　37

周易象義二卷	永井	星渚	167
周易象義十二卷	真勢	中洲	116
周易象義十卷	大田	錦城	244
周易象義十卷	赤松	滄洲	186
周易象義約說六卷			
	小笠原	冠山	226
周易象義餘錄五卷	海保	漁村	246
周易象義辯正卷首一卷（刊）			
	根本	羽嶽	215
周易象解	谷川	龍山	119
周易象解	芥川	丹丘	90
周易象徵十卷	真勢	中洲	116
周易象徵正文音義二卷（刊）			
	松井	羅洲	118
周易象徵樞機十卷	松井	羅洲	118
周易象徵諺解十四卷			
	真勢	中洲	116
周易象徵講義三十二卷			
	真勢	中洲	116
周易跛鼈二十二卷	佐和	莘齋	139
周易進講手記六冊	三輪	執齋	90
周易集解補註	小笠原	冠山	226
周易傳義考異九卷	伊藤	東涯	130
周易傳義國字解八卷			
	伊藤	蘭齋	26
周易傳義國字解六十六卷			
	穗積	能改齋	132
周易傳義異同考八卷			
	安東	省菴	10
周易傳義講義十卷	室	鳩巢	18
周易匯考續貂	原	狂齋	220

周易彙註	富永	滄浪	132
周易愚解二卷	戶崎	淡園	161
周易愚說二卷	朝川	善菴	231
周易新見二十三冊	林	鵝峯	6
周易新疏八卷（刊）			
	河田	東岡	135
周易新疏十卷	室	鳩巢	18
周易新疏別錄二卷（刊）			
	河田	東岡	135
周易會通纂要二十四卷			
	大田	錦城	244
周易筮法經驗	伊藤	萬年	10
周易筮度圖式抄一卷	菅	牛鳴	177
周易經翼通解十八卷			
	伊藤	東涯	130
周易經翼通解十八卷（刊）			
	伊藤	東所	136
周易義例卦變考一卷			
	伊藤	東涯	130
周易補註	寺本	直道	34
周易解	姥柳	有莘	154
周易解	堀江	惺齋	49
周易解（刊）	三野	藻海	157
周易解十二卷	秦	滄浪	196
周易解十二卷（刊）			
	白井	重行	164
周易解十卷	岡	龍洲	180
周易解五卷	片岡	如圭	86
周易解詁十四卷	松井	羅洲	118
周易解詁翼十二卷	松井	羅洲	118
周易解題一卷	海保	漁村	246

周易詳解	伊藤	鳳山	235
周易道標四十一卷	高松	貝陵	286
周易雋註二卷（刊）			
	河田	東岡	135
周易僭考三卷	龜井	昭陽	170
周易圖考一卷	佐藤	一齋	59
周易圖說	山本	中齋	47
周易圖說一卷	坂本	天山	161
周易漢注考六卷	海保	漁村	246
周易管見二卷	座光寺	南屏	166
周易管窺四卷	池田	冠山	44
周易箋註十二卷	松本	愚山	197
周易精義	大田	晴軒	246
周易精義十二卷（刊）			
	佐藤	延陵	99
周易精蘊	新井	白蛾	112
周易說	下田	芳澤	226
周易說	古屋	愛日齋	185
周易說約徵象七卷	三浦	佛巖	97
周易說統十二卷	細合	斗南	160
周易說統十二卷	佐藤	敬菴	249
周易說統四卷	八田	華陽	225
周易菁秘事六卷	小龜	勤齋	285
周易廣義補四冊	尾藤	二洲	35
周易標注二十四卷	帆足	萬里	56
周易標記	小谷	巢松	141
周易談二卷	佐藤	敬菴	249
周易諸說考異	宮本	篁村	229
周易質疑	池守	秋水	230
周易學啟蒙傳疑二卷（刊）			
	馬場	信武	285

周易橫圖	杉山	竹外	69
周易衡十五卷	水谷	雄琴	286
周易諺解三卷	真勢	中洲	116
周易諺解敘例一卷	真勢	中洲	116
周易輯疏文言傳一冊			
	藤澤	南岳	175
周易輯解四冊（刊）			
	土屋	鳳洲	175
周易辨義十卷	井上	蘆洲	127
周易選說十卷	小笠原	冠山	226
周易龍象解一卷	土肥	鹿鳴	251
周易龍象論一卷	土肥	鹿鳴	251
周易禪解（校）	猪飼	敬所	200
周易翼解十三卷（刊）			
	井上	鶴洲	127
周易講案一冊	鎌田	梁洲	141
周易講義	千手	廉齋	117
周易講義	山口	菅山	121
周易講義	林	鳳岡	17
周易講義三卷	齋宮	靜齋	152
周易講義四卷	真勢	中洲	116
周易講義錄	谷口	藍田	241
周易講錄	久保	侈堂	212
周易叢書	佐藤	牧山	76
周易叢說一卷	芳川	波山	230
周易斷叢	白井	重行	164
周易雜收	宮永	大倉	57
周易雜說九冊	星野	鵜水	50
周易題說不（一名周易抄）六卷			
（刊）	林	羅山	3

周易繫辭傳詳解八卷

　　　　　　　　戶崎　淡園　161

周易繫辭傳釋義二卷

　　　　　　　　齋宮　靜齋　152

周易繫辭解　　木村　大讓　254

周易繫辭詳說二卷　大田　錦城　244

周易繹解十卷　皆川　淇園　188

周易證象二卷　小篠　東海　177

周易類考四卷　片山　兼山　181

周易纂註　　鎌田　梁洲　141

周易釋故二十五卷（刊）

　　　　　　　　真勢　中洲　116

周易闡十二卷　佐藤　東齋　256

周易欄外書十卷　佐藤　一齋　59

周易欄外書附錄一卷

　　　　　　　　佐藤　一齋　59

周易蠡測四卷（刊）

　　　　　　　　小篠　東海　177

周易辯明　　古屋　有齋　274

周易竊疑　　小島　省齋　212

周易蠱巽三日考一卷

　　　　　　　　土肥　鹿鳴　251

周易變占論一卷（刊）

　　　　　　　　山本　樂所　140

周易體撰六卷　渡邊　荒陽　282

周易皷缶　　山口　剛齋　30

周南召南次序一卷　齋宮　靜齋　152

周禮（校點）　重野　樕軒　217

周禮三卷（點）　林　羅山　3

周禮三物說　岩崎　守齋　104

周禮弓矢人國字解四卷

　　　　　　　　大菅　南坡　138

周禮井田圖說三卷　齋藤　芝山　163

周禮王城朝廟圖說四卷

　　　　　　　　齋藤　芝山　163

周禮札記二卷　松崎　慊堂　200

周禮正文六卷（校）松下　葵岡　192

周禮正誤一卷　猪飼　敬所　200

周禮刑法錄二卷　齋藤　芝山　163

周禮考工記圖解四卷（刊）

　　　　　　　　川合　春川　193

周禮考文　　永井　星渚　167

周禮武教錄二卷　齋藤　芝山　163

周禮通義　　西島　柳谷　168

周禮復古圖官八卷　齋藤　芝山　163

周禮詁訓　　清水　江東　157

周禮義　　　永井　星渚　167

周禮補疏十一卷　安井　息軒　208

周禮解　　　清水　江東　157

周禮圖說一卷　仁井田　南陽　141

周禮說筌六卷　加藤　圓齋　217

周禮儀禮抄一卷　中村　惕齋　11

周禮數目圖　片山　鳳翩　162

周禮學校圖說國字解三卷

　　　　　　　　齋藤　芝山　163

周禮窺六卷　　桃　西河　34

周禮診解六卷　小篠　東海　177

周禮醫師部講義一冊

　　　　　　　　淺井　貞菴　196

孟子七冊　　三宅　尚齋　107

孟子七卷（刊）　中井　履軒　190

孟子七篇　　　　　土井　淡山　83
孟子千二百條紫朱辨十五卷
　　　　　　　　　橘　　壽菴　176
孟子小解七卷　　　熊澤　蕃山　89
孟子小識　　　　　隨朝　若水　201
孟子井田辨二卷（刊）
　　　　　　　　　毛利　貞齋　84
孟子文法一卷　　　齋宮　靜齋　153
孟子文階一卷（刊）
　　　　　　　　　朝倉　荊山　264
孟子古義七卷　　　伊藤　仁齋　128
孟子古義抄翼七卷（刊）
　　　　　　　　　伊藤　東所　136
孟子古義國字解四十七卷
　　　　　　　　　穗積　能改齋　132
孟子古義標註一卷　伊藤　東涯　130
孟子句解　　　　　若林　竹軒　81
孟子四說附論語說一卷
　　　　　　　　　伊藤　蘭嵎　134
孟子正文一卷　　　馬淵　嵐山　170
孟子正文七卷（點）
　　　　　　　　　片山　兼山　181
孟子正文唐音付二卷
　　　　　　　　　石川　金谷　180
孟子字義一卷　　　東條　一堂　203
孟子年表一卷　　　海保　漁村　246
孟子年譜一卷　　　伊藤　鳳山　236
孟子考　　　　　　蒲坂　青莊　169
孟子考　　　　　　仁井田　南陽　141
孟子考一卷　　　　萩原　大麓　189
孟子考七卷　　　　藍澤　南城　205

孟子考七卷　　　　大田　錦城　244
孟子考二卷　　　　龜井　昭陽　170
孟子考二卷　　　　鈴木　文臺　235
孟子考三卷　　　　大田　晴軒　247
孟子考異外書逸語一卷
　　　　　　　　　增島　蘭園　46
孟子考證一卷（刊）
　　　　　　　　　中村　蘭林　23
孟子刪　　　　　　荻生　徂徠　143
孟子折衷五卷　　　岡田　南涯　198
孟子私考一卷（未完）
　　　　　　　　　伊藤　鳳山　236
孟子私說　　　　　武田　立齋　137
孟子私說一冊　　　平元　梅隣　131
孟子私說三卷　　　萩原　樂亭　195
孟子私錄一冊　　　豐島　洞齋　125
孟子私錄七卷　　　三島　中洲　97
孟子定本十四卷（刊）
　　　　　　　　　安井　息軒　208
孟子拙講　　　　　加藤　櫻老　73
孟子松陽講義略譯一卷
　　　　　　　　　兒玉　南柯　41
孟子知言七卷　　　東條　一堂　204
孟子故國章鄙語解一卷
　　　　　　　　　伊東　奚疑　279
孟子約許六卷　　　馬淵　嵐山　170
孟子約解三卷（刊）
　　　　　　　　　大槻　磐溪　209
孟子要略一卷（編次）
　　　　　　　　　山崎　闇齋　101
孟子旁注一卷　　　朝川　善菴　231

孟子校草	荻生	金谷	151
孟子浩氣章私考一冊			
	櫻田	簡齋	123
孟子浩然之氣解一卷			
	熊澤	蕃山	89
孟子浩然章講義	大橋	訥菴	63
孟子浩然章講義一卷			
	淺見	絅齋	103
孟子問答備考一卷	古賀	侗菴	51
孟子國字解四卷	穗積	能改齋	132
孟子條辨二卷	宮田	五溪	272
孟子通	松田	拙齋	251
孟子通	蒔田	鳳齋	273
孟子章句考	渡邊	樵山	208
孟子章指二卷（校）			
	佐野	山陰	191
孟子章解	宮本	篁村	229
孟子莛撞二卷	伊藤	鹿里	245
孟子晰義一卷	野崎	藤橋	228
孟子湯雪解四卷	小畑	詩山	266
孟子發蒙三卷	平賀	中南	156
孟子筆記	岩垣	龍溪	189
孟子評點七卷	賴	山陽	43
孟子鈔一卷	陶山	鈍翁	18
孟子鈔校正一卷	中村	惕齋	11
孟子鈔說七卷	高瀨	學山	20
孟子集注正誤一卷	岡井	赤城	32
孟子集義七卷	茅原	虛齋	265
孟子集說四卷	古賀	侗菴	51
孟子補註二冊（刊）			
	山本	溪愚	142
孟子補說十四卷	齋藤	拙堂	65
孟子解	瀨谷	桐齋	228
孟子解（刊）	冢田	謙堂	207
孟子解一卷（刊）	大田	錦城	244
孟子解十四卷（刊）	岡	龍洲	180
孟子解義四卷	中島	東關	228
孟子詳解	伊藤	鳳山	236
孟子摘解六卷	池守	秋水	230
孟子盡心口義一卷	佐藤	直方	104
孟子精義二卷	中井	乾齋	248
孟子精蘊九卷	大田	錦城	244
孟子聞書四冊	中井	履軒	190
孟子說	照井	一宅	211
孟子說	種野	友直	210
孟子說	太田代	東谷	241
孟子說	片山	兼山	181
孟子說一卷	山本	日下	111
孟子說三卷	松下	葵岡	192
孟子說鈴一卷	伊藤	鳳山	236
孟子說鈴二卷	大田	晴軒	247
孟子趙氏義二十卷	海保	漁村	246
孟子趙註補證七卷	藍澤	南城	205
孟子箚記二卷	諸葛	歸春	272
孟子箚記並補遺三卷			
	岡本	況齋	209
孟子徵	原田	東岳	135
孟子撮說二卷	東	澤瀉	96
孟子標注七卷	帆足	萬里	56
孟子論文七卷（刊）			
	竹添	井井	217
孟子鄭注補證七卷	海保	漁村	246

孟子養氣知言解一卷　林　　羅山　　3
孟子養氣章或問圖解一冊（刊）
　　　　　　　　　　山田　　方谷　95
孟子養氣章講義　　栗栖　　天山　94
孟子諺解三十三卷　林　　鵝峯　　6
孟子輯聞二十卷　　海保　　漁村　246
孟子辨正三卷（刊）
　　　　　　　　　石井　　磯岳　50
孟子辨衷四卷　　　市川　　鶴鳴　157
孟子辨解三卷　　　中山　　城山　171
孟子辨疑　　　　　關屋　　致鶴　265
孟子選二卷　　　　川合　　元　　275
孟子臆說七卷　　　渡邊　　弘堂　132
孟子講義　　　　　鈴木　　養察　110
孟子講義　　　　　土井　　聱牙　211
孟子講義　　　　　三島　　中洲　97
孟子講義　　　　　稻葉　　默齋　114
孟子講義　　　　　中村　　習齋　113
孟子講義（刊）　　三宅　　誠齋　15
孟子講義七卷　　　田中　　履堂　196
孟子講義十四卷　　小野　　鶴山　108
孟子講義六卷　　　岡　　三慶　　87
孟子斷二卷（刊）　冢田　　大峯　197
孟子贄　　　　　　上柳　　四明　29
孟子繹解十卷（刊）
　　　　　　　　　皆川　　淇園　188
孟子識一卷（刊）　荻生　　徂徠　143
孟子識餘　　　　　戶崎　　淡園　162
孟子證解　　　　　關　　松窗　　223
孟子礪諸　　　　　渡邊　　荒陽　283

孟子纂釋附諸說辨誤四卷
　（村瀨誨輔共著）石塚　　碻齋　37
孟子譯　　　　　　井部　　健齋　78
孟子欄外書二卷（刊）
　　　　　　　　　佐藤　　一齋　59
孟子蠡測一卷　　　桃　　白鹿　　30
孟荀獨斷八卷　　　舟生　　釣濱　257
孟荀類考四卷　　　片山　　兼山　181
孟翼一卷　　　　　古賀　　侗菴　51
孟議六卷　　　　　岡本　　稚川　184
定本大學一卷　　　奧田　　尚齋　33
定本古文孝經一卷　渡邊　　荒陽　283
定本洛書新說一卷　水谷　　雄琴　286
尚占影響傳　　　　松井　　羅洲　118
尚書二典備考二卷　松井　　蝸菴　276
尚書人物證一卷　　高橋　　華陽　227
尚書小識　　　　　隨朝　　若水　201
尚書今文定本　　　南宮　　大湫　180
尚書今文纂註　　　南宮　　大湫　180
尚書今古文系表一卷
　　　　　　　　　三島　　中洲　97
尚書六卷幷附卷　　中井　　履軒　190
尚書天文解（刪補）三卷
　　　　　　　　　猪飼　　敬所　200
尚書天文解一卷　　田中　　大觀　179
尚書孔傳纂疏十二卷
　　　　　　　　　大田　　錦城　244
尚書去病一卷（刊）
　　　　　　　　　下鄉　　樂山　155
尚書古今文同異考二卷
　　　　　　　　　角田　　青溪　183

尚書古今文考異二卷

　　　　　　　萩原　綠野　202

尚書古今文管窺二卷（刊）

　　　　　　　朝川　同齋　234

尚書古文考（刊）　山井　崑崙　144

尚書正本六卷（校）

　　　　　　　伏原　宣條　183

尚書正義校勘記補正一卷

　　　　　　　海保　漁村　246

尚書考一冊　　平元　謹齋　237

尚書考二卷　　中山　城山　171

尚書考十一卷　龜井　昭陽　170

尚書考六卷　　垣內　熊岳　131

尚書考文四卷　永井　星渚　167

尚書考合解　　立野　桂山　174

尚書抄說三冊　牧野　默菴　52

尚書折衷辨斷六卷　日尾　荊山　234

尚書典謨說二卷（刊）

　　　　　　　箕浦　靖山　160

尚書注疏十卷（校）芥川　丹丘　90

尚書注疏考二卷　岡本　況齋　209

尚書直旨　　　樋口　義所　138

尚書後辨辨十卷　山本　北山　223

尚書紀聞十三卷（刊）

　　　　　　　大田　錦城　244

尚書衍文考一卷　永井　星渚　167

尚書音義一卷（校）關　松窗　223

尚書特解六卷　渡邊　荒陽　282

尚書問辨錄一冊　若山　勿堂　65

尚書梅本辯說二十四卷

　　　　　　　平賀　中南　155

尚書通　　　　松田　拙齋　251

尚書通　　　　蒔田　鳳齋　273

尚書通義　　　森　蘭澤　152

尚書通解六卷　中村　中倧　201

尚書通讀　　　林　蓀坡　45

尚書提綱二卷　金　岳陽　224

尚書集解　　　元田　竹溪　71

尚書補注十三卷（刊）

　　　　　　　冢田　大峯　197

尚書解　　　　瀨谷　桐齋　228

尚書解　　　　堀江　惺齋　49

尚書解一卷　　岡　龍洲　180

尚書解問答一卷　馬淵　嵐山　170

尚書漢注考六卷　海保　漁村　246

尚書疑孔編一卷　井上　金峨　219

尚書管見一卷　中井　竹山　32

尚書精義十三卷　大田　錦城　244

尚書精蘊三卷　山中　天水　221

尚書說　　　　佐藤　牧山　76

尚書說　　　　古屋　愛日齋　185

尚書說二卷　　座光寺　南屏　166

尚書說四卷　　摩島　松南　46

尚書標注十三卷　西山　元文　281

尚書蔡傳贅說三卷　池田　草菴　96

尚書論　　　　乾　長孝　270

尚書學一卷（刊）荻生　徂徠　143

尚書學斷二卷　櫻井　石門　201

尚書獨斷十卷　赤松　滄洲　186

尚書輯義十六卷　市川　鶴鳴　157

尚書輯說三冊　平元　謹齋　237

尚書遺說　　　井上　南臺　222

尚書總辨（校）	猪飼	敬所	200
尚書講義二卷（刊）			
	山井	清溪	215
尚書膡義十三卷	村瀨	栲亭	191
尚書證五卷（刊）	高橋	華陽	227
尚書辭例	高橋	華陽	227
尚書類考六卷	片山	兼山	181
尚書纂註	鎌田	梁洲	141
尚書纂傳二卷	猪飼	敬所	200
尚書纂說六卷	岡野	石城	169
尚書欄外書九卷	佐藤	一齋	59
易大意一卷	齋宮	靜齋	152
易文六書考	神林	復所	71
易文斷釋	高岡	養拙	251
易占的附射覆口訣二卷			
	水谷	雄琴	286
易占要略一卷（刊）太宰		春臺	145
易占通二卷	水谷	雄琴	286
易占揆方一卷	松井	羅洲	118
易占揆方考（一名真勢易蘊）一卷			
	真勢	中洲	116
易占決理考	高橋	華陽	227
易本義十三冊	三宅	尚齋	106
易本義翼十二卷	大高坂	芝山	13
易本義講義	稻葉	默齋	114
易本義纂要	金子	霜山	122
易本義續五冊	三宅	尚齋	106
易本義續續一冊	三宅	尚齋	106
易守翼十八卷	倉成	龍渚	137
易考	黑澤	四如	232
易私說一冊	平元	謹齋	237
易私錄一冊	豐島	洞齋	125
易私錄一冊	平元	謹齋	237
易例便蒙二冊	神林	復所	71
易卦圖	中江	藤樹	88
易林考二卷	岡本	況齋	209
易林神占（刊）	石川	鴻齋	242
易林圖解二卷	片岡	如圭	86
易冑解二十二卷	佐藤	麟趾	119
易音考一卷	岡本	況齋	209
易原一卷（刊）	皆川	淇園	188
易原圖略說一卷（刊）			
	谷川	龍山	119
易原圖略說一卷（刊）			
	真勢	中洲	117
易書啟蒙解十二卷	梁田	毅齋	249
易書階梯五卷	山崎	子列	18
易乾鑿度二卷（校）			
	木村	巽齋	31
易啟蒙全解十二卷	築田	元叔	127
易啟蒙私考一冊	林	鵝峯	6
易統四卷	諸葛	琴臺	271
易術手引草一卷（刊）			
	片岡	如圭	86
易術妙鏡一卷（刊）			
	片岡	如圭	86
易術明畫二卷	片岡	如圭	86
易術便蒙一卷（刊）			
	片岡	如圭	86
易術要秘一卷	真勢	中洲	117
易術傳十卷	片岡	如圭	86
易術夢斷一卷	片岡	如圭	87

易術夢斷補一卷	片岡	如圭	87	易經聞書二冊	中井	履軒	190

易術夢斷補一卷　片岡　如圭　87

易術斷則一卷（刊）

　　　　田宮　橘菴　251

易通一卷　服部　大方　266

易象直解一卷　關谷　潛　284

易象起原一卷　佐佐木　琴臺　159

易象深機四卷　松井　羅洲　118

易象發揮八卷　神林　復所　71

易象發揮八卷（一名易學發揮）

　　　　土肥　鹿鳴　251

易象義解五卷　山本　北山　223

易象箋解　大田　錦城　244

易象辨疑三卷　土肥　鹿鳴　251

易傳私考未定稿　櫻田　虎門　120

易傳私解五卷　澁井　太室　28

易傳圖解一卷（刊）　和田　綱　256

易傳辨語　大田　晴軒　246

易筮探賾一卷　諸葛　琴臺　271

易經七卷（刊）　溪　百年　42

易經大義考　陸　九皐　280

易經小解附原卦七卷

　　　　熊澤　蕃山　89

易經本義和解　杉山　正義　107

易經本義講義四冊　落合　東堤　120

易經本義講義四卷　山本　復齋　104

易經私錄　三島　中洲　97

易經和鈔五卷　愛甲　喜春　9

易經俚解八卷　菅　新菴　257

易經俚解六卷　土肥　鹿鳴　251

易經國字解　桃　白鹿　30

易經解　東條　一堂　203

易經聞書二冊　中井　履軒　190

易經蒙引二十四卷（校）

　　　　山脇　道圓　126

易經講義二卷　稻葉　迂齋　107

易經講義十五冊　淺井　貞菴　195

易經辭例　高橋　華陽　227

易經韻字句讀考四卷

　　　　土肥　鹿鳴　251

易解　山崎　淳夫　176

易解　秋山　景山　171

易解　大田　錦城　244

易解（未完）　金子　鶴村　199

易解六卷　井上　四明　38

易話三卷　土肥　鹿鳴　251

易話三卷（刊）　片岡　如圭　87

易道小成稿　河田　東岡　135

易道初學一卷（刊）

　　　　新井　白蛾　112

易道撥亂一卷（刊）

　　　　太宰　春臺　145

易道撥亂辨一卷（刊）

　　　　森　東郭　29

易雋六卷（刊）　河田　東岡　135

易疑一卷　伊藤　蘭嵎　134

易說　橫溝　藿里　44

易說　肥田野　築村　236

易說一卷　中井　竹山　32

易說十二卷　服部　大方　266

易說十二卷（一名仁里周易說稿）

　　　　佐佐木　琴臺　159

易說五卷　渡邊　蒙菴　150

易說示蒙四卷	土肥	鹿鳴	251
易說便蒙	黑澤	節窩	20
易說家傳記聞四卷	朝川	善菴	231
易說問答	東條	琴臺	247
易說辨蒙一冊	東方	祖山	224
易說闡旨二卷	神林	復所	71
易數八陳說	佐藤	直方	104
易數多少進退考	神林	復所	71
易數開元略說三卷	殿岡	北海	284
易論	手塚	玄通	162
易學口號	中村	習齋	113
易學手引草一卷	土肥	鹿鳴	251
易學木鷄自解	江帾	木鷄	205
易學折中一卷（刊）			
	井上	金峨	219
易學私考	泉	達齋	238
易學卦象自在三卷	井田	龜學	286
易學要略	中村	習齋	113
易學要領一卷	土肥	鹿鳴	251
易學射考指南二卷	井田	龜學	286
易學啟蒙四卷（刊）			
	山崎	闇齋	101
易學啟蒙合解評林八卷			
	毛利	貞齋	84
易學啟蒙考證一卷	淺見	絅齋	103
易學啟蒙助講二卷	大塚	退野	21
易學啟蒙序師說一卷			
	淺見	絅齋	103
易學啟蒙序講義略一卷			
	淺見	絅齋	103
易學啟蒙要義	守屋	心翁	23
易學啟蒙索驥編四卷			
	平住	專菴	267
易學啟蒙國字解	蟹	養齋	109
易學啟蒙探索鈔	守屋	心翁	23
易學啟蒙通釋鈔八卷（刊）			
	小出	永安	7
易學啟蒙筆記四卷	三宅	尚齋	107
易學啟蒙補要解師說一卷			
	淺見	絅齋	103
易學啟蒙解	大野	竹瑞	267
易學啟蒙解五卷	片岡	如圭	87
易學啟蒙鉤深圖二卷			
	增島	蘭園	46
易學啟蒙圖考一卷	河田	迪齋	60
易學啟蒙圖說一卷（刊）			
	馬場	信武	285
易學啟蒙摘說五卷	櫻田	虎門	120
易學啟蒙說統四卷（刊）			
	馬場	信武	285
易學啟蒙諸老說	林	潛齋	116
易學啟蒙諺解大成八卷（刊）			
	榊原	篁洲	218
易學啟蒙講義	荻野	斃已齋	126
易學啟蒙講義二卷	真勢	中洲	117
易學啟蒙講義三卷	淺見	絅齋	103
易學啟蒙講義序	佐藤	直方	104
易學啟蒙纂要四卷	金子	霜山	122
易學略說	園山	酉山	38
易學通義八卷	井上	鶴洲	127
易學通解二卷（刊）			
	井田	龜學	286

易學提要一卷　　　貝原　益軒　14
易學發蒙五卷（刊）
　　　　　　　　　井上　鶴洲　127
易學筆記一卷　　　淺見　絅齋　103
易學象意考一卷（刊）
　　　　　　　　　新井　白蛾　112
易學開物三卷　　　皆川　淇園　188
易學階梯附言一卷　谷川　龍山　119
易學楷梯二卷（刊）
　　　　　　　　　真勢　中洲　117
易學源流論一卷　　坂本　天山　161
易學源流論一卷（刊）
　　　　　　　　　中村　中倧　201
易學跡斷考五卷　　井上　鶴洲　127
易學餘考一卷　　　井田　龜學　286
易學辨疑一卷（刊）
　　　　　　　　　井上　金峨　219
易學聲斷考一卷　　井上　鶴洲　127
易學講習別錄一卷　淺見　絅齋　103
易學講義二卷　　　渡邊　蒙菴　150
易學簡理證　　　　高橋　華陽　227
易翼詳解四卷　　　小篠　東海　177
易翼餘考五卷　　　林　　鵝峯　6
易斷　　　　　　　富田　王屋　271
易隤　　　　　　　金　　岳陽　224
易繫私鈔　　　　　內海　雲石　273
易繫辭傳一冊　　　豐島　洞齋　125
易繫辭傳小解二卷　熊澤　蕃山　89
易繫辭廣義一卷　　尾藤　二洲　35
易辭一覽一卷　　　內藤　碧海　214
易類書目一卷　　　岡本　況齋　209

易類說一卷　　　　淺見　絅齋　103
易類編三卷（刊）　新井　白蛾　112
明霞論語考三卷（校）
　　　　　　　　　天沼　恒菴　156
河洛五行叢說一卷　淺見　絅齋　103
河圖說一卷　　　　淺見　絅齋　103
河圖數生出講義一卷
　　　　　　　　　淺見　絅齋　103
況齋讀書志論語一卷
　　　　　　　　　岡本　況齋　209
芳所經說　　　　　淺岡　芳所　85
青溪經子說二卷　　角田　青溪　183
非大學解一卷　　　久田　湖山　259
非中庸解一卷　　　久田　湖山　259
非周禮稿一卷　　　古賀　侗菴　51
非易學啟蒙二卷　　水谷　雄琴　286
非非左　　　　　　藤堂　東山　135
徂徠先生學庸解證一卷
　　　　　　　　　戶崎　淡園　162

九劃

俗易鋤莠一卷　　　神林　復所　71
南屏經義二卷　　　座光寺　南屏　166
南畡經說　　　　　小田　南畡　45
春秋（左二、公、穀各一）質
疑四卷　　　　　　赤井　東海　62
春秋卜筮解一卷　　芥川　丹丘　90
春秋三家異同　　　太宰　春臺　145
春秋三統曆譜一卷　諸葛　歸春　272
春秋三傳比考　　　南宮　大湫　180
春秋大義二卷　　　陶山　鈍翁　17

春秋大義二冊　　藤川　三溪　175
春秋五論一卷（校）
　　　　　　　　鷹見　星皐　189
春秋內外傳八考一卷（一名左
國八考）　　　朝川　善菴　231
春秋孔志一卷　　山本　北山　223
春秋史傳註卦證　高橋　華陽　227
春秋史傳辭例　　高橋　華陽　227
春秋四傳抄略五卷（刊）
　　　　　　　　溝口　浩軒　113
春秋四傳首書　　松永　寸雲　6
春秋左氏通　　　松田　拙齋　251
春秋左氏傳（校）伊藤　東涯　130
春秋左氏傳正解　本田　谿堂　80
春秋左氏傳校本三十卷（校刊）
　　　　　　　　秦　滄浪　196
春秋左氏傳國字解三冊（刊）
　　　　　　　　加藤　正菴　268
春秋左氏傳筆記　松永　尺五　3
春秋左氏傳集說　倉石　僴窩　69
春秋左氏傳集說　小島　省齋　212
春秋左氏傳解　　東條　一堂　203
春秋左氏傳解六冊　末包　金陵　254
春秋左氏傳解圖案　末包　金陵　254
春秋左氏傳解圖說一冊
　　　　　　　　末包　金陵　254
春秋左式傳標注三十卷
　　　　　　　　帆足　萬里　56
春秋左式傳標注補遺一卷
　　　　　　　　帆足　萬里　56
春秋左傳三十卷　那波　魯堂　28

春秋左傳考一冊　大田　晴軒　247
春秋左傳考一卷　岡野　石城　169
春秋左傳國次七卷（刊）
　　　　　　　金澤　松下亭　258
春秋左傳說二卷　中島　東關　228
春秋左傳獨斷三卷　片山　兼山　181
春秋左傳屬事二十卷（校）
　　　　　　　　菊地　南陽　242
春秋存疑八卷　　米谷　金城　193
春秋考　　　　　新井　白石　15
春秋考　　　　　黑澤　四如　232
春秋折中十二卷（刊）
　　　　　　　　福井　敬齋　114
春秋私說　　　　鷹見　星皐　189
春秋知微　　　　乾　長孝　270
春秋非左二卷（校點）
　　　　　　　　皆川　淇園　188
春秋紀要　　　　岡崎　廬門　182
春秋胡氏傳私考八冊　林　鵝峯　6
春秋胡氏傳諺解　關　一樂　16
春秋胡氏傳辨疑二卷
　　　　　　　　伊藤　東涯　130
春秋胡傳集解三十卷（點）
　　　　　　　　松永　尺五　3
春秋時習十卷　　渡邊　荒陽　282
春秋書例　　　　高原　東郊　173
春秋備考十二卷　人見　懋齋　9
春秋復古三卷　　佐和　莘齋　139
春秋詁十二卷　　馬淵　嵐山　170
春秋傳考索一卷　中井　蕉園　31
春秋傳序　　　　佐藤　直方　104

春秋會盟摸索捷徑一卷
　　　　　　　　岡本　　況齋　209
春秋經文匯纂六卷（刊）
　　　　　　　　蒔田　　鳳齋　273
春秋經傳要義二卷　宮本　篁村　229
春秋經傳通解二卷　伊藤　仁齋　128
春秋經傳集解省覽略義八卷
　　　　　　　　大菅　　南坡　138
春秋義註　　　　津阪　東陽　194
春秋綜義二十卷　中井　乾齋　248
春秋說　　　　古屋　愛日齋　185
春秋說　　　　　山本　中齋　47
春秋說一冊　　　平元　謹齋　237
春秋劈頭論說四卷　林　羅山　3
春秋穀梁傳註疏箋一卷（刊）
　　　　　　　　鈴木　文臺　235
春秋稽古（一名春秋集義）七
十三卷　　　　　平賀　中南　156
春秋論一卷　　　米谷　金城　193
春秋曆說一卷　　太宰　春臺　145
春秋獨斷三十卷　佐佐木　琴臺　159
春秋遼豕三卷（又名春秋臆斷）
　　　　　　　　賴　　山陽　43
春秋擬釋例　　　太宰　春臺　145
春秋獲麟論　　　隨朝　欽哉　240
春秋講義七卷　　藍澤　南城　204
春秋講錄　　　　久保　侈堂　212
春秋釋例（校）　猪飼　敬所　200
春秋釋例圖一卷　久野　鳳洲　148
春秋讀法一卷（刊）
　　　　　　　　山本　中齋　47

春秋略詁一卷　　馬淵　嵐山　170
洪範孔傳辨正一卷　河野　恕齋　181
洪範古義（刊）　三野　象麓　171
洪範全書六卷（編次）
　　　　　　　　山崎　闇齋　101
洪範全書指要四卷　蟹　養齋　109
洪範師說一卷　　淺見　絅齋　103
洪範發微　　　　遊佐　木齋　105
洪範筮法一卷　　荻生　金谷　151
洪範談三卷（刊）　海保　青陵　166
活版經籍考一卷　市野　迷菴　287
活版經籍考一卷　吉田　篁墩　222
洛書乘數筆記一卷　淺見　絅齋　103
為增山侯講孟子　佐藤　直方　104
皇清經解一斑六卷（刊）
　　　　　　　　岡田　煌亭　229
皇朝經籍通考六卷　東條　琴臺　247
皇極內篇筮卜儀　蟹　養齋　109
省齋經說　　　　河鰭　省齋　76
禹貢地圖　　　　桃　　西河　34
秋水經解　　　　山本　秋水　34
胡一桂易圖一卷（校）
　　　　　　　　堤　　它山　245
訂正孝經孔氏傳二卷
　　　　　　　　朝川　善菴　231
訂正孝經鄭氏注一卷
　　　　　　　　朝川　善菴　231
訂正爾雅十卷（校）木村　巽齋　31
重刻孝經一卷　　　西　湖學　260
重訂四書存疑十五卷（點）
　　　　　　　　鵜飼　石齋　4

重編四書註者考一卷（刊）

　　　　　　　　江村　　剛齋　　4

音訓五經十五卷　　後藤　　芝山　　26

音訓易知錄一卷　　武井　　用拙　　86

音註五經十一卷（校）

　　　　　　　　荒井　　鳴門　　55

風雅二卷（刊）　　玉乃　　九華　　54

十劃

倭文經解五卷　　　中江　　藤樹　　88

兼山經說一卷　　　片山　　兼山　　181

冢氏毛詩正文三卷（刊）

　　　　　　　　冢田　　大峯　　197

冢氏孝經正文一卷　冢田　　大峯　　197

冢氏周易正文二卷（刊）

　　　　　　　　冢田　　大峯　　197

冢氏春秋左氏傳正文（刊）

　　　　　　　　冢田　　大峯　　197

冢氏禮記正文四卷（刊）

　　　　　　　　冢田　　大峯　　197

冢田氏國風草二卷　冢田　　大峯　　197

冢注毛詩二十卷（刊）

　　　　　　　　冢田　　大峯　　197

冢注孝經一卷　　　冢田　　大峯　　197

冢注周易八卷（刊）冢田　　大峯　　197

冢注孟子　　　　　冢田　　大峯　　197

冢注尚書六卷　　　冢田　　大峯　　197

冢注詩經五卷　　　冢田　　大峯　　197

原卦畫一卷　　　　淺見　　絅齋　　103

夏小正蝨須二卷（刊）

　　　　　　　　渡邊　　荒陽　　282

家禮抄略一卷　　（編）

　　　　　　　　稻葉　　默齋　　114

家禮抄略講義　　　稻葉　　默齋　　114

家禮訓蒙疏五卷　　中村　　惕齋　　11

家禮訓蒙疏四卷（刊）

　　　　　　　　若林　　強齋　　105

家禮授示訓四卷　　蟹　　　養齋　　109

家禮通考　　　　　中村　　習齋　　113

家禮筆解　　　　　田邊　　樂齋　　118

家禮註　　　　　　大塚　　觀瀾　　118

家禮新圖　　　　　中村　　習齋　　113

家禮詳圖一卷　　　澤　　　熊山　　203

家禮圖一卷　　　　櫻田　　虎門　　120

家禮圖評　　　　　中村　　習齋　　113

家禮儀節考附錄共十卷

　　　　　　　　新井　　白石　　15

家禮講義　　　　　中村　　習齋　　113

峨山經說一卷　　　井上　　峨山　　43

書十一篇傍訓一卷　荻生　　金谷　　151

書反正二卷（刊）　伊藤　　蘭嵎　　134

書本義六卷　　　　福井　　敬齋　　114

書序辨一卷　　　　佐佐木　琴臺　　159

書笏一卷　　　　　古賀　　茶溪　　74

書詁十六卷　　　　馬淵　　嵐山　　170

書集傳音釋六卷（刊）

　　　　　　　　昌谷　　精溪　　58

書集傳窺觀二卷　　神林　　復所　　71

書集傳辨誤二卷　　佐藤　　敬菴　　249

書集傳纂要　　　　金子　　霜山　　122

書集傳纂疏　　　　昌谷　　精溪　　58

書經二典解二卷（刊）

　　　　　　　　岡　　龍洲　180

書經天文指南四卷　馬場　信武　285

書經天度辨四卷　　馬場　信武　285

書經古註諺解六卷　千早　東山　280

書經考　　　　　　黑澤　四如　232

書經考　　　　　　戶崎　淡園　161

書經考一卷　　　　平塚　春江　240

書經私考四卷　　　林　　鵝峯　6

書經私錄　　　　　三島　中洲　97

書經要領一卷　　　伊藤　東涯　130

書經重考十五冊　　林　　樫宇　50

書經訓蒙二卷（刊）和田　綱　256

書經國字解三十二卷

　　　　　　　穗積　能改齋　132

書經國字解六卷　　宇野　東山　164

書經統　　　　　　落合　雙石　65

書經通解國字箋四卷

　　　　　　　　新井　白蛾　112

書經插解八卷（刊）

　　　　　　　　河田　迪齋　60

書經跋鼇十三卷　　佐和　莘齋　139

書經集注六卷（點）林　　羅山　3

書經集傳首書　　　松永　寸雲　6

書經集傳講義　　　稻葉　默齋　114

書經彙註　　　　　富永　滄浪　132

書經會箋　　　　　竹添　井井　217

書經解　　　　　　東條　一堂　203

書經解（刊）　　　三野　藻海　157

書經圖考一卷　　　佐久間　熊水　165

書經聞書十三卷　　大田　錦城　244

書經聞書四冊　　　中井　履軒　190

書經說統　　　　　八田　華陽　225

書經標注六卷　　　帆足　萬里　56

書經蔡傳渾天儀圖考一卷（刊）

　　　　　　　　日尾　荊山　234

書經諸說折衷　　　宮本　篁村　229

書經輯義　　　　　市川　鶴鳴　157

書經雕題略（校）　猪飼　敬所　200

書經講義　　　　　元田　東野　77

書經講義　　　　　櫻木　闇齋　114

書經講義二冊　　　落合　東堤　120

書經講義三卷　　　大串　雪瀾　9

書經講義錄　　　　宮本　篁村　229

書經講證　　　　　箕浦　立齋　115

書經贅說　　　　　池田　草菴　96

書經繹解四卷（刊）

　　　　　　　　皆川　淇園　188

書解六卷　　　　　渡邊　蒙菴　150

書說統　　　　　　豐島　豐洲　224

書說統十三卷　　　細合　斗南　160

書說統六卷　　　　佐藤　敬菴　249

書說摘要四卷（刊）

　　　　　　　　安井　息軒　208

書斷　　　　　　　中井　竹山　32

書纂言洪範一卷（校刊）

　　　　　　　　古屋　昔陽　187

校正五經圖說　　　雲川　春菴　125

校正象變辭占四卷（刊）

　　　　　　　　真勢　中洲　117

校有王柏書疑九卷　赤松　蘭室　185

韓詩外傳十卷　　　秋山　玉山　24

校定大學一卷　　　石井　繩齋　229
校定孝經一卷（刊）
　　　　　　　　　山本　北山　223
校定盤庚篇一卷　　中井　碩果　47
校訂七經孟子考文補遺
　　　　　　　　　木村　梅軒　145
校註韓詩外傳十一卷　川目　直　178
校註韓詩外傳逸文一卷
　　　　　　　　　川目　直　178
校註韓詩外傳增考二卷
　　　　　　　　　川目　直　178
校韓詩外傳　　　　藤澤　子山　158
浩然章　　　　　　佐藤　直方　104
浩齋經說一卷（刊）
　　　　　　　　　河又　浩齋　259
真本古文孝經孔傳一卷
　　　　　　　　　吉田　篁墩　222
真本孝經孔傳一卷（校）
　　　　　　　　　佐野　山陰　191
秦漢以上經籍考一卷
　　　　　　　　　櫻井　石門　201
荀子非孟辨一卷　　座光寺　南屏　166
荀孟考八卷　　　　永井　星渚　167
訓點毛詩艸木鳥獸蟲魚疏二卷
　　　　　　　　　松下　見林　12
郝京山孟子解揭屬　山木　眉山　45

十一劃

乾注中庸一卷　　　乾　長孝　270
乾注孝經　　　　　乾　長孝　270
乾注樂記一卷　　　乾　長孝　270

假名書孝經　　　　中江　藤樹　88
國字解古經　　　　吉留　復軒　216
國風大意　　　　　岸　勝明　277
國風發蒙十卷　　　深澤　君山　282
婚禮略儀一卷　　　佐和　莘齋　139
寄三宅重固中庸說　佐藤　直方　104
崇孟一卷（刊）　　藪　孤山　31
崇孟新書　　　　　大槻　平泉　53
崇孟解一卷（刊）　中山　城山　171
御註孝經古本考一卷（校）
　　　　　　　　　佐野　山陰　191
推易衍旨　　　　　佐佐木　琴臺　159
啟蒙菁數諸圖　　　淺見　絅齋　103
梅花心易掌中指南五卷（刊）
　　　　　　　　　馬場　信武　285
梅花心易評注一卷　新井　白蛾　112
梅花心易鈔四卷　　太田　子規　255
清人古文孔傳孝經序跋（校）
　　　　　　　　　木村　巽齋　31
略四書分類一卷　　喜多村　間雲　16
祭禮考一卷　　　　原　花祭　25
祭禮私考一卷　　　安積　希齋　270
祭禮記一卷　　　　橫田　何求　10
祭禮略義一卷　　　岡田　寒泉　116
祭禮通考一卷　　　古屋　昔陽　187
祭禮筆記　　　　　荻野　斃已齋　126
祭禮節解三卷（刊）
　　　　　　　　　三宅　鞏革齋　5
通俗二禮考二卷　　梁田　毅齋　249
通俗四書註者考一卷（刊）
　　　　　　　　　那波　活所　2

逐鹿評（一名大學要略）二卷

　　　　　　　藤原　惺窩　1

陳氏周易證解十二卷　陳　錢塘　176

偽尚書辨一冊（寫）服部　大方　266

十二劃

旁訓五經正文十一卷

　　　　　　　中島　浮山　129

旁註伏生尚書一卷　中井　履軒　190

旁註梅頤古文尚書一卷

　　　　　　　中井　履軒　190

旁譯春秋左氏傳三十卷（刊）

　　　　　　　小畑　詩山　266

喪服私議　　　兼松　石居　69

喪服圖解一卷　福島　松江　150

喪祭小記一卷　淺見　絅齋　103

喪祭略記一卷　淺見　絅齋　103

喪禮名目　　　鈴木　石橋　37

喪禮私說　　　佐久間　象山　93

喪禮略私註一卷　加藤　九臯　262

喪禮節解二卷　三宅　鞏革齋　5

喪禮錄一冊　　平元　謹齋　237

堯典和譯一卷　三輪　執齋　90

尊孟後辨　　　中野　素堂　228

尊孟餘辨一卷　岡本　稚川　184

復古毛詩別錄八卷　齋藤　芝山　163

復古周易經正文二卷（刊）

　　　　　　　真勢　中洲　117

復古易精義入神傳二卷（刊）

　　　　　　　真勢　中洲　117

掌中疑卜辨一卷　井田　龜學　286

欽定四經五十卷（校注）

　　　　　　　西坂　成菴　63

登雲四書　　　菅　得菴　1

程易夜話　　　平野　深淵　22

程易衍旨四卷　黑澤　雉岡　25

程傳易證二卷　岡本　稚川　184

筆記大學或問一卷　中村　惕齋　11

筆記四書集註　中村　惕齋　11

筆記周易本義十六卷（刊）

　　　　　　　中村　惕齋　11

筆記易學啟蒙四卷　中村　惕齋　11

筆記春秋胡氏傳四卷（刊）

　　　　　　　中村　惕齋　11

筆記書經集傳十二卷（刊）

　　　　　　　中村　惕齋　11

筆記詩經集傳十四卷（刊）

　　　　　　　中村　惕齋　11

筆記禮記集傳十六卷（刊）

　　　　　　　中村　惕齋　11

筆記續易要領四卷（刊）

　　　　　　　中村　惕齋　11

舜典二十八字考　藤田　幽谷　194

菅氏本論語集解考異

　　　　　　　吉田　篁墩　222

註經餘言　　　宮永　大倉　57

象圖變通傳三卷　松井　羅洲　118

象變辭占考三卷　松井　羅洲　118

逸經二卷　　　茅原　虛齋　265

逸經網羅二卷　古賀　侗菴　51

撲蓍略說一卷　諸葛　歸春　272

十三劃

新定三禮圖考四卷　山本　樂所　140

新定儀禮圖二帖（刊）

　　　　　　　　村松　蘆溪　155

新增首書四書大全三十八卷

（刊）　　　　熊谷　荔齋　　8

新撰周易序卦斷法二卷（刊）

　　　　　　　　高松　貝陵　286

新撰婚禮式　　　細川　十洲　281

新編林園月令六卷（刊）

　　　　　　　　藤澤　南岳　175

歲卦斷一卷　　　井田　龜學　286

節略尚書俚語二卷　松井　蝸菴　276

節錄大學首章十二句小解一卷

（刊）　　　　　谷　太湖　　80

筮法指南一卷（刊）

　　　　　　　　真勢　中洲　117

筮法要儀　　　　守屋　心翁　23

筮法緒言一卷　　真勢　中洲　117

筮則一冊　　　　真勢　中洲　117

筮儀新說一卷　　真勢　中洲　117

經子史千絕一冊（刊）

　　　　　　　　高橋　白山　214

經子史日抄二十二卷

　　　　　　　　大槻　磐溪　209

經子史要覽二卷（刊）

　　　　　　　　三浦　竹溪　146

經子史要覽二卷（刊）

　　　　　　　　荻生　徂徠　143

經子抄錄　　　　高木　松居　72

經子諸考　　　　芳賀　篁墩　274

經子獨得　　　　片山　兼山　181

經子遺說一卷（一名泰山遺說

、經子考證）（刊）小川　泰山　220

經元搜義　　　　高橋　華陽　227

經史一貫稿　　　古賀　侗菴　51

經史子集解說叢（未完）

　　　　　　　　田中　大觀　179

經史成語解　　　鈴木　澶洲　151

經史考一卷（刊）井口　蘭雪　133

經史抄一卷　　　早野　橘隧　196

經史要言一卷（刊）

　　　　　　　　土井　聱牙　211

經史音義　　　　香川　南濱　155

經史博論四卷　　伊藤　東涯　130

經史摘語二卷（刊）

　　　　　　　　鈴木　澶洲　151

經史論苑一卷　　伊藤　東涯　130

經史質疑正續又續六卷

　　　　　　　　猪飼　敬所　200

經史雜考十卷　　中村　中倧　201

經句說糾 一卷　　猪飼　敬所　201

經名考一卷　　　山崎　闇齋　101

經典問答一卷　　林　羅山　　3

經典題說一卷（刊）林　羅山　　3

經典釋文盛事一卷　松澤　老泉　285

經音通四卷　　　茅原　虛齋　265

經書字辨二卷（刊）

　　　　　　　　古市　南軒　270

經書考十卷　　　中村　黑水　74

經書釋義　　　　湯川　龕洞　67

經註　　　　　　　鷹羽　雲淙　64
經註隔義錄　　　　高橋　華陽　227
經傳字訓一卷　　　田中　止邱　7
經傳要旨一卷　　　龜井　昭陽　170
經傳倒用字考三卷
　　　　　　　　　安東　仕學齋　131
經傳晰名義一卷　　山中　天水　221
經傳集要一卷　　　貝原　益軒　14
經傳愚得二卷　　　藍澤　南城　205
經傳獨斷　　　　　高成田　琴臺　277
經傳釋文序錄一卷（校）
　　　　　　　　　曾我部　容所　182
經傳釋詞十卷（刊）（校）
　　　　　　　　　東條　方菴　210
經義史論雜說　　　佐佐　泉翁　238
經義考引用書目一卷
　　　　　　　　　岡本　況齋　209
經義折衷一卷（刊）
　　　　　　　　　井上　金峨　219
經義折衷考一卷　　井上　南臺　222
經義要國字解三卷　和田　廉　164
經義述聞同異考一卷
　　　　　　　　　岡本　況齋　209
經義書一卷　　　　山本　北山　223
經義摘說一卷（刊）
　　　　　　　　　山本　北山　223
經義摘說緒餘四卷　山本　北山　223
經義勦說　　　　　久保木　竹窗　41
經義疑問　　　　　冢田　謙堂　207
經義緒言一卷（刊）
　　　　　　　　　井上　金峨　219
經義緒言考一卷　　井上　南臺　222
經義學卷（刊）　　雨森　精齋　73
經義輯說　　　　　井上　四明　38
經義隨載　　　　　桑原　北林　49
經義叢說　　　　　林　述齋　48
經義類聚二十卷　　大田　晴軒　247
經解　　　　　　　早崎　巖川　74
經筵進講義錄一卷（刊）
　　　　　　　　　元田　東野　77
經筵獻義一卷　　　岡井　蓮亭　40
經語百條一卷（刊）
　　　　　　　　　土井　聱牙　211
經語楓令一卷　　　安東　仕學齋　131
經語解　　　　　　石井　祚景　239
經語摘粹一卷　　　古賀　精里　37
經說　　　　　　　新井　白石　15
經說　　　　　　　中村　嘉田　42
經說二卷　　　　　大槻　磐溪　209
經說二卷　　　　　伊藤　東涯　130
經說十卷　　　　　山本　北山　223
經說文論　　　　　菅野　彊齋　42
經說四卷　　　　　宮崎　筠圃　133
經說拾遺二卷（刊）
　　　　　　　　　原田　東岳　135
經說專門發蘊二卷　加藤　圓齋　217
經說採摭二十卷　　大內　玉江　202
經說萬餘言（刊）　金子　霜山　122
經說講義　　　　　伊藤　固菴　13
經說叢話十卷　　　伊藤　蘭嵎　134
經緯玉露二卷　　　河野　界浦　254

經學文章論一卷（刊）

　　　　　　　　小南　　栗齋　274

經學文衡三卷　　伊藤　　東涯　130

經學文衡補遺六卷　井口　　蘭雪　133

經學字海便覽七卷（刊）

　　　　　　　　岡島　　冠山　15

經學字義古訓一卷（刊）

　　　　　　　　海保　　漁村　246

經學或問三卷　　諸葛　　琴臺　271

經學要字箋三卷（刊）

　　　　　　　穗積　　能改齋　133

經學總要一軌圖　中村　　習齋　113

經翼群書別錄二卷　安東　省菴　10

經翼群書集錄二卷　安東　省菴　10

經翼群書餘錄二卷　安東　省菴　10

經翼群書續錄二卷　安東　省菴　10

經臍（論語部）十卷

　　　　　　　　黑田　　金城　44

經籍目錄八卷　　岡本　　況齋　209

經籍考一卷　　　岡本　　況齋　209

經籍倭字考一卷　林　　羅山　3

經籍訪古志八卷補遺一卷（刊）

　　　　　　　　澁江　　抽齋　204

經籍通考二卷　　吉田　　篁墩　222

經籍通志二十卷　東條　　琴臺　247

經籍答問二卷（刊）

　　　　　　　　松澤　　老泉　285

經籍源流考三卷　海保　　漁村　246

經籍談辯誤　　　宮本　　篁村　229

經籍雜考一卷　　岡本　　況齋　209

葬祭式一卷（刊）　中村　蘭林　23

葬祭紀略一卷　　立原　　東里　192

葬祭略禮　　　加倉井　砂山　233

葬祭辨論一卷（刊）

　　　　　　　　熊澤　　蕃山　89

葬禮略考一卷　　荻生　　徂徠　143

葬禮略義一卷　　岡田　　寒泉　116

葆光齋易說二卷　大田　　晴軒　246

虞書諺解　　　　片山　　鳳翩　162

補訂鄭註孝經一卷

　　　　　　　久保木　竹窗　41

補增蘇批孟子四冊（校疏）

　　　　　　　　藤澤　　南岳　175

詩三說合錄一卷（刊）

　　　　　　　　山口　　剛齋　30

詩大小序辨一卷　佐佐木　琴臺　159

詩小撮　　　　　林　　蓀坡　45

詩世本古義二十九卷（校刊）

　　　　　　　　古屋　　昔陽　187

詩古言十八卷　　伊藤　　蘭嵎　134

詩古義解十八卷　八田　　華陽　225

詩本旨　　　　　豐島　　豐洲　224

詩本草一卷（刊）　柏木　如亭　38

詩朱傳質疑六卷　古賀　　侗菴　51

詩序集說三卷　　諸葛　　歸春　272

詩序辨一叢　　　增島　　蘭園　46

詩活樣四卷　　　川合　　元　275

詩書古傳（後由太宰春臺完成）

　　　　　　　　荻生　　徂徠　143

詩書古傳三十四卷　太宰　春臺　145

詩書古傳補考　　五味　　釜川　146

詩書困知說六卷　朝川　　善菴　231

詩書序考一卷	林	鵞峯	6	詩經小訓	細井 平洲	186
詩書易禮標注四卷	大田	晴軒	246	詩經之部八卷	溪 百年	42
詩書旁注五卷	小篠	東海	177	詩經毛傳補義十二卷（刊）		
詩書參考	鎌田	梁洲	141		岡 龍洲	180
詩書疏林	竹田	春菴	20	詩經毛鄭同異考三卷		
詩書傍註	宮下	尚絅	66		細井 平洲	186
詩書筆記	關藤	藤陰	68	詩經古序翼六卷	龜井 昭陽	170
詩書筆記	千手	廉齋	117	詩經古注二十卷（校）		
詩書評論（刊）	長	梅外	238		井上 蘭臺	218
詩書集傳朱蔡異同考六卷				詩經古傳十卷	細井 平洲	186
	安東	省菴	10	詩經古義	西 湖學	260
詩書疑問四卷	大高坂	芝山	13	詩經句解	若林 竹軒	81
詩書說	野本	白巖	57	詩經四始考證二卷（刊）		
詩書輯說二卷	三島	中洲	97		星野 熊嶽	257
詩書講義	林	鳳岡	17	詩經本草五卷	黑田 金城	44
詩問一卷	細合	斗南	160	詩經正文二卷（校）		
詩教大意一卷	古屋	昔陽	187		伊藤 東涯	130
詩詁十七卷	馬淵	嵐山	170	詩經正文唐音付二卷		
詩開卷義一卷	齋宮	靜齋	152		石川 金谷	180
詩集傳質朱一卷	增島	蘭園	46	詩經正名篇四卷	川合 春川	193
詩集傳翼八卷	莊田	恬逸	15	詩經目讀二卷	桃 翠菴	67
詩集傳纂要	金子	霜山	122	詩經示蒙句解十八卷（刊）		
詩集傳續錄附別錄・餘錄六卷					中村 惕齋	11
	安東	省菴	10	詩經名物集成五卷（刊）		
詩集義二十卷	中井	乾齋	248		茅原 虛齋	265
詩傳要略	神林	復所	71	詩經名物圖一卷	新井 白石	15
詩傳惡石一卷	渡邊	蒙菴	150	詩經名物辨解七卷（刊）		
詩傳叶韻十八例	神林	復所	71		江村 復所	18
詩經人物證	高橋	華陽	227	詩經名物辨解雕題二卷		
詩經口義	佐藤	直方	104		中井 履軒	190
詩經大訓	細井	平洲	186	詩經夷考	細井 平洲	187

詩經考	戶崎	淡園	161	詩經新註三卷（刊）		
詩經考二十卷	西山	元文	281		山本	溪愚	141
詩經助字法二卷（刊）				詩經補義考增二卷	鈴木	文臺	235
	皆川	淇園	188	詩經解	東條	一堂	203
詩經私考三十二卷	林	鵝峯	6	詩經解	新井	白蛾	112
詩經私說	江帾	木鷄	205	詩經解（刊）	三野	藻海	157
詩經私說	平元	謹齋	237	詩經圖	田邊	樂齋	118
詩經私錄	三島	中洲	97	詩經圖六卷	新井	白石	15
詩經私講三卷	村田	箕山	121	詩經圖考一卷	佐久間	熊水	165
詩經要領一卷	伊藤	東涯	130	詩經聞書九冊	中井	履軒	190
詩經音訓考一冊	近藤	西涯	33	詩經蒙引一卷（校）		
詩經音註十二冊	山本	樂艾	253		山脇	道圓	126
詩經原志晰義二卷（刊）				詩經說約二十八卷（校）		
	平賀	中南	155		伊藤	東涯	130
詩經國字解十卷	宇野	東山	164	詩經諸說折衷	宮本	篁村	229
詩經國字解三十五卷				詩經調解五冊	金子	鶴村	199
	穗積	能改齋	132	詩經輯疏	佐藤	立軒	212
詩經國字辨十卷	千早	東山	280	詩經辨義	渡邊	蒙菴	150
詩經國風十篇解一卷				詩經辨解	市川	鶴鳴	157
	大槻	磐溪	209	詩經講義	中村	習齋	113
詩經國風衍義十卷	松平	君山	182	詩經講義一冊（刊）		
詩經統	落合	雙石	65		小宮山	南梁	213
詩經插解（未完）	河田	迪齋	60	詩經講義二冊	宮內	鹿川	98
詩經筆記	佐藤	直方	104	詩經講義二冊	落合	東堤	120
詩經跋鼇三十卷	佐和	莘齋	139	詩經講義二卷	大串	雪瀾	9
詩經鈔說十卷	原	修齋	237	詩經講義八卷	赤澤	一堂	253
詩經集傳講義	稻葉	默齋	114	詩經講證	箕浦	立齋	115
詩經集解三卷	萩原	樂亭	195	詩經繹解十五卷（刊）		
詩經集說二卷	猪飼	箕山	210		皆川	淇園	188
詩經集說二卷	猪飼	敬所	200	詩經證三卷	高橋	華陽	227
詩經彙註	富永	滄浪	132	詩經辭例	高橋	華陽	227

詩經關雎講義一卷	稻葉	默齋	114
詩經纂說十卷	岡野	石城	169
詩經欄外書六卷	佐藤	一齋	59
詩經叶韻考一卷	中村	惕齋	10
詩解十八卷	伊藤	東所	136
詩解名物一卷	伊藤	東所	136
詩解釋例一卷	伊藤	東所	136
詩疑二十二卷	岡井	赤城	32
詩精一卷	川合	元	275
詩說	乾	長孝	270
詩說	佐藤	牧山	76
詩說四卷	古屋	昔陽	187
詩說訓蒙二卷	石河	明善	207
詩說統九卷	佐藤	敬菴	249
詩說統十八卷	細合	斗南	160
詩說備考二卷	古賀	侗菴	51
詩徵古稿一卷	古賀	侗菴	51
詩論一卷（刊）	太宰	春臺	145
詩論筆記	佐藤	直方	104
詩斷	中井	竹山	32
詩轍	河野	鐵兜	235
詩闡旨十卷	福井	敬齋	114
詩鑱	豐島	豐洲	224

十四劃

圖書發蘊付讀逐初堂易說二卷			
	神林	復所	71
漢土易傳約說五卷	佐藤	敬菴	249
漢儒傳經圖一卷	荻生	金谷	151
漢儒經傳考一卷	荻生	金谷	151
爾雅札記一卷	松崎	慊堂	200

爾雅集釋三卷	諸葛	歸春	272
爾雅翼四卷	五井	蘭洲	24
爾雅證	高橋	華陽	227
疑語孟字義	並河	天民	129
管仲孟子論一卷（刊）			
	松村	九山	264
綾瀨先生四書朱熹集註本寫著			
孟子二卷	龜田	鶯谷	237
聞書四卷	早野	橘隧	196
語孟子助字私考一卷			
	渡邊	荒陽	282
語孟字義（刊）	猪飼	敬所	200
語孟字義二卷	伊藤	仁齋	128
語孟字義標註二卷	伊藤	東涯	130
語孟字義辨一卷（刊）			
	木山	楓溪	93
語孟字義辨三卷	山崎	子列	18
語孟字義讜議一卷	東	澤瀉	96
語孟序說鈔四卷（刊）			
	熊谷	活水	2
語孟述意五卷	篠崎	三島	35
語孟經說	石王	塞軒	110
語孟疑問六卷	大高坂	芝山	13
說卦傳字釋一卷	皆川	淇園	188
駁群經平議談一卷	根本	羽嶽	215
著卜考誤辨正一卷	皆川	淇園	188
著卦考誤一卷（校點）			
	山崎	闇齋	101

十五劃

儀禮三卷（點）	林	羅山	3

儀禮凡例考纂	澁江	松石	36
儀禮考	永井	星渚	167
儀禮考一冊	平元	謹齋	237
儀禮考正六卷	馬淵	嵐山	170
儀禮別錄十七卷	齋藤	芝山	163
儀禮私錄一冊	平元	謹齋	237
儀禮射御圖國字解二卷（刊）			
	大竹	麻谷	158
儀禮備考一冊	平元	謹齋	237
儀禮備考三卷	山縣	大華	64
儀禮詁訓	清水	江東	157
儀禮逸經傳一卷（校）			
	木村	巽齋	31
儀禮義疏（校）	猪飼	敬所	200
儀禮解	伴	東山	139
儀禮解	清水	江東	157
儀禮解箋八卷	加藤	圓齋	217
儀禮圖抄	服部	南郭	147
儀禮綱十卷	倉成	龍渚	137
儀禮說蘊二十卷	平賀	中南	155
儀禮儀法會要一冊	平元	謹齋	237
儀禮質疑八卷	川合	春川	193
儀禮鄭註正誤二卷	猪飼	敬所	200
儀禮禮節改正圖一卷			
	猪飼	敬所	200
儀禮繹解八卷	皆川	淇園	188
儀禮釋	田邊	樂齋	118
儀禮釋宮圖解一卷（刊）			
	川合	春川	193
儀禮續考一冊	平元	謹齋	237
增注孟子外書四卷（刊）			
	荒井	鳴門	55
增訂左傳評林三十卷（刊）			
	奧田	尚齋	33
增註大學一卷（刊）	岡島	竹塢	84
增註中庸一卷	岡島	竹塢	84
增補周易私斷十一卷			
	並木	栗水	82
增補蘇批孟子三卷刊			
	井上	櫻塘	86
增續卜筮盲筇二卷	松宮	觀山	250
履隨象解	宮永	大倉	57
廣易必讀二卷（刊）			
	新井	白蛾	112
影宋本爾雅一冊（校刊）			
	松崎	慊堂	200
影宋本爾雅十卷（校）			
	木村	巽齋	31
標注今文孝經一卷	良野	華陰	219
標注四書字類大全六冊（1884年刊）			
	谷	嚶齋	260
標註四書讀本八卷（刊）			
	大鄉	學橋	73
標註訓點毛詩古傳	小田	穀山	187
標註訓點周易古傳	小田	穀山	187
標註訓點尚書古傳	小田	穀山	187
標註訓點春秋左氏傳			
	小田	穀山	187
標註訓點論語翼大成			
	小田	穀山	187

標註康熙欽定四書解義十五卷
（刊）　　　　大鄉　學橋　73
樂記集說一卷　　平岩　元珍　117
穀梁注疏考三卷　岡本　況齋　209
穀梁注疏考附錄一卷
　　　　　　　　岡本　況齋　209
穀梁傳補解　　　淺井　節軒　63
蔡氏月令補三卷　增島　蘭園　46
談易隨筆二卷　　小笠原　冠山　226
諸家占筮說　　　中村　習齋　113
諸經傳說　　　　中村　習齋　113
諸經傳講義　　　宮澤　欽齋　113
諸經管見十卷　　菊地　高洲　162
諸葛易傳內外編十六卷
　　　　　　　　諸葛　琴臺　271
諸葛書傳十三卷　諸葛　琴臺　271
諸葛詩傳十八卷　諸葛　琴臺　271
論孟二大疑辨一卷　日尾　荊山　234
論孟外說十七卷　加古川　遜齋　138
論孟考文二卷（刊）
　　　　　　　　猪飼　敬所　200
論孟別一冊　　　三宅　尚齋　107
論孟序說一卷　　赤井　東海　62
論孟私說　　　　鎌田　梁洲　141
論孟約義　　　　村田　庫山　140
論孟衍旨二卷　　尾藤　二洲　35
論孟衍旨六卷　　安積　艮齋　61
論孟要點三卷　　海保　漁村　246
論孟首章講義一卷（刊）
　　　　　　　　三宅　石菴　16
論孟異同編二卷　和氣　柳齋　232

論孟傍註　　　　宮下　尚絅　66
論孟提要一卷　　佐藤　雲韶　260
論孟集註序說和語鈔三卷
　　　　　　　　小出　永安　7
論孟精義校正　　山本　復齋　104
論孟說統　　　　八田　華陽　225
論孟說叢八卷　　柳川　震澤　8
論孟質義五卷　　茅原　虛齋　265
論孟獨見　　　　小笠原　冠山　226
論孟講習錄　　　樋口　義所　138
論孟講義　　　　中山　菁莪　115
論孟講餘談十卷　田邊　石菴　203
論語一得解四卷　猪飼　敬所　200
論語一貫十卷（刊）
　　　　　　　　松下　葵岡　192
論語一貫十卷（刊）（松下葵
岡編）　　　　　片山　兼山　181
論語一貫章講義一卷（刊）
　　　　　　　　猪飼　敬所　200
論語一斑　　　　桃　白鹿　30
論語二字解一卷　齋宮　靜齋　152
論語人物證一卷（刊）
　　　　　　　　高橋　華陽　227
論語八十一難一卷（未完）
　　　　　　　　伊藤　鳳山　235
論語十冊　　　　三宅　尚齋　107
論語三言解　　　廣瀨　淡窗　233
論語三家考三卷　井上　四明　38
論語三家定說考十卷
　　　　　　　　矢部　騰谷　287
論語口義三卷　　石作　駒石　184

論語大永本集解箚記四卷
　　　　　　　市野　迷菴　287
論語大疏二十卷　　大田　錦城　244
論語大疏集成　　　加藤　圓齋　217
論語大意一冊　　　藤田　丹岳　48
論語小解二十卷（上論）
（刊）　　　　　熊澤　蕃山　89
論語小識　　　　　隨朝　若水　201
論語五家序考一卷　山本　南陽　255
論語仁考　　　　　香川　南濱　155
論語公註　　　　　安藤　適齋　172
論語文法二卷　　　馬淵　嵐山　170
論語文訣一卷　　　馬淵　嵐山　170
論語文訣照本一卷　渥美　類長　177
論語方言俚講　　　井土　學圃　62
論語方鳩錄　　　　堀　　左山　172
論語古文考異十卷
　　　　　　　佐野　山陰　191
論語古訓十卷（刊）
　　　　　　　太宰　春臺　145
論語古訓外傳二十卷附錄一卷
（刊）　　　　　太宰　春臺　145
論語古訓外傳翼十卷
　　　　　　　五味　釜川　146
論語古訓考六卷　　市野　東谷　147
論語古訓國字解四十六卷
　　　　　　　西山　元文　281
論語古訓餘義（刊）
　　　　　　　松村　九山　264
論語古傳　　　　　關屋　致鶴　265

論語古傳十卷（刊）
　　　　　　　小林　西岳　153
論語古傳四冊（刊）
　　　　　　　仁井田　南陽　141
論語古義（校定）　中島　浮山　129
論語古義十卷　　　伊藤　仁齋　128
論語古義抄翼四卷（刊）
　　　　　　　伊藤　東所　136
論語古義解四卷　　西山　元文　281
論語古義標註四卷　伊藤　東涯　130
論語古說十卷（刊）
　　　　　　　川田　喬遷　275
論語古斷十卷　　　河原　橘枝堂　257
論語句解　　　　　若林　竹軒　81
論語四卷（刊）　　中井　履軒　190
論語正文二卷（刊）
　　　　　　　太宰　春臺　145
論語正文二卷（點）
　　　　　　　片山　兼山　181
論語正文唐音付二卷
　　　　　　　石川　金谷　180
論語正平本集解箚記十卷
　　　　　　　市野　迷菴　287
論語正就篇　　　　堀　　管岳　172
論語正義　　　　　山本　北山　223
論語玉振錄二卷　　谷　　麋生　133
論語同義傳　　　　石川　大椿　260
論語名義考一卷　　大田　錦城　244
論語合考四卷（刊）
　　　　　　　平賀　中南　156
論語合讀　　　　　青木　雲岫　250

論語合讀	柿岡	林宗	36	論語私定說四卷	藍澤	南城	204
論語字義一卷	東條	一堂	203	論語私記	若山	勿堂	65
論語朱氏新注正誤十卷				論語私記七卷	高橋	復齋	44
	鈴木	龍洞	255	論語私說	平元	梅隣	131
論語次序一卷	齋宮	靜齋	152	論語私說	武田	立齋	137
論語江氏傳	永井	星渚	167	論語私說三卷	萩原	樂亭	195
論語考	溝口	幽軒	152	論語私說六卷	藍澤	南城	204
論語考	近藤	正齋	230	論語私錄四卷	三島	中洲	97
論語考一卷	佐藤	直方	104	論語始末		金 岳陽	224
論語考六卷（刊）	宇野	明霞	179	論語定書	三宅	橘園	192
論語考文二卷	永井	星渚	167	論語定說二卷	猪飼	敬所	200
論語考四冊	平元	謹齋	237	論語或問一卷	清水	春流	84
論語作者考一卷	大田	錦城	244	論語拔萃	三宅	橘園	192
論語助字法	土井	聱牙	211	論語松陽講義略譯十卷			
論語序說考解二卷	林	鵝峯	6		兒玉	南柯	41
論語序說考證二卷	菅	得菴	1	論語注	三宅	橘園	81
論語序說私考一卷（刊）				論語注疏考一卷	岡本	況齋	209
	伊藤	鳳山	236	論語注辨正二卷	田中	適所	264
論語志疑折衷六卷	佐野	琴嶺	61	論語知言十卷（刊）			
論語抄二卷（刊）	山本	素堂	242		東條	一堂	203
論語抄說二卷	司馬	遠湖	69	論語知新編一卷	富田	日岳	161
論語抄錄十卷	原	修齋	237	論語長箋	藤堂	東山	135
論語折衷	岡田	南涯	198	論語便蒙抄二卷（刊）			
論語折衷一卷	山縣	大華	64		和田	絅	256
論語折衷六卷	堤	它山	245	論語室二卷	川合	元	275
論語折衷四冊	山本	清溪	193	論語段節一卷	渥美	類長	177
論語私考二十冊	櫻田	簡齋	123	論語省解二卷	赤松	滄洲	186
論語私考二卷	林	鵝峯	6	論語約解四卷	大槻	磐溪	209
論語私考五卷	山本	迂齋	124	論語約說一卷附仁說			
論語私考五卷	山本	日下	111		高岡	養拙	251
論語私言二卷	兒玉	南柯	41	論語衍註二卷	中村	中倧	201

論語訂金	手塚	玄通	162
論語訂誤一冊	黑田	梁洲	204
論語述	長井	松堂	211
論語音釋一卷	中村	中倧	201
論語師說四卷	奧村	茶山	242
論語師說述義	南宮	大湫	180
論語時習十卷	渡邊	荒陽	282
論語時習錄十八冊	豐田	天功	206
論語時習翼二十卷	渡邊	荒陽	282
論語泰伯至德章講義一卷			
	梁田	蛻巖	22
論語訓十卷	片岡	如圭	87
論語訓約覽十卷（刊）			
	西岡	天津	246
論語訓詁解二十卷	江馬	蘭齋	265
論語追正說十卷	中島	石浦	85
論語參解五卷（刊）			
	鈴木	離屋	282
論語問	廣津	藍溪	156
論語問目二卷	大地	東川	21
論語問答二十卷	古賀	侗菴	51
論語問答備考一卷	古賀	侗菴	51
論語國字解十卷	小河	立所	128
論語國字解四十三卷			
	穗積	能改齋	132
論語埤註八卷	安積	艮齋	61
論語堂五卷	川合	元	275
論語從政	關屋	致鶴	265
論語啟發十一卷	細合	斗南	160
論語率解五卷	佐和	莘齋	139
論語略解	兒玉	南柯	41

論語略解（刊）	重田	蘭溪	259
論語略說五卷	關	松窗	223
論語統	落合	雙石	65
論語紳書	西島	蘭溪	55
論語貫約八卷	馬淵	嵐山	170
論語通	井川	東海	252
論語通	蒔田	鳳齋	273
論語通七冊	松田	拙齋	251
論語通解	藤川	冬齋	66
論語通解	伴	東山	139
論語通解十卷	海保	漁村	246
論語章旨	犬飼	松窗	240
論語章旨二卷	櫻田	虎門	120
論語博議十卷	原	狂齋	220
論語朝聞道章講義一卷			
	合原	窗南	105
論語湯雪解四卷	小畑	詩山	266
論語琢	香川	南濱	155
論語發矇標註四卷			
	太田代	東谷	241
論語發蘊二卷	山中	天水	221
論語筆記一卷	柴野	栗山	33
論語筆記一卷	新井	白石	15
論語筆記二卷	岩垣	龍溪	189
論語筆記三卷	淺見	絅齋	103
論語筆談一卷	豐島	豐洲	224
論語註	沖	薊齋	60
論語註	岡田	栗園	64
論語註五卷（刊）	遲塚	速叟	275
論語註解	八木	中谷	283

論語詁四卷（1778年刊）

　　　　　　　滿生　　大麓　176

論語象義七卷（刊）

　　　　　　　三野　　象麓　171

論語跂竃十卷　　佐和　　莘齋　139

論語鄉黨啟蒙翼傳　中江　藤樹　88

論語鄉黨圖解一卷　宮田　五溪　272

論語鈔一卷　　　陶山　　鈍翁　17

論語鈔校正一卷　中村　　惕齋　11

論語鈔註一卷　　陶山　　鈍翁　18

論語鈔說十卷　　高瀨　　學山　20

論語鈔說十卷　　井上　　四明　38

論語鈔說六卷　佐佐木　琴臺　159

論語鈔諺解一卷　陶山　　鈍翁　18

論語集正十卷　　中島　　石浦　85

論語集注二卷（刊）

　　　　　　　松崎　　慊堂　200

論語集注刪存　　海保　　漁村　246

論語集注異說二十卷

　　　　　　　龜田　　鶯谷　237

論語集注辨誤四卷　小林　西岳　153

論語集註辨正二卷（刊）

　　　　　　　田中　　履堂　196

論語集義十卷（刊）

　　　　　　　久保　　筑水　198

論語集義五卷　　平賀　　中南　156

論語集解十卷（校）

　　　　　　　伊藤　　東涯　130

論語集解考異十卷　吉田　篁墩　222

論語集解國字辨五卷（刊）

　　　　　　　種野　　友直　210

論語集解國字辨五卷（刊）

　　　　　　　千早　　東山　280

論語集解筆記二十卷

　　　　　　　猪飼　　敬所　200

論語集解新說四卷　田中　履堂　196

論語集解補義　　竹內　　東門　36

論語集解補證十卷　藍澤　南城　205

論語集解標記十卷（刊）

　　　　　　　岩垣　　龍溪　189

論語集說　　　　中　　　清泉　51

論語集說　　　　鈴木　　松江　262

論語集說　　　　小島　　省齋　212

論語集說一卷　　井上　　金峨　219

論語集說八卷　　朝川　　善菴　231

論語集說六卷（刊）

　　　　　　　安井　　息軒　208

論語集說提要二十卷

　　　　　　　兒玉　　南柯　41

論語集說辨正抄　內田　　周齋　252

論語傳義　　　　服部　　大方　266

論語奧義五卷　　馬淵　　嵐山　170

論語彙考　　　　鈴木　　澶洲　151

論語彙訓二十四卷　最上　鶯谷　287

論語彙註　　　　富永　　滄浪　132

論語彙解十卷　　新井　　白蛾　112

論語彙編五卷（刊）

　　　　　　　藤澤　　南岳　175

論語微言五卷　　馬淵　　嵐山　170

論語愚問抄一卷　室　　　鳩巢　18

論語愚得解二卷　津阪　　東陽　194

論語慎思二十卷　伊東　　奚疑　279

論語新旨二卷	葛西	因是	40
論語新疏三卷	河田	東岡	135
論語新註四卷（刊）			
	豐島	豐洲	224
論語新註補抄二卷	豐島	豐洲	224
論語會意一卷	豐島	豐洲	224
論語會箋二十卷（刊）			
	竹添	井井	217
論語概論	臼田	竹老	142
論語經綸二十卷（刊）			
	井田	澹泊	235
論語義疏十卷（刊校）			
	根本	武夷	148
論語義疏勘合本十卷			
	根本	武夷	148
論語義註	津阪	東陽	194
論語群疑考十卷（刊）			
	冢田	大峯	197
論語補註二卷（刊）			
	山本	溪愚	141
論語補解八卷（刊）			
	山本	樂所	140
論語補解辨證十卷（刊）			
	志賀	節菴	140
論語解	三宅	橘園	192
論語解	東	恒軒	195
論語解	並河	天民	129
論語解	末包	金陵	254
論語解	中江	藤樹	88
論語解	堀江	惺齋	49
論語解（刊）	三野	藻海	157

論語解一卷	齋宮	靜齋	153
論語解十卷（刊）	照井	一宅	211
論語解四卷	林	羅山	3
論語解評二十卷	富田	育齋	263
論語詳解十卷	伊藤	鳳山	236
論語詮	龍	草廬	184
論語摘語一卷	林	羅山	3
論語摘說	吉村	斐山	96
論語漢注考十卷	海保	漁村	246
論語漢說發揮十卷	朝川	善菴	231
論語端解一卷	齋宮	靜齋	153
論語管見	片山	兼山	181
論語管見（未完）			
	久保田	損窗	77
論語管見一卷（刊）			
	龜谷	省軒	216
論語管窺一卷	古賀	侗菴	51
論語箋注	原田	東岳	135
論語箋註十卷	松本	愚山	197
論語精義五卷	二山	時習堂	13
論語聞耳記	淺井	琳菴	103
論語聞書	和田	廉	164
論語聞書（一名論語筆記）九卷			
	大田	錦城	244
論語聞書三冊	中井	履軒	190
論語語由二十卷（刊）			
	龜井	南溟	165
論語語由述志二十卷（刊）			
	龜井	昭陽	170
論語語由補遺二卷（一名語由 撮要）	龜井	南溟	165

論語語策　　　　友石　慈亭　58

論語說　　　　　種野　友直　210

論語說　　　　　櫻田　虎門　120

論語說　　　　　宇井　默齋　110

論語說一卷　　　肥田野　竹塢　239

論語說三卷　　　池田　冠山　44

論語說五卷（刊）

　　　　　　　古屋　愛日齋　185

論語說四卷　　　摩島　松南　46

論語說四卷　　　太田代　東谷　241

論語說約七十卷　石川　竹厓　199

論語說約四卷　　天沼　恒菴　156

論語說稿六卷　　吉田　篁墩　222

論語說藪　　　　入江　東阿　271

論語賓說五卷　　雨森　牛南　225

論語駁異一卷　　海保　漁村　246

論語箚記　　　　奧宮　慥齋　95

論語影響解二卷　伊良子　大洲　139

論語徵十卷（刊）　荻生　徂徠　143

論語徵正文一卷（訓讀）

　　　　　　　伊東　藍田　163

論語徵考二十卷　萩野　鳩谷　165

論語徵考二冊　　宇都宮　遯菴　12

論語徵考二卷　　中山　城山　171

論語徵考六卷　　宇佐美　灊水　151

論語徵批一卷（刊）　岡　龍洲　180

論語徵便覽　　　中村　滄浪亭　168

論語徵約辨解一冊（刊）

　　　　　　　中根　鳳河　158

論語徵旁通　　　田中　鳴門　28

論語徵疏義十卷　菅沼　東郭　147

論語徵渙二卷（刊）

　　　　　　　中根　鳳河　158

論語徵渙拾遺一卷（刊）

　　　　　　　中根　鳳河　158

論語徵評十卷（刊）

　　　　　　　清田　儋叟　27

論語徵集覽二十一卷（刊）

　　　　　　　松平　黃龍　147

論語徵補二十卷　齋藤　芝山　163

論語徵補二卷　　熊阪　台州　160

論語徵補義五卷　岡野　石城　169

論語徵解　　　　森　東郭　29

論語徵膏肓三卷　片山　兼山　181

論語徵餘言及附錄三卷

　　　　　　　戶崎　淡園　161

論語徵癈疾三卷（刊）

　　　　　　　片山　兼山　181

論語撮解一卷（刊）

　　　　　　　龜田　鵬齋　227

論語撮說二卷　　東　澤瀉　96

論語標注十卷　　帆足　萬里　56

論語編　　　　　清河　樂水　206

論語諸說　　　　留守　希齋　108

論語論文十卷（刊）

　　　　　　　有井　進齋　76

論語論評三卷　　馬淵　嵐山　170

論語餘訓四卷　　富田　春郭　167

論語餘意一卷　　舟生　釣濱　257

論語衡　　　　　石山　瀛洲　264

論語諺解三十一卷　林　鵝峯　6

論語諺解五卷　　和田　靜觀窩　5

論語諺解國字辨五卷

　　　　　宇野　東山　164

論語輯義十卷　市川　鶴鳴　157

論語辨一卷　座光寺　南屏　166

論語辨書十卷（刊）

　　　　　荻生　徂徠　143

論語辨義五卷　中井　乾齋　248

論語雕題略（校）猪飼　敬所　200

論語總論二冊　藤田　丹岳　48

論語聯牽一卷　馬淵　嵐山　170

論語臆說十卷　渡邊　弘堂　132

論語講筆二卷　菅　新菴　257

論語講義　城　鞠洲　266

論語講義　刈谷　無隱　82

論語講義　坂井　虎山　53

論語講義　佐善　雪溪　218

論語講義　鈴木　養察　110

論語講義　稻葉　默齋　114

論語講義　中村　習齋　113

論語講義一冊　小出　侗齋　106

論語講義一冊（刊）

　　　　　三島　中洲　97

論語講義一冊（刊）

　　　　　根本　羽嶽　215

論語講義一卷（刊）

　　　　　萩原　西疇　214

論語講義一冊（刊）

　　　　　細川　十洲　281

論語講義二冊（殘缺本）

　　　　　加賀美　櫻塢　111

論語講義十卷　西依　成齋　112

論語講義十卷　小永井　小舟　75

論語講義三冊（刊）

　　　　　岡松　甕谷　78

論語講義三卷　幸田　子善　112

論語講義三卷　山井　清溪　215

論語講義六卷（刊）

　　　　　田中　履堂　196

論語講義四卷（刊）

　　　　　田中　適所　264

論語講義要略五卷　海保　漁村　246

論語講演集說　久保木　竹窻　41

論語講說十卷　中島　石浦　85

論語講說備考四卷　飛田　春山　123

論語講錄十卷　冢田　大峯　197

論語講錄五卷　石川　竹厓　199

論語韓文公筆解考二卷

　　　　　伊東　藍田　163

論語薈說　宮本　篁村　229

論語鍼炳論及附錄十一卷

　　　　　松崎　觀海　150

論語簡端錄　安積　艮齋　61

論語闕　龍　草廬　184

論語雜說一冊　藤田　丹岳　48

論語繹解十卷（刊）

　　　　　皆川　淇園　188

論語繹解翼十卷（刊）

　　　　　武井　子廉　255

論語證四卷（刊）高橋　華陽　227

論語證注十三卷　太田　熊山　243

論語證解　松浦　交翠軒　12

論語難章講義四卷　櫻田　虎門　120

論語類義二卷	齋藤	芝山	163
論語類編心解時卷（刊）			
	谷	太湖	80
論語纂言三卷	大田	晴軒	247
論語纂註八卷（刊）			
	米良	東嶠	66
論語纂釋諸說辨誤四卷			
	古賀	精里	37
論語闡五卷	佐藤	東齋	256
論語欄外書（校）	猪飼	敬所	200
論語欄外書二卷（刊）			
	佐藤	一齋	59
論語讀本二十卷	石合	江村	67
論語鑑二十卷	座光寺	南屛	166
論語攬	豐島	豐洲	224
論語觀意二冊	藤田	丹岳	48
論語讚則一卷	關屋	致鶴	265
論語鈎纂	澤邊	北溟	202
質問易話一卷	井上	蘆洲	127
鄭玄注學庸二卷（校）			
	岡田	阜谷	261
鄭注孝經一卷	良野	華陰	219
鄭注孝經一卷（校）			
	岡田	新川	185
魯論段落一卷	齋宮	靜齋	153
魯論愚得解一卷	荻生	金谷	151
魯論類語一卷	尾形	洞簫	32

十六劃

壁經解六卷	平賀	中南	156
壁經辨正十二卷	大田	錦城	244

學易一卷	中村	黑水	74
學易漫錄二卷	龜田	綾瀨	232
學海堂經解目次一卷			
	岡本	況齋	209
學庸一卷	中井	履軒	190
學庸口義	石塚	確齋	37
學庸五管窺一卷	高岡	養拙	252
學庸古意證解三卷	松下	葵岡	192
學庸正名二卷	座光寺	南屛	166
學庸正義	山本	北山	223
學庸正義二卷	田中	履堂	196
學庸正解	江良	仲文	250
學庸旨考	南宮	大湫	180
學庸考	山本	復齋	104
學庸考二卷	服部	大方	266
學庸考二卷	垣內	熊岳	131
學庸考文二卷	永井	星渚	167
學庸私記	高橋	復齋	44
學庸私記	若山	勿堂	65
學庸私鈔	內海	雲石	273
學庸私說二卷	萩原	樂亭	195
學庸私衡二卷	原	狂齋	220
學庸私錄一冊	豐島	洞齋	125
學庸注疏考正二卷	海保	漁村	246
學庸衍旨	尾藤	二洲	35
學庸軌說二卷	川田	喬遷	275
學庸率解二卷	佐和	莘齋	139
學庸通	蒔田	鳳齋	273
學庸章句窺觀二卷	神林	復所	71
學庸旁註	宮下	尚絅	66
學庸嵌注三卷	荒井	鳴門	55

學庸發蒙三卷	平賀	中南	156
學庸筆記	手塚	坦齋	119
學庸註疏	岡島	龍湖	188
學庸註解	谷田部	漪齋	189
學庸跋竈五卷	佐和	莘齋	139
學庸鈔校正一卷	中村	惕齋	11
學庸集考四卷	大高坂	芝山	13
學庸集義三卷	村瀨	栲亭	191
學庸彙考	鈴木	澶洲	151
學庸愚解	小笠原	冠山	226
學庸經傳考二卷	諸葛	琴臺	271
學庸解	恒遠	醒窗	234
學庸解集覽三卷	松平	黃龍	147
學庸解餘言一卷	戶崎	淡園	162
學庸解釋又註	城戶	月菴	159
學庸詳解	伴	東山	139
學庸鼠璞三卷	渡邊	荒陽	283
學庸精義三卷（刊）			
	久保	筑水	198
學庸說	種野	友直	210
學庸說統	八田	華陽	225
學庸德性說一卷	鈴木	貞齋	106
學庸論	清河	樂水	206
學庸質疑二卷	赤井	東海	62
學庸診解三卷	和田	靜觀窩	5
學庸纂注	野田	石陽	169
學庸纂釋（未完）	多湖	松江	25
學經堂禹貢考一卷	龜田	綾瀨	232
學論一卷	小河	立所	128
據史徵經	五弓	雪窗	75
歷代占例考二卷	水谷	雄琴	286
蕉雨堂經說	香川	南濱	155
蕉窗易話一卷	諸葛	琴臺	271
辨九經談一卷	神林	復所	71
辨大學非孔氏之遺書辨一卷			
（刊）	淺見	絅齋	103
辨大學非孔書辨講義一卷			
	淺見	絅齋	103
辨正續疑孟二卷	股野	順軒	138
辨孟子二卷	齋藤	芝山	163
辨孟論	股野	順軒	221
辨詩傳膏肓一卷（刊）			
	中村	蘭林	23
辨語孟字義	山內	退齋	14
辨論語古義	山內	退齋	14

十七劃

應師眾經音義韻譜十卷			
	河野	界浦	254
擊蒙論語註補	駒井	白水	156
縮臨古本論語集解（校）			
	齋藤	拙堂	65
薛氏易要語一卷	淺見	絅齋	103
薛氏畫前易說一卷	淺見	絅齋	103
謙卦辭一卷	綾部	道弘	262
謙齋經說	田中	謙齋	217
講孟餘話（又名講孟箚記）			
	吉田	松陰	92
講經筆記	安見	晚山	17
韓詩外傳標注	西島	城山	71
黜孟	佐和	莘齋	139

十八劃

斷易指南鈔（一名初學直擲錢

鈔）十卷（刊）　馬場　信武　285

斷易真訣二卷　　真勢　中洲　117

禮二十卷　　　　中井　履軒　190

禮法考　　　　　毛利　壺邱　154

禮書抄略二十四卷（刊）

　　　　　　　　溝口　浩軒　113

禮記月令諺解二卷（刊）

　　　　　　　　山本　洞雲　83

禮記王制地理圖說一卷附錄一卷

（刊）　　　長久保　赤水　29

禮記正文五卷（點）

　　　　　　　　片山　兼山　181

禮記考正一卷　　馬淵　嵐山　170

禮記抄說十四卷　龜井　昭陽　170

禮記私考　　　　林　　鵝峯　6

禮記私錄一冊　　平元　謹齋　237

禮記拔萃　　　　三宅　橘園　192

禮記國字解十六卷

　　　　　　　穗積　能改齋　132

禮記傍注八卷　　小篠　東海　177

禮記備考五卷　　山縣　大華　64

禮記節註　　　　豐島　豐洲　224

禮記圖解一卷　　荻生　徂徠　143

禮記聞書二冊　　中井　履軒　190

禮記說　　　　　東條　一堂　203

禮記說　　　　　古屋　愛日齋　185

禮記說約二十五卷　豐島　豐洲　224

禮記鄭注補正十五卷

　　　　　　　　加藤　圓齋　217

禮記鄭注辨妄五卷　平賀　中南　155

禮記鄭註補義三卷　永井　星渚　167

禮記講義八卷　　藍澤　南城　204

禮記贅說四卷　　冢田　大峯　197

禮記纂一卷　　　貝原　益軒　14

禮記纂成　　　　清水　江東　157

禮記纂義二十四卷　平賀　中南　155

禮記纂說十卷　　岡野　石城　169

禮記釋解二十八卷　米谷　金城　193

禮詁六卷　　　　馬淵　嵐山　170

禮運輯義一卷（刊）市川　鶴鳴　157

禮儀類點引用記者考一卷

　　　　　　　　藤咲　僊潭　23

禮樂志十六卷（刊）

　　　　　　　小宮山　桂軒　19

禮樂問　　　　　水足　博泉　144

禮樂論一卷（刊）照井　一宅　211

禮斷　　　　　　中井　竹山　32

禮剌一卷　　　　片山　兼山　181

舊本大學詳解一卷　伊藤　鳳山　236

舊本大學贅議一卷（刊）

　　　　　　　　吉村　秋陽　94

醫易口訣三卷　　真勢　中洲　117

雞肋周易　　　　足代　立溪　132

十九劃

繫辭　　　　　　藤堂　渫齋　278

繫辭不言解一卷　乾　　長孝　270

繫辭答問一卷（刊）

　　　　　　　東條　一堂　203

繫辭傳古義（刊）　三野　象麓　171

繫辭傳參伍考證一卷

　　　　　　　淺見　絅齋　103

繫辭傳詞例　　　高橋　華陽　227

繫辭傳辨解　　　戶崎　淡園　161

繫辭新論四卷　　中井　乾齋　248

蠅頭五經　　　　豐島　洞齋　125

蠅頭四書　　　　豐島　洞齋　125

二十劃

嚴氏詩緝三十六卷（校）

　　　　　　　堤　　它山　245

蘇易傳翼十卷　　堀　　南湖　21

譯經圖記考異一卷　岡本　況齋　209

二十一劃

屬辭蓮珠左傳年表合本一卷

　　　　　　　中井　履軒　190

續九經談一卷　　松村　九山　264

續周易考　　　　名倉　松窗　79

饗禮儀注一卷　　井上　蘭臺　219

二十二劃

讀中庸　　　　　中村　習齋　113

讀四書法　　　　中江　藤樹　88

讀左日詠一卷　　武井　用拙　86

讀左氏便覽二卷　石原　東隄　268

讀左金針二卷　　津阪　東陽　194

讀左筆記十五卷（刊）

　　　　　　　增島　蘭園　46

讀左傳一卷　　　廣瀨　淡窗　233

讀左傳合案六卷　田邊　石菴　203

讀左管見　　　　藤堂　東山　135

讀左隨錄　　　　鎌田　梁洲　141

讀周官三卷　　　會澤　正志齋　206

讀周官經說　　　辛島　鹽井　46

讀周易私記四卷　金子　霜山　122

讀周禮四卷　　　草加　驪川　135

讀孟十卷　　　　橘　　壽菴　176

讀孟子　　　　　市川　鶴鳴　157

讀孟子一卷　　　廣瀨　淡窗　233

讀孟子二卷　　　龜井　昭陽　170

讀孟子二卷　　　赤松　滄洲　186

讀孟子四卷　　　渡邊　荒陽　283

讀孟子四卷　　　高岡　養拙　252

讀孟小識三冊　　西島　蘭溪　55

讀孟管窺一卷　　大槻　磐溪　209

讀孟叢鈔十四卷（刊）

　　　　　　　西島　蘭溪　55

讀易小言二卷　　增島　蘭園　46

讀易反心錄一卷　吉村　斐山　96

讀易日札七卷　　會澤　正志齋　206

讀易本義私語　　中村　習齋　113

讀易抄八卷　　　春日　潛菴　95

讀易私記　　　　高橋　復齋　44

讀易私記　　　　若山　勿堂　65

讀易私說一卷　　伊藤　東涯　130

讀易私說一冊　　平元　謹齋　237

讀易要領一卷　　中村　蘭林　23

讀易草一卷	荻生	金谷	151	讀蔡氏月令一卷	岡本　沉齋	209

讀易草一卷　　　荻生　金谷　151　　讀蔡氏月令一卷　　岡本　沉齋　209

讀易備考　　　　赤松　滄洲　186　　讀論日札四卷　　會澤　正志齋　206

讀易鈔說十三卷　井上　蘆洲　127　　讀論私記　　　　鎌田　梁洲　141

讀易圖例一卷　　伊藤　東涯　130　　讀論孟注　　　　落合　東堤　120

讀易漫筆一卷　　岡崎　槐陰　196　　讀論孟法附詩鋼領一卷

讀易課鈔三卷　　萩原　綠野　202　　　　　　　　　　岡田　寒泉　116

讀易餘論一卷　　高岡　養拙　251　　讀論語　　　　　中西　鯉城　124

讀易錄三冊　　　池田　草菴　96　　　讀論語一卷　　　廣瀨　淡窗　233

讀易贍言　　　　萩原　綠野　202　　讀論語十卷　　　諸葛　琴臺　271

讀易雜抄四卷　　荻生　金谷　151　　讀論語集註五卷　堤　它山　245

讀易闡旨一卷　　服部　大方　266　　讀學庸解二卷　　龜井　昭陽　170

讀春秋一卷　　　服部　大方　266　　讀禮記　　　　　桃　白鹿　30

讀春秋五卷　　　原　修齋　237　　　讀禮肆考四卷（刊）

讀書日札三卷　　會澤　正志齋　206　　　　　　　　　猪飼　敬所　200

讀書經蔡傳　　　中村　習齋　113　　讀禮課鈔三卷　　萩原　綠野　202

讀書漫筆二卷（論語、中庸、

大學、孟子）　　岡本　沉齋　209　　**二十三劃**

讀書隨筆六卷　　草加　驪川　135　　麟經探蘗　　　　高橋　華陽　227

讀程氏易傳記　　中村　習齋　113　　**二十四劃**

讀經緒言　　　　鈴木　松江　262

讀經談一卷（刊）松村　九山　264　　鼇頭四書集註十卷

讀詩吞棗一卷（刊）秦　滄浪　196　　　　　　　　　宇都宮　遯菴　12

讀詩折衷一卷　　古賀　侗菴　51　　　鼇頭易學小筌卷　新井　白蛾　112

讀詩私說　　　　平元　梅隣　131　　**二十五劃**

讀詩要領一卷　　伊藤　東涯　130

讀詩要領一卷（刊）　　　　　　　　　觀文書堂四書講易六十卷

　　　　　　　　中村　蘭林　23　　　　　　　　　　生駒　柳亭　24

讀詩隨筆六卷　　草加　驪川　135　　觀易著咏（刊）　鷹羽　雲淙　64

讀詩雜抄三卷　　龜田　綾瀨　232　　觀海樓論語記聞七卷

讀儀禮二十卷　　佐和　莘齋　139　　　　　　　　　松崎　觀海　150

讀儀禮二卷　　　草加　驪川　135　　觀詩詩（國風部）鷹羽　雲淙　64

萬卷樓工具書 0100002

江戶時代經學者傳略及其著作

編 譯 者　張文朝
責任編輯　吳家嘉
特約校稿　林秋芬

發 行 人　陳滿銘
總 經 理　梁錦興
總 編 輯　陳滿銘
副總編輯　張晏瑞
編 輯 所　萬卷樓圖書股份有限公司
排　　版　浩瀚電腦排版股份有限公司
印　　刷　百通科技股份有限公司
封面設計　斐類設計工作室

發　　行　萬卷樓圖書股份有限公司
　　　　　臺北市羅斯福路二段 41 號 6 樓之 3
　　　　　電話 (02)23216565
　　　　　傳真 (02)23218698
　　　　　電郵 SERVICE@WANJUAN.COM.TW
大陸經銷　廈門外圖臺灣書店有限公司
　　　　　電郵 JKB188@188.COM
香港經銷　香港聯合書刊物流有限公司
　　　　　電話 (852)21502100
　　　　　傳真 (852)23560735

ISBN 978-957-739-842-0
2014 年 3 月初版
定價：新臺幣 880 元

如何購買本書：

1. 劃撥購書，請透過以下郵政劃撥帳號：
　　帳號：15624015
　　戶名：萬卷樓圖書股份有限公司

2. 轉帳購書，請透過以下帳戶
　　合作金庫銀行 古亭分行
　　戶名：萬卷樓圖書股份有限公司
　　帳號：0877717092596

3. 網路購書，請透過萬卷樓網站
　　網址 WWW.WANJUAN.COM.TW

大量購書，請直接聯繫我們，將有專人為
您服務。客服：(02)23216565 分機 10

如有缺頁、破損或裝訂錯誤，請寄回更換

國家圖書館出版品預行編目資料

江戶時代經學者傳略及其著作 / 張文朝著.
-- 初版. -- 臺北市：萬卷樓, 2014.03
　面；　公分

ISBN 978-957-739-842-0(精裝)
1.傳記　2.經學　3.江戶時代

783.12　　　　　　　　　　102026131